PAPIERS INTIMES
de Jacques Ferron
est le cinquante-deuxième ouvrage
publié chez
LANCTÔT ÉDITEUR
et le premier de la collection
« Cahiers Jacques-Ferron »

PAPIERS INTIMES
Fragments d'un roman familial :
lettres, historiettes et autres textes

Jacques Ferron

PAPIERS INTIMES
Fragments d'un roman familial :
lettres, historiettes et autres textes

Édition préparée et commentée par
Ginette Michaud et Patrick Poirier

CAHIERS
JACQUES-FERRON

LANCTÔT
ÉDITEUR

LANCTÔT ÉDITEUR
1660A, avenue Ducharme
Outremont (Québec)
H2V 1G7
Tél.: (514) 270.6303
Téléc.: (514) 273.9608
Adresse électronique: lanedit@total.net

Photo de la couverture: *Posthume*, 1997, d'Edmund Alleyn.
Gouache sur carton, 29,5 cm x 35,5 cm.

Maquette de la couverture:
Gianni Caccia

Mise en pages:
Folio infographie

Distribution:
Prologue
Tél.: (514) 434.0306/1.800.363.2864
Téléc.: (514) 434.2627/1.800.361.8088

Distribution en Europe:
Librairie du Québec
30, rue Gay-Lussac
75005 Paris
France
Téléc.: 43 54 39 15

Nous remercions le Conseil des arts du Canada de l'aide accordée à notre
programme de publication. Nous remercions également la SODEC, du
ministère de la Culture et des Communications du Québec, de son soutien.

Avant-propos

> Quand on s'intéresse à quelque chose on n'en revoit
> jamais assez le détail.
>
> JACQUES FERRON, « Ma glorieuse tante ».

> L'autobiographie n'est qu'une fiction produite dans
> des conditions particulières.
>
> PHILIPPE LEJEUNE, *l'Autobiographie en France.*

L es textes rassemblés dans cette première livraison des « Cahiers
Jacques-Ferron[1] » ont pour visée d'éclairer un aspect demeuré
à ce jour un peu en retrait par rapport à d'autres pans mieux
connus de l'œuvre de Jacques Ferron : il s'agit de l'écriture autobiographique ou, pour être plus précis, des fragments de son roman
familial, demeuré pour une large part inédit. Dans l'œuvre publiée
du vivant de l'écrivain, l'essentiel de cette écriture autobiographique s'est principalement concentré autour de deux textes,

---

1. Cette collection est étroitement liée au projet de recherche interuniversitaire
subventionné par le Conseil de recherches en sciences humaines du Canada,
intitulé « Jacques Ferron inédit : la succession de l'œuvre, enjeux et pers-
pectives », qui se propose d'éditer et de présenter plusieurs documents (correspondances, avant-textes, fragments, etc.) déposés dans le Fonds Jacques-Ferron
à la Bibliothèque nationale du Québec.

l'*Appendice aux Confitures de coings* et *la Créance* qui accompagneront en 1972 la nouvelle version de *la Nuit*. À ce corpus se sont ajoutés quelques essais du recueil *Du fond de mon arrière-cuisine*, comme ceux que Ferron a consacrés à Claude Gauvreau ou à sa propre perception désillusionnée de lui-même comme écrivain dans « Les salicaires ». Mises à part certaines intrusions significatives dans les textes de fiction (on en trouve dans *l'Amélanchier* et *le Saint-Élias*), le corpus autobiographique ferronien semblait donc plus ou moins circonscrit, clos pour ainsi dire. Et pourtant la présence — et surtout la place capitale dans l'organisation du dernier recueil, *la Conférence inachevée* — de textes tels que « Le Chichemayais », « Les deux lys » ou « Adacanabran » nous suggérait que Ferron était loin d'en avoir fini avec cette question[2]. La découverte des nombreux fragments, historiettes et variantes dans le Fonds Jacques-Ferron, rendu accessible au public lecteur à l'été 1995, est venue confirmer l'importance de cette zone autobiographique qui pousse ses ramifications dans plusieurs ensembles textuels. Le rassemblement de ces textes donne au lecteur l'occasion de voir à quel point les nombreuses variantes et reprises de ce roman familial inachevé forment un réseau foisonnant et surtout il permet de mesurer pour la première fois l'investissement considérable de Ferron dans ce genre, un engagement beaucoup plus profond qu'il pouvait y paraître à partir des seuls textes publiés de son vivant.

Si la reconstitution du contexte ou des circonstances qui ont présidé à la mise en place de cette fiction de soi dès la fin des années soixante jusque dans les années quatre-vingt s'avère problématique en l'absence de toute biographie officielle, et peut-être encore impossible pour l'heure, le rappel de certains faits s'impose. D'abord il est clair qu'au moment où Ferron, autour de 1976, se

---

2. Aussi tard qu'en 1983, Ferron pensait encore rassembler ses principaux textes autobiographiques en un « tome posthume », ce qui laisse prévoir l'importance qu'il accordait à cette filière particulière dans son œuvre : « Ce tome III sera posthume, de même qu'un livre où je mettrai *le Pas de Gamelin*, *les Salicaires*, *Maski* et quelques petits inédits » (lettre inédite de Jacques Ferron à Jean Marcel, 2 mars 1983).

retire en quelque sorte de la vie publique et considère son œuvre comme désormais faite, derrière lui plutôt que devant, comme il le dira (Jean-Pierre Boucher a déjà souligné ce paradoxe : Ferron se tait alors que son œuvre a gagné la pleine reconnaissance de la critique[3]), il ne cesse pas pour autant d'écrire, bien au contraire. Il plonge plutôt, à son corps défendant, dans cette zone obscure de l'autobiographique, dont le narcissisme lui répugne tant et qui fraie également pour lui avec la question de la folie[4]. Car ce n'était certes pas par goût ou par caprice, encore moins pour diversifier sa palette, qu'il commencera à ce moment une série de textes auto-biographiques, mais bien à cause d'une nécessité intérieure à laquelle il ne pouvait se dérober plus longtemps. L'année 1975-1976 marque en effet un cap difficile dans la vie de Ferron, un point tournant dont il parlera après coup de manière ironique en disant qu'il est allé terminer l'enquête sur la folie qu'il avait entre-prise pour *le Pas de Gamelin* au cinquième étage du Montreal General Hospital en s'y retrouvant non comme médecin, mais comme patient[5]. Si l'on se fie aux propres commentaires de l'auteur sur cette période troublée, on sait que Ferron traversa en 1975 deux crises dépressives majeures, qui entraînèrent des internements, l'un à la fin de l'été 1975, le second en décembre de la même année. Or, l'extraordinaire est que Ferron n'interrompit pas durant toute cette période la publication de ses historiettes dans *l'Information médicale et paramédicale*, et il mentionne à son correspondant John Grube qu'il est alors à fouiller dans les papiers de famille, dont il

---

3. Jean-Pierre Boucher, « Jacques Ferron », dans *le Roman contemporain du Québec (1960-1985)*, Archives des lettres canadiennes, tome VIII, Montréal, Fides, 1992, p. 239.
4. Comment, par exemple, ne pas être frappé rétrospectivement par le titre mi-ironique mi-pathétique d'un texte comme « Mon futur collège » (*infra*, p. 342) où le jeu de mots du père concernant Saint-Jean-de-Dieu («Tiens, regarde ton futur collège ») prend une tout autre résonance ?
5. C'est à John Grube qu'il confie avoir été « prisonnier des Anglais » « au cinquième étage du Montreal General Hospital », « sous l'impression d'avoir complété mon enquête sur la folie » (Jacques Ferron, *Une amitié bien particulière. Lettres de Jacques Ferron à John Grube*, Montréal, Boréal, 1990, p. 117).

prévoit tirer la matière d'un livre intitulé *la Miss et sa sœur, ma mère*[6]. C'est donc dire à quel point le versant autobiographique continue, bien après la parution de l'*Appendice* et de *la Créance*, à l'occuper, sinon à le hanter, au point qu'on peut se demander si l'exploration de ces papiers de famille intensifie la crise psychique qui l'affecte alors, ou si au contraire Ferron se sort de l'impasse où l'a plongé *le Pas de Gamelin* par cette série de textes autobiographiques qui le recentrent sur sa propre histoire. Comme s'il reprenait pied par l'écriture de ces fragments autobiographiques dans lesquels il revient sur ses origines familiales et rêve sur son arbre généalogique... On sait quelle importance Ferron accordait comme médecin à l'histoire personnelle du fou, seule manière selon lui de le raccorder à son milieu et de lui redonner un fil d'Ariane pour sortir du labyrinthe.

Ce qui est par ailleurs certain quant à cette période, c'est que, outre le grand projet du *Pas de Gamelin*, Ferron porte en lui à cette époque au moins deux autres livres, l'un consacré à la figure de son père, qui devait s'intituler *la Plus Haute Autorité*, commencé depuis longtemps déjà (certains matériaux ont de fait été utilisés dans l'*Appendice* et *la Créance*[7]), l'autre consacré aux figures féminines qui ont marqué son roman familial, sa mère Adrienne et sa tante Irène. C'est notre hypothèse qu'il exploite dans une première

---

6. Après « avoir fabriqué *le Pas de Gamelin*, ce livre sur la folie que je vous avais annoncé, j'ai dû le retenir pour qu'il ne voile pas celui que Leméac a publié de façon un peu inopinée. Il ne paraîtra qu'en 1976. Et j'ai trouvé moyen, en me servant de papiers de famille, d'en préparer un troisième, *la Miss et sa sœur, ma mère* » (*Une amitié bien particulière*, p. 116).
7. Dans ce cas comme pour certains textes qui devaient être réutilisés dans *le Pas de Gamelin*, la publication ne met pas un terme au processus de l'écriture chez Ferron, qui reprend souvent des matériaux déjà publiés pour les varier et les développer dans une tout autre direction. La variation prend ainsi une acception musicale, se rapprochant encore de la tradition orale, comme si à partir d'un refrain bien connu, l'écrivain improvisait ensuite un couplet à chaque fois nouveau. On se rendra compte de cet effet dans la série de fragments intitulés « Les trois p'tits steppes » (p. 273), « [Les trois p'tits steppes] », variante (p. 277), « [Cela te donnera quoi ?] » (p. 320) et tout particulièrement dans « [L'écrivain méchant] » (p. 435).

appropriation assez littérale, encore insuffisamment travaillée ou transposée dans l'écriture, les matériaux bruts qu'il découvre dans ces papiers de famille : la suite des historiettes que nous reprenons ici, et tout particulièrement « Le chandelier », « Irène » et « Gris demi-sofa », où il livre tels quels de longs fragments de lettres de sa mère ou même du testament de sa tante, témoignent d'une telle lecture faite à vif, sans distance. Ces textes portent à l'évidence la trace de leur inachèvement, d'une incomplétude : il leur manque l'ensemble qui leur aurait donné leur place et leur cohérence. Mais ils ne sont pas que dans le manque : ils sont aussi, à cause de leur nature même, en trop et en excès. Ainsi, si Ferron paraît à première vue inlassablement reprendre des matériaux déjà utilisés (l'impression de déjà lu est parfois irrésistible, et justifiée), on sera surpris de voir, si on le lit moins paresseusement, comment il retouche et remanie les portraits des figures de son roman familial, et surtout celles de ses parents, dont le traitement peut même se faire à l'occasion d'une dureté à laquelle les textes déjà publiés ne nous avaient pas habitués (le père est ici dépeint comme un naïf et un cynique qui suscite à plaisir la discorde, la mère, douée d'un sens de l'ironie redoutable, comme exerçant le contrôle financier de la famille). Ces images conflictuelles témoignent d'un débat intérieur nourri qui ne semblait pas devoir se clore, le temps passant...

Il semble donc que Ferron a, autour de 1975, trois projets de livre en cours, tous commencés, tous inachevés, et que cet inachèvement lui-même ne comptera pas pour rien dans la maladie qui l'atteint, comme en fait foi ce passage d'un fragment inédit, qui porte ce titre significatif, « Les malheurs de l'écrivain » :

L'écrivain que je loge sous mon toit, qui mange à ma table, que j'honore de plus de familiarité que n'en reçoivent parents et amis [...] que j'ai payé de mon nom et qui m'avait bien servi jusqu'à l'an dernier [...] n'est pas indifférent à l'attention que nos livres ont attirée sur moi ; il n'a pu s'empêcher de la refléter à mon insu, avec un opportunisme pour le moins intempestif, alors que, passant la cinquantaine, les années m'avaient courbé, ce qui lui a permis de se pencher sur sa page avec un naturel qu'il n'avait pas naguère et de me laisser sous l'impression qu'il s'appli-

quait mieux que jamais à ses écritures ; j'en attendais de nombreux livres, vivement troussés, qui me permettraient de poursuivre ma carrière et d'accomplir notre œuvre. Il en commença
un premier, puis un deuxième, puis un troisième, mais aucun
d'eux n'aboutit, grave inconvénient, car je ne pouvais plus les
oublier et me dégager en les publiant ; ils continuèrent de proliférer en moi, retigeant comme des patates dans un caveau et se
réunissant peu à peu de la sorte, me mêlant moi-même au point
d'en devenir confus, d'une confusion fort insidieuse, enveloppant l'ensemble et ne touchant pas au détail des parties que je
continuais de me représenter avec une singulière acuité[8].

Cette image des différents projets d'écriture associés à des
patates retigeant dans un caveau est frappante à plus d'un égard,
traduisant au plus près cette méfiance de Ferron envers l'autobiographique, cette zone souterraine de soi, mais suggérant aussi
l'étroit enchevêtrement, la circulation entre ces fragments. Le lecteur pourra d'ailleurs s'en rendre compte lui-même à la lecture des
variantes que nous éditons aussi dans ces *Papiers intimes*. Nous
aurions pu découper, tailler, épurer ce massif de textes à l'occasion
assez touffu : nous avons plutôt préféré laisser le lecteur y dégager
son propre chemin et apprécier le jeu de ces variations où, reprenant les mêmes motifs tuteurs, Ferron enroule toujours un peu
autrement les fragments de cette autobiographie, où le détail des
parties l'emporte sur la structure d'ensemble.

Un peu à la manière des deux côtés, Guermantes ou Méséglise,
qui ordonnent les promenades du narrateur de *la Recherche*, le
roman familial de Ferron se divise en deux parts, selon qu'il interroge la branche paternelle ou maternelle de son arbre généalogique.
Nous avons donc conservé ces deux figures parentales, le plus souvent séparées par Ferron, pour classer et articuler les fragments
autobiographiques dans les deux études qui ouvrent ces « Cahiers »,
respectivement consacrées aux figures du père de l'écrivain, Joseph-
Alphonse Ferron, et à sa mère, Adrienne Caron. Nous tentons dans
« Fragments d'origine » de retracer, des lettres de jeunesse aux textes

---

8. Voir *infra*, « Les malheurs de l'écrivain », p. 438.

des années soixante-dix, l'essentiel de l'héritage légué par le père ;
« Feu Jean-Jacques, ou le legs maternel » se centre sur l'autre part
de cet héritage, celui qui, avec la perte du nom, marque davantage
le défaut de l'autobiographique chez Jacques Ferron.

□

La politique éditoriale de ces « Cahiers » est bien illustrée par
cette première livraison : le lecteur trouvera en effet chaque fois une
étude, prenant le plus souvent la forme d'une lecture critique,
accompagnant la présentation et l'annotation de documents inédits
provenant du Fonds Jacques-Ferron. Outre les deux études déjà
mentionnées, ces *Papiers intimes* offrent ainsi trois types de documents : la correspondance croisée entre le père et le fils, qui a cours
de 1932 à 1947 ; les historiettes autobiographiques reprises de
l'Information médicale et paramédicale (nous avons exclu les avant-
textes qui avaient déjà servi à *la Créance* et à l'*Appendice*) ; enfin,
les fragments et variantes inédits provenant du Fonds Jacques-
Ferron. La collation de textes de statuts différents permet des lectures croisées, complémentaires à l'occasion : c'est le cas par
exemple pour la question du choix de la profession, nullement
abordée dans les lettres, mais abondamment traitée plus tard dans
les fragments. Entre les omissions et les répétitions, les faits et les
fantasmes, les paroles vraiment dites et leurs échos lointains, le
lecteur trouvera donc ici une configuration textuelle certes mouvante, mais aussi beaucoup plus précise de l'écriture autobiographique telle que la pratiquait Jacques Ferron.

Ces *Papiers intimes* sont par la suite disposés selon un double
ordre, chronologique et thématique, les inédits et les variantes du
Fonds étant associés aux historiettes déjà parues dans *l'Information
médicale et paramédicale,* qu'ils pouvaient de la sorte contribuer à
étoffer et à nuancer. Les interventions éditoriales ont été tenues au
minimum. Nous avons uniformisé le code épistolaire des lettres
(notamment en ce qui concerne les adresses, dates et lieux), corrigé
l'orthographe, rectifié à l'occasion la ponctuation (entre autres,
nous avons supprimé l'usage des tirets, très fréquents dans les
lettres de jeunesse de Ferron qui les utilise comme point final, mais

nous avons par ailleurs conservé l'usage fréquent des points-virgules, qui donnent souvent des phrases longues, en cascades, privilégiées par le « premier » Ferron). Nous avons signalé les ratures lorsqu'elles étaient significatives, mais les manuscrits retenus étaient généralement fort lisibles et peu chargés de corrections. Quant aux références, très nombreuses dans tous les textes de Ferron, à des personnes réelles, vivantes ou décédées, nous avons tenté de les identifier (et il faut ici vivement remercier M. Pierre Cantin pour son aide inestimable), mais seulement dans la mesure où elles éclairaient l'œuvre, l'identification en soi, faite uniquement pour des raisons historiques ou biographiques, nous intéressant d'une manière secondaire[9] dans la perspective d'édition, au sens large du terme, qui était la nôtre ici. Les personnes nommées d'une manière incidente et dont le contexte éclaire suffisamment le rôle n'ont donc pas systématiquement fait l'objet d'enquêtes approfondies. Cette édition n'étant pas une édition savante, nous avons surtout cherché à lever les principaux obstacles à une lecture informée, sans alourdir inutilement la présentation des textes.

GINETTE MICHAUD

---

9. Il ne nous semblait en effet pas nécessaire d'identifier toutes les personnes de ces textes privés, à moins qu'elles ne servent d'esquisses ou de modèles à des *personnages* de l'œuvre.

Papiers intimes

GINETTE MICHAUD

Fragments d'origine

À ma mère,
à mon père.

Je vis trop avec moi-même pour oublier ce temps si
vif et ce passé si présent.

JACQUES FERRON, « Le Don Quichotte anglais ».

Mais qu'est-ce que la mémoire pourrait fournir
d'autre ? Elle est faite d'éclats et fragments particuliers. Un détail, beaucoup de détails, ce sont les
souvenirs. Chacun d'eux, quand il se découpe serti
d'ombre, est relatif à un ensemble qui lui manque.

MICHEL DE CERTEAU, *l'Invention du quotidien.*

Ces lettres furent échangées entre le père et le fils sur une
période assez longue, couvrant presque quinze ans, soit de
1933 (le petit Jacques, pensionnaire au Jardin de l'Enfance, a alors
douze ans) jusqu'en 1947 (le jeune homme, âgé de vingt-six ans,
marié et bientôt père de famille, est sur le point d'amorcer en 1948
son retour de Gaspésie). Père et fils s'écrivent régulièrement durant

ces années où ils sont, la plupart du temps (les congés de Noël et de Pâques, les grandes vacances d'été exceptés), éloignés l'un de l'autre. Absent physiquement de la vie de son fils — et on ne saurait sous-estimer l'impact de cette absence, surtout dans le contexte de la mort de la mère, décédée le 5 mars 1931 et donc, en contrecoup, l'importance accrue des rares visites du père ou des conversations avec lui —, Joseph-Alphonse Ferron ne manquera pas de jouer un rôle majeur dans la vie du petit pensionnaire, en lui rappelant par ses lettres ses attentes et ses ambitions à son égard et en précisant les devoirs filiaux qu'il exige de lui. En dépit d'intervalles fluctuants, père et fils maintiendront constamment le contact, jusqu'à l'interruption de la correspondance provoquée par un événement d'une importance capitale : la mort du père, qui survient le 5 mars 1947[1], le même jour seize ans plus tard que celui de la mort de la mère. Cette mort, en redoublant et en réactivant le deuil de la mère, provoquera chez Ferron une crise assez grave dont il dira plus tard ceci : « après la mort de mon père, [...] j'ai tué le fils pour récupérer le père, et je fus alors pendant deux mois au Royal Edward Laurentian Hospital (au début de 1949)[2] ». Cette confidence, faite longtemps après à un correspondant privilégié, en dit long sur la portée de cet événement dans la vie du jeune homme, et les répercussions se firent sentir à plusieurs niveaux, tant personnel (de manière tout aussi peu surprenante, son premier mariage ne survécut pas au deuil suivant la mort du père) que financier (il ouvrit sans succès un cabinet de consultation en 1948

---

1. Cette date est, c'est le moins qu'on puisse dire, surdéterminée dans l'histoire des Ferron : en plus d'être associée à la mort de ses deux parents, c'est le 5 mars 1949 que Ferron sera refusé dans l'armée parce qu'il est atteint de tuberculose, maladie dont est morte sa mère. « C'est le 5 mars que j'ai appris qu'on me refusait dans l'armée parce que je faisais de la tuberculose. Mais à ce moment-là, j'en étais déjà guéri. Il fallait que je me tire d'affaire » (Jacques Ferron et Pierre L'Hérault, *Par la porte d'en arrière. Entretiens*, Montréal, Lanctôt éditeur, 1997, p. 45). Cinq-Mars sera plus tard le nom d'un des chevaux de ses enfants, « assez brave pour conjurer le mauvais sort de la famille » (voir *Une amitié bien particulière*, p. 127).
2. *Une amitié bien particulière*, p. 123-124.

rue Fleurimont à Montréal où, dira-t-il, « personne ne viendra à mon bureau[3] »). Pour toutes ces raisons, on voit que la fin de la correspondance marque vraiment un seuil majeur dans la vie de Ferron, qu'il divise lui-même en deux parts à partir de cette date :

> J'ai toujours remarqué que j'étais un privilégié [...]. Je me laissais porter. En somme, on peut diviser ma vie en deux parties. J'ai été dépendant, entretenu par mon père et ça a duré jusque vers les années 1942-1943, lorsque j'ai pu entrer dans l'armée pour continuer mon cours de médecine payé par l'armée [...]. Je me suis trouvé dans un milieu [il évoque alors le milieu communiste, auquel il sera introduit par sa femme] où je me suis libéré de ma dépendance[4].

Le moment est encore d'une grande portée pour l'avenir, puisque c'est en 1948 que le jeune homme prendra la décision d'écrire, décision qui se scelle pour lui de manière définitive. Comme il le confiera à son beau-frère Robert Cliche, il eut alors le sentiment que les dés étaient jetés et que le temps des innombrables possibles de la jeunesse se fermait avec cette mort du père : « Le jeu avait cinquante-deux cartes et ma vie était futile. J'en écarte cinquante et une et je joue ma vie sur une carte : mon génie. Écrire devient une nécessité vitale[5]. » Nul doute que ce n'est qu'après la mort de son père que Ferron, tout comme Proust après la disparition de sa mère, commencera vraiment à écrire et à intérioriser par un travail de deuil qui passe par l'écriture autobiographique — comme en témoignent les fragments et historiettes que nous publions ici — leur double figure. Car au-delà des renseignements de toutes sortes qu'on trouvera dans ces lettres — les

---

3. Pierre L'Hérault, « Entretiens avec Jacques Ferron », dans *l'Autre Ferron*, sous la direction de Ginette Michaud, avec la collaboration de Patrick Poirier, Montréal, Fides-Cétuq, « Nouvelles Études québécoises », 1995, p. 419.
4. *Ibid.*
5. Jacques Ferron, lettre inédite à Robert Cliche, citée par Marcel Olscamp, « Jacques Ferron en Gaspésie : de quelques paradoxes politiques et esthétiques », dans *l'Autre Ferron*, p. 44.

lectures du jeune collégien, sa perception de ses professeurs, sa critique des médecins, la vie à l'université ou dans l'armée, ses moyens précaires en Gaspésie —, ces lettres sont surtout précieuses à nos yeux parce qu'elles sont le lieu de la toute première ébauche du roman familial de l'écrivain, son laboratoire d'écriture, s'il est vrai, comme il l'affirmera lui-même, que « c'est en écrivant des lettres que j'ai appris à faire des livres[6] ».

Cette correspondance constitue donc un document de première main pour notre compréhension du « premier Ferron[7] », pour mieux connaître ces années de formation et ses apprentissages divers, et surtout pour pouvoir prendre la mesure de la place prégnante occupée par le père dans l'imaginaire de Jacques Ferron. Car, le moins qu'on puisse dire, c'est qu'il en parcourt du chemin en ces quinze ans où il passe de l'enfance à l'âge adulte et où, d'étape en étape (on le voit écolier, collégien, étudiant tour à tour studieux et frondeur, jeune universitaire, militaire dans l'armée, médecin installé en Gaspésie), il s'affranchit progressivement du corps familial et social qui l'a nourri jusque-là et découvre sa propre voie. Cette indépendance matérielle et psychologique, il la conquiert surtout à l'égard de l'autorité souveraine qu'exerce sur lui son père. Conquête qui reste bien relative dans ces lettres de jeunesse (et même parfois plus de quarante ans plus tard dans les fragments autobiographiques qu'il lui consacrera, ce qui est plus surprenant). Ainsi, même une fois l'âge adulte atteint, et malgré la transformation manifeste des clausules dans les lettres, alors que le jeune homme abandonne le vouvoiement formel de l'écolier

---

6. Jacques Ferron, « Lettre du 13 septembre 1972 », dans *Une amitié bien particulière*, p. 37. Dans les entretiens qu'il accordera à Pierre L'Hérault, Ferron réitère cette idée : « Justement, avant de devenir écrivain, il est peut-être bon d'écrire des lettres. L'éloignement des personnes qu'on aime y oblige » (*Par la porte d'en arrière. Entretiens,* p. 108*).*

7. Je fais allusion aux Actes du colloque « Le premier Ferron » (Université McGill, printemps 1996), à paraître chez Nuit blanche éditeur, Québec, 1998. On trouvera dans cet ouvrage une première esquisse de certaines idées complètement remaniées dans le présent texte : « Jacques Ferron : lettres au père ».

respectueux — « Votre fils qui vous aime » — pour le tutoiement fraternel, apparemment à égalité de son interlocuteur, des lettres plus tardives : « Je te serre la main[8] », est-il si sûr que son indépendance soit vraiment acquise ? Ces textes laissent la réponse incertaine, en suspens…

Ce qui est sûr par ailleurs c'est que, si l'on connaissait déjà assez bien l'importance de la figure de la mère pour l'écrivain parce qu'il en fit une figure cardinale de son œuvre, la profondeur du lien filial qui unissait le fils à son père ne fera plus aucun doute après la lecture de ces textes : la publication de ces lettres, fragments et historiettes cherche en effet à réparer ce déséquilibre apparent et à donner au père la place qui lui revient, même si Ferron n'a pas mené à terme le roman intitulé *la Plus Haute Autorité*, qui devait lui être dédié. Sa figure reste pourtant très présente jusque dans la dernière décennie de sa vie d'écrivain, dans les diverses esquisses qui n'ont pas vu le jour, et notamment dans le projet du *Pas de Gamelin*, auquel plusieurs de ces fragments articulés autour de la généalogie paternelle devaient, semble-t-il, s'intégrer[9]. Le moins qu'on puisse dire, en tenant compte de tout ce qui sépare ces lettres de jeunesse de leur transposition mi-fictive mi-autobiographique, c'est qu'elles y auront mis le temps avant de parvenir à leur véritable destination et de rejoindre le temps de l'œuvre. Écrire *à* son père, écrire *pour* son père : entre ces deux adresses c'est en effet tout un destin de l'écriture qui prendra forme pour Ferron.

Des lettres à la fiction de soi

Jacques Ferron a toujours lutté contre la tentation autobiographique, dont l'inflation narcissique lui déplaisait. Ces fragments destinés à ne pas voir le jour — cela, il ne faut jamais

---

8. Voir *infra*, p. 213.
9. C'est le cas, en toute vraisemblance, des « Trois p'tits steppes » et de « Mon futur collège », qui faisaient partie du manuscrit remis par Ferron à Victor-Lévy Beaulieu, alors son éditeur, et déposé par ce dernier à la Bibliothèque nationale.

l'oublier en les lisant aujourd'hui — portent la marque de ce défaut, de cette faillite de l'autobiographie classique, définie comme genre généralement porteur d'une identité personnelle et narrative forte. S'opposant à ce modèle, on dirait mieux des textes de Ferron qu'ils ressortissent, par leur caractère fragmentaire, répétitif et inachevé (même lorsque, en apparence, ils paraissent néanmoins viser une certaine forme, comme les textes plus élaborés de « Notaire par le nez » ou « [Cela te donnera quoi ?] »), du récit de soi, catégorie générique plus trouble qui témoigne des impasses de l'autobiographie. Interrogeant le « secret » de ses origines, Ferron ne trouve pas en effet cette « écriture restauratrice qui reste fascinée par le leurre imaginaire d'une assomption narcissique[10] » du Moi, comme le voudrait la loi du genre autobiographique selon Simon Harel, pas davantage qu'il ne débouche sur la « plénitude existentielle[11] » au fondement de tout projet autobiographique. Il bute de toute évidence — ces fragments ne cessent de le redire dans leurs variantes répétées — sur la défaillance du récit qui mène la narration autobiographique à sa perte, perte exemplairement emblématisée par l'échec du *Pas de Gamelin*, grand œuvre auquel plusieurs de ces fragments devaient s'intégrer. Mais peut-être faut-il essayer de penser ce défaut comme la seule forme apte à accueillir la réflexion sur l'Origine[12] entreprise par l'écrivain dans ces textes : comme si l'Origine, l'identité recherchées ne se donnaient jamais qu'en manque, entamées, divisées...

Car malgré la persistance — l'obsession presque — d'un « roman familial » principalement structuré de manière très

---

10. Simon Harel, « Liminaire », *Tangence*, « Le récit de soi », n° 42, décembre 1993, p. 5.

11. *Ibid.*, p. 6.

12. Ferron a d'ailleurs une conception assez singulière de l'origine, qu'il voit comme morte : « La mémoire est à la fois la faculté d'oublier et de retenir. La tradition orale retient ce qui est vivant et laisse dans l'oubli ce qui est mort. Dans cet esprit-là, on peut dire que nos origines sont mortes » (*Par la porte d'en arrière. Entretiens*, p. 198). La tradition orale recueille ce qui vient après cette origine morte ; or, dans le cas de Ferron, cette tradition orale reste essentiellement transmise par le père : voir *infra*, « Une autorité souveraine ».

distincte à partir des deux branches généalogiques du père et de la mère, et tout particulièrement construit ici autour des figures du père, Joseph-Alphonse, et du grand-père, Benjamin Ferron, on est frappé de voir comment, même au cœur des textes qui se donnent explicitement pour tâche de retracer les étapes de la formation intellectuelle du jeune homme, l'écrivain vit ce retour sur soi originaire « sur un mode pulsatile, d'attraction et de distance[13] », pour emprunter au psychanalyste Daniel Sibony. L'origine pour Ferron n'est pas ce moment de grâce, de retrouvailles, de coïncidence avec lui-même par lequel le sujet miraculeusement se restitue et se reconnaît enfin à sa place dans un cadre fixe, mais elle provoque plutôt un ébranlement, un déplacement, un passage « qui sape[nt] les fondements de ce qu'on croyait le mieux fondé, l'identité, l'Origine[14] ».

En questionnant les contours d'une identité qui reste, on ne s'en étonnera guère, fondamentalement incertaine, Ferron fait ainsi l'expérience pour lui-même que « toute origine vit de ses différences avec elle-même, pas seulement avec d'autres[15] ». On pourrait d'ailleurs à ce titre considérer que la recherche généalogique personnelle et privée, à la fois mi-réelle mi-fictive, à laquelle se livre l'écrivain pour son propre compte est l'envers du questionnement identitaire concernant le collectif et ses appartenances qui traverse toute son œuvre. Dans les deux cas, qu'il s'agisse du versant intime ou collectif, la vérité qui apparaît pourrait se formuler ainsi : l'Origine n'existe pas comme telle, elle n'est pas un donné fixe, un acquis transmissible comme un bien de succession, mais un processus qui à la fois identifie *et* désidentifie le sujet, processus qui s'éprouve dans un mouvement, un va-et-vient où le sujet, pour pouvoir penser l'Origine (à la lettre, l'impensable, l'aporie même), doit s'en éloigner, pour y revenir, et la quitter de nouveau[16]. Et

---

13. Daniel Sibony, *le « Racisme » ou la haine identitaire*, Paris, Christian Bourgois éditeur, 1997, p. 333.
14. *Ibid.*, p. 225.
15. *Ibid.*, p. 199.
16. *Ibid.*, p. 314.

paradoxalement ce sont bien ces répétitions, ces différences récur-
rentes à travers les passages et les reprises, *l'entre-deux* de ces textes
fragmentaires, qui permettent de saisir ici quelque chose de cet
impossible récit des origines. Autrement dit, toute la question
soulevée par ces fragments consiste à essayer de « symboliser l'origine comme plurielle, d'assumer les passages à vide qui la relan-
cent[17] », car toute la difficulté, dans cette quête de « soi », c'est bien
de voir à quel point cette identité du sujet est intrinsèquement liée
au vide — et ici, la forme même du fragment est éminemment
porteuse de sens — « un certain *vide identitaire*, un vide multiple
et essentiel [...] qui fait vivre [le sujet individuel comme les
groupes], les morcèle, les inquiète, les affole[18] ». Et c'est précisément pour échapper à cette angoisse du vide que le sujet ou les
groupes se donneront une identité « cadrée », un ensemble de traits
distinctifs, bref, une origine fétiche pour ne pas avoir à penser ce
rapport originaire au vide...

Ainsi, si Ferron opère un retour vers ses origines, c'est pour
découvrir à quel point cette origine, loin d'être pleine et indivise,
est toujours déjà entamée par l'autre, traversée par des failles et des
défauts, qui touchent tout particulièrement dans son cas, on le
verra dans ces fragments inédits, la transmission généalogique,
l'identité sexuelle et la question de la voix.

Mais n'anticipons pas trop et revenons pour l'instant aux lettres
de jeunesse.

---

17. *Ibid.*, p. 334.
18. *Ibid.*, p. 54.

Un enfant écrit à son père

« *Dear Father, I write to you, to offer you my best Christmas wishes : health, long and happy days*[1] » : cette lettre envoyée du « *Kindergarden* » le 23 décembre 1932, est-ce la toute première trace, la plus « originaire », de la venue à l'écriture du petit Jacques ? Peut-être. Ce qui est sûr, c'est que le jeune écolier a onze ans, sa mère est morte il y a un peu plus d'un an, et il écrit à son père pour lui offrir, en parfait gentleman anglais, ses vœux pour la Nouvelle Année. C'est une lettre à la fois émouvante et amusante. Émouvante, parce qu'on se prend à se demander, le cœur serré, si ce petit garçon, un peu perdu dans une langue étrangère qu'il cherche vaillamment à maîtriser, verra sa famille pour les vacances de Noël toutes proches, ce qui semble loin d'être assuré si l'on s'en tient au contenu de la missive et à sa date tardive. Dans « Le Chichemayais[2] », l'écrivain reconstituera à distance, plus de cinquante ans plus tard, les affects masqués par ces formules de politesse trop bien apprises. Ferron évoque en effet dans ce fragment d'autobiographie le désarroi ressenti lors des précédentes vacances de Noël, après le premier semestre d'automne passé au loin, alors qu'il attendait de son père qu'il tienne la promesse qu'il lui avait faite et qu'il ne le renvoyât pas au Jardin de l'Enfance. Mais le père ne tiendra pas parole[3] :

---

1. Lettre de Jacques Ferron à Joseph-Alphonse Ferron, 23 décembre 1932, reproduite p. 169.
2. « Le Chichemayais », dans *la Conférence inachevée*, préface de Pierre Vadeboncoeur, édition préparée par Pierre Cantin, Marie Ferron et Paul Lewis, Montréal, VLB éditeur, 1987, p. 95-107.
3. Même plus de cinquante ans après, le narrateur cherchera toujours à atténuer toute faute du père à son égard : « Or voilà maintenant que je devenais courageux et qu'à cause de ce courage, que je ressentais si peu, mon père n'avait pas failli à sa promesse » (*ibid.*, p. 98). Dans les lettres, on voit pourtant à plusieurs reprises le père manquer à ses promesses de venir voir le jeune garçon à l'occasion de son anniversaire, souvent en raison de circonstances qui échappent à son contrôle, il est vrai...

Je comprends aussitôt qu'il a oublié sa promesse, du moins ce que j'ai cru une promesse et qui probablement ne l'est pas. [...] Au contraire, maintenant c'est tout vu : j'ai bravement tenu le coup, je pourrai passer encore plus facilement au travers du deuxième semestre et des années à passer dix mois sur douze hors de la maison et plus loin qu'à Trois-Rivières, à Montréal et à Québec[4].

On ne sent guère dans cette lettre charmante, à la syntaxe appliquée et fautive, le sentiment d'abandon, la mélancolie, l'ennui et peut-être la dépression trop réelle qui ont dû être ressentis par le petit garçon à l'approche de Noël, mais la relecture du « Chiche-mayais » permet rétrospectivement d'imaginer l'impact de ces affects ici absents, effacés.

Cette première lettre est également amusante, parce que le jeune épistolier, qui sera plus tard consacré l'un des meilleurs prosateurs de la littérature québécoise, choisit de s'exprimer ici d'abord en anglais. Il s'agit d'une ouverture quelque peu surprenante, qu'il faudrait cependant se garder de surinterpréter lourdement. Comment cependant résister à la tentation de relier ce premier signe à l'anglomanie héritée du père — on connaît bien son attrait marqué pour l'anglais, cette langue de prestige et des affaires, trait distinctif de la figure paternelle sur lequel l'écrivain reviendra souvent dans les écrits autobiographiques de l'*Appendice aux Confitures de coings* et de *la Créance*, de même que dans plusieurs fragments inédits réunis ici —, et bien entendu à la fascination qu'exercera tout particulièrement la figure de l'Anglais dans l'œuvre de l'écrivain ? Frappe aussi dans cette lettre le désir de plaire au père[5] par le

---

4. *Ibid.*, p. 96-97.
5. On rappellera ici ce passage d'une lettre de Ferron à son traducteur Ray Ellenwood : « J'ai reçu *Exile*, jeté un coup d'œil sur les premières pages des *Confitures* qui font penser à un concours d'entrée et j'ai eu l'impression que mon père, qui cassait son français sans être très fort en anglais, tout juste assez pour le parler à ses chevaux qu'il choisissait anglais, bien entendu, en a été très satisfait, aussi fier de moi que je le suis. J'ai eu la même impression [...]: que mon anglais est plus net, plus clair, et fait plus chic que mon français » («Lettre de Jacques Ferron à Ray Ellenwood », 21 août 1974, f. 1, dans *l'Autre Ferron*, p. 362).

recours à une autre langue, à la langue de l'autre. Ce n'est pas chose négligeable, me semble-t-il, que de commencer à écrire de cette façon et de vouloir progresser dans cet apprentissage («*I write to you in English to show you my progress in English ; for I have much studied during preceding months*[6]»). Il y a là plus qu'une anecdote : à l'origine, c'est comme si, pour l'enfant, il n'y avait déjà plus de langue maternelle une et indivise, la langue française, toujours perçue par lui comme l'héritage de sa mère, partageant l'espace d'une autre langue, cohabitant déjà dans l'imaginaire avec cette langue anglaise, clairement reconnue par l'enfant comme objet de désir et choix du père. Tout comme l'enfant reçoit en partage un double héritage biologique et génétique de ses parents, héritage qui demeurera source de division et de différence, son usage des langues maternelle et paternelle en fait aussi un bilingue avant la lettre, non pour des raisons politiques (celles-ci sont alors très confusément pressenties, non vraiment comprises), mais bien affectives. Toutefois, sur un strict plan sociologique, une telle lettre ne laisse pas de surprendre et de défaire l'image trop souvent folklorique d'une province québécoise alors réputée, dans les années trente, homogène, linguistiquement parlant. Cette lettre enfantine nous prouve le contraire et nous montre une origine française bien entamée, travaillée par la présence de l'autre. Même en dehors des grands centres urbains, même au cœur d'une institution aussi française que le Jardin de l'Enfance, les choses étaient plus compliquées qu'il y paraissait, le milieu traversé d'influences diverses. Ainsi du moins le décrit encore Ferron dans « Le Chichemayais » : « Les Sœurs françaises du Jardin de l'Enfance étaient plus françaises qu'on le penserait, dirigées par deux converties britanniques, par ailleurs femmes de discernement : elles me confièrent à une petite religieuse indigène, originaire du rang Barthélémy […][7]». La phrase, admirablement ambiguë comme toujours, enchaîne comme si de rien n'était les trois origines — française, anglaise, indigène —

---

6. Lettre de Jacques Ferron à Joseph-Alphonse Ferron, 23 décembre 1932, p. 169.
7. « Le Chichemayais », *op. cit.*, p. 96.

que l'écrivain s'emploiera toujours sinon à mêler, du moins à entre-lacer, à tresser ensemble par la suite.

Quant à l'incidence de la langue anglaise sur un plan tout concret, on observera que le père, Joseph-Alphonse, dans ses lettres d'allure si officielle avec leur papier à en-tête notarial, dactylo-graphiées comme de véritables lettres d'affaires, utilisera toujours pour sa part une adresse à l'anglaise à l'endroit de son fils : « Mr. Jacques Ferron ».

Bulletins de santé

La mort hante ces lettres de jeunesse, et pas seulement par le rituel de la grand-messe qui souligne au mois de mars l'anniversaire de la mort de la mère. Elle affleure également de manière oblique dans le souci du père pour la santé du petit garçon : « Tu es courageux de vouloir te remettre au travail, mais d'un autre côté, surveille bien ta santé et ne travaille pas lorsque tu seras malade ; car la santé avant l'instruction[1]. » La sollicitude inquiète qu'on sent derrière ce sage conseil, réitéré dans presque toutes les lettres du fils comme du père en guise d'envoi final, contraste avec les arrière-pensées un peu cyniques que le narrateur prêtera à son père le Notaire dans « Le Chichemayais », alors qu'il se retrouve à l'infirmerie du Jardin de l'Enfance à l'automne 1932, gravement malade d'une infection qui eût pu tourner à la septicémie :

> Lui-même, note-t-il à propos de son père, il s'était prémuni, m'assurant pour vingt mille dollars. C'était beaucoup à l'époque. Les valais-je, moi, un garçon de dix ans ? En tout cas, mort, je n'aurais pas été une perte sèche[2].

Ces lettres permettent de nuancer la sévérité de ce jugement (une occurrence extrêmement rare dans les écrits de Ferron consacrés à son père) et, à cause de la fréquence et de la régularité qu'occupe ce sujet de la santé dans la correspondance qu'échangent le père et le fils, on pourrait presque dire que ces lettres sont tout autant concernées avec les notes et le rang («Mon bulletin est comme d'habitude d'argent. [...] Je suis bien décidé de garder mon rang et je vais faire mon possible d'avoir un bulletin doré[3] ») qu'avec ces bulletins de santé. Sous leur naïveté apparente, ceux-ci

---

1. Lettre de Joseph-Alphonse Ferron à Jacques Ferron, 10 janvier 1933 ; reproduite p. 172.
2. « Le Chichemayais », *op. cit.*, p. 97.
3. Lettre de Jacques Ferron à Joseph-Alphonse Ferron, 6 mars 1933 ; reproduite p. 173.

ont bien pour fonction de conjurer la peur instillée par la mort de la mère et de transmettre, fût-ce à travers les formules les plus convenues, cette victoire remportée chaque année avec plus de certitude.

De manière discrète, entre les lignes, ces bulletins de santé expriment donc quelque chose d'essentiel pour chacun des membres de cette famille, durement éprouvée par la disparition prématurée de la mère. Un peu comme si le petit Jacques disait à son père : « Oui, tu le vois en lisant cette lettre, je survis. Je pense à ma mère, je la porte en moi, je n'oublie pas, son deuil me travaille et me tient au corps (je n'ai pas encore de mots pour en parler), mais je continue, je suis en vie. » Et en contrepartie de ce dialogue rendu presque muet par la pudeur, on entend aussi la réponse du père, son soulagement de voir grandir et vieillir le petit garçon comme s'il cherchait non seulement à le rendre le plus vite possible à sa grosseur, à en faire un homme, mais encore à le mettre à l'abri, en sûreté, hors d'atteinte de la maladie et de la mort, comme le laissent entendre ces souhaits d'anniversaire qui anticipent l'épreuve du temps et en font, trop vite, un homme fait, à sa ressemblance :

> Je voulais te faire une surprise et te rendre visite le jour de ta fête […], mais j'ai été dérangé dans mes projets. C'est pourquoi je viens te dire comme je suis content de te voir à treize ans, bien portant et grand comme un homme de seize ans, sage et studieux comme un homme de dix-huit ans, économe et d'affaires comme un vrai notaire[4].

Cette précipitation, cette impatience du père à assurer la santé fragile du petit garçon trahissent peut-être des sentiments plus profonds — la lourdeur de la tâche qui s'est imposée à lui depuis la mort d'Adrienne, son désarroi, sa peur de faillir à son devoir — qui ne peuvent s'exprimer qu'indirectement dans ce souci apparemment anodin de la santé. Mais à compter ainsi les années par deux ou trois, à mettre les bouchées doubles, le père semble bien ruser

---

4. Lettre de Joseph-Alphonse Ferron à Jacques Ferron, 22 janvier 1934 ; reproduite p. 178-179.

avec le temps, comme s'il cherchait par ces calculs à neutraliser les risques, à maximiser les chances, bref, à spéculer sur l'avenir réservé à son fils, à la condition qu'il jouisse d'une « santé florissante[5] » et s'en tire vivant. S'il se lance dans une telle arithmétique opérant par sauts, c'est peut-être aussi, qu'à l'époque, entre la petite enfance et l'âge adulte, il n'y avait qu'une sorte de vague *no man's land* (l'état de l'adolescence n'était certes pas reconnu pour lui-même dans les années trente), une zone confuse et incertaine dont il fallait sortir au plus tôt, d'où l'accent placé sur la « formation du caractère » : « Tu as déjà quatorze ans, écrit-il dans sa lettre de janvier 1935 à l'occasion de l'anniversaire de Jacques, avec ton caractère tu es grand garçon et je t'en fais toutes mes félicitations[6]. » L'année suivante, le pas est franchi :

> À quinze ans l'on est considéré comme un homme : par con-
> séquent plus de responsabilité pour nos actes mais aussi plus de
> satisfaction pour les succès obtenus [...] je te souhaite beaucoup
> de succès dans tes classes et dans la formation de ton caractère[7].

Quoi qu'il en soit, l'aspect itératif sinon ritualisé de ces bulletins de santé attire l'attention, et touche aussi les autres membres de la famille Ferron : car le souci de la santé ne va pas dans un seul sens, du père vers le fils (le père fait aussi à l'occasion état de ses propres ennuis de santé et tente de rassurer le petit Jacques[8]), mais s'étend également horizontalement, englobant le frère et les sœurs

---

5. Voir la lettre de Joseph-Alphonse Ferron à Jacques Ferron, 22 janvier 1934, p. 179. « Je souhaite que durant ta treizième année tu aies beaucoup de succès dans tes classes comme dans tes précédentes années, que ta santé soit florissante et que tu continues à m'être agréable et à faire l'orgueil de ton papa qui est vraiment fier de toi. »

6. Lettre de Joseph-Alphonse Ferron à Jacques Ferron, 19 janvier 1935 ; reproduite p. 188.

7. Lettre de Joseph-Alphonse Ferron à Jacques Ferron, 24 janvier 1936 ; reproduite p. 196.

8. « Il est vrai que j'ai été malade mais sois sans inquiétude car je suis actuellement en pleine santé et le fait d'avoir réglementé mon boire et mon manger va remettre tout au point » (lettre de Joseph-Alphonse Ferron à Jacques Ferron, 12 septembre 1935 ; reproduite p. 192).

(le père décrit le traitement de Thérèse pour le ver solitaire[9], les extractions de dents subies par Paul et Marcelle[10] ou la rivalité comique entre Madeleine et Jacques au sujet de leur poids : « [...] je suis indiscret envers Madeleine en te disant qu'elle pèse 104 lbs., car elle voudrait peser plus que toi à Pâques[11] », ce à quoi répond Jacques : « J'espère que Madeleine ne continue pas d'engraisser car je commence à être jaloux[12] »). Quelques années encore, et l'adolescent prend un ton tout doctoral et sentencieux pour conseiller son frère Paul :

> Paul est certainement têtu, car le voici qui a encore été malade et malade encore de la grippe ; il est vrai qu'il pourrait s'entêter dans des choses pires. Mais il est guéri, et comme je suis un frère attentif, j'ai cru devoir lui faire prendre un tonique qui lui donnera la vigueur nécessaire pour résister aux miasmes collégiaux[13].

Déjà dans cette observation, on entrevoit le médecin qui se profile, et même le genre de médecin que deviendra Ferron, attentif à toute la personne et non à son seul symptôme : dans les grippes répétées de son frère, il cherche à comprendre, à faire sens, à lier psyché et soma, ce qu'il ne cessera de pratiquer dans ses diagnostics ultérieurement[14]. On trouvera d'ailleurs dans « Ma glorieuse tante », intéressant texte consacré à la tante Irène qui revient au

---

9. Lettre de Joseph-Alphonse Ferron à Jacques Ferron, 13 avril 1934 ; reproduite p. 182. Voir aussi, sur ce sujet, le fragment « [En deçà de la Grande Noirceur] », *infra*, p. 335.
10. *Ibid.*
11. Lettre de Joseph-Alphonse Ferron à Jacques Ferron, 28 mars 1934 ; reproduite p. 182.
12. Lettre de Jacques Ferron à Joseph-Alphonse Ferron, 13 avril 1934, p. 182.
13. Lettre de Jacques Ferron à Joseph-Alphonse Ferron, sans date, [février 1941 ?] ; reproduite p. 205.
14. Voir, par exemple, son autointerprétation de la maladie qui faillit l'emporter au Jardin de l'Enfance : « Malheureux, je résistais mal au froid et à l'infection » (« Le Chichemayais », *op. cit.*, p. 97), ou l'historiette intitulée « La petite carmélite » où le symptôme médical, loin d'en être un d'otite, se révèle d'une « écoute » beaucoup plus fine, rapport de forces entre mère et fille résolument d'ordre psychologique (*la Conférence inachevée*, p. 185-187).

chevet de son neveu malade à seize ans, un passage fort révélateur
où elle lui demande la raison de sa maladie :

> — Demande au médecin : il t'en expliquera la cause.
> — Non, la raison.
> C'était la première fois que j'entendais parler de la maladie ainsi,
> de ses causes trompeuses, de sa raison toujours profonde,
> d'ailleurs ignorée des médecins. [...] Sur le moment cette
> distinction me fit l'effet d'un jeu de mots[15].

Cette importance du langage comme raison profonde du corps
souffrant, Ferron y fut très tôt sensible...

Ce souci inquiet de la santé qui émane du père et que le petit
garçon enregistre d'abord passivement, puis que le jeune étudiant
fait sien en s'identifiant à cette facette de sa personnalité, peut-on
penser qu'il comptera pour quelque chose dans le choix de la
médecine ? On ne peut qu'en faire l'hypothèse, mais on s'aperçoit
que le fils au fil du temps incorpore ce souci, comme en fait foi ce
passage important de la longue « Lettre de Noël » où, évoquant les
inquiétudes que lui a causées la santé de Joseph-Alphonse, Jacques
se fait pour ainsi dire le père de son père :

> Monsieur Pape a eu ses petites faiblesses[16] ; il a même inquiété ses
> enfants ; ce fut un mal pour un bien, car il leur a fait com-
> prendre les inquiétudes que lui-même a eues à leur sujet.
> Heureusement tout s'est arrangé, mais il en est resté quelque
> chose et Monsieur Pape à cause de l'âge difficile qu'il a passé

---

15. Jacques Ferron, « Ma glorieuse tante », *infra*, p. 381. Il s'agit de toute
évidence moins de la reconstitution d'un souvenir réel que d'une construction
fantasmatique résolument imaginaire, la tante Irène ici âgée de trente-six ans
étant morte en 1927, alors qu'elle avait trente ans. Ferron était âgé de six ans.
16. Le père, on le sait, sombrera au fil des années dans l'alcoolisme. Si les lettres
se font assez discrètes sur cet aspect de la santé du père (voir la lettre de
[juin 1946 ?] où Jacques évoque, de manière un peu irrespectueuse, le
« biberon » du père (p. 242), ou celle du 23 novembre 1946 où il lui
recommande de bien faire soigner son hoquet), les fragments inédits se font
beaucoup plus directs, en parlant des visions hallucinées des « p'tites croix
noires » qui hantaient le père («Notaire par le nez », *infra*, p. 305).

(une sorte d'adolescence), à cause des inquiétudes qu'il leur a causées, est devenu un peu l'enfant de ses enfants[17].

On observe ici un intéressant croisement générationnel : si le père anticipe le vieillissement accéléré du fils, pour le voir davantage à son image, le fils devenu jeune adulte rajeunit, lui, le père, le retourne à l'état d'adolescence (quand ce n'est plus radicalement à celui de nourrisson[18]), dont il vient tout juste de sortir lui-même, et lui pardonne, en père bienveillant, cet « âge difficile ». Renversement des rôles, brouillage des places, effacement des différences : la généalogie chez les Ferron est souvent pleine de retours et de remous complexes, un peu comme la petite rivière du Loup peinte par la mère[19] et qui semble couler à rebours du temps... Dans cette lettre où Monsieur Pape devient « l'enfant de ses enfants », où le fils se fait l'aîné de son géniteur, le temps, rien de moins que linéaire, cesse de créer la nécessaire distance entre les générations, cet écart séparateur qui leur permet de se différencier et d'avoir une identité distincte : chez les Ferron, le temps des origines a plutôt tendance à s'enrouler sur lui-même, à revenir au même, suscitant confusion et rapprochements incestueux. Mais ce sont les fictions autobiographiques qui déploieront le fantasme généalogique déjà contenu en germe dans quelques-unes de ces lettres de jeunesse...

---

17. Lettre de Jacques Ferron à Joseph-Alphonse Ferron, 21 décembre 1946 ; reproduite p. 261.
18. Voir la lettre de Jacques Ferron à Joseph-Alphonse Ferron, non datée, [juin 1946 ?]; reproduite p. 241-242.
19. « [...] elle ne peignit jamais qu'un seul tableau, minutieux, bien léché, selon les techniques les plus anciennes et dans les couleurs les plus conventionnelles, le tableau qui représentait la rivière du Loup, à deux milles en haut de Saint-Paulin, dont les eaux semblaient couler à rebours, à l'arrière-plan, pour venir baigner d'une irrémédiable nostalgie la petite artiste à robe noire » (Jacques Ferron, *les Confitures de coings,* nouvelle version de *la Nuit,* suivi de l'*Appendice aux Confitures de coings ou le Congédiement de Frank Archibald Campbell,* Montréal, l'Hexagone, « Typo », 1990, p. 92). Toujours désignée comme la « cadette » par son fils, dès qu'il eût dépassé l'âge de sa mort, trente-deux ans, la mère brouille aussi le cours naturel de la génération. Sur cet aspect, voir mon article, « Jacques Ferron au regard de ses autres. Famille, nation, folie : une double version », *Voix et images,* n° 54, XVIII : 3, printemps 1993, p. 529.

Sacrifice

Qu'est-ce qui peut bien pousser un garçon de douze ans à écrire une lettre aux accents aussi douloureux que celle qu'adresse Jacques à son père le 21 décembre 1933, quelques jours avant d'aller le rejoindre pour les vacances de Noël ? Avec une singulière maturité et une sagesse qui n'est pas de son âge, voici ce qu'il écrit à propos de la gratitude et du respect qu'il lui doit :

> Comme tous les enfants, je vois venir Noël avec joie, non pour les cadeaux qui m'attendent, mais pour pouvoir passer une bonne quinzaine avec vous et toute la famille, et pour tâcher de vous témoigner mon affection minime en comparaison de tous les sacrifices que vous vous êtes imposés pour moi : vous m'envoyez dans un des plus beaux collèges de la province et vous me procurez tout ce qui m'est nécessaire, ainsi que maints cadeaux dont je pourrais me passer, et une infinité d'autres choses que je ne pourrai vous rendre. Je vous demande pardon pour les nombreuses fautes par lesquelles je vous ai affligé et je ferai mon possible pour ne plus recommencer[1].

Le moins qu'on puisse dire, c'est que le ton grave de ces lignes contraste fortement avec les traditionnels vœux de mise en cette saison des Fêtes... D'où vient ce sentiment écrasant de la dette éprouvée par le fils qui se perçoit, comme il le dira, comme son « créancier naturel[2] » ? On perçoit ici l'expression d'une culpabilité intériorisée chez le jeune garçon trop conscient de ce qu'il « coûte » au père, des dépenses extravagantes dont il est la cause, ce qui provoque en lui le sentiment de ne pas être à la hauteur de la gloire et de l'orgueil investis en lui («mon affection minime en comparaison de tous les sacrifices que vous vous êtes imposés pour moi »)

---

1. Lettre de Jacques Ferron à Joseph-Alphonse Ferron, 21 décembre 1933 ; reproduite p. 177.
2. Voir le fragment « Notaire par le nez », p. 300.

et se traduit par un sens bien précaire de sa propre valeur, par une estime de « soi » amenuisée, par une humilité bien proche du désir de s'humilier. Car il y a bien ici chez le petit étudiant une volonté marquée de s'abaisser devant la figure du père reconnue comme celle de « la plus haute autorité[3] ». Mais, en même temps, cette humilité affichée n'est pas elle-même dénuée d'orgueil, le petit garçon se distinguant ainsi de tous les autres enfants de son âge par sa force de caractère héroïque (lui, les cadeaux de Noël et autres babioles, il est au-dessus de toutes ces banales tentations terrestres).

Cette lettre de jeunesse devient dans cette perspective fort précieuse parce que s'y nouent plusieurs motifs qui seront développés beaucoup plus tard par l'écrivain dans son œuvre. Entre autres, on y reconnaît cette posture caractéristique qui le fait constamment osciller entre humilité et humiliation devant qui il admire et tout particulièrement face aux figures nimbées à ses yeux d'autorité : on pense au François Ménard de *la Nuit* devant Frank, bien entendu, mais aussi aux rapports troubles qu'entretiennent Notaire et Maski dans le manuscrit du *Pas de Gamelin*, ou encore à toutes ces tensions qui opposent dans d'autres textes personnages ordinaires, médiocres (Rosaire, le Docteur Legris alias Quidam, etc.) et mégalomanes (Adacanabran, Baron dans *les Roses sauvages*, Léon de Portanqueue dans *l'Amélanchier*, etc.). On trouve aussi dans cette lettre d'enfant une référence significative au sacrifice du père qui inscrit une première formulation, encore rudimentaire et naïve, de la mythologie christique, dont l'écrivain fera grand usage, réécrivant dans ses essais de *Du fond de mon arrière-cuisine* la théogonie chrétienne (c'est le

---

3. Titre retenu pour le livre que Ferron prévoyait consacrer à son père, puis vraisemblablement fondu par la suite dans *les Confitures de coings* et le grand œuvre du *Pas de Gamelin* : « Je ne vous parlerai pas de mon père, écrit-il à Jean Marcel. Je me le réserve pour un livre, j'en ai déjà écrit quelques pages et trouvé le titre : *la Plus Haute Autorité* » (lettre inédite à Jean Marcel, 20 mars 1967). « Ce livre qui n'a pas eu lieu a donné des débris dans la dernière édition de Parti pris : *les Confitures de coings* » (lettre inédite à Pierre Cantin, 14 mars 1978). Dans le fragment « [Les trois p'tits steppes] », variante du texte éponyme reproduite ici, Ferron élabore cette idée de l'autorité souveraine incarnée par le père, et je la commente plus loin : voir *infra*, « Une autorité souveraine ».

Fils désormais qui seul peut et doit sauver le Père), remettant la question du salut dans ses œuvres de fiction entre les mains du fils (ou de la fille)[4]. Enfin, dernier élément mais certes non négligeable qui affleure dans cette lettre enfantine : la mise en place de tout un système de don et de dette, de créance et de quittance qui déjà ici ne parviennent pas à s'équilibrer, à « balancer » dans le livre des comptes imaginaire que tient l'enfant («une infinité d'autres choses que je ne pourrai vous rendre »). Bien avant le poème de clôture de *la Créance* — « Créanciers souterrains/Qui ne rient ni ne pleurent/ Mais benoîtement attendent/Le retour de leur don/Oncques nous n'aurons quittance/Que nous ne l'allions chercher[5] » —, l'essentiel est dit dans cette lettre quant à l'impossible quittance envers le père. Et il est intéressant de voir que, en dépit de l'éloignement et de l'installation, plusieurs années plus tard, du jeune médecin à Rivière-Madeleine en Gaspésie, la dépendance matérielle du fils envers l'autorité souveraine du père ne fera que s'accroître avec les années, sa mort seule y mettant un terme[6]. Quant à la dépendance et à la soumission psychique à cette figure parentale, les fragments posthumes publiés ici laissent entrevoir comme elles furent longues à liquider, et quel prix elles coûtèrent à l'écrivain...

Mais cette petite lettre nous retient aussi pour une autre raison : car si le jeune garçon s'emploie d'évidence à se mortifier, à se battre la coulpe, à solliciter le pardon de celui qu'il a offensé par ses incartades et peccadilles (résonne d'ailleurs dans la formule utilisée

---

4. C'est le cas pour Connie Haffigan dans *le Salut de l'Irlande*, de Mithridate dans *le Saint-Élias*, de Tinamer de Portanqueue dans *l'Amélanchier* ou de Jean Goupille dans *la Chaise du maréchal ferrant*.
5. *Papa Boss,* suivi de *la Créance*, Montréal, l'Hexagone, « Typo », 1990, p. 147.
6. J'analyse plus loin ce motif dans le fragment « Notaire par le nez », dans lequel Ferron réfléchit sur sa décision d'écrire, qu'il ne pouvait se résoudre à annoncer à son père, mais que celui-ci, malgré tout et en dépit de ce non-dit, avait tout de même anticipée et autorisée, par sa complicité, du seul fait qu'il fut le premier à reconnaître le talent de Jacques, en faisant dactylographier une de ses lettres (Ferron écrit qu'il devint ainsi son « premier éditeur ») : il s'agit de la « Lettre de Noël », du 21 décembre 1946, dans laquelle il fait le portrait de groupe de toute la « religion » Ferron, avec à sa tête le Pape, son père évidemment ; voir p. 256 et « Une autorité souveraine », p. 96.

le « Notre Père qui êtes aux cieux... »), on peut aussi entendre, en filigrane du message explicite, un reproche secret adressé au père, un reproche qui s'écrit peut-être à l'insu du jeune épistolier lui-même, lorsqu'il désavoue à deux reprises les « cadeaux qui [l']attendent » à Noël, puis les biens matériels abondamment pourvus par le père : « vous me procurez tout ce qui m'est nécessaire, ainsi que maints cadeaux dont je pourrais me passer ». Manière subtile de laisser filtrer, derrière les remerciements et la gratitude dus au père, une vérité d'une tout autre nature : à savoir que tous les cadeaux du monde, toutes ces choses, nécessaires et superflues, ne pèsent pas bien lourd dans la balance de l'enfant et qui, dans les comptes qu'il tient, ne compensent en rien l'absence dont il souffre.

Naissance d'un écrivain

Que cherche-t-on dans les lettres de jeunesse d'un écrivain sinon le tout premier signe, la toute première trace de son « caractère » (terme à entendre ici moins dans son acception psychologique que typographique et stylistique : la marque de son poinçon particulier, à nul autre assimilable, entre tous reconnaissable) ? La scène « primitive » que nous espérons découvrir à travers les éphémérides effeuillées des correspondances, au-delà des anecdotes et des renseignements de tous ordres, concerne toujours cette soudaine émergence de l'écrivain « tel qu'en lui-même ». Dans les lettres de jeunesse que Ferron adresse à son père, cela se produit par petites touches, par une certaine liberté de ton qui s'affirme, un humour inattendu[1] ou encore la manifestation d'une soudaine distance critique à l'égard du milieu qui l'entoure. Ainsi, par exemple, dans la lettre du 8 décembre 1935, il commentera en des termes décidément plus ironiques la réaction du Révérend Père Préfet à son retard lors de son retour au Collège Jean-de-Brébeuf : « le R.P. Préfet n'a rien dit sur ce retard : il paraît qu'il a fait une retraite durant les vacances : cela lui a fait du bien[2] ». Il n'en reste d'ailleurs pas à ce trait d'esprit carabin et renchérit, sensible au comique de la situation et à certains effets d'après coup : « Ce matin nous avons un examen d'orthographe : c'est une dictée

---

1. Ces lettres ont aussi pour fonction de divertir leur destinataire, comme en font foi certains jeux de mots et autres contrepèteries — « et s'il y a une chose que j'ai à cœur, c'est mon nez » (lettre de Jacques Ferron à Joseph-Alphonse Ferron, Québec, dimanche le 14 [1941 ?]; reproduite p. 210) ; « La nuit venue, je m'endormis comme de coutume, en me couchant » (lettre de Jacques Ferron à Joseph-Alphonse Ferron, sans date [Grande-Ligne, fin janvier 1946] ; reproduite p. 235) —, traduisant un sens de plus en plus conscient de la drôlerie chez le jeune épistolier qui ne fait plus seulement rapport des petits événements de sa vie quotidienne, mais raconte (transforme, déforme) ces anecdotes en petits tableaux.
2. Lettre de Jacques Ferron à Joseph-Alphonse Ferron, 8 décembre 1935 ; reproduite p. 194.

intitulée *Rien ne sert à (sic) courir, il faut partir à point*. Notre très
R. Professeur voulait nous montrer dans sa dictée combien Monsieur La Fontaine avait raison : alors je suis coulé ! désespoir[3] ! » Ces
marques d'humour, aussi bénignes soient-elles, constituent bien
l'un des premiers signes de l'émancipation du jeune collégien,
émancipation qui n'est pas gagnée une fois pour toutes, point s'en
faut (ces années de collège seront, rappelons-le, ponctuées par deux
renvois). Oscillant entre soumission[4] et insolence, repentirs et bra-
vades, respect et critique des figures de l'Autorité et des institu-
tions, le jeune Ferron présente déjà ce mélange caractéristique du
mécréant — quelqu'un qui observe de l'extérieur, en ethnologue[5],
le système dont il fait partie, qui en comprend le fonctionnement
et ne peut plus y adhérer aveuglément. Cette distance, on la voit
affleurer dans une lettre, alors que le collégien raconte qu'on le fait
prier pour l'Université de Montréal :

> Lundi dernier nous avons eu messe et communion pour une
> intention fort peu banale : notre université ; j'ai bien prié, mieux

---

3. *Ibid.*

4. Voir la lettre du 18 mars 1937 (p. 198-199), où Ferron, sans doute repentant
après son renvoi du Collège Jean-de-Brébeuf (la lettre porte l'en-tête du Collège
Saint-Laurent), écrit : « Enfin je suis bien content d'avoir pu pour une fois
mériter assez pour te faire plaisir. J'ai beaucoup pensé à Maman ces jours-ci ; je
me suis promis d'être ce qu'elle m'avait demandé d'être, la dernière fois que je
la vis, après le souper du mercredi : "un bon petit garçon" »... L'année
précédente, à la suite d'un autre écart de conduite dont il s'était excusé, le père
l'avait félicité en ces termes : « Tu ne saurais croire comme ta lettre me fut
agréable. Ta conduite me prouve que tu es soumis et veux travailler à la
formation de ton caractère, ce dont tu te réjouiras plus tard » (lettre de Joseph-
Alphonse Ferron à Jacques Ferron, 6 mars 1936 ; reproduite p. 196). Quelques
années plus tard, alors que Jacques est étudiant en médecine, le père écrit, peut-
être lui aussi avec ironie, car il « tournait tout en dérision » (*l'Autre Ferron*,
p. 427) : « Je reçois ta lettre et elle m'est agréable ; à quel point de résignation
que tu es rendu. C'est épatant ! » (lettre de Joseph-Alphonse Ferron à Jacques
Ferron, 4 février 1942 ; reproduite p. 220).

5. On pense ici au beau personnage de l'abbé Surprenant qui « fut, comme on
sait, le premier de nos ethnologues à choisir pour terrain de chasse la Grande-
Bretagne, un pays confortable, au lieu de faire comme ses collègues et de partir
en pirogue pour Bornéo » (« Le Chichemayais », *op. cit.*, p. 107).

que de coutume même ; c'est si triste de voir se dresser à chaque instant devant nos yeux cette université inachevée, vivant symbole de l'impuissance de la race canadienne-française[6].

Faut-il voir de l'humour dans ce « j'ai bien prié, mieux que de coutume même », ou seulement encore la bonne foi enfantine ? Et le commentaire sur « l'impuissance de la race canadienne-française » est-il de son cru, ou une reprise parodique des jugements portés par ses professeurs jésuites ? S'apitoie-t-il sincèrement («c'est si triste de voir se dresser à chaque instant devant nos yeux cette université inachevée... »), ou se moque-t-il du discours doxique, messianique et plein de pathos de ses supérieurs ? À lire le paragraphe suivant, on pourrait pencher pour cette deuxième possibilité, alors qu'il évoque la « coutume antique et solennelle » du collège à propos du pèlerinage annuel à l'oratoire Saint-Joseph, « autre symbole de l'impuissance des Canadiens », dont il tire cette conclusion abrupte et toute pragmatique : « outre toutes les grâces que nous avons pu récolter, ça nous a fait prendre une bonne marche[7] ». Mais il reste difficile de décider, hors de tout doute, si cet humour est volontaire ou non — ce qui est bien l'effet réussi d'une ironie qui commence à s'exercer de manière rentrée, dissimulée, à l'anglaise pourrait-on dire, aux dépens du lecteur. Même impression devant l'art des nuances, dont l'étudiant de rhétorique se plaît soudain à jouer, tant par les variations des temps verbaux que par la maîtrise, tout en atténuation, des adverbes dans cet autre passage où il s'excuse à son père — mais si peu... — d'avoir encore démérité pour sa conduite : « Je me proposais de persévérer durant le mois de mars, quand j'attrape une mauvaise note pour la conduite à l'étude : c'était pour avoir quelque peu parlé. Cela m'a déconcerté un peu, mais je m'efforcerai de terminer ce mois sans autres mauvaises notes[8]. » On le voit, l'étudiant est bien en train

---

6. Lettre de Jacques Ferron à Joseph-Alphonse Ferron, 2 avril 1936 ; reproduite p. 198.
7. *Ibid.*
8. Lettre de Jacques Ferron à Joseph-Alphonse Ferron, 16 mars 1936 ; reproduite p. 197.

d'apprendre — et à un rythme accéléré — à tirer son épingle du jeu en maîtrisant un savoir-raconter qui sera toujours davantage mis à profit dans certaines lettres-contes[9].

L'année 1937-1938 marque un tournant important dans cet affranchissement progressif du jeune homme. Qu'on en juge par cette lettre qui s'ouvre par une véritable mise en scène, où il se dédouble et se voit de l'extérieur[10], et où le ton se fait désinvolte, si ce n'est carrément insolent :

> C'est la première lettre du Versificateur, mais il y a fort peu de changement ; il ressemble beaucoup au Méthodiste, au Syntaxiste. Comme ces deux individus l'avaient fait, il te répète le refrain de chaque début d'année : « Ah oui ! cette année je vais bien travailler, j'aurai un bon rang, de bonnes notes, enfin tout ce qui pourra vous faire plaisir. » Et ce qui est drôle, l'on est toujours sincère lorsqu'on le dit, ce refrain[11].

De manière tout aussi habile, il pare d'avance les reproches attendus, en prenant les devants : « Je ne sais pas si mon rang, mes notes de conduite vous satisfont ; à moi, elles ne me vont pas[12]... » Par cette manière de souffler sa place à son interlocuteur, le jeune homme esquive l'affrontement avec le père, prêtant le flanc tout juste assez pour tourner la situation à son avantage, et il est intéressant de le voir élaborer ici une sorte de procès, où il se retrouve

---

9. On pense à certaines lettres envoyées de l'armée, par exemple, dans lesquelles l'épistolier adopte la technique du récit de liste, comme c'est le cas dans la lettre du camp Utopia ([avril 1946?]), ou encore à ces fragments de dialogue qu'il intègre dans certaines autres : voir la scène avec la nouvelle bonne, Dora, dans la lettre de Rivière-Madeleine (23 novembre 1946), au moment où il emménage dans sa nouvelle maison de « grand style » et se moque de son mode de vie bourgeois, ou celle où il explique pourquoi il a raté le mariage de sa sœur Madeleine (24 septembre 1945).
10. Ces dédoublements sont relativement fréquents et significatifs dans les lettres. J'y reviens plus loin.
11. Lettre de Jacques Ferron à Joseph-Alphonse Ferron, 2 octobre 1937 ; reproduite p. 200.
12. *Ibid.*

à la fois juge et partie, façon toute précoce d'éprouver le jeu littéraire, dont l'essentiel consiste bien à savoir à la fois s'identifier *et* se désidentifier, à savoir changer de place. On pourrait donc lire cette lettre d'octobre 1937, où l'étudiant cherche à se voir avec les yeux de son père, comme une première tentative de projection et de distanciation, exploration encore primaire du jeu offert par la grammaire des pronoms dont le futur écrivain tire ici ses premiers effets littéraires...

Mais la « formation de [...] caractère[13] » tant souhaitée par le père n'est jamais plus réussie — et bien au-delà de ses espérances ! — que dans cette lettre désignée par l'écrivain lui-même comme la « Lettre de Méthode[14] », ce qui en confirme l'intérêt exceptionnel à ses propres yeux (on trouvera dans le fragment « Notaire par le nez[15] » une allusion de Ferron à cette lettre qui la marque aussi comme la pierre angulaire de sa pensée). Dans cette lettre beaucoup plus longue que les autres, le jeune homme relate une expérience qui fut pour lui le signe déclencheur d'une prise de conscience relativement à l'importance du milieu, expérience qui s'avérera déterminante toute sa vie durant :

---

13. Lettre de Joseph-Alphonse Ferron à Jacques Ferron, 6 mars 1936, p. 196.
14. Il nous a été difficile de déterminer la date exacte à laquelle cette lettre aurait été écrite, mais il semble peu probable que Ferron ait alors été en Méthode, puisque cette lettre semble précéder de peu son deuxième renvoi du Collège Jean-de-Brébeuf, en février 1941. Il aurait alors été en Philosophie II, et non pas en Méthode. Nous n'en continuons pas moins à appeler cette lettre la « Lettre de Méthode », suivant ainsi sa propre désignation. Voir aussi *infra*, p. 205.
15. Voir « Notaire par le nez », p. 306-307. « La première idée personnelle qui m'est venue, il y a bien longtemps, plus de quarante ans, alors que j'étais en Méthode, originale pour moi, pas nécessairement pour autrui, est une drôle d'idée chrétienne : que dans un groupe d'une centaine de garçons on choisisse les dix meilleurs et qu'on les isole sur une île ; déjà ils ne sont plus meilleurs et doivent se répartir l'éventail des rôles, du pire et du mauvais au bon, au mieux et au meilleur. » La grégarité du dortoir fait ici contrepoint à cet isolement insulaire : la solidarité est aussi « procédé chrétien » puisque « pour empêcher le pire d'être vilain, franchement mauvais ou méchant, celui qui serait sûr de sa bonté s'empresse de prendre le rôle de la méchanceté ». Cette idée du bien, du mieux et du meilleur sera également reprise dans le manuscrit du *Pas de Gamelin*.

Je m'entête de mon côté à ne point user de ma chambre ; je ne
crois pas que la solitude soit bonne aux jeunes gens ; surtout en
ces temps malheureux où le monde étant surpeuplé, la promiscuité est habituelle, où les entreprises industrielles et guerrières réunissent les hommes en troupeau au grand plaisir de
ceux qui les conduisent. Le dortoir m'est surtout salutaire, ce
n'est qu'aujourd'hui que je suis devenu conscient que je puis
ainsi l'apprécier ; avant je ne pouvais pas comprendre la portée
symbolique du geste de reprendre l'air respiré par mes compagnons de dortoir : c'est la solidarité humaine qui s'obtient par
la participation à un même élément, l'air[16].

De nombreux éléments de cette lettre mériteraient une analyse
approfondie, à commencer par la critique politico-sociale des élites
qui mènent les masses à leur guise, en cette veille du déclenche-
ment de la Seconde Guerre mondiale : l'étudiant manifeste ici une
ouverture nouvelle aux événements de portée internationale qui
grondent sourdement et qui éveillent en lui cette prise de conscience inédite quant à sa propre situation dans *son* monde. Cette
lettre où le jeune homme choisit, contre la chambre privée où il
pourrait jouir de sa solitude, le dortoir commun, en faisant ainsi fi
des privilèges liés à sa classe sociale, est également révélatrice de son
émancipation à l'endroit des valeurs héritées du père, notable[17]
ambitieux et avide de gloire, valeurs relayées par les autorités
élitaires des collèges où celui-ci fait éduquer son fils. On pourrait
donc lire cette lettre de Méthode comme la première lettre
vraiment personnelle de l'étudiant, qui s'aventure ici à penser par
lui-même[18], à exercer son libre arbitre. Opposant deux mots à

---

16. Lettre de Jacques Ferron à Joseph-Alphonse Ferron, sans date [février
1941 ?]; reproduite p. 205-206.
17. Ferron admirera toujours les notables qui auront eu le courage de rompre
avec leur classe : qu'on pense au Docteur Joseph-Olivier Chénier, à la syndi-
caliste Madeleine Parent ou à Norman Bethune, pour ne nommer que ces
quelques figures exemplaires.
18. On pense ici aux propos de Daniel Sibony sur le déplacement par rapport
à l'Origine qu'opère la pensée elle-même : « Penser, c'est faire mouvement sym-
boliquement, mouvement de s'exiler d'une image pour la traduire dans une

proximité l'un de l'autre sur le plan phonétique mais éloignés sémantiquement, solitude et solidarité, Ferron développe ici un raisonnement à la fois plein d'audace et de fantaisie, dans lequel le lecteur reconnaîtra aisément le style argumentatif de l'écrivain. Et l'exemple qu'il choisit pour appuyer sa démonstration — il se compare au « gros cheval bleu [...] trop bête pour rester avec les autres chevaux et que Monsieur Hébert retrouva dans la savane[19] » — ne laisse pas de faire sourire, puisé comme il l'est à une réalité qu'il connaît bien et qui touche particulièrement l'intérêt de son interlocuteur pour les chevaux. Le déploiement de la métaphore filée conduit de lui-même le jeune homme à un calembour franchement comique, qu'on pourrait voir bientôt ressurgir dans l'univers des *Contes*, lorsqu'il note :

> Les chevaux indépendants sont toujours déplaisants ; mais les bons chevaux qui se tiennent ensemble sont vraiment plaisants pour le berger ; il s'agit d'en brider un et tout le reste suit ; ils sont un peu moutons, mais tellement plus faciles à administrer. J'étais un cheval indépendant, quelle était mon erreur ! me voici suave comme un mouton. C'est dommage que je n'aie pas les cheveux bouclés, car il me semble que je ferais à Louiseville, cet été, un excellent saint Jean-Baptiste[20].

Cette transformation subreptice du cheval rebelle en mouton soumis souligne l'ambivalence exprimée par le collégien tout au long de cette lettre dans laquelle il revendique, de manière quelque peu paradoxale, la grégarité, le partage du sort commun comme moyen de gagner... son indépendance. Et en outre, l'image des chevaux groupés le fait vite glisser vers l'image des moutons dociles, qu'il cherchait justement à questionner au début du texte. Quoi qu'il en soit, la lettre met bien en valeur une idée politico-sociale

---

autre, à travers un passage à vide. C'est faire travailler une sorte de pulsion migrante, traductrice, interprétante, qui passe par des fragments dispersés de soi-même. Cela exige et cela nourrit la pulsion identitaire » (*op. cit.*, p. 334).
19. Lettre de Jacques Ferron à Joseph-Alphonse Ferron, sans date [février 1941 ?], p. 206.
20. *Ibid.*

chère à Ferron, qui sera à la source de plusieurs de ses positions ultérieures comme médecin, homme politique et écrivain : le milieu est essentiel pour saisir et comprendre l'histoire de toute personne[21]. Et déjà cette lettre de jeunesse où l'on sent une vive tension entre individualisme et collectivité, affirmation de soi et adhésion aux valeurs communes, n'est pas sans annoncer la future théorie du moi qui sera développée dans *Du fond de mon arrière-cuisine*, où le rapport aux autres — ces autres par essence absolument étrangers au moi et incompatibles avec lui —, repose uniquement sur la complicité et la solidarité, condition *sine qua non* de toute pensée de la nation pour l'écrivain. Les conséquences politiques de cette première prise de conscience sont donc loin d'être négligeables et auront une longue portée puisque, en respirant le même air que ses compagnons de dortoir, le jeune homme se découvre rien de moins qu'un lien à l'autre, aussi réel qu'invisible...

Sera-t-il cheval ou mouton ? « Soumis et respectueux de l'autorité[22] » ou téméraire ? Continuera-t-il d'être « bridé » et guidé par ses maîtres ou fera-t-il cavalier seul[23] ? La lettre ne permet pas de trancher, puisqu'elle explore à la fois les deux possibilités, sans se laisser limiter par les règles de la logique ou de la dialectique. Le jeune homme se joue des contradictions, pour le seul plaisir de voir où le mènera son cheval, si l'on ose dire en pensant à la célèbre phrase de Freud[24], et comme s'il oubliait son destinataire et devisait

---

21. Voir à ce sujet l'importante lettre de Jacques Ferron à John Grube, datée du 28 février 1976, et consacrée au milieu, à la « lutte incessante et confuse » qui oppose le sujet à son milieu, à commencer par « la famille, [...] ce milieu vital qu'on ne saurait quitter sans mourir » (*Une amitié bien particulière*, p. 121-123).
22. Lettre de Jacques Ferron à Joseph-Alphonse Ferron, sans date [février 1941 ?], p. 206.
23. Ferron reprend cette image à propos de son maître jésuite Robert Bernier (voir le fragment « [Cela te donnera quoi ?]») et de Pierre Baillargeon : « Je voulais sans doute lui signifier que je lui devais moins qu'il ne le pensait et qu'ayant toujours fait cavalier seul, je tenais à le rester » («Du haut du palier », p. 319).
24. À propos de *l'Interprétation des rêves*, Freud écrit à Fliess le 7 juillet 1898 : « Mon travail m'a été entièrement dicté par l'inconscient suivant la célèbre phrase d'Itzig, le cavalier du dimanche : "Où vas-tu donc, Itzig ? — Moi, je n'en sais rien, interroge mon cheval." »

avec lui-même. Délaissant l'enclos protecteur de sa chambre, il se voit soudain prêt à dévaler les pentes de ski ou à courir les mers inconnues. Car non sans provocation à l'endroit de son père, Ferron se vante en effet dans la suite de la lettre d'avoir presque abandonné le cours classique — ce qui n'eut certes pas l'heur de plaire au Notaire — « pour aller faire du ski avec un ami que j'ai et qui en a fait une carrière, un garçon très intelligent[25] » que, discrétion oblige envers les partenaires de mauvaise conduite, il couvre en ne le nommant pas. Loin de faire amende honorable, il en rajoute en écrivant avec superbe : « J'aurais grillé au lieu d'attendre pâle le mois de mai, et pourquoi ? pour un parchemin que des milliers d'imbéciles ont eu[26] », dévaluant de manière téméraire le diplôme censé couronner ses études. Il affirme encore son « indépendance » nouvellement conquise en déclarant être devenu paresseux, « état que je connaissais mal et étais loin d'apprécier à sa juste valeur[27] » : « Tout cela, il est vrai, me détache de la philosophie et autres sciences que l'on m'enseigne, déplore-t-il sentencieusement, mais vogue la galère ! Je préfère couler ma classe plutôt que de reprendre une vie de soucis effroyables en étant réinstallé dans ma chambre[28]. » Et il conclut cette lettre mémorable en annonçant à son père son intention de s'engager dans la marine («ce fut, si tu t'en souviens, ma première vocation[29] ») :

---

25. Lettre de Jacques Ferron à Joseph-Alphonse Ferron, sans date [février 1941 ?], p. 206.
26. *Ibid.*
27. *Ibid.*
28. *Ibid.*
29. Il s'agit en fait du vœu de sa mère et de sa tante Irène, qui le déguisaient souvent en petit matelot et le voyaient, dans leur « rêve marin », « capitaine de vaisseau », « le premier à bord » : voir l'*Appendice* où Ferron raconte le plaisir que lui avait donné un jouet d'Irène, « le seul jouet dont je me souvienne » (un sous-marin métallique « plongeant sous l'eau et remontant à la surface » [*Appendice aux Confitures de coings*, p. 153, 156] : belle métaphore de la mémoire et du mouvement de l'écriture introspective). Dans le fragment « Notaire par le nez », Ferron réécrit cette scène de vocation et abandonne le rêve maritime des dames capitainesses pour celui, plus terre à terre, du père, notaire et petit propriétaire terrien (voir p. 313).

Dans les loisirs infinis que j'ai eus ces jours derniers, revenant sur moi-même, j'ai cru ressentir à nouveau cet appel ; et puis il faut donner raison au mendiant qui m'a prédit une vie aventureuse ; si l'on n'obéit pas aux prédictions qui voudra prophétiser, je me le demande[30] ?

Cet affranchissement de toutes limites, cette ouverture de l'avenir qui n'appartient qu'à la jeunesse, cette émancipation de soi coïncident, on ne s'en étonnera guère, avec la découverte de la lecture (il avoue avoir « l'occasion de lire des flots de romans[31] ») et une curiosité toute neuve pour ce personnage qu'il vient, par l'écriture, de créer : soi-même, un soi plus vrai et libre que l'autre.

---

30. Lettre de Jacques Ferron à Joseph-Alphonse Ferron, sans date [février 1941 ?], p. 206-207. Ferron fait ici allusion à un autre trait de son père : « J'ai toujours remarqué que j'étais un privilégié, ne serait-ce que par le Quêteux. Mon père était amateur de quêteux, un amateur de diseurs de bonne aventure. Ce quêteux, en regardant derrière les oreilles, jugeait qu'un tel de mes amis, qui était très intelligent, n'aurait pas une grande carrière, parce qu'il n'était pas fort. Ça m'avait beaucoup frappé » (Pierre L'Hérault, « Entretiens avec Jacques Ferron », dans *l'Autre Ferron*, p. 418).
31. *Ibid.*

Une colère du père

Un trait significatif des lettres de Joseph-Alphonse tient aux variations de sa signature, qui se modifie selon la teneur affective de la lettre. Le plus souvent, il utilise une griffe qui devait apparaître assez impressionnante aux yeux du petit garçon qui reconnaissait immédiatement les volutes compliquées de son nom, JA Ferron, le prénom comprimé dans le nom, sans doute tracé à la plume d'oie[1] (quelques années plus tard, on surprendra l'adolescent à essayer d'imiter cette signature panachée, quoique timidement, en plus petit, justement[2]). Dans d'autres lettres plus familières où le père sort un peu de son rôle de *paterfamilias* et oublie les questions de notes et de rang pour parler de sujets plus quotidiens, susceptibles d'intéresser un petit garçon — le hockey[3], les chevaux[4] ou plus tard, les histoires de campagnes électorales[5] et les démêlés avec les bonnes[6] —, le père délaisse les formes et signe alors de son seul prénom.

---

1. Sans être fétichiste, Ferron accordera toujours une certaine importance à cette question des plumes, jusqu'à en faire un motif assez insistant du manuscrit du *Pas de Gamelin*, où elle paraît être l'attribut de la mère, « française jusque dans la calligraphie, formée à la mode de l'Ancien Régime, fidèle à feu le Roi » («Maski sera vengé », manuscrit inédit du *Pas de Gamelin*) ; cette plume d'or est l'un des objets qu'elle lui lègue. Dans un post-scriptum d'une lettre de Gaspésie, Ferron fait état de l'acquisition d'une « nouvelle plume, de celles qui servent quatre ans. Elle épate les gens, ainsi que la centaine de piastres que j'ai toujours sur moi. Les gens disent : il a de l'argent, donc il réussit, donc il est bon médecin » (lettre de Jacques Ferron à Joseph-Alphonse Ferron, Rivière-Madeleine, sans date [1946], reproduite p. 245).
2. Voir la lettre reproduite en fac-similé, p. 214.
3. Lettre de Joseph-Alphonse Ferron à Jacques Ferron, 22 janvier 1934 ; reproduite p. 179.
4. Lettres de Joseph-Alphonse Ferron à Jacques Ferron, 20 mars et 11 septembre 1934 ; reproduites p. 181 et p. 184-185.
5. Lettre de Joseph-Alphonse Ferron à Jacques Ferron, 30 janvier 1935 ; reproduite p. 189.
6. Lettres de Joseph-Alphonse Ferron à Jacques Ferron, 20 octobre et 7 novembre 1934 ; reproduites p. 186 et p. 186-187.

Mais déjà le fait que la lettre soit dactylographiée ou manuscrite en disait long sur l'humeur de l'expéditeur, et suffisait à déclencher, lorsqu'elle était autographe, l'émotion du destinataire, qui commençait, avant même d'avoir pris connaissance du contenu, à ressentir une certaine appréhension. Voici ce que Ferron, pourtant à ce moment jeune médecin adulte établi en Gaspésie, laisse apercevoir lorsqu'il reçoit une telle lettre manuscrite de son père vers la fin de l'année 1946 :

> Quand j'ai reçu cette longue lettre autographe, je suis devenu mal : « Quelle bêtise ai-je pu faire ? » Ce fut la question que je me fis involontairement, car il était de tes habitudes de nous écrire ainsi, seulement lorsque tu avais à nous dire des choses qu'il était préférable que ta secrétaire ne sache pas[7].

Le père utilise donc deux codes pour communiquer avec son fils et l'émotion se fait de toute évidence plus vive lorsque la lettre est manuscrite[8]. On en a un rare et éloquent exemple avec cette lettre d'octobre 1940, manifestement écrite à la hâte sur le premier support trouvé[9] (ce qui détonne avec l'aspect le plus souvent formel et soigné des lettres du père), dans laquelle Joseph-Alphonse admoneste sévèrement son fils, à cause de ses notes qui périclitent de nouveau en ce début d'année scolaire. Très mécontent de trouver un bulletin d'octobre aussi faible — « Conduite générale médiocre, application en classe médiocre, points conservés 136 sur 300[10] » —, le père met alors le jeune homme en défaut de parole donnée, car il ne s'est pas amendé malgré ses promesses répétées. Mais il n'en reste pas là et a recours à des arguments autrement graves, suprêmes même, alors

---

7. Lettre de Jacques Ferron à Joseph-Alphonse Ferron, Rivière-Madeleine, 18 janvier 1947 ; reproduite p. 263.
8. Le lecteur trouvera ici un spécimen : voir p. 203-204.
9. Il s'agit du compte de taxe émis par la ville de Louiseville en novembre 1940 pour l'approvisionnement d'eau. Peut-être cette lettre est-elle un brouillon qui ne fut pas envoyé tel quel, mais que le fils retrouva lorsqu'il prit connaissance des papiers de la succession, après la mort de son père.
10. Lettre manuscrite de Joseph-Alphonse Ferron à Jacques Ferron, non datée [novembre 1940] ; reproduite p. 203.

qu'il invoque, pour lui faire honte, la figure de la mère et son propre exemple :

> Sois donc digne de ta bonne mère, dont la mémoire restera celle d'une personne pieuse, érudite, pleine de jugement et de bonté ; quant à moi je te permets de réviser mon dossier, faisant mes études dans des conditions qui ne sont pas les tiennes et tu n'y trouveras pas de tels passages, ne citons que mon examen, le plus important tu me verras le 5e sur 52 à la Chambre des Notaires, qui m'appelait quelques années plus tard à être un de ses membres, durant six ans et enfin la présidence du comité de correction des manuscrits et le secrétariat du comité des brevets pour admission à la pratique[11].

Comme si le recours à la figure de la mère, véritable sainte qui veille de haut sur la famille et qu'on fait régulièrement intervenir en lui prêtant paroles et jugements (aussi bien du côté du père que du fils[12], d'ailleurs) n'était pas en soi assez dévastateur et ne suffisait

---

11. *Ibid.*

12. « Ton rapport du mois m'a fait réellement plaisir, écrit le père et a certes été agréable à ta petite maman, si sensible à tes succès, car on dit que l'âme Bienheureuse participe aux joies des siens sur la terre » (lettre de Joseph-Alphonse Ferron à Jacques Ferron, 7 novembre 1934 ; reproduite p. 186). Il invoque encore « l'âme de ta chère maman qui elle aussi doit faire des vœux pour que tu passes une Bonne Année » dans sa lettre d'anniversaire du 19 janvier 1935 (voir p. 188). Quant à Jacques, il passe aussi par la mère pour renforcer la décision du père de faire donner à Marcelle des leçons de peinture : « Mais si Marcelle a de bonnes dispositions, il est bien juste de les lui faire profiter : Maman t'approuverait certainement » (lettre de Jacques Ferron à Joseph-Alphonse Ferron, 16 mars 1936 ; reproduite p. 198). Cette présence fantomatique de la mère comme tiers dans la correspondance est certainement l'un de ses traits les plus significatifs : le père n'oublie pas la disparue et ne la laisse pas oublier par les enfants, et tout particulièrement le fils ; bien plus, il lui fait jouer un rôle dans l'éducation et la transmission des valeurs familiales, quand il n'en fait pas une figure surmoïque inaccessible contre laquelle il est impossible de se défendre. On peut faire l'hypothèse que l'intériorisation de cette figure n'est pas étrangère aux débats intérieurs qui déchireront plus tard souvent le narrateur ferronien, écartelé entre la voix sage de Notaire et celle, diabolique, de Maski, son tentateur.

pas pour frapper l'imagination du jeune homme et le ramener dans le droit chemin, le père dresse ici la liste de ses propres titres de noblesse jalonnant son ascension sociale, posée comme le modèle à imiter et surtout à dépasser par le fils, qui jouit, lui, de meilleures conditions pour faire de brillantes études. Ce qui frappe dans la suite de cette lettre exceptionnelle, c'est, au-delà de ce recours surnaturel à la mère, la force des reproches adressés par le père, leur accent particulier, que la syntaxe et la ponctuation bousculées, haletantes[13], laissent presque entendre. Le père parle ici à cœur ouvert de sa déception, mais aussi de ses attentes, peut-être démesurées, à l'endroit du fils, comme si celui-ci trahissait, par sa fainéantise et son manque d'ambition, la loi du clan :

> Si tes facultés ne te permettent pas, j'en suis attristé, plus de succès, mais ce que je ne tolérerai plus : une conduite médiocre et une application médiocre.
> À quel titre tu ferais ta formation à ta guise, lorsque je crois de mon devoir de te payer les frais d'un de nos meilleurs collèges de la Province [...]?
> Si mon passé ne t'a pas prouvé que j'aimais mes enfants, ces remarques te le prouveront et je ne suis pas prêt à concéder ce qui me reste de plus cher dans le monde[14].

Dans cette lettre, le père incarne, avec un mélange surprenant de sévérité et de tendresse, la loi de la famille dont il est le chef et dont l'interdit, peut-être le seul, pourrait se formuler ainsi pour chaque membre de la famille, mais d'une manière sans doute particulièrement forte et inflexible pour le fils aîné : il est interdit d'être médiocre. De manière exceptionnelle, cette lettre nous montre *in vivo* ce qu'il en était de cette autorité souveraine du père, rappelant au fils ses devoirs et ses obligations d'exceller («À quel

---

13. On se reportera aux « Trois p'tits steppes » et au fragment « Notaire par le nez » où Ferron décrit à plusieurs reprises le débit, le rythme, à la fois traînant et précipité, de la parole de son père (voir p. 273 et p. 296).
14. Lettre de Joseph-Alphonse Ferron à Jacques Ferron, non datée [novembre 1940] ; reproduite p. 204.

titre tu ferais ta formation à ta guise [...]?») et faisant de cette soumission du fils une affaire personnelle, une sorte d'enjeu dans une partie engagée entre Dieu et lui. Et dans ce litige, le père n'entend pas perdre. Car la vérité terrible que les dernières lignes suggèrent, c'est que, si le père a dû concéder à Dieu la perte de sa femme, il n'est plus question pour lui de faire aucune concession supplémentaire («je ne suis pas prêt à concéder ce qui me reste de plus cher dans le monde »), les ambitions reportées sur le fils permettant de réparer, au moins dans une certaine mesure, la perte qu'il a encourue. On comprend que les échecs scolaires — mais au-delà, l'échec tout court — sont, dans ce contexte, inadmissibles et provoquent chez lui une telle colère.

Cette lettre manuscrite et rendue presque illisible par la graphie tourmentée, inhabituellement vive et emportée du père, est ainsi précieuse parce qu'elle met au jour une autre facette de sa personnalité, une facette plus obscure et tragique qu'il laisse rarement voir, même à ses enfants. Entre les lignes, on voit que le deuil de sa femme exerce toujours une forte emprise sur lui et que cette perte détermine encore sa réaction devant la médiocrité et les échecs de son fils. Comme l'écrira beaucoup plus tard Ferron, son père « n'était pas homme à ne rien perdre[15] »... Peut-être en effet le Notaire ne peut-il plus supporter aucune défaillance en raison du sentiment d'impuissance et de faillite qu'il éprouve lui-même depuis la mort d'Adrienne ? Le devoir exigé du fils serait alors symétrique à celui que lui doit le père, à défaut de quoi le système de créance et de dette risquerait de se déséquilibrer en mettant à découvert le sentiment de profonde faillite qu'il ressent depuis cette mort, et cela bien avant que ses échecs financiers et la banqueroute qui le ruineront en 1947 ne les concrétisent sur le plan matériel. Quoi qu'il en soit, on peut certes penser que la colère qu'il manifeste ici dépasse le seul enjeu des mauvaises notes du dernier bulletin et qu'il est plus touché à vif qu'il ne veut ou ne peut le dire.

Comment réagit le fils, sommé de se soumettre et de porter la gloire du père ? Nulle lettre, excepté celle de « Méthode » à laquelle

---

15. « [Mon père se nommait Joseph Salvarsan] », p. 292.

j'ai déjà fait allusion, ne le dit clairement, mais les choses ne semblent guère s'être arrangées dans l'immédiat, puisque le jeune homme sera renvoyé du Collège Brébeuf pour la deuxième fois en février 1941. Cela ne préjuge en rien toutefois des effets à longue portée d'une telle lettre exprimant le courroux quasi divin du père, dont il n'est pas difficile de penser qu'elle déclencha sans doute une blessure d'amour-propre, un sentiment de ne pas être à la hauteur, de la honte aussi peut-être, tous sentiments qui ne trouveront leur expression que bien plus tard sous ce mot très chargé d'usurpation... Cette lettre-colère du père amorce en tout cas un changement de ton dans la correspondance où le fils, après les lettres frondeuses de Méthode et de Versification, ne se laissera plus aller à exprimer aussi librement sa véritable nature intérieure et se montrera plus réservé. S'appliquant à satisfaire son père par ses bonnes notes et ses succès, il ne lui laisse plus voir cette médiocrité honnie, mais en tire-t-il pour autant raison de croire en lui-même ? Rien n'est moins sûr, et l'écrivain avouera plus tard à quel point ces succès extérieurs ne firent rien pour assurer sa confiance en lui-même. De succès en succès, le sentiment d'usurpation ne faisait que grandir et comme Kafka, dans sa « Lettre à son père », il aurait pu dire : je réussissais toujours mais « je n'en tirais aucune raison de confiance ; au contraire, j'étais toujours convaincu [...] que plus j'avais de succès, et plus l'issue serait finalement désastreuse[16] ».

---

16. Franz Kafka, « Lettre à son père », dans *Œuvres complètes IV*, traduction par Marthe Robert, notices et notes, notes rectificatrices aux traductions, index par Claude David, Paris, Gallimard, « Bibliothèque de la Pléiade », 1989, p. 868.

« Je te serre la main... »

Nouveau changement de cap dans l'itinéraire du jeune étudiant qui s'installe en septembre 1941 à Québec pour y commencer ses études de médecine : déjà la clausule signale cette relation différente au père, tendant davantage à l'égalité et à la fraternité (le jeune homme le tutoie d'ailleurs plus volontiers), salut donné main tendue, d'homme à homme[1]. Les lettres de cette période marquent certes une nouvelle étape dans la conquête, encore bien relative, de son indépendance. Sur le plan financier, la dépendance du jeune universitaire ne s'est guère modifiée en nature, les rapports mensuels ou semestriels des notes et du rang remplacés par des bilans et calculs, tout aussi réguliers que les précédents : de toute évidence, le fils rend toujours des comptes à son père, qui le soutient fidèlement, pour les choses nécessaires (loyer, frais de scolarité, livres) et moins nécessaires à son établissement (le remplacement gracieux de ses skis cassés, par exemple, dont il lui recommande de « garde [r] ceux [qu'il a] et avec les autres déjà cassés nous pourrons peut-être les utiliser pour des lames de ski pour nos poulains[2] »). Ce soutien est d'autant plus précieux que l'étudiant n'obtient pas de bourse pour la première année de ses cours à l'Université. Sur le plan personnel, son indépendance à l'égard de son père est elle aussi loin d'être gagnée, mais l'établissement à Québec constitue au moins la fin de son état de pensionnaire : logeur dans une pension — il décrit de manière amusante dans une lettre-conte comment il fut importuné par d'autres logeuses indésirables, des punaises[3] —,

---

1. Relation d'égalité qui n'est pas, à certains égards, sans réciprocité : il arrive que le père demande aussi parfois conseil au fils pour ses affaires. Voir la lettre du 4 février 1942, où il spécule sur la longueur de la guerre pour décider s'il doit acheter une auto neuve ou usagée et parle affaires avec Jacques : « Dis-moi donc ce que tu en penses » (lettre de Joseph-Alphonse Ferron à Jacques Ferron, 4 février 1942 ; reproduite p. 220).
2. Lettre de Joseph-Alphonse Ferron à Jacques Ferron, 17 février 1942 ; reproduite p. 221.
3. Lettre de Jacques Ferron à Joseph-Alphonse Ferron, Québec, dimanche le 14 [1941 ?] ; reproduite p. 210.

le jeune homme peut désormais se déplacer à sa guise dans la ville, sans demander de permissions à ses supérieurs, liberté toute neuve dont on peut imaginer qu'il jouit sans mélange, après toutes ces années de réclusion. D'ailleurs, cette liberté de mouvement sera bientôt limitée par son inscription dans le Corps médical royal canadien et sa mobilisation dans l'armée ; de manière significative, il aura alors du mal à se soumettre aux règles strictes de la discipline militaire et comparera l'armée au collège d'antan : « L'armée est pire que le collège, j'enrage. Il faut croire que je suis plus diplomate que naguère ; je ne me suis pas encore fait mettre à la porte[4] », et il écrira du camp Utopia que c'est « un beau camp ; malheureusement, il est impossible d'en sortir ; cette réclusion gâte sa beauté[5] ».

Mais pour l'heure il arpente Québec, ses rues, ses côtes qu'il parcourt en tous sens pour activer sa « circulation sanguine » ralentie par les études (« la matière à étudier est formidable : s'il neigeait et que M. Hébert néglige durant une semaine de déblayer la cour, il sera enterré : il en est de même pour moi avec ma médecine[6] »). Québec c'est aussi sans doute la découverte de tout un monde qu'il livre dans ses lettres de manière rapide, à travers des détails et parfois des petites mises en scène aptes à divertir son interlocuteur et à le rassurer sur l'usage réfléchi qu'il fait de son temps — et de son argent. On ne s'étonnera donc pas que l'essentiel des apprentissages réels du fils s'émancipant — son éducation sentimentale, mais aussi ses aventures sexuelles avec les filles qu'il a dû fréquenter[7] — ne trouve nulle trace dans ces lettres filiales ; cette

---

4. Lettre de Jacques Ferron à Joseph-Alphonse Ferron, Borden, lundi le 17 [1945] ; reproduite p. 234.

5. Lettre de Jacques Ferron à Joseph-Alphonse Ferron, non datée [camp Utopia, avril 1946] ; reproduite p. 240.

6. Lettre de Jacques Ferron à Joseph-Alphonse Ferron, 25 septembre 1941 ; reproduite p. 209.

7. Ferron évoque plus librement cet aspect de sa vie à Québec dans ses entretiens avec Pierre L'Hérault, où il note que la vie en commun des étudiants favorisait les aventures sentimentales. Son père accueillit froidement, semble-t-il, un projet de mariage très prématuré avec une certaine Muguette, ce qui aurait entraîné l'abandon des études de Ferron (voir *Par la porte d'en arrière. Entretiens,* p. 40).

connaissance topographique intime de la ville de Québec ressurgira beaucoup plus tard seulement, dans les transpositions mi-fictives mi-réelles, qu'on sent en tout cas bien documentées, des maisons closes dans la chronique du *Ciel de Québec*. Pour l'instant, le jeune homme emmagasine des matériaux, sans même le savoir lui-même en vue de l'œuvre future, mais il fait dans les lettres de cette période un tri plus serré des faits à raconter et il laisse sans doute de côté bien des choses importantes... D'ailleurs, et son père est le premier à remarquer le changement de rythme de la correspondance[8], le bachelier a moins de temps pour écrire et, peut-être par contamination professionnelle, le regard qu'il porte sur le monde qui l'entoure se fait plus froid, circonspect, critique en quelque sorte dans ces lettres des années de médecine et d'armée. C'est avec une certaine distance ironique, quasi ethnographique, qu'il observe son nouveau milieu, avec ses codes et ses règles ; ainsi, lorsqu'il annonce à son père son intention de venir à Louiseville partager un repas avec lui, il ne manque pas de noter cet aspect guindé, un peu snob des bonnes manières dans la capitale provinciale : « La fantaisie m'y poussant, j'irai prendre le souper avec vous, le 1er octobre. Dis à Madeleine de soigner ses plats, je suis devenu pincé comme un Quebecquois[9]. » Dans une autre lettre, il se moque des directives de la pension où il loge, rue Saint-Jean, en déplorant : « Ce qui m'ennuie, c'est que je n'ai pas la liberté d'avoir de chien ni de substances explosives ; tu peux t'imaginer que je suis à la recherche d'un chien[10]. »

Mais cette observation du milieu ne se fera jamais plus aiguë qu'en ce qui concerne la classe des médecins qu'il côtoie maintenant quotidiennement et qu'il ne semble guère apprécier, si l'on en

---

8. « Ton silence me laisse croire que tu es plongé dans le travail de ta chère médecine » (lettre de Joseph-Alphonse Ferron à Jacques Ferron, 15 novembre 1941 ; reproduite p. 211).
9. Lettre de Jacques Ferron à Joseph-Alphonse Ferron, 25 septembre 1941 ; reproduite p. 210. On remarque que Ferron utilise déjà ici cette graphie pour distinguer la ville de Québec de la province portant le même nom.
10. Lettre de Jacques Ferron à Joseph-Alphonse Ferron, non datée, [rue Saint-Jean, Québec, 1941 ?]; reproduite p. 212.

juge par cette clausule : « Porte-toi bien : souhait d'une grande
rareté dans la bouche d'un médecin et qui montre bien mon affection pour toi[11] » ou par ces commentaires sarcastiques lorsqu'il doit
lui-même consulter pour les piqûres de punaises : « il [le médecin]
a l'air bien ignorant, mais il ne parle pas ; il me donne des
comprimés en grognant que c'est deux dollars[12] », comprimés qui
n'ont évidemment rien à voir avec le symptôme. Le jugement néga-
tif se fait encore plus dévastateur dans cette description des rondes
médicales faites à l'hôpital où ressortent le côté mécanique et le
manque d'humanité du médecin-chef, qui apparaît comme le mauvais maître, à ne pas imiter :

> Je suis entré ce matin à l'hôpital, non pas pour me coucher, mais
> pour passer l'après-midi debout à regarder. Je suis le médecin, il
> lève la jaquette du malade, il regarde, je regarde, il hoche de la
> tête, je hoche de la tête et nous passons à un autre lit ; ici on
> ausculte, là on tape sur le ventre et quand on a bien ausculté,
> bien tapé, on sort de l'hôpital à moitié abruti et l'on va manger
> sans appétit[13].

Cette vision caricaturale qui réduit l'acte médical à une ges-
tuelle absurde est peut-être influencée par la prose satirique d'un
autre médecin, Jules Romain, qui ridiculisera lui aussi, selon une
tradition qui remonte à Rabelais, l'ignorance et la pédanterie des
médecins dans son *Docteur Knock*. Ce qui est certain, à lire ces
lettres où sont croquées sur le vif les premières scènes de son
apprentissage, c'est que Ferron, déjà au moment de ses études, s'il
avoue du « goût pour la médecine[14] », ne cède jamais à une vision

---

11. Lettre de Jacques Ferron à Joseph-Alphonse Ferron, non datée, [rue saint-
Jean, Québec, 1941 ?], p. 212.
12. Lettre de Jacques Ferron à Joseph-Alphonse Ferron, Québec, dimanche le 14
[1941 ?] ; reproduite p. 210.
13. Lettre de Jacques Ferron à Joseph-Alphonse Ferron, non datée [1942] ;
reproduite p. 218.
14. Lettre de Jacques Ferron à Joseph-Alphonse Ferron, Québec, dimanche le 14
[1941 ?] ; reproduite p. 211.

complaisante de sa profession et ne cherche en aucun cas à la sacraliser ou à l'idéaliser, bien au contraire[15]. La médecine telle qu'il la voit administrer autour de lui n'a rien pour l'édifier, et quand il se met lui-même dans le tableau qu'il décrit, il s'y place comme celui qui, quelque peu hystérique, défaille, s'évanouit ou se sent impuissant, tant il s'identifie non pas au médecin, mais au malade :

> La deuxième fois que je suis allé à l'hôpital, au moment le plus grave de l'examen d'un pauvre malade – tout le monde était silencieux et le médecin allait l'accabler d'une angine – je me mis à balancer comme un arbre dont on achève de trancher le tronc et je faillis tomber sans un mot sur le nez. C'est ainsi que j'ai raté mon premier évanouissement. Cette faiblesse m'a concilié l'affection des religieuses : les femmes aiment les faiblesses, même si on ne les a pas pour elles[16].

Peut-être le rationnement, qui sévit maintenant à Québec (la lettre porte l'en-tête du Comité local de rationnement), est-il pour quelque chose dans cet évanouissement, le jeune homme ne

---

15. Voir « Notaire par le nez » (p. 305), dans lequel il récuse avec force sa pseudo-vocation médicale, et à travers elle toute idée de prédestination limitant sa liberté : « Souvent, j'ai entendu parler de ma vocation. On m'en a même félicité. Chaque fois, j'en étais éberlué. Je le reste. Ma vocation, laquelle ? Celle du médecin, de l'écrivain ou de Mithridate ? Et que fait-on de mon mérite ? J'ai l'impression qu'on me cherche noise, qu'on veut me diminuer, m'humilier ; qu'on me dénie toute faculté d'adaptation, qu'on réduit mes virtualités à celles dont j'ai tiré parti et qu'on me laisse à sec, à vide, privé d'eau, d'air, de mon élément, de ma liberté. Moi, un bienheureux prédestiné ! Pourquoi pas un personnage machiné à son insu, plein d'idées innées, qui ne penserait pas par lui-même ? Un robot chanceux, qui se prendrait pour moi, assez niais pour faire mienne sa chance, m'en avantager au point de trouver naturel qu'on me vante et de me rengorger pour tout, sans n'avoir rien mérité ? Que tout cela est ridicule ! Qu'on me voudrait sot ! » Pour une rare fois, concernant le choix de sa vocation, on sent ici les accents de la colère et de la rébellion à l'encontre de toute conception fataliste du « destin » (rappelons qu'après la mort d'Irène, Adrienne fera sienne la devise qu'avait adoptée sa sœur lorsqu'elle se savait mourante : « Advienne que pourra »).
16. Lettre de Jacques Ferron à Joseph-Alphonse Ferron, [1941] ; reproduite p. 215.

mangeant pas toujours à sa faim, mais on peut penser que, au-delà de la fatigue physique et des privations[17], c'est la procédure elle-même que le jeune homme ne supporte pas («tout le monde était silencieux et le médecin allait l'accabler d'une angine »), prenant sur lui l'angoisse de la situation et créant de la sorte par sa défaillance incongrue une diversion qui épargne un peu le sort du malade. Par ailleurs, le commentaire accompagnant cette petite scène («Cette faiblesse m'a concilié l'affection des religieuses ») n'est pas sans rappeler d'autres scènes analogues survenues dans l'enfance, alors que le petit garçon malade se retrouvait à l'infirmerie du Jardin de l'Enfance, soigné par des religieuses. Quoi qu'il en soit, Ferron se place toujours résolument du côté du malade, adoptant son point de vue, s'identifiant avec empathie avec lui — et jamais avec le médecin supposé être investi d'autorité, de savoir et de compétence. Cela est encore clair dans une autre lettre où il se dépeint sous les traits d'un médecin distrait et de peu d'utilité[18], alors qu'il écrit « désolé, navré et repentant » à son père pour s'excuser d'avoir « oublié » son anniversaire :

> […] ton fils au désespoir d'avoir pensé le 9 que tu étais né le 8. Au désespoir parce que c'est une distraction qui afflige mon amour filial et pour une autre raison : je suis à apprendre l'obs-tétrique, c'est-à-dire l'art de collaborer avec la femme qui veut bien avoir un enfant. Franchement, je me demande à quoi me servira l'étude de cet art si j'ai des oublis semblables et si je

---

17. De manière sarcastique, le jeune homme note dans une autre lettre : « Mes études vont bien : nous avons à ce qu'il paraît des macchabées pour jusqu'à la fin de l'année » (lettre de Jacques Ferron à Joseph-Alphonse Ferron, Québec, dimanche le 14 [1941 ?] ; reproduite p. 211). Le rationnement ne touche pas cette ressource, semble-t-il, dont la provenance laisse songeur…
18. Dans le fragment autobiographique « Les têtes de morues » de *la Conférence inachevée*, Ferron accentuera jusqu'à l'hallucination cette impuissance et cette honte, souvent ressenties par lui comme médecin. Sur cet aspect, voir mon texte « Expérience du ressouvenir et écriture palimpseste : le conte perdu de Jacques Ferron », *Voix et images*, XXII : 2, hiver 1997, p. 309-336.

prends l'habitude de me présenter le 9 quand le bébé braille
depuis vingt-quatre heures[19].

Le mot est lâché, et souligné à deux reprises : la médecine est
d'abord et avant tout un art et non une science, et l'on voit donc
que, étudiant encore, le jeune Ferron a décidé quelle sorte de
médecin il serait : « On va me donner des malades à suivre : je te
donnerai bientôt de leurs nouvelles, écrit-il avec un humour non
dénué de tendresse à son père. Sois bon envers toi comme je voudrais l'être avec mes patients[20]. »

19. Lettre de Jacques Ferron à Joseph-Alphonse Ferron, non datée [1942] ;
reproduite p. 218.
20. Lettre de Jacques Ferron à Joseph-Alphonse Ferron, non datée [1942] ;
reproduite p. 219.

Ellipses

Ce qui fait l'intérêt d'une correspondance d'écrivain, c'est souvent aussi la présence du non-dit, les silences ou les « trous » qui viennent en miner la surface lisse, mais dont le tiers lecteur sent néanmoins les contours de manière plus ou moins précise. Ces zones de résistance affleurent sous diverses formes : l'euphémisme ou la litote, la pudeur, l'humour, toutes formes de masques. Dans ces lettres échangées entre père et fils, deux sujets, particulièrement graves et importants, deux décisions majeures dans la vie du jeune Ferron, feront l'objet de telles ellipses : c'est le cas du choix de la vocation, la médecine plutôt que le notariat auquel son père le prédestinait, choix dont je parlerai plus loin, aucunement discuté pour lui-même dans ces lettres, mais dont l'écrivain enregistrera avec soin les conversations qui eurent lieu avec son père à Louiseville avant de les transposer dans les fragments « Notaire par le nez » et « [Cela te donnera quoi ?]». Et c'est également le cas pour la décision de se marier, événement que rien ne laisse présager dans les lettres et qui se signale de manière tout aussi inopinée que discrète au lecteur par l'irruption soudaine d'un « nous » qui n'est plus seulement de majesté :

> Tu m'excuseras de ne pas t'avoir écrit plus tôt ; nous avons travaillé fort ces jours derniers : nous nous sommes préparés pour l'hiver. Non que je me sois pourvu d'une hache et que je sois parti faire du bois ; non que ma femme ait sorti son grand chaudron dans la cour pour faire son savon. Mais nous avons fait le ménage de notre appartement, lavé nos murs et nos rideaux, peinturé nos meubles, fourbi notre coutellerie… Bref, nous pouvons aujourd'hui nous asseoir sans crainte de nous salir[1].

---

1. Lettre de Jacques Ferron à Joseph-Alphonse Ferron, Québec, le 7 septembre 1944 ; reproduite p. 222.

L'accumulation des possessifs (et la nomenclature des possessions) attire soudain l'attention du lecteur sur un fait qui était jusque-là demeuré invisible : la situation maritale du jeune homme n'est plus la même, il est en ménage depuis déjà plus d'un an au moment où il écrit cette lettre à son père[2] (de manière tout à fait symétrique, rien ne laisse davantage présager le remariage du père dans la correspondance : se joue peut-être sur ce terrain une certaine rivalité œdipienne, dont je reparle plus loin). C'est en tout cas la première fois que Ferron fait référence à sa femme, et cette fois comme pour toutes les autres où sa présence se fera plus explicite, cela ne va pas sans un certain malaise, exprimé de manière extrêmement voilée[3]. Tout cela paraîtrait en effet bien anodin, si l'on ne s'avisait que cette première mention datait de 1945, alors que Ferron a épousé depuis deux ans déjà Madeleine Therrien, une étudiante en droit à l'Université Laval. Le laps de temps est assez considérable pour attirer l'attention et s'il pique la curiosité, c'est aussi et surtout parce qu'il met le lecteur devant cette réalité implicite dans toute correspondance, à savoir qu'une lettre est toujours destinée à dire aussi bien qu'à taire certaines choses. Sans vouloir spéculer indûment sur cette question demeurée privée dans les lettres, on remarquera que le jeune homme, s'il a peut-être abordé ce sujet de vive voix dans ses entretiens avec son père, n'en consignera rien, même de manière allusive, ni dans ses lettres ni ultérieurement dans ses fragments de fiction autobiographique. Cette décision provoqua-t-elle un nœud de discorde entre le père et le fils[4] ? Rien ne permet de l'affirmer hors de tout doute, mais ce

---

2. Jacques épouse le 23 juillet 1943 Madeleine Therrien. Le père de Ferron assista au mariage, selon Pierre Cantin (*Jacques Ferron, polygraphe*, Montréal, Bellarmin, 1984, p. 459, n. 21), mais il est possible d'induire à partir de ces lettres qu'il ne fut peut-être pas enthousiasmé par cette décision, la jugeant sans doute prématurée (le jeune homme est âgé de vingt-deux ans et il ne sera assermenté comme médecin que deux ans plus tard).

3. Jusqu'en 1945, les mentions afférentes à son épouse demeurent des plus laconiques, du genre : « Magda t'envoie ses amitiés » (lettre de Jacques Ferron à Joseph-Alphonse Ferron, sans date [janvier 1945] ; reproduite p. 227).

4. Dans ses entretiens avec Pierre L'Hérault, Ferron confirme que tel était le cas : « L'erreur, cette fois, aura été de me marier durant mes études. [...] Dès la

mariage fut peut-être pour le fils une manière de contester, avec le statut juridique de citoyen qu'il vient d'acquérir, la volonté du père à son égard, comme le laisse penser ce passage : « […] quand on a vingt et un ans, écrit Ferron le jour de son anniversaire, c'est une autre affaire : ça veut dire que l'on est accompli, l'État nous reconnaît des droits, celui par exemple de nous marier sans consentement, de voter et autres choses amusantes[5] ». Quoi qu'il en soit de cette hypothèse, lorsqu'on relit ces lettres des années quarante, il est clair qu'on sent une certaine gêne dans la manière elliptique, parfois même abrupte, qu'a Jacques de parler de sa femme[6] : ou bien il fait d'elle une collègue («Ici, nous continuons notre petite vie studieuse, chacun dans notre faculté, qui dans son bureau d'avocat, qui à l'hôpital[7]») ou une sorte de colocataire supportant sans mot dire les conditions de vie les plus précaires lorsque, décrivant l'appartement cette fois vidé de toutes ses possessions, il dit « qu'il n'y reste que les murs, les cabinets et le bain. Ma femme y dort[8] ». Il faudra attendre l'éloignement causé par l'armée, puis l'installation dans la lointaine Gaspésie (là encore, une décision prise en grande partie pour contrer la volonté du père, qui aurait souhaité le voir

---

troisième année, nous pouvions nous enrôler dans l'armée et nous étions payés, comme soldats, avec les frais d'entretien. C'est ce qui m'a permis de me passer de mon père et de faire ce que je voulais, me marier… » (*Par la porte d'en arrière. Entretiens,* p. 21-22). Cette décision apparaît donc comme une première rébellion contre le père.

5. Lettre de Jacques Ferron à Joseph-Alphonse Ferron, non datée [janvier 1942] ; reproduite p. 216.

6. On sent cette réserve, par exemple, dans la manière peut-être trop prévenante par laquelle, après avoir invité très cordialement sa sœur Thérèse à les visiter au camp de Grande-Ligne, il préjuge du refus de son père à venir les voir, refus qu'il met immédiatement à distance par l'ironie : « Je n'ose pas t'inviter, dit-il, car je sais que tu ne viendrais pas. Évidemment, vous ne pourriez pas voir de prisonniers. Vous devriez vous contenter de nous » (lettre de Jacques Ferron à Joseph-Alphonse Ferron, 11 février 1946 ; reproduite p. 237).

7. Lettre de Jacques Ferron à Joseph-Alphonse Ferron, non datée [janvier ? 1945] ; reproduite p. 227.

8. Lettre de Jacques Ferron à Joseph-Alphonse Ferron, [Québec, le 28 mai 1945] ; reproduite p. 227.

s'établir à proximité), pour que la nouvelle situation maritale se fasse plus naturelle et chaleureuse dans les lettres du fils qui ne lui réserve longtemps que des incises rapides ou banales, ou une inhabituelle raideur de ton, mélange détonnant de désinvolture et de timidité, de pudeur précisément, comme en témoigne par exemple la brusquerie presque choquante avec laquelle Ferron, parlant de choses et d'autres, annonce tout à coup à son père que sa femme attend un enfant : « Ma femme qui a beaucoup de loisirs a décidé de me faire un fils. J'espère qu'elle persévérera dans sa tâche[9]. » Ailleurs il commente lapidairement la grossesse de sa femme en des termes tout aussi surprenants, avec un ton détaché, faux, exagérément enjoué : « Si je n'avais pas d'oreilles [gelées], je serais en bonne santé, si ma femme n'était pas grosse à pleine ceinture, elle serait élégante, et si j'étais intelligent, je souperais ce soir avec toi[10]. » Comme s'il cherchait à afficher tous les signes manifestes de la prospérité et de la réussite, et voulait en convaincre à tout prix son père, alors que, le temps passant, il se rend bien compte que son installation en Gaspésie, un coup de tête audacieux lancé à l'autorité paternelle,

---

9. Lettre de Jacques Ferron à Joseph-Alphonse Ferron, non datée [Petite-Madeleine, août 1946] ; reproduite p. 243. On ne peut certes faire de Ferron un féministe à partir de ces lettres où, pourtant fier du diplôme qu'obtient sa femme — « Madeleine a passé avec succès sa licence ; c'est presque un événement car elle est la première femme à le faire à Québec » (lettre de Jacques Ferron à Joseph-Alphonse Ferron, non datée [Québec, été 1945], p. 228) —, il note que « Papou est heureuse ici [camp de Grande-Ligne], elle joue dans la neige, fait sa popote. Elle a un caractère champêtre et n'est pas plus faite pour les hautes fonctions juridiques que je ne suis fait pour l'enfer » (lettre de Jacques Ferron à Joseph-Alphonse Ferron, non datée [Grande-Ligne, fin janvier 1946], p. 236), idée reprise plus tard : « Papou est toujours champêtre, heureuse de pelleter de la neige et de faire la cuisine » (lettre de Jacques Ferron à Joseph-Alphonse Ferron, non datée [Grande-Ligne, 11 février 1946], p. 237). De même, tout en saluant l'intelligence de sa sœur « la noble Thérèse », il se réjouit qu'elle « soit revenue à la maison : c'est sa place. Il importe peu qu'elle ait des certificats. Le seul certificat qui compte chez une fille, c'est qu'elle soit jolie et intelligente » (lettre de Jacques Ferron à Joseph-Alphonse Ferron, non datée [Rivière-Madeleine, le 14 février 1947], p. 266).
10. Lettre de Jacques Ferron à Joseph-Alphonse Ferron, Rivière-Madeleine, 10 janvier 1947 ; reproduite p. 263.

reste encore des plus précaires et serait une entreprise proprement impossible sans l'aide de son « principal créancier[11] ». D'une certaine manière, on pourrait dire que le fils apparaît dans ces lettres de jeunesse essentiellement dans cette position où, faisant fructifier les signes manifestes de la réussite sociale (bonnes notes, rang à obtenir et à conserver, choix d'une profession, mariage, acquisition d'une maison, naissance d'un enfant), il cherche à se conformer au désir du père, à satisfaire les ambitions qu'il nourrit pour lui, à ne jamais démériter surtout de sa sanction bienveillante. On sera frappé d'ailleurs dans ces lettres de Gaspésie de voir s'exacerber un tel désir de possession chez le jeune homme devenu subitement ambitieux alors que quelques mois avant, il désavouait encore toute ambition et ne savait dans quelle direction s'engager :

> Je sais que tu préférerais que j'en aie [des ambitions militaires] et que je t'arrive un jour, major, dans une limousine longue comme une maison. Hélas ! mon cher papa, il semble bien que jamais major ne deviendrai [...], que jamais grande limousine n'aurai. L'avenir, parce que je n'ai pas grandes ambitions, ne m'embarrasse guère. Je ne sais pas encore ce que je ferai en sortant de l'armée. J'ai parfois l'idée de ne pas pratiquer la médecine — idée assez folle, je l'avoue [...][12].

À l'opposé de cette attitude nonchalante dont il prévoit qu'elle va lui valoir une semonce de son père («idée assez folle, poursuit-il, je l'avoue, mais qui aura un excellent effet, car le bon papa inquiet de son fou, va lui écrire une lettre de recommandation sage. C'est assez remarquable qu'il faut t'inquiéter un peu pour que tu écrives[13]»), ce désir de possession se fait très vif en Gaspésie et se

---

11. Lettre de Jacques Ferron à Joseph-Alphonse Ferron, 3 septembre 1946 ; reproduite p. 245. On observe à ce sujet un amusant jeu de signifiants : alors que sa femme enceinte prend du volume, Jacques écrit de son père créancier qu'il sera « le plus long à dégonfler » (lettre de Jacques Ferron à Joseph-Alphonse Ferron, Petite-Madeleine, 9 septembre 1946 ; reproduite p. 246).
12. Lettre de Jacques Ferron à Joseph-Alphonse Ferron, Fredericton, le 15, peut-être le 16 mai 1946 ; reproduite p. 241.
13. *Ibid.*

traduit soudain par une insistance marquée sur les possessifs : ma femme, ma maison, mon fils, mon territoire[14], à acquérir, à défendre, à agrandir… La liste ne cesse de s'allonger durant tout le séjour en Gaspésie, peut-être en raison des conditions pour le moins « rustiques » qui sont les siennes[15]. « Si je ne profite pas de ma bonne réputation, je risque de perdre l'extérieur et d'être confiné à Madeleine, ce qui serait la médiocrité[16] », déclare le jeune homme, en rêvant de voir son père quitter toutes ses affaires à Louiseville et venir s'installer avec lui à Rivière-Madeleine[17], quand il ne fantasme pas que son frère Paul, dès qu'il sera reçu médecin, « se spécialise en chirurgie, et nous avons une clinique à Madeleine et l'aide du Gouvernement[18] ».

Possession, appropriations, annexions : cette obsession nouvelle — et ce n'est pas un hasard si le jeune homme, de manière prématurée, se lance dans l'aventure de l'achat d'une maison dont il

---

14. Cette question du territoire, qui se pose ici au sens propre, aura aussi plus tard des résonances au figuré, semble-t-il. Dans les entretiens qu'il a accordés à Pierre L'Hérault, Ferron avoue une telle conception territoriale qui joue dans l'œuvre : « Je m'étais taillé la Province entre ma sœur Merluche et moi. Elle voulait écrire un livre qui se passait à Louiseville. Je lui ai dit : "Tu n'as pas le droit, c'est mon territoire !" Et elle a été obligée de situer son livre à Montmagny. D'ailleurs ça convenait beaucoup mieux : la Beauce lui était réservée. […] C'est assez bizarre cette façon de diviser le pays, chacun ayant ses droits. Ce sont des manières de notables » (*Par la porte d'en arrière. Entretiens*, p. 231-232).
15. Pas de radio, d'eau courante et d'électricité (lettre de Jacques Ferron à Joseph-Alphonse Ferron, 15 septembre 1946 ; reproduite p. 247), manque de denrées alimentaires : « Si vous venez, apportez-nous des provisions, fruits, légumes, farine [de] sarrazin. Vous pourrez y faire un profit » (lettre de Jacques Ferron à Joseph-Alphonse Ferron, non datée, [Madeleine, automne 1946 ?] ; reproduite p. 248).
16. Lettre de Jacques Ferron à Joseph-Alphonse Ferron, non datée, [Rivière-Madeleine, sans date] ; reproduite p. 245.
17. « Pourquoi ne vendrais-tu pas toutes tes propriétés de Louiseville, n'abandonnerais-tu pas toutes tes affaires et ne viendrais-tu pas vivre avec nous ? Avant peu tu serais député de Gaspé-Nord » (lettre de Jacques Ferron à Joseph-Alphonse Ferron, Rivière-Madeleine, 23 novembre 1946 ; reproduite p. 252).
18. Lettre de Jacques Ferron à Joseph-Alphonse Ferron, non datée, [Rivière-Madeleine, sans date] ; reproduite p. 244.

reconnaît lui-même qu'il n'a pas les moyens[19] —, cette avidité de possession, ce désir de gloire sont révélateurs de la stratégie inconsciente en jeu ici pour le fils, qui hérite en fait à son insu des traits les plus caractéristiques de son père. Se marier, s'installer, avoir un fils ne sont toujours en effet que des gestes ambigus où il est difficile de départager d'une part, le défi, la rébellion, et d'autre part, le désir de plaire, la soumission. Mais lorsque l'écrivain les examinera plus tard de manière rétrospective et dans l'éclairage d'une introspection presque analytique, ces gestes lui apparaîtront comme ayant toujours eu pour unique destinataire le père.

On entrevoit, à partir de ces formulations elliptiques, qu'il n'est pas toujours facile d'y voir clair en matière de relations filiales et qu'il serait, dans le cas des Ferron, par trop exagéré de les réduire à une rivalité œdipienne classique[20]. Le fils mettra un certain temps à élucider ce qui était en jeu dans ces premières décisions de sa vie adulte[21] — « Bien sûr qu'il était normal que devenu quelque peu homme, je m'opposasse à mon père. Mais je m'opposais ainsi à lui pour mieux lui ressembler [...][22]» —, mais déjà les euphémismes de ces lettres peuvent être lus comme des indices révélateurs d'objets de litige demeurés sourdement présents entre père et fils.

---

19. « J'ai l'impression que je suis allé trop vite, que j'ai voulu une belle maison avant d'en avoir les moyens » (lettre de Jacques Ferron à Joseph-Alphonse Ferron, 2 décembre 1946 ; reproduite p. 254).

20. Même si, de toute évidence, on ne peut complètement éviter cette pente. À deux reprises, des pointes sont perceptibles, dévoilant une certaine rivalité : « J'enrage de n'avoir pas choisi le droit, car je partirais ce soir pour l'Ouest : j'y aurais arraché des betteraves. Ne trouves-tu pas que la Chambre des notaires devrait protester contre cette injure que l'on fait à votre profession ? » (lettre de Jacques Ferron à Joseph-Alphonse Ferron, non datée [rue Saint-Jean, Québec ; 1941 ?] ; reproduite p. 212). Au moment d'être assermenté comme médecin, il lui demande de l'argent pour pouvoir prêter le serment d'Hippocrate et remarque : « Je trouve le collège des médecins moins vorace que le Barreau qui n'exige pas moins que $200 » (lettre de Jacques Ferron à Joseph-Alphonse Ferron, non datée [Québec, été 1945] ; reproduite p. 228).

21. Voir plus loin « Notaire par le nez » consacré au choix de sa profession et surtout à sa décision d'écrivain qu'il ne déclara pas à son père, en tout cas pas autrement que sur ce mode euphémique presque totalement tacite.

22. « Le Don Quichotte anglais », p. 289.

Dédoublements

Un trait intéressant de ces lettres concerne la représentation de soi, l'autoportrait si l'on veut, que se donne le jeune Ferron. On remarquera qu'en plusieurs occasions cette image de soi n'est pas épargnée par l'ironie et qu'elle apparaît alors sous une forme plutôt diffractée, comme en témoigne par exemple ce passage où il écrit à son père alors qu'il a dû, lors d'une permission accordée par l'armée, renoncer à se rendre à Louiseville et choisir, explicitement pour une fois, entre deux désirs, celui de voir sa femme ou son père. Craint-il de lui avoir manqué de respect et de l'avoir fâché lorsqu'il lui écrit ces lignes pour s'excuser ?

> Si j'avais pu le prévoir [demander à sa femme de l'attendre à Louiseville], ainsi le mari, le fils, le frère, tout le monde aurait été content. Actuellement, j'ai un mari heureux, un frère malheureux et un fils désolé. Je ris d'un œil, je pleure de l'autre[1].

La difficulté à harmoniser et à hiérarchiser ces différentes facettes de sa *persona* sociale est ici évidente, les affects contradictoires produisant cette distorsion de l'image, divisée par ses allégeances inconciliables (mari heureux, frère malheureux, fils désolé). L'impossibilité de rendre à chacun ce qui lui revient produit ce visage déchiré, disloqué, porteur d'une certaine dysphorie, malgré le ton badin qui superpose un masque de plus à celui de la tragi-comédie (« Je ris d'un œil, je pleure de l'autre ») qu'il s'est apposé.

Dans une autre lettre dans laquelle Ferron célèbre l'acquisition de son statut tout neuf de citoyen lors de son vingt et unième anniversaire, le jeune homme a encore recours à un semblable dédoublement et, se livrant à des réflexions mi-solennelles mi-goguenardes sur la portée de l'émancipation juridique qui lui

---

1. Lettre de Jacques Ferron à Joseph-Alphonse Ferron, Borden, lundi le 17 [1945] ; reproduite p. 234.

échoit avec cet anniversaire de sa majorité, il se crée un double pour souligner l'occasion :

> Quand on a dix ans, quand on a dix-huit ans, ça veut dire que le temps passe, que l'on grandit, que l'on s'accomplit, ça ne veut rien dire de précis. Mais quand on a vingt et un ans, c'est une autre affaire : ça veut dire que l'on est accompli, l'État nous reconnaît des droits, celui par exemple de nous marier sans consentement, de voter et autres choses amusantes.
> Ainsi pour célébrer un aussi grand jour, nous avons décidé de nous offrir un beau repas ; nous allâmes, moi Jacques avec le nouveau citoyen Jacques Ferron, dans un bon restaurant et nous mangeâmes sans économie comme il se doit[2].

Suit une longue description des ennuis de digestion qui sanctionnèrent ces excès. L'image est dans ce cas nettement plaisante, euphorique même, cette altération de l'identité par ce double nullement perçue comme menaçante : à la faveur de ce rite de passage par lequel il devient un citoyen, il gagne le plein usage de son nom et de ses droits, et il a alors tendance à traduire cette division comme une multiplication. « Moi Jacques » invite « le nouveau citoyen Jacques Ferron » : le dédoublement est ici une sorte d'expansion du moi. Mais que dire de cet autre passage où, en dépit de l'humour de surface qu'on aurait plutôt tendance à entendre cette fois comme une dénégation, le jeune homme fait état, non sans appréhension, d'une nouvelle transformation de son identité, au moment où il va être assermenté comme médecin et prêter, selon son expression, le « serment fatal » d'Hippocrate :

> La chose est très pénible et je suis peiné d'avoir à te l'apprendre. Je m'y attendais et sans fausse modestie, je puis te dire que je l'ai méritée.
> C'est une chose non seulement très pénible, mais encore qui va me transformer. Je vais perdre ma personnalité.

---

2. Lettre de Jacques Ferron à Joseph-Alphonse Ferron, non datée [janvier 1942] ; reproduite p. 216.

> Au lieu de me dire Jacques, on va me dire en s'adressant à
> moi : docteur, ce qui est impersonnel, ce qui me déplaît. C'est ça
> la chose pénible[3].

Sur le point d'être assermenté et d'obtenir un titre qui va
modifier à jamais son identité, Ferron exprime donc, de manière
surprenante, un certain désarroi à l'idée de voir s'effacer son nom
personnel — c'est d'ailleurs le prénom plus que le patronyme qui
est ici en jeu — derrière une appellation impersonnelle. Si l'on est
quelque peu sensible au courant sourd de mécontement qui se fait
entendre à demi-voix dans ces lignes, on est en droit de penser que
ces questions de double ne sont jamais si innocentes, ou
superficielles, qu'il y paraît. Ainsi, de manière surprenante, le jeune
homme n'envisage pas la pleine jouissance de sa profession comme
un gain, comme c'était le cas pour l'apparition du nouveau citoyen,
mais il en fait plutôt l'expérience sous le signe de la perte, comme
s'il devait faire le deuil d'une part importante de lui-même. Et il
demeure frappant que, dans ce contexte, il choisisse cette mise en
scène endeuillée, où la bonne nouvelle est inversée parodiquement
en « chose très pénible » qu'il est « peiné » d'annoncer à son père,
comme si cette « chose [...] qui va [le] transformer » signifiait aussi
une coupure du lien filial, la séparation d'avec le père et le monde
qu'il représente.

« Je vais perdre ma personnalité » : une crainte se fait jour dans
cet aveu, qui laisse entrevoir un jeune homme peut-être beaucoup
moins assuré qu'il ne le fait généralement voir, un jeune homme
sensible aux fluctuations de l'identité et à la fragilité de sa propre
image narcissique. Plusieurs décennies plus tard, il dira avoir toujours eu le sentiment de courir, dès le Jardin de l'Enfance, après la
réputation qu'on lui avait faite, usurpateur toujours en retard et en
porte-à-faux, de plus en plus désespéré de pouvoir la rattraper un
jour. Peut-être quelque chose de cet ordre s'exprime-t-il déjà dans
ces mises en scène qui font usage de doubles et de dédoublements.

---

3. Lettre de Jacques Ferron à Joseph-Alphonse Ferron, non datée [Québec, été
1945] ; reproduite p. 228.

Quoi qu'il en soit, leur occurrence répétée dans ces lettres de jeunesse est en elle-même significative, forme primitive des divisions éprouvées plus tard par plusieurs narrateurs ferroniens, incertains de leur identité[4]. Pour demeurer dans le seul registre autobiographique qui nous retient ici, on rappellera cette belle scène du miroir — une sorte de réécriture du stade du miroir défini par Lacan comme le moment décisif, jubilatoire, où le sujet intègre l'image qu'il voit dans la glace comme étant « lui » —, scène que l'on trouve dans « Le Chichemayais » et où le petit garçon, assis dans le train qui le ramène au Jardin de l'Enfance, dit adieu à son père, debout sur le quai, de l'autre côté de la glace qui les sépare :

> Je le voyais tout près, encadré par la fenêtre, dans sa pelisse de chat, sous un lampadaire jaune, cet homme important et un peu barbare qui maquignonnait la vie et la mort [...]; il restait là planté, toujours à me fixer, dans un couloir étroit et mal éclairé, où surgissaient par moments de grosses buées blanches, effarouchées par le froid. [...] Pourquoi le train ne repartait-il pas ? Enfin, par secousses propagées de l'avant à l'arrière, il s'ébranla et se mit à rouler doucement quand les wagons eurent tous été soudés ensemble. Mon père, après quelques pas pour y rester, glissa peu à peu hors de son encadrement, remplacé par les hangars fuyants et les derniers lampadaires, puis la nuit me renvoya

---

4. On se reportera ici aux fragments intitulés « Les malheurs de l'écrivain » (p. 438) et, entre autres, « L'écrivain méchant » (p. 435), où ces dédoublements prennent une signification beaucoup plus tragique que dans ces lettres de jeunesse. Dans une certaine mesure, on pourrait aller jusqu'à suggérer que ces dédoublements — cette discorde du sujet avec lui-même — font aussi partie du legs du père : tout comme le père qui est décrit comme « habile et narquois », cherchant à mettre en conflit son confesseur le chanoine Élisée Panneton et le sorcier thaumaturge qu'il entretenait (voir « Notaire par le nez », p. 305), le fils se verra lui aussi incapable d'accorder tous ses états : « Le curé voulut de moi comme vicaire ; mon père me voyait huissier comme lui. Quant à ma petite amie, elle voulait être ma femme. Vicaire, huissier, mari, je le fusse devenu sans déplaisir, mais le curé, mon père, ma maîtresse se détestaient entre eux. Ne pouvant les accorder sur aucun de ces trois états, j'étais dans l'embarras » (« [Je naquis les yeux ouverts] », p. 271-272). Médecin, écrivain, Mithridate : ces trois états demeureront aussi désaccordés chez Ferron.

mon image, la tête appuyée au dossier, dans ma tunique bleu marine à gros boutons dorés[5].

Image superbe d'identité fixée dans un cadre, puis glissant « hors de son encadrement », en une sorte de superposition palimpseste où la figure du père est remplacée par celle du fils, se reflétant dans « la glace bougeante qui [lui] renvoyait [son] portrait dans l'uniforme du Jardin de l'Enfance et [lui] rappelait sa destination[6] »... Loin d'être une assomption du sujet, cette image, venue du vide de la nuit, suscite une perception de soi fantomatique et spectrale, où l'enfant voit ce double dans la glace réfléchissante, « lui-même » plutôt que « je », éprouvant un profond désarroi devant une identité aussi évanescente : « J'étais si peu de chose en vérité que je ne croyais pas que l'abandon où je me trouvais, le désarroi, pût intéresser un autre que moi, et je cherchais à n'en rien montrer[7]. » Les dédoublements à l'œuvre dans ces lettres de jeunesse ne sont pas tous, tant s'en faut, aussi dramatiques, mais il est possible de les lire comme une forme privilégiée de la représentation de soi pour l'écrivain[8]. Et dans cette perspective, il n'est pas déplacé de relier ces premières images intimes de soi à ce fragment intitulé « Son fils » où le narrateur, de manière révélatrice, parle de lui-même à la troisième personne et se représente encore en conflit avec lui-même, avec ce fils qui « ne [l']impressionne pas du tout[9] » :

5. « Le Chichemayais », *op. cit.*, p. 99.
6. *Ibid.*, p. 101.
7. *Ibid.*
8. Dans ses entretiens avec Pierre L'Hérault, Ferron formule ces rapports au double en des termes qui ne laissent aucune équivoque quant à sa portée : « Qu'est-ce que vous voulez, j'ai toujours eu un double. Maski, c'est un bonhomme qui vient du comté de Maskinongé ; je viens du comté de Maskinongé. Il est médecin ; je suis médecin. Ce n'est pas lui qui écrit ; c'est lui qui me fournit la matière. En somme, aussi longtemps que le dédoublement n'a pas lieu, ça va assez bien. Mais dès qu'il eut lieu... J'ai pensé me tirer d'affaire en me débarrassant de Maski ; ce qui n'a pas été le cas. J'ai exécuté Maski lorsque je me suis rendu compte que j'étais en présence de moi-même, seul. Je ne me trouvais pas intéressant » (*Par la porte d'en arrière. Entretiens,* p. 301).
9. « Son fils », p. 281.

C'était un gentil garçon, je m'attachai à lui ; depuis je ne l'ai pas quitté. Nous nous sommes d'abord bien entendus, ne nous parlant pas, occupés à courir après une balle [...].
Puis il fallut bien qu'il se rase. Je cessai alors de bien m'entendre avec lui ; il voulait m'en imposer et je m'y refusais[10].

---

10. *Ibid.*

Filiation

Dans une correspondance d'écrivain, même les souhaits d'anniversaire, en principe les plus stéréotypés, peuvent être le lieu, ou le prétexte, d'une expression singulière. C'est le cas dans ces lettres où les anniversaires — mais aussi les oublis, les lapsus qu'ils peuvent susciter — sont non seulement très soigneusement soulignés dès l'enfance, mais font même, au moment où Ferron atteint la vingtaine, l'objet de rêveries et de fantasmes qui, par leur réitération et leurs variations au fil des années, constituent un autre trait distinctif de ces lettres au père. En effet, chez Ferron, le passage des ans s'accompagne souvent d'une réflexion sur la filiation, d'autant plus intéressante que plusieurs des idées esquissées dans ces lettres de jeunesse serviront beaucoup plus tard de canevas aux fragments autobiographiques. Les anniversaires marquent ainsi une visée rétrospective, un temps de réflexion et d'introspection par lequel le jeune homme réfléchit sur sa « destinée » : « L'idée m'en est venue ce soir : je méditais sur ma destinée, je me voyais enfant, je me voyais plus vieux ; je me voyais plus fin, je me voyais moins fin, mais à force de voir, je vis que sans toi je n'aurais été ni fou ni fin[1] [...]». Loin d'être seulement une forme convenue, la lettre d'anniversaire chez le jeune Ferron prend parfois presque un tour analytique par la profondeur et la gravité des sentiments qui y sont énoncés. La lettre qu'il adresse à son père en juin 1943 (ou 1944) apparaît bien comme le noyau, l'embryon d'une véritable fascination pour les origines, un peu comme si le fils commençait seulement en ce jour à imaginer que son père avait existé avant lui, aurait pu être quelqu'un d'autre, lui dévoilant de la sorte la possibilité d'une identité toute différente, qui rend en retour la

---

1. Lettre de Jacques Ferron à Joseph-Alphonse Ferron, non datée [janvier 1945]; reproduite p. 226. On remarquera que Ferron reprendra souvent cette expression des « fins et des fous », notamment dans le manuscrit du *Pas de Gamelin*.

sienne plus mobile, plus virtuelle qu'il ne le souhaiterait peut-être. Car plutôt que d'interroger les origines du père pour y fixer des points de repère auxquels se référer, il est significatif que Ferron s'emploie au contraire à lui inventer une identité fictive qui le rende insaisissable, échappant à un destin tout tracé. Ainsi le fils ouvre-t-il cette lettre d'anniversaire par une antiphrase assez caractéristique de son style — « Peut-être n'es-tu pas content d'être né et souffres-tu que nous t'en félicitions[2] » —, puis n'hésite pas à envoyer le père naître aux antipodes du petit monde familier de Louiseville : « Peut-être aurais-tu préféré naître ailleurs, en Chine pour être mandarin, en Océanie pour être cannibale[3] » (affleure dans cette seconde destination un fantasme d'oralité — Chronos dévorant ses enfants ? — qui sera repris, mais sous une forme atténuée dans l'image suivante). Poursuivant sur la lancée de ces images fantaisistes, le fils s'amuse en effet à imaginer ensuite son père sous la figure qui lui est, croit-il, la plus radicalement étrangère, celle d'un nouveau-né se suçant le gros orteil dans son berceau. Toute cette élaboration fantasmatique est assez extraordinaire : réfléchissant sur ses origines («ta naissance m'intéresse vivement car s'il en est une à laquelle je doive quelque chose, c'est bien la tienne. Où serais-je sans elle[4] ? »), il fait régresser son père jusqu'à l'état, inimaginable pour lui, de nourrisson («Ta naissance me semble d'autant plus extraordinaire que t'ayant toujours connu gros et grand, il m'est impossible de te figurer nouveau-né[5] ») et il se fait pour ainsi dire le témoin de cette scène de naissance, se projetant à la place de son père, se penchant au-dessus de son berceau. On trouve aussi dans *la Créance* une revanche imaginaire

---

2. *Ibid.*

3. *Ibid.* Assimilant le père à un cannibale, Ferron suggère une forme d'incorporation où le père pourrait l'absorber totalement ; mais comme dans tous les fantasmes qui sont réversibles, c'est peut-être lui qui rêve ici de dévorer le père, soit en l'infantilisant (il le transforme bientôt en nourrisson impuissant), soit en le dépouillant de sa culture et de ses titres (un cannibale), soit en le plaçant hors de sa portée (la sagesse et le pouvoir du mandarin chinois).

4. *Ibid.*

5. *Ibid.*

tout aussi absolue lorsque Ferron entreprend de recréer la scène de sa propre naissance, récit limite aussi impossible que celui qui consiste à raconter sa mort (il s'y essaiera dans le texte des « Deux Lys » qui clôt le recueil posthume de *la Conférence inachevée*).

Ces fantasmes autour de l'image paternelle[6] ne se limitent pas à cette lettre. Prenant le contrepied de cette image de régression qui frôle l'irrespect (le fils se pique de vouloir interdire au père toute libation, pour lui permettre seulement le petit lait du biberon), Ferron esquisse dans une lettre-conte très élaborée une tout autre figure mythologique, en faisant du père rien de moins que le Pape, l'intronisant comme la figure souveraine de la « religion Ferron[7] ». Dans cette missive importante qui marque en fait son entrée officielle dans les lettres puisque son père la jugera assez bien écrite pour la faire dactylographier et s'en faire ainsi l'éditeur[8], le jeune homme fait don, en guise de cadeau de Noël, d'un assez extraordinaire portrait de groupe où, empruntant à la métaphore du concile œcuménique qui rassemble cardinaux et prêtres autour du souverain pontife, il laisse la place d'honneur, comme il se doit à la tablée des grands jours, à son père, sacré « Pape » de la « religion Ferron » dont il est, lui le fils éloigné dans les terres gaspésiennes, le missionnaire chargé de porter au loin l'évangile familial.

Isolé des siens pour Noël, Jacques s'imagine donc en « nigaud de cardinal qu'on n'aurait pas invité au grand concile de Rome et qui s'ennuie à mourir de son Saint Père le Pape. Il se plaît à rêver

---

6. Voir, entre autres, « Mon futur collège » où Ferron transforme son père fumant son cigare rien de moins qu'en figure des *Mille et Une Nuits* en en faisant un pacha : « Le Notaire pompait de son cigare une fumée magique qui lui sortait par les oreilles, par les sourcils et la moustache ; et le sourire fin, le grand nez arménien, il devenait pour quelques instants, modeste dans sa suffisance, mon grand pacha » (p. 344), image orientale qui éclaire aussi bien l'art du conteur que plusieurs allusions à sa famille comme la Mecque (voir « [Les trois p'tits steppes] », variante dans laquelle il décrit la maison de son grand-père Benjamin où se réunissent annuellement les Ferron comme « le La Mèque [*sic*] de la famille » [p. 278]).
7. Lettre de Jacques Ferron à Joseph-Alphonse Ferron, 21 décembre 1946 ; reproduite p. 256.
8. Voir « Notaire par le nez », p. 312.

à ce concile, à en détailler les personnages[9] »... Et le cardinal de brosser le portrait de chaque membre du concile familial, filant tout du long la métaphore biblique (Isaac, Jacob), sans oublier les « peuples conquis de la famille » (les maris de ses sœurs), avant d'en venir à la « figure centrale, ce Monsieur Pape, ce Monsieur Père qui rajeunit à mesure que ses enfants vieillissent et qui a su devenir pour eux le meilleur des amis[10] ». Nulle part plus que dans cette lettre où famille et religion échangent leur structure respective, la transmission de l'esprit de famille ne s'imposera avec autant de force :

> Ma mission était sacrée ; je suis dans une terre lointaine, l'envoyé de la religion Ferron. Religion timide, religion d'eau douce, elle manquait d'envergure, elle manquait d'apôtre. Grâce à moi, elle a poussé sa pointe vers l'orient, elle a trempé ses orteils dans l'eau salée[11].

Et il ajoute plus loin : « La religion Ferron a toujours été solide, mais elle est devenue inaltérable depuis cette reconnaissance [envers le père][12] ». Cette transposition métaphorique de la famille en religion, du père en Pape, des sœurs et (beaux-)frères en cardinaux, en dit long sur l'attachement, mieux, sur la foi qui relie l'écrivain à sa famille.

Dans cette reconnaissance de la filiation, la lettre qu'écrit Jacques à son père en janvier 1945, au moment où il célèbre son vingt-quatrième anniversaire, mérite aussi une attention particulière. Délaissant son habituel ton ironique ou fantaisiste, il laisse pour une fois tomber la garde et laisse voir, à visage nu, sa tendresse et sa reconnaissance profondes à l'égard de son père. C'est une lettre décisive, une très belle lettre de gratitude, de celles que les enfants rêvent d'écrire, mais n'envoient généralement pas à leurs

---

9. Lettre de Jacques Ferron à Joseph-Alphonse Ferron, 21 décembre 1946 ; reproduite p. 257.
10. *Ibid.*
11. *Ibid.*
12. *Ibid.*

parents, d'autant plus touchante que le jeune homme a l'idée de faire ce don à son père le jour où, en principe, il devrait recevoir, lui, ses vœux à l'occasion de sa naissance. Encore une fois, le retour de cette date sonne à l'évidence pour le jeune homme l'heure des bilans et des comptes à tirer («Je me rase depuis dix ans, j'étudie depuis quinze et voilà déjà plus de vingt-quatre ans que je suis ton fils[13]»), mais rapidement le ton change et l'émotion se fait plus vive :

> Cette filiation est donc ce que j'ai de plus ancien ; elle est sans doute aussi l'événement primordial de ma vie, car sans elle, je me demande comment j'aurais pu m'y prendre pour avoir de la barbe, pour étudier. À l'occasion de mon vingt-quatrième anniversaire de naissance, je te remercie donc d'avoir bien voulu être mon père.
> C'est la première fois que je le fais ; je m'excuse de l'avoir oublié les vingt-trois premières années de ma vie[14].

Il est rare qu'un fils s'exprime aussi complètement et de manière aussi limpide à son père de son vivant (il le fera si ce dernier, à la dernière extrémité, est gravement malade, par exemple) et lui dise ces mots tout simples, que la plupart mettent toute une vie à prononcer, s'ils y parviennent jamais : « Je suis fier que tu sois mon père[15]. » Il est remarquable que Ferron décline pour sa part la phrase dans les deux sens : « je te remercie donc d'avoir bien voulu être mon père[16]», « il faut que je remercie ce bon vieux papa d'avoir bien voulu que je sois son fils[17]», phrases qui dans leur symétrie, dans l'échange circulaire des points de vue, traduisent bien la parfaite réciprocité de la relation. Il y a en tout cas ici, dans ce fantasme de réversibilité, une pleine reconnaissance de la filiation, un désir d'assurer et de renouveler le lien filial, un désir d'alliance en quelque sorte presque sacrée avec la figure paternelle. « Car je ne sais pas si

---

13. Lettre de Jacques Ferron à Joseph-Alphonse Ferron, non datée [janvier 1945] ; reproduite p. 226.
14. *Ibid.*
15. *Ibid.*
16. *Ibid.*
17. *Ibid.*

c'est l'habitude, mais je ne peux pas m'imaginer autrement qu'en étant ton fils. Je le pourrais que je ne le voudrais pas[18] » : intéressante formulation où la loi généalogique, l'hérédité est renforcée par le libre choix, comme si, en dehors de la réalité proprement biologique qui le lie au père, il importait surtout à Ferron de le choisir, au-delà de la génétique proprement dite (dans *le Saint-Élias*, l'écrivain jouera l'une contre l'autre cette paternité biologique, conception restreinte et « raciste », fondée sur le sang, et la paternité biologique, d'ordre symbolique, la seule qui soit vraiment significative à ses yeux[19]). Il est d'ailleurs significatif que, réfléchissant ensuite sur le legs du père, Ferron mette d'abord l'accent sur les qualités spirituelles («je pense même que ce que je tiens de meilleur, je le tiens de toi. [...] Cette humanité est à mon sens la qualité la plus grande qui soit et je ne saurais trop te remercier de me l'avoir fait comprendre[20] »), plutôt que physiques. Ces traits dont il hérite — « une certaine tendance à l'embonpoint, le grand nez et une certaine faiblesse de caractère qui me fera peut-être abuser de certains bonheurs terrestres[21] » — sont d'ailleurs tous perçus comme des défauts («Je tiens de toi des choses dont je suis moins content[22] »), de toute façon jugés « choses secondaires[23] ». Ce qui fait l'identité d'un Ferron tient pour l'essentiel aux sentiments exprimés, dans un épanchement rare, dans cette lettre : le sens de la grandeur, la bonté à l'endroit des malades ou des « pauvres diables[24] », l'estime qui

---

18. *Ibid.*

19. Sur cette question, voir Pierre L'Hérault, « *Le Saint-Élias* : sauver l'enfant », dans *l'Autre Ferron*, p. 89-116.

20. Lettre de Jacques Ferron à Joseph-Alphonse Ferron, non datée [janvier 1945] ; reproduite p. 226.

21. *Ibid.*

22. *Ibid.*

23. *Ibid.*

24. Ferron cite ce trait du père et le revendique pour sien : « Mon père, qui avait le sens de l'autorité, disait qu'il était beaucoup plus difficile de se faire saluer par un petit morveux que par un marguillier » (*Par la porte d'en arrière. Entretiens*, p. 87). Ce renversement de la hiérarchie sociale en faveur des démunis, le fils l'incorporera plus tard dans ses positions socialistes, et plus encore dans sa conception de la folie où il maintiendra toujours, dans le traitement des fous et

passe outre aux faiblesses… Le sens de la grandeur tout particulièrement peut nous retenir comme une qualité bien ferronienne,
jamais mieux illustrée que dans le fragment intitulé « La grandeur »
dans lequel le narrateur évoque le renversement d'attitude de son
père à l'endroit de Napaul Vanasse, « avocat, usurier et écrivain »,
homosexuel qui fit un mariage « blanc » pour cacher son
orientation :

> Quand nous eûmes laissé Napaul, il [le père] ne passa aucun
> commentaire, me jugeant suffisamment édifié. Toutefois, après
> ce malencontreux mariage, quand la manie de l'avocat tourna à
> l'abjection et que mon père, toujours bien renseigné, apprit que
> la nuit il allait se trouver un vagabond et qu'il le payait pour
> l'emmener chez lui, cessa de le tourner en dérision et ne parla
> plus de lui qu'avec respect[25].

Chez les Ferron, la démesure, dans le bien comme dans le mal,
force le respect, tout ce qui dépasse la mesure, dans la réussite
comme dans l'échec, est signe de grandeur, et permet d'échapper à
cette médiocrité tant honnie, seul stigmate de honte véritable.
Dans cette petite scène qui se joue dans l'auto où le père et le fils
échangent silencieusement un regard dans le rétroviseur («Au
volant de l'auto, mon père ne disait rien. Par le rétroviseur, il me
surveillait et voyait mon étonnement[26] »), on trouve un magnifique
exemple du mode de transmission des valeurs chez les Ferron, où
l'essentiel passe sans mot dire, dans un regard intercepté (le fils ici
se voit être vu, et c'est ce jeu de réfraction qui lui apprend quelque
chose), un silence qui en dit long…

□

---

des folles, une attitude visant à projeter et à restaurer leur dignité, posant qu'il
« y a également des folies qu'on ne doit pas guérir, parce qu'on ne peut leur
donner plus. Il faut toujours considérer la grandeur de l'homme » (*ibid.,* p. 290).
Sur ce point essentiel, on peut dire qu'il reçoit encore pleinement l'héritage de
son père.
25. Voir « [La grandeur] », p. 295.
26. *Ibid.*

La filiation peut aussi prendre la forme, plus drolatique, d'un certain complexe capillaire, à travers lequel père et fils se reconnaissent mutuellement une égalité et une fraternité inattendues. Dans la lettre de son vingt-cinquième anniversaire, Jacques évoque, non sans mélancolie, la chute de ses cheveux :

> Mon anniversaire m'a laissé songeur : avoir vingt-cinq ans, ce n'est pas une mince affaire, c'est avoir derrière soi un quart de siècle. Encore si je ne l'avais que derrière moi, mais je l'ai aussi sur la tête : mon front s'agrandit, devient un crâne. Encore quelques années, et j'aurai un air tout à fait vénérable. Si je fais des folies, on ne me pardonnera plus, car je serai ridicule d'en faire avec un crâne chauve[27].

Devant cette perte qu'on aurait tort de croire négligeable — Ferron revient à plusieurs reprises dans les fragments inédits sur ces histoires de cheveux et de barbe, qui symbolisent le passage d'étapes initiatiques, de l'enfance à l'adolescence lorsqu'il se rend chez le barbier pour la première fois[28], puis de l'adolescence à l'âge adulte et presque mûr, alors que son crâne se dégarnit prématurément — et qui va bien au-delà du motif de la vanité (il faudrait alors plutôt entendre l'expression dans son acception picturale, à cause de la méditation sur le temps suscitée par ce « crâne »), le jeune homme va jusqu'à se faire raser complètement la tête : « Pour la faire rire un peu [il s'agit de Papou, sa femme], je me suis fait raser la tête. [...] Ce crâne rasé me console de vieillir à chaque jour, car chaque jour, les cheveux me repoussent. Je serai présentable dans un mois[29] ». L'excentricité est moins grande qu'il y paraît il est vrai, puisqu'il se trouve alors dans l'armée, mais le geste, assez spectaculaire, lui permet néanmoins de suspendre, au moins momentanément, le cours du temps en faisant de ce signe de

---

27. Lettre de Jacques Ferron à Joseph-Alphonse Ferron, non datée [Grande-Ligne, fin janvier 1946] ; reproduite p. 234-235.
28. Voir « Notaire par le nez », p. 312.
29. Lettre de Jacques Ferron à Joseph-Alphonse Ferron, [Grande-Ligne, le 11 février 1946] ; reproduite p. 237.

vieillissement une régénération. Toutefois, ce qui est plus significatif, c'est la manière dont cette déploration capillaire trouve un
écho attentif chez le père, qui confie alors à son fils un fragment
de ses souvenirs les plus précieux liés à Adrienne :

> Ta lettre m'a reporté à mes années de 1921 et 1922[30], où ma
> chère Adrienne épiait la chute de mes cheveux et me disait :
> « C'est un signe d'un homme sérieux, qui fait travailler son
> cerveau, mais sois prudent et prévoyant. » La Providence a voulu
> qu'elle ne me voie pas chauve et qu'elle ne connaisse pas les
> imprudences que l'orgueil, du succès d'alors, a peut-être été la
> cause.
> Tu t'es fait raser à la date où tu ambitionnes de devenir célèbre[31],
> ce qui est très bien ; car, durant la croissance de cette nouvelle
> chevelure, se fera aussi celle d'un homme clairvoyant et
> prudent[32].

En soulignant cette ressemblance à la fois physique et psychique avec son fils, Joseph-Alphonse accomplit de son côté une non
moins extraordinaire reconnaissance où, relayant les paroles de la
mère[33], il cherche à consoler le jeune homme de la perte narcissique
qu'il encourt au moment où son image de lui-même s'altère. Cette

---

30. Il s'agit, fait intéressant, de l'année de la naissance de Jacques, né le
20 janvier 1921.
31. Dans la lettre précédente, Jacques avait fait état d'un portrait qu'il se faisait
faire par un prisonnier allemand, « artiste de talent » : « je te l'enverrai bientôt. Il
n'est pas mal. C'est mon avis que lorsqu'on veut devenir célèbre, il faut s'y
préparer ; mes biographes seraient fort embêtés, s'ils n'avaient pas de moi, au
moins un portrait. J'ai prévu leur ennui et je me suis fait dessiner le nez » (lettre
de Jacques Ferron à Joseph-Alphonse Ferron, [Grande-Ligne, le 11 février
1946] ; reproduite p. 236).
32. Lettre de Joseph-Alphonse Ferron à Jacques Ferron, Louiseville, le 16 février
1946 ; reproduite p. 237.
33. Cette recommandation a dû rappeler au jeune homme celle que sa mère lui
avait faite sur son lit de mort, en lui demandant de changer son prénom de Jean-
Jacques à Jacques et « de ne pas se penser plus fin que les autres ». Sur cette
question, voir Patrick Poirier, *infra*.

histoire de cheveux longs[34] et de crâne chauve est donc tout sauf un sujet anodin : elle illustre rien de moins que le double héritage du fils, partagé entre ses deux allégeances parentales. Si la chevelure longue le féminise et le garde indûment dans le gynécée, sous l'autorité des femmes, sa mère et cette tante Irène qu'il décrit rétrospectivement comme « capitainesse pour deux[35] », comme il le laissera entrevoir dans cette scène importante de « Notaire par le nez » où sa mère et sa tante Irène pleureront « à gros sanglots[36] » en le voyant revenir du barbier, « les cheveux coupés en garçon, les oreilles bravement décollées[37] », le crâne rasé ou dégarni pour accentuer la ressemblance avec le père constitue également un choix politique par lequel le garçon choisit son clan. Ces dames en effet « étaient hautes et méprisaient l'homme de leur pays[38] » et elles « trouvaient lamentable la médiocrité qui m'attendait[39] » : or, leurs larmes, écrit Ferron, « m'avaient rendu tout fier de moi et donné l'espoir d'égaler un jour mon père[40] ». C'est cette collégialité nouvellement acquise entre le père et le fils qui se fait jour dans cette lettre où, réduisant la distance générationnelle qui les sépare, le père se fait aussi le complice, non sans ambiguïté, des ambitions et du désir de célébrité du fils, sous couvert de lui recommander la prudence et la clairvoyance. Il y a un double message, une injonction contradictoire dans cette réponse du père, comme s'il lui disait en même temps de rentrer dans le rang, en prônant les valeurs « sérieuses » de la mère, et d'en sortir (en faisant « travailler son cerveau », en ambitionnant de devenir célèbre). De fait, le père

---

34. Le père fait ailleurs allusion au temps heureux de l'enfance, en associant les cheveux longs au souvenir de la mère : « Ton portrait était bon et il m'a été agréable parce que tu avais les cheveux un peu longs, ressemblance un peu avec tes portraits d'enfance » (lettre de Joseph-Alphonse Ferron à Jacques Ferron, le 7 novembre 1934 ; reproduite p. 186).
35. « Notaire par le nez », p. 313.
36. *Ibid.*
37. *Ibid.*
38. *Ibid.*
39. *Ibid.*
40. *Ibid.*

instille en son fils, en même temps que des valeurs mal accordées, des sentiments ambivalents : il ne sera pas toujours facile par la suite de concilier ce double héritage et d'être à la fois soumis et frondeur, humble et orgueilleux, respectueux des conventions tout en cherchant la démesure, la gloire...

Hériter

Les fragments autobiographiques sont, de manière générale, fortement marqués par la quête des origines : ceux de Ferron ne font pas exception et prendront souvent la forme d'une méditation sur l'arbre généalogique familial. Plusieurs textes inédits retrouvés dans le Fonds de la Bibliothèque nationale s'articulent autour de ces questions de filiation, d'héritage et de legs qui se transmet du grand-père au père, au fils lui-même. Si habituellement cette enquête généalogique cherche à pousser ses « racines » et ses ramifications le plus loin possible, on s'étonnera de voir Ferron mettre l'accent dans ces textes sur une conception beaucoup plus resserrée, concentrée, de la transmission généalogique. De fait, la réflexion de Ferron sur le système de la famille ne met pas en valeur une structure — par exemple, en insistant sur la cohérence d'une parentèle étendue qui donnerait ses assises au sujet individuel, qui serait alors accueilli et trouverait place tout naturellement dans une telle structure en expansion —, mais il est au contraire frappé par un « processus de désapparentement » à l'œuvre dans les familles nombreuses où prévaut une hiérarchie verticale pyramidale qui rend plus difficile l'inscription du sujet dans le système familial.

> Dans les familles si nombreuses, expliquera-t-il à Pierre L'Hérault, on ne peut pas retenir tous les enfants. Il se fait une structure pyramidale : vous ne pouvez pas aller plus loin que l'aïeul, ce qui entraîne un processus de désapparentement, si je puis dire. Vous êtes, disons, petit-fils : vous remontez au sommet de la pyramide et vous devez écarter toute la parenté de l'aïeul. On ne va pas plus loin, de sorte que cousin germain, c'est la dernière parenté. On se trouve alors à perdre les grands-oncles et les grands-tantes, à moins qu'il n'y ait pénurie dans la famille. Le centre de la famille, chez nous, a toujours été le grand-père[1].

---

1. *Par la porte d'en arrière. Entretiens*, p. 34-35.

Ainsi, contrairement à l'idée reçue concernant la profondeur de champ historique toujours intrinsèquement liée à cette quête des origines (plus on remonte loin dans le temps, plus la lignée est solide et riche), Ferron entérine pour sa part une conception où la « branche » qui marque véritablement l'histoire d'un sujet est considérablement plus courte[2], ramassée autour de quelques figures seulement, parce que la transmission doit se faire à portée de voix, si l'on peut dire :

> De l'arrière-grand-père il ne sera pas question. Certes il restait l'aïeul de mon père, mais à mon niveau, une génération plus bas, selon un système que j'expliquerai plus loin, il ne faisait même plus partie de la parenté. On n'avait pas à se demander comment il parlait, quelle avait été sa langue ou sa voix[3].

Selon cette interprétation toute personnelle du système de la parenté, Ferron fera donc de cette question de la voix — dont, paradoxalement, il n'héritera pas lui-même de la part de son père[4] — le point d'ancrage fondamental de sa réflexion sur ses origines.

Comme dans la lettre de janvier 1945[5] où le jeune homme de vingt-quatre ans se reconnaissait pleinement l'héritier des valeurs

---

2. De même, Léon de Portanqueue rappelait que « Pour relancer la genèse, il ne faut pas la prendre de trop loin » (*l'Amélanchier*, préface de Gabrielle Poulin, édition préparée par Pierre Cantin, Marie Ferron et Paul Lewis, Montréal, VLB éditeur, « Courant », 1986, p. 81). Cette conception de la branche « courte », par opposition à l'arborescence généalogique complexe, vaut tant pour le versant individuel que collectif : « Une histoire, le passé. Or, on ne s'entend pas, dira Ferron, pour le mesurer. Dans un but de mystification, on l'allonge, on nous en donne trop, on nous égare dans un passé qui n'est pas le nôtre » (*Par la porte d'en arrière. Entretiens,* p. 222) : dans son histoire personnelle ou collective, Ferron coupe court. De même, la tradition orale comme l'histoire vivante ne dépassent pas cent vingt-cinq ans.

3. « Les trois p'tits steppes », p. 273.

4. Voir plus loin : « Pour rien au monde, il n'aurait voulu me la [sa voix] léguer » (« Les trois p'tits steppes », p. 276).

5. Lettre de Jacques Ferron à Joseph-Alphonse Ferron, non datée [janvier 1945], p. 226.

(l'humanité) et des traits physiques (l'embonpoint, le nez) que lui
avait transmis son père, l'écrivain fait aussi retour ici sur ces traits
hérités[6], mais on s'apercevra qu'il souligne plutôt, dans ces fictions
autobiographiques écrites vingt et parfois jusqu'à quarante ans plus
tard, la difficulté qu'il éprouve à trouver sa place dans cette lignée :

> Mon grand-père avait une moustache qui mollement lui tombait
> de chaque côté de la bouche ; mon père en avait une aussi, mais
> de poil plus raide, elle lui sortait du nez et n'allait pas plus loin.
> Mon grand-père avait soixante ans de plus que moi, mon père
> n'en avait que trente ; l'un m'impressionnait beaucoup, l'autre
> moins. Quant au fils de ce dernier, j'ai son âge, il ne m'impres-
> sionne pas du tout[7].

Ce passage est fort suggestif, surtout lorsqu'on vient de lire les
lettres de jeunesse. D'une part, on trouvait aussi, dans les lettres du
père, ce genre de projection arithmétique à laquelle se livre ici le fils
(«Mon grand-père a soixante ans de plus que moi, mon père n'en
avait que trente [...]. Quant au fils de ce dernier, j'ai son âge » : on
est tenté de résoudre ce problème de calcul en posant la question
suivante : mais quel âge a donc ce narrateur ?): le fils imite donc ici,
est-ce à son insu ?, un tour rhétorique du père[8]. D'autre part, la
filiation entre père et fils empruntait aussi, comme dans les lettres
de jeunesse, la voie de cette métaphore capillaire, le fils, on s'en
souvient, déplorant la perte de ses cheveux, le père le consolant et
lui offrant sa complicité[9]. La reprise de ce motif, considérablement

---

6. Il réserve dans ces fictions autobiographiques une place de choix au nez
fameux, busqué, de son père : « Une couple d'années après ce retour de chez le
barbier, il s'avéra que j'aurais le nez busqué comme mon père. Souvent je touchais à la petite voussure osseuse pour me rendre compte de sa pérennité ; elle
tenait bon et même profitait [...] » (« Notaire par le nez », p. 313).
7. « Son fils », p. 281.
8. Les traits les plus intéressants hérités du père empruntent souvent ce mode
inconscient et rappellent ce que Ferron déclarait à propos des influences qui
l'avaient marqué comme écrivain : « Ce ne sont pas les influences les plus
conscientes qui sont les plus fortes. Le génie est de prendre, d'oublier et de
reprendre à son compte » (*Par la porte d'en arrière. Entretiens,* p. 216).
9. Voir *supra*, « Filiation », p. 83.

amplifié dans les fragments autobiographiques, est donc des plus significatives et amusantes, confirmant la grande cohérence des images retenues par Ferron, derrière leurs apparences fantaisistes ou excentriques (les lettres nous aident ici à saisir l'origine — et le déplacement — d'un signifiant important du roman familial, qui resterait autrement anecdotique). Dans ce fragment particulier intitulé « Son fils », c'est la moustache qui devient l'emblème de cette transmission généalogique problématique. Le fils, à travers le jeu des générations et les deux figures du grand-père et du père, cherche sa place et se trouve devant un dilemme, un choix difficile à faire, se demandant de quelle moustache il héritera : « Comment la désires-tu ? [...] Raide comme ton père ou molle comme ton grand-père[10] ? »

Le choix de cet attribut viril — comment ne pas entendre l'insinuation sexuelle dans cette opposition des appendices mous ou raides ? — n'est pas sans conséquence, et comme souvent dans ces fragments, il est relié à un entre-deux, à une oscillation, à une irrésolution du narrateur, qui se représente presque toujours lui-même entre deux mondes, entre deux âges et même entre deux sexes[11], puisque le moment qui le retient le plus souvent est précisément cet « âge où se fixe la voix[12] ». C'est donc une idée fondamentale de l'œuvre ferronienne, celle du passage et de l'entre-deux, qui est mise en relief dans ce questionnement de ses origines. Évoquant cette lignée généalogique qui, du côté de la branche paternelle, coupe court et, comme la moustache du père, ne va « pas plus loin », c'est lui, ce fils qui « ne [l'] impressionne pas du tout »,

---

10. « Son fils », p. 282.

11. Le narrateur a non seulement à choisir entre les deux héritages du grand-père et du père, mais encore entre le double héritage de sa mère et de son père, comme on l'a vu à propos d'une autre histoire de cheveux coupés : « Il pensait beaucoup plus à sa mère qu'à son père. À tout moment il se juquait < piquait ? > sur une épine ; cela le faisait rougir. Il poussait en délicatesse, il devenait maniéré comme une fille. Il arriva même qu'il prit honte à sa barbe ; d'affreux boutons couvrirent son visage. La leçon de ses maîtres portait fruit » (« Son fils », p. 283).

12. « Les trois p'tits steppes », p. 275.

le successeur de la troisième génération, qui porte la tâche de recueillir et de donner sens à l'héritage (un motif qui, là encore, sera transposé dans l'œuvre de fiction où, dans *le Saint-Élias, le Salut de l'Irlande* ou *la Chaise du maréchal ferrant*, tout se décide à la troisième génération). Or, même pour ce qui est des signes en principe les plus « naturels » (la physionomie, la barbe et les cheveux, la voix), l'insertion dans la lignée ne va pas de soi et peut même se révéler source de conflit et de division, n'entraînant pas d'elle-même une reconnaissance assurée de son appartenance. La question qui se pose à ce sujet — « raide comme ton père ou molle comme ton grand-père ? » — prend la forme d'un choix exclusif, d'une alternative qui sacrifiera, quoi qu'on fasse, une part de la succession : hériter se joue donc ici sous le signe de la perte, et non d'une intégration, plus ou moins réussie ou harmonieuse, de signes inconciliables qui résistent à toute synthèse.

Ressemblera-t-il au grand-père, « bègue et beau chanteur[13] », ou au père à la « voix curieuse[14] » ? On pourrait déjà répondre : à ni l'un ni l'autre. Ou plutôt on dirait mieux qu'il reportera *en lui* ces choix, qu'il les intériorisera, cherchant dans un monologue/ dialogue une solution, une forme de compromis où les deux voix seraient présentes. Il est en effet frappant de voir dans ce bref texte le glissement rapide qui s'opère d'une division externe, représentée par les figures du grand-père et du père, à une division interne du personnage narrateur lui-même, déchiré entre deux images conflictuelles, celles de l'enfant et l'adolescent. Non seulement le pacte autobiographique est-il scellé de manière négative et paradoxale («Quant au fils de ce dernier, j'ai son âge, il ne m'impressionne pas du tout » : de l'impersonnel au je puis au il, le moins qu'on puisse dire, c'est que ce narrateur garde dans ce « récit de soi » à distance le je), mais encore cette tension entre « je » et « lui » est-elle activée par tout un jeu de superpositions des images ne coïncidant pas l'une avec l'autre :

---

13. « Les trois p'tits steppes », p. 273.
14. *Ibid.,* p. 276.

C'était un gentil garçon, je m'attachai à lui, depuis je ne l'ai pas quitté. Nous nous sommes d'abord bien entendus, ne nous parlant pas, occupés à courir après une balle.

[...] Puis il fallut bien qu'il se rase. Je cessai alors de bien m'entendre avec lui ; il voulait m'en imposer et je m'y refusais[15].

Chez Ferron, il n'y a pas de réconciliation tranquille avec l'Origine. Les images rescapées du temps de l'enfance ne restaurent pas un « *Illo tempore* » paradisiaque, elles ne guérissent pas des blessures anciennes, elles ne s'imbriquent pas comme les pièces d'un puzzle pour former une image de soi enfin bien composée et pleine : elles restent, comme ce petit garçon révoqué par l'adolescent, à son tour récusé par le narrateur qui les renvoie tous les deux, des pièces détachées qui ne s'ajustent pas, sous le signe de la brouille et de la discorde. Cette discorde où les voix ne s'entendent pas et ne parlent pas ensemble est reflétée jusque dans la forme inachevée et éclatée de ces fragments de roman familial ultimement demeurés non joints. Mais elle ne sera jamais mieux emblématisée que par la voix dissonante du père de Ferron, voix traversée par tant de sources et d'influences diverses qui s'y « étaient trouvées en animosité[16] » qu'elle n'arrive pas à les maîtriser, à les composer.

□

De fait, un des aspects les plus fascinants de l'héritage ferronien concerne la voix du père, une voix qu'il retient comme l'un de ses signes les plus distinctifs et qu'il cherche à décrire avec une grande précision. Il évoque à plusieurs reprises cette « élocution bizarre qui lui gardait, avec ou sans cigare, les dents serrées, une voix plutôt curieuse[17] » et insiste tout particulièrement sur le débit — cet aspect du rythme est uniquement traité dans ces fragments inédits — de la voix du père, qu'il saisit dans une de ses phrases clés qui le résume tout entier : « Cela te donnera quoi ? » Ferron

---

15. « Son fils », p. 282.
16. « Les trois p'tits steppes », p. 275.
17. « Les trois p'tits steppes », p. 273.

s'applique à décrire minutieusement ce « rituel paternel[18] », l'effet produit par cette voix telle qu'il l'*entendait*, « voix ordinaire, pas si ordinaire que ça, au débit inégal, à la fois traînante et précipitée[19], qui lui faisait allonger le "ça" en "cela" et ramasser le "te donnera quoi" en "t'donn'raquoi[20]" ». Sa voix, observe-t-il, restait incertaine […] par une bouche qui ne s'ouvrait pas assez et le débit[21] ». Ferron nous donne ici un magnifique exemple de la manière fine, sensible à la forme des mots et à leur modulation, qui est celle d'un écrivain écoutant la langue telle qu'on la parle autour de lui et cherchant à s'expliquer ses effets singuliers. Ainsi, pour pouvoir comprendre ce contretemps, ce boitement qu'il entend dans la parole de son père — et tout le texte des « Trois p'tits steppes » a précisément pour objet de mettre en scène ce rythme désaccordé à travers la question du pas réglé/déréglé du fils et du père marchant ensemble —, Ferron se lance dans une extraordinaire construction fantasmatique pour élucider ce défaut de la parole de son père. Il le situe d'abord en termes de succession, en voyant son père comme l'héritier lui-même de la parole entravée de son propre père, ce Benjamin défini comme « bègue et beau chanteur », qui perdait toute trace de son handicap seulement au moment où, « sur un ton d'église », et « avec un sérieux redoutable », il entonnait sa chanson attitrée[22].

---

18. « [Les trois p'tits steppes] », variante, p. 280.

19. Sur cet aspect du débit, il faut rappeler ce que Ferron disait de l'écriture elle-même : « La lenteur de l'écriture en vient à ralentir le débit ; c'est peut-être parce qu'on épelle ce qu'on écrit » (*Par la porte d'en arrière. Entretiens*, p. 229). Ici encore, le fils en écrivant rejoint, plus qu'il ne le sait, son père…

20. « Les trois p'tits steppes », p. 273. Cette question de l'écoute, entre son et sens, est au cœur d'un autre texte autobiographique de *la Conférence inachevée*, « Les deux lys », où le nom du pasteur Soçaurez est translittéré tel que le petit garçon l'entendit au moment où il répétait sa phrase leitmotiv (*so sorry*), sans vraiment la comprendre à l'époque. On se reportera également aux lettres d'enfant que Ferron adressait à sa mère et retranscrites par lui, adulte, avec une attention si particulière pour les fautes d'orthographe qu'il est clair qu'il tente là encore d'« écrire au son », pour saisir les effets particuliers de la prononciation et de l'accent. Voir « [Lettres des enfants] », p. 389-390.

21. « Les trois p'tits steppes », p. 274.

22. Ici encore, père et grand-père s'affrontent, tout comme pour l'histoire des moustaches : le grand-père chante solennellement sa chanson-fétiche, *le Guiâble*

Mais Ferron remonte plus loin encore pour trouver les sources de ce débit inégal (qui a pour conséquence que la voix du père ne coule pas de source, justement) :

> Il devait être difficile à l'époque de bien parler, surtout pour un homme tel que lui, dont l'ambition sociale et la fierté des origines (lesquelles comportaient un français bigarré, la prononciation normande, l'accent charentais et le registre trop haut des prédicants paroissiaux) s'étaient trouvées en animosité quand, à l'âge où se fixe la voix, il avait eu la révélation des prestiges de l'anglais. Cela l'avait troublé. Il avait avalé le bégaiement de son héros [son père Benjamin], mais sans le digérer, d'où l'alternance d'une parole précipitée et trop lente ; de plus il cassait le français et donnait l'impression d'un anglophone, ce qui le flattait[23] [...].

On le voit dans ce passage remarquable : la voix chez les Ferron n'est jamais pure, mais composée de multiples inflexions qui en brouillent l'origine. Si la voix du père est désaccordée, inégale et d'un rythme syncopé, c'est parce qu'elle tente de concilier des héritages contradictoires, hétérogènes : d'abord le bégaiement héréditaire, qu'il parvient à surmonter, mais non sans garder trace du dérèglement par la précipitation/lenteur qui affecte son élocution ; ensuite, un rapport trop riche à la langue maternelle, ce « français bigarré », rien de moins que pur, dont il ne parvient pas à homogénéiser et à lisser les particularismes régionaux, locaux, qui luttent tous par « en dessous » pour se faire entendre : « Et puis, en dessous de cet accent bizarre, il y en avait d'autres, plus anciens, qui cherchaient à passer, dont l'acadien que je n'ai pas mentionné, et qu'il empêchait en mordant son cigare[24] » ; enfin, comme si ces conflits linguistiques internes ne suffisaient pas, l'insinuation de

---

est sorti des enfers pour ramasser son monde, alors que le père n'impressionne personne avec sa chanson-scie des *Éléphants* parce qu'il « ne pouvait monter bien haut ». La chanson est la chasse gardée du « patriarche », et le père ne s'aventure sur ce terrain qu'en accentuant sa voix de fausset, qu'en soulignant par autodérision sa performance grotesque, bouffonne.
23. « Les trois p'tits steppes », p. 274-275.
24. *Ibid.*, p. 275.

l'anglais, langue de prestige et des affaires vient encore de l'extérieur ajouter à la confusion… S'interrogeant sur la diction singulière du père, Ferron en arrive de la sorte à remuer tout un sol
psycholinguistique, à retracer derrière un symptôme toute une
sédimentation historique et politique qui forme, dans la parole
d'un sujet particulier, des accidents et des reliefs, des idiotismes
singuliers qui ne sont jamais seulement des marques individuelles.
S'attachant à ce qui, en principe, appartient en propre au sujet, sa
voix, perçue dans une certaine tradition du récit autobiographique
comme le signe le plus authentique et le plus vrai qu'il possède,
Ferron est pour sa part amené à considérer la voix comme fort peu
naturelle, somme toute. De fait, il est fasciné par tout ce qui sonne
faux en elle, tout ce qui la fait défaillir et fausser ; il met au jour
les facteurs culturels, géopolitiques, qui se déposent en elle et la
fabriquent, la modèlent au fil du temps et à travers les générations.
Bien plus, il laisse dans cette scène importante remonter à la surface
les matériaux qui étaient demeurés noués dans cette gorge trop
tendue, cette mâchoire trop serrée du père.

Tout se passe dans cette élaboration fictive comme si le fils
tentait de compenser, de dédommager — toujours cette question de la dette et de la créance, si prégnante dans ces rapports
filiaux — le manque qui affecte la voix du père, comme s'il cherchait à lui donner, grâce à cette introspection analytique qui sonde
la raison profonde (la raison et non les causes) de ce défaut,
réparation. D'ailleurs, c'est bien ce qu'il fera en redonnant à son
père dans un autre fragment la pleine jouissance de la parole : « Il
n'était pas homme à ne rien perdre. Le vocabulaire faisait partie de
son acquis. Il s'en servait et il s'en servait bien, parlant avec autant
de simplicité des sujets qu'il commandait que de la pluie et du beau
temps[25]. »

---

25. « [Mon père se nommait Joseph Salvarsan] », p. 292. Dans ce fragment,
Ferron brouille encore davantage les origines du père : « D'où venait mon père ?
Je ne le sais trop. S'il prétendait être son propre ancêtre, c'est qu'il ne tenait pas
tellement à ses origines », et le dote d'une identité carrément fictive, en le
nommant Joseph Salvarsan, patronyme du héros de son premier roman, *la Gorge
de Minerve*.

Loin de découvrir une origine une et indivise, cette réflexion sur la voix du père la pose plutôt comme plurielle, traversée de différences et de textures diverses. Au moment de la mue, son père ne reconnaîtra pas davantage la voix de son fils : « Ma nouvelle voix lui plaisait. Il se demandait où je l'avais prise. Cela l'intriguait. Il aimait bien le pittoresque, le baroque, tout ce qui est curieux[26]. » Heureux de ne pas lui léguer sa voix, le père lui lègue dans cette non-reconnaissance quelque chose de plus singulier, qui établit hors de tout doute leur filiation, dans cet attrait pour le baroque, le bizarre, « tout ce qui est curieux ». Et la voix de son père apprend en outre au fils, sur l'Origine, une leçon essentielle, à savoir que l'étrangeté loge au cœur du familier et que même la voix, on ne parvient jamais à se l'approprier qu'imparfaitement, « si tant est qu'on a une voix à soi, venant de soi, ce dont je doute, ayant cru remarquer que toute voix est apprise[27] ».

---

26. « Les trois p'tits steppes », p. 276.
27. « [Les trois p'tits steppes] », variante, p. 277.

Une autorité souveraine

Pour un écrivain tel que Ferron, la transmission ne passe donc pas seulement par les atavismes d'ordre génétique les plus visibles, mais par ce qui est le plus immatériel, par la voix — son timbre, son rythme, son grain —, cette voix qui nous échoit sans qu'on parvienne à savoir exactement de qui ou d'où elle vient («Il [le père] se demandait où je l'avais prise. Cela l'intriguait[1] »). Comme on vient de le voir — et de fait, il y a souvent ici une sorte de chassé-croisé entre la vue et l'ouïe, alors que le père demande à son fils ce qu'il « avai[t] à le regarder. — Tu as la voix curieuse. Je cherche à comprendre. — Penses-tu l'apercevoir, ma voix curieuse[2] ? » —, Ferron manifeste aussi de la sorte sa sensibilité particulière à la langue elle-même, se montrant attentif aux fluctuations sémantiques découlant de la grammaire, selon que la phrase rituelle prononcée par le père au cours de leurs conversations, « Ça te donnera quoi ? », emprunte un mode verbal hypothétique (le conditionnel, le futur antérieur) ou constatif (le passé). Analysant les effets subjectifs produits par cette concordance des temps, il souligne à quel point cette déclinaison infléchissait toute la stratégie de l'entretien et en programmait la portée :

> Au passé, je ne pouvais répondre : les résultats parlaient d'eux-mêmes. Par contre, lorsqu'il me la posait au futur de l'indicatif, au conditionnel présent ou imparfait, comme rien n'avait été fait, beaucoup restait à dire, tout en principe, pas grand-chose en réalité, à cause de ma dépendance ; je devais me borner à ce qu'il voulait entendre, rien qui ne l'engageât à plus qu'il me devait[3].

En captant ce détail, Ferron insiste sur un autre aspect important de ces textes autobiographiques, un aspect quelque peu

---

1. « Les trois p'tits steppes] », p. 276.
2. *Ibid.*
3. « [Les trois p'tits steppes] », variante, p. 280.

paradoxal puisqu'il tient à l'oralité (on rappellera que Ferron s'est souvent défini lui-même en tant que conteur comme un passeur, entre la tradition orale et la « transposition écrite[4] »). Or, ce qui est intéressant dans ces écrits, c'est qu'il ne se contente pas de rapporter les paroles dites, mais qu'il cherche aussi à restituer le ton particulier des échanges, leur forme, la technique adoptée par le père saisi dans le plein exercice de son pouvoir, de ce qu'il appellera plus tard sa « plus haute autorité ».

Car le défaut de parole du père est en effet amplement compensé dans le ressouvenir qu'en garde le fils par la finesse de son écoute caractérisée, entre autres, par sa manière de différer le plus longtemps possible toute réponse, laissant son interlocuteur venir sur son terrain et s'enferrer dans son propre raisonnement.

> Mon père ne m'a jamais éconduit de la sorte ; il m'écoutait avec beaucoup d'attention ; ce respect finissait par me troubler car, le sachant perspicace, je faisais mienne peu à peu cette perspicacité et mon exposé perdait grâce ; je me trouvais à l'entendre, je laissais tomber ou me raisonnais moi-même de sorte qu'alors il n'avait rien à dire ; et il ne disait rien à la manière de son propre père qui, m'avait-il appris, voyait tout, entendait tout, comprenait tout et n'ouvrait jamais la bouche, gardant son autorité intacte[5].

Dans « Notaire par le nez », Ferron décrit de manière encore plus précise comment son père cultivait cet art du contretemps dans la conversation, de façon à laisser le jeune homme se prendre à son piège, comprendre par lui-même ce qu'il attendait de lui ou de ses erreurs (« Je croyais le prendre. Mes réponses, je les avais apprises ; je les lui récitais sans me rendre compte que peu à peu, par elles, je me laissais prendre à son jeu[6] »), sans jamais avoir à s'abaisser pour lui faire la leçon :

---

4. « Je suis le dernier d'une tradition orale et le premier de la transposition écrite » («Le mythe d'Antée », dans *Escarmouches. La longue passe*, t. 2, Montréal, Leméac, 1975, p. 34).
5. « [Les trois p'tits steppes] », variante, p. 279.
6. « Les trois p'tits steppes », p. 275-276.

> Mon père regarde de ce côté sans doute pour se détourner de
> moi qui marche au fond du trottoir et pour me signifier ainsi
> qu'il n'est pas pressé de recevoir ma réponse. [...] Même si je suis
> son créancier naturel, jamais l'idée ne me viendrait de lui
> retourner sa question. [...]
> Sa question posée, il regarda de l'autre côté de la rue comme s'il
> n'attachait pas beaucoup d'importance à ce que j'allais lui
> répondre[7].

On entrevoit peut-être un peu mieux à partir de ce passage ce
que Ferron tentera de circonscrire par cette expression de « plus
haute autorité » toujours étroitement associée pour lui à la figure
du père. Et par père, j'entends ici la fonction paternelle posée en
elle-même de manière absolue, car cette autorité est tout aussi bien
celle de Joseph-Alphonse que du grand-père Benjamin, pour rester
dans la lignée généalogique, que celle qui désignera aussi plus tard
à l'héritage reçu de certains maîtres jésuites, comme le père Robert
Bernier auquel Ferron rend longuement hommage dans « [Cela te
donnera quoi ?]», texte où il revient sur ses années de collège et la
« véritable formation » (au sens de *Bildung*) qu'il en a retirée.
Parlant de ce Jésuite, dans lequel il n'est pas difficile de voir une
figure substitutive du propre père de Ferron, l'écrivain en trace ce
portrait, esquisse palimpseste qui pourrait se superposer à celle qu'il
fait de l'autorité souveraine de son père :

> Il avait le lasso infaillible [cette image s'explique par les origines
> du père Bernier, qui vient de l'Ouest, du Manitoba] ; il vous
> prenait auteurs comme chevaux et vous les domptait sur place,
> c'en était chaque fois une prouesse. Nous étions fiers de lui, il
> s'en rendait compte, vous pensez bien. [...] Il aimait jouer mais
> il préférait gagner. Vaniteux ? Non, je crois qu'il avait du respect
> pour le respect que nous avions pour lui. En tout cas il n'eut
> jamais à se servir de son lasso contre nous. Il n'était pas auto-
> ritaire : il était l'autorité même[8].

---

7. « Notaire par le nez », p. 300, 302.
8. « [Cela te donnera quoi ?]», p. 330.

Comme dans le passage cité plus haut où il est question du père, le maître reste souverain à la condition qu'il n'entame pas son autorité : par son silence, il garde la main haute sur le jeu et c'est ce retrait, cette réserve, cette discrétion qui lui donnent la maîtrise de la situation. Sa supériorité vient d'une certaine manière de sa capacité à utiliser l'autre à son avantage, à capitaliser sur l'idée qu'il se fait de lui (« il avait du respect pour le respect que nous avions pour lui »). On remarquera que, grâce à cette stratégie, le père apparaît ici investi d'une autorité quasi divine (il « voyait tout, entendait tout, comprenait tout »), d'autant plus totale qu'il la garde intacte, en n'ayant jamais à l'affirmer par la parole (en ce sens, donner un ordre autoritaire, ce serait très exactement *perdre* cette autorité souveraine). Ne disant rien, n'ouvrant la bouche que pour proférer la phrase rituelle, le père de Ferron fait non seulement faux bond à son interlocuteur (encore cette question du pas désaccordé, du « p'tit steppe » à faire pour rendre au rythme la mesure qui lui manque), il l'oblige encore à dialoguer avec lui-même, ne le jugeant pas pour l'amener à le faire tout seul :

> Il n'entrait pas dans ses goûts de juger de la nature de mes actes possibles ou impossibles. De l'Évangile il avait retenu qu'il ne faut pas juger, non pas de peur d'en ôter à Dieu, non, Dieu ne l'occupait guère. S'il ne fallait pas juger, c'était tout simplement qu'en le faisant on empêche celui qu'on a jugé de se juger lui-même. Aussi, lorsque je ne me donnais pas moi-même la réplique et que je poussais au bout l'énoncé de mes fumeux projets, tout au plus s'enquérait-il des conséquences : « Ça te donnerait quoi[9] ? »

La forme de ces entretiens est ainsi fort révélatrice de l'influence, voire de l'emprise, qu'exerça sur le jeune homme la parole rare de son père. Par l'art du contretemps, du boitement et du décalage qu'il maîtrise si bien («pour me rassurer, il trouva le moyen de perdre encore le pas et de s'y remettre par un troisième p'tit steppe[10]»), le père obligera longtemps le fils à lui répondre à

---

9. « [Les trois p'tits steppes] », variante, p. 279.
10. « Les trois p'tits steppes », p. 276.

sa façon. Sous ses dehors de conversation ordinaire où les deux interlocuteurs devisant sur le trottoir de la grand-rue de Louiseville paraissaient à égalité, un tout autre rapport de force, une tout autre partie était en réalité engagée, où le fils pour toujours allait fixer dans son souvenir sa position inférieure (et même féminisée : relégué au fond du trottoir, il dit de manière significative occuper la place de la demoiselle, image également récurrente dans les fragments inédits du *Pas de Gamelin*[11]), une position où se trouvaient mêlées admiration et humiliation et où l'on pouvait aller loin dans l'abaissement de soi («On n'admire jamais assez quand on s'y met et l'on s'abaisse volontiers pour mieux y réussir[12]»). On entrevoit qu'il n'était sans doute pas aisé pour le fils dans ces conditions de répondre à une autorité si douce, si bienveillante…

Le père occupe donc une place capitale, c'est le cas de le dire, dans la fiction autobiographique de Ferron. Déjà dans l'*Appendice aux Confitures de coings*, il apparaissait ainsi intronisé de la plus haute autorité au moment où Ferron révoquait l'héritage de la branche maternelle — « qu'elle aille ! d'une famille ridicule qui se croyait de sang royal parce qu'elle était dominée-dominatrice, d'une race de marchands impitoyables envers les pauvres gens, qui croyait se racheter par ses Ursulines et ses Ursulinettes alors qu'elle ne perpétuait ainsi que sa sous-domination dans le comté de Maskinongé […][13]» — pour désormais se réclamer l'héritier de son seul père parce que celui-ci

> parti de rien s'est voulu au-dessus de tout […], me bousculant en dehors de la paroisse et du comté, me mettant au pied du pays à la fin des *Two Solitudes* du Sieur McLennan, sans la possibilité de naguère d'éviter, moi le dominé, un dominateur

---

11. Où il se voit, avec le couple Notaire/Maski, occuper la place de sa mère Adrienne et devenir la femme de son père. Sans vouloir forcer des parallèles avec les célèbres *Mémoires du Président Schreber* dans lesquels ce dernier se fantasme également de la sorte dévirilisé, dans un étrange devenir-femme qui l'altère, ces images sexuelles pour le moins ambiguës ne laissent pas d'attirer l'attention.
12. « Les trois p'tits steppes », p. 274.
13. Jacques Ferron, *les Confitures de coings*, p. 189.

imbécile ; ne m'ayant laissé en héritage qu'un peu d'argent et mille ruses pour rester à la hauteur de son orgueil... [...] Mon père ne tolère personne au-dessus de sa tête[14].

Ces fragments inédits confirment encore de manière éclatante l'importance de sa place et donnent à la figure paternelle sa pleine mesure. Toute l'enquête généalogique du fils consistera en effet pour une large part à redonner au père sa place, à restaurer son image, image trop souvent lamentable de faiblesse et d'iniquité qui se transmet de génération en génération au Canada français, comme en témoigne l'historiette intitulée « Le père retrouvé » qui conclut la légende des « Trois Frères et le bout d'un pouce ». Rappelons que dans cette variante acadienne du récit des origines[15] la figure paternelle est complètement effacée au profit de la fratrie, le père jugé indigne d'occuper sa fonction d'ancêtre dans la lignée généalogique qui s'interrompt brusquement. Dans « Le père retrouvé », la fonction paternelle est en revanche une fois encore reconnue et célébrée, parce que le grand-père Benjamin, contrairement à tant d'autres pères québécois de l'époque, trouvera le moyen de rendre ses douze enfants à leur grosseur, et pas seulement l'aîné comme c'était la coutume, laissant tous les autres dépossédés. C'est pour répondre à cette injustice que prit naissance, selon

---

14. *Ibid.*, p. 189-190.
15. Il est intéressant de remarquer que Ferron tient cette version de son père et qu'elle a d'autant plus de valeur à ses yeux que la tradition orale qui s'incarne dans sa parole bat ainsi en brèche le récit généalogique officiel : « Mon père — parce que la première tradition orale, tu la reçois de ton père — soutenait, par exemple, que nous étions issus de trois frères. Ce qui rappelle un peu l'idée du déluge. Évidemment, cette histoire n'est pas du tout exacte, puisque d'après la généalogie familiale, c'est un nommé Jean-Baptiste Ferron qui serait arrivé seul. Mais ça me semble plus intéressant d'accepter la tradition de mon père : elle me permet de rendre compte de notre rupture avec l'Europe. [...] L'origine n'est jamais très loin derrière le monument du discours. Ça correspond à peu près à ce que peut être notre histoire : elle a commencé lorsque nous avons eu une mémoire collective » (*Par la porte d'en arrière. Entretiens*, p. 197-198). Encore une fois, la prééminence de la fiction identitaire sur ladite vérité historique ou généalogique est réaffirmée avec force dans ce passage.

Ferron, ce mythe d'origine des « trois frères », mythe venu suppléer
à ce mauvais père, à ce père défaillant qui condamnait à la pauvreté
et à l'exil ses enfants (sauf l'aîné) et lui-même en contrecoup à la
honte et à la folie : « Que pouvait-il faire de mieux, le pauvre
homme, quitte à rester honteux de son impuissance et à retomber
en enfance pour finir ses jours, pleurant ses enfants désavantagés et
n'osant pas regarder en face le fils aîné qu'il a privilégié[16] ? » Le
roman des origines des Ferron rompt avec cette légende et se distingue justement par la reconnaissance — dans tous les sens de
l'expression — envers le père :

> Quant au grand-père Benjamin, probablement le premier de sa
> lignée, il mourut content de lui-même, avec la satisfaction
> d'avoir été juste envers tous ses enfants et dans la possession de
> toutes ses facultés. Et les trois frères de la légende, fils du déluge
> et des vieux pays engloutis, dont on ne cherche pas à se souvenir,
> probablement parce qu'on n'y a laissé rien de bon et qu'on n'a
> jamais pensé à y retourner[17] après des siècles de fuite et de
> misère, s'étaient trouvé enfin un père[18].

Ferron, en retraçant l'histoire de sa famille, redresse ainsi le
récit collectif, retournant la faiblesse légendaire du père québécois,
son injustice et son impuissance en autorité vraie, c'est-à-dire lui
méritant en retour respect et honneur. Ce n'est certes pas rien, c'est
même là, comme il l'écrit, « une différence qui change tout[19] ».

□

---

16. « Le père retrouvé », *infra*, p. 347-348.
17. Ces deux historiettes, « Les trois frères et le bout d'un pouce » et « Le père
retrouvé », débordent la généalogie strictement familiale pour expliquer les trous
ou les flous de la lignée par des raisons historiques plus profondes, en
l'occurrence la coupure d'avec la France-mère : la décision de ne jamais y
retourner et, conséquemment, le brouillage de la mémoire et de tout récit
mémoriel empêchent de remonter en deçà de la troisième génération.
18. « Le père retrouvé », p. 348.
19. *Ibid.*, p. 347.

« Mon père ne tolère personne au-dessus de sa tête », écrivait-il dans l'*Appendice*. Est-ce si sûr à la lecture de ces fragments ? Jusqu'où va cette autorité, aussi haute soit-elle ? N'y a-t-il vraiment rien qui soit au-dessus d'elle et qui ne vienne en limiter la souveraineté ? Question importante, dont l'accent politique est immédiatement perceptible bien entendu... Pour y répondre, il faut rappeler cette proposition cardinale de l'œuvre de Ferron où la mémoire la plus personnelle, la plus intime est toujours consubstantielle à la connaissance du pays[20]. Ce sera la grande découverte de Tinamer de Portanqueue au terme de sa recherche :

> Un pays, c'est plus qu'un pays et beaucoup moins, c'est le secret de la première enfance ; une longue peine antérieure y reprend souffle, l'effort collectif s'y regroupe dans un frêle individu [...]. Un pays, c'est plus, c'est moins qu'un pays, surtout un pays double et dissemblable comme le mien, dont la voix ne s'élève que pour se contredire, qui se nie, s'affirme et s'annule [...][21].

Cette connaissance du pays est donc inséparable de l'histoire individuelle du sujet et ces fragments autobiographiques dans lesquels Ferron retourne vers sa propre enfance consistent eux aussi à explorer les termes de cette équation qu'on pourrait qualifier de *nationelle* : l'autorité du père sur le plan individuel est homologue à la souveraineté du pays, sur le plan collectif. Ainsi, rêvant sur la lignée paternelle, Ferron ne manque pas d'y retrouver les devoirs inhérents à toute appartenance, individuelle ou collective : « l'idée que je me faisais de moi-même, écrit-il, l'idée que j'étais, comme

---

20. Cette connaissance du pays est elle-même étroitement liée à la langue, à l'histoire des noms propres, entre autres : « Quand je traite avec les gens, dira Ferron, je peux savoir d'où ils viennent par leur nom ; ça me donne un peu l'idée de ce qu'ils sont » (*Par la porte d'en arrière. Entretiens*, p. 227). Dans un autre passage, il confirmera que, au-delà de la question politique, si le pays l'a tant retenu, c'est toujours et encore à cause de la langue, des effets de langue particuliers qui y sont incarnés : « La seule chose que j'ai prise au sérieux, ça a été la littérature, par l'écriture, et, par l'écriture, la pérennité de la langue » (*ibid.*, p. 231).
21. *L'Amélanchier*, p. 148.

mon père l'avait été, un notable, [cela] impose des obligations dont la première est une juste appréciation du milieu[22] »...

Aussi personnelle et singulière soit la quête des origines mise en œuvre dans tout récit de soi, celle-ci demeure donc inséparable pour Ferron de cette dimension politique et collective. Or, à cet égard il est fort significatif de voir que, dans ces écrits voués à la fragmentation et à l'incomplétude, l'image du pays est elle aussi frappée d'inachèvement. Ainsi, de son père « établi solidement dans un univers cohérent », il note que le « seul défaut de cet univers était de ne pas s'agencer très bien dans le vaste monde[23] », soulignant là encore, comme pour le défaut de langue de son père, un certain défaut d'ajustement :

> Notre pays a plus d'étendue que de hauteur ; on y monte très vite, mais l'ascension sociale ne s'accompagne pas d'un élargissement d'horizon, surtout vers le faîte où les troubles de vision sont de règle. C'est un pays qui commence bien et finit mal, car il est inachevé[24] ; on n'y monte pas pour le dominer ; il n'est pas soumis à lui-même, dominé d'ailleurs, de New York, de Londres, d'Ottawa, de Paris et de Rome. Alors on y monte pour s'évader, pour le renier, pour se perdre[25].

Il y aurait beaucoup à dire sur cette étonnante conclusion qui paraît aller contre toute une conception éminemment positive et affirmative du pays, à maintes reprises illustrée dans l'œuvre, conception selon laquelle le sujet soutient sa propre identité et sa cohérence du pays. Or ici, malgré la verticalité de la lignée généalogique des Ferron qui semble remettre entre les mains des successeurs un héritage considérable, en expansion indéfinie — « le

---

22. « [Cela te donnera quoi ?]», p. 320.
23. *Ibid.,* p. 321.
24. Ferron reprendra cette expression à propos de son œuvre en général cette fois, dans « L'alias et le néant » : « Mes livres, je les ai faits pour un pays comme moi, un pays qui était mon pays, un pays inachevé qui aurait bien voulu devenir souverain, comme moi un écrivain accompli, et dont l'incertitude est même devenue mon principal sujet [...]» (*le Devoir*, 19 avril 1980).
25. « [Cela te donnera quoi ?]», p. 321.

grand-père Benjamin, cultivateur au village des Ambroise [...] avait réussi à s'imposer dans sa paroisse de Saint-Léon en y devenant commissaire d'école et marguillier. Mon père eut l'envergure de son comté et un de mes oncles, juge à Trois-Rivières, celle de sa province, la Mauricie. Que me restait-il à prendre ? Le pays tout entier[26] » —, la représentation du pays demeure souvent négative[27] précisément pour une question d'autorité — autrement dit, de souveraineté — insuffisamment assumée envers elle-même en tout premier lieu parce que le pays n'est pas dominé, « soumis à lui-même ». Si le fait de retracer sa propre lignée généalogique a quelque importance, c'est d'ailleurs uniquement dans cette perspective : moins pour se glorifier d'une quelconque appartenance que pour fonder en autorité la souveraineté et surtout contrer cette « double inconscience » de l'amnésie, telle que Ferron la définit dans « [Cela te donnera quoi ?] » :

> C'est là [Ville Jacques-Cartier] que je me trouverai en présence d'une double inconscience : celle du Canadien qui a perdu sa lignée, qui ne sait pas de quelle province il vient, qui, tel un bâtard, semble sortir de nulle part et n'a guère de prévision, vivant au jour le jour, pas loin d'être un animal ; et l'inconscience de la ville-champignon, formée d'immigrants distraits, tout à leurs passés différents, qui de trois [ans] en trois ans oublie ce qu'elle était, à tel point qu'en faire l'histoire, une histoire qui ne remonte pas à plus de vingt ans, est aussi difficile à débrouiller que la Fronde ou les guerres de religion[28].

La souveraineté pour Ferron n'est ainsi jamais affaire de pouvoir, destiné à maîtriser et asservir l'autre, mais se présente toujours comme une question intime du sujet qui doit trouver moyen de

---

26. *Ibid.*
27. Pourtant, elle n'est pas dénuée de contradiction, à cause de ce « merveilleux esprit de contradiction » que revendique Ferron : « En pays bien ordonné j'aurais mal tourné. Dans le nôtre, sens dessus dessous, sens devant derrière, je me suis retrouvé la tête en haut et dans la bonne direction. Je m'estime chanceux » (« [Cela te donnera quoi ?]», p. 323).
28. *Ibid.*, p. 333-334.

rompre sa dépendance et d'affirmer, fût-ce de manière incertaine, qu'il n'est plus soumis à personne ni à rien d'autre qu'à lui-même. On trouve peut-être ici un élément de réponse à la question soulevée plus haut : l'autorité souveraine — celle du sujet individuel ou de l'entité collective — ne se laisse pas limiter de l'extérieur, du dehors, elle doit tirer d'elle-même, et d'elle seule, la force et la volonté de se limiter.

De fait, la conception du pays qu'esquisse Ferron dans ces textes reste essentiellement un lieu de contradiction, de tension, tout comme dans *l'Amélanchier* où il citait comme le point de chute de la quête originaire de Tinamer cette formule d'Anatole Parenteau, qui correspond parfaitement à sa propre position ambiguë dans ces fragments autobiographiques :

> « La patrie c'est tout, la patrie c'est rien. » L'interrelation des deux, de ce tout et de ce rien, je la retrouve en moi, indécise, au bord de je ne sais quoi, dans l'attente de je ne sais qui, entre le goût de vivre et celui de mourir. Toute à moi, j'ai parfois l'impression de me fondre dans un pays intime qui a déjà existé en dehors de moi, dont je serais dorénavant seule dépositaire [...][29].

L'étonnante similitude de ces propos, extraits en principe d'une « fiction », avec ceux de ce récit de soi autobiographique ne laisse pas de frapper l'attention et on pourrait dire de manière analogue que le narrateur de ces textes est occupé, tout comme Tinamer, à trouver l'interrelation « de ce tout et de ce rien », faisant du pays l'arrière-fond inéluctable auquel le conduit sa remémoration (on reconnaîtra l'ancrage toponymique si caractéristique de la manière ferronienne), en même temps que, plus rarement, le pays est aussi renvoyé au « rien », comme dans le fragment « [Mon père se nommait Joseph Salvarsan] », où, après s'être appliqué à reconstituer avec la plus grande précision les origines du père, Ferron finit par les dissoudre et dote son père de surcroît d'une identité

---

29. *L'Amélanchier*, p. 149.

fictive[30], en le nommant du nom du héros de son tout premier roman demeuré inédit :

> Mon père se nommait Joseph Salvarsan, un nom connu et respecté dans tout le comté de Maskinongé, qu'il avait fait lui-même et qui le vieillissait, car il prétendait être son propre père. [...]
> D'où venait mon père ? Je ne le sais trop. S'il prétendait être son propre ancêtre, c'est qu'il ne tenait pas tellement à ses origines. Je me suis laissé dire qu'elles étaient dans le sud, quelque part entre Sainte-Eulalie et Saint-Agapit, dans un midi pas très loin du fleuve. Autant dire qu'il venait de rien[31].

Dans cette nouvelle variante de l'enquête généalogique, les points de repère se brouillent («quelque part entre... »), la rumeur l'emporte sur toute narration, histoire ou légende familiale solidement transmises («je me suis laissé dire »), le roman des origines met l'accent sur sa qualité de fiction, de fable («il prétendait... »). Et non content de superposer à l'identité du père celle d'un personnage de fiction, le narrateur lui appose encore un masque supplémentaire, en mêlant à ses traits ceux de son grand-père... maternel :

> Je me suis laissé dire de plus que, venant de si creux, il n'aurait pas rejoint notre belle rive du premier coup et que, parti pour grimper, il serait passé par les Dominicains de Saint-Hyacinthe. Cela ne laisse pas d'être plausible, car il est arrivé à Louiseville vieux garçon, nullement soucieux de son retard, plus pressé de s'enrichir que de se marier. C'est d'ailleurs ainsi qu'il s'est fait une renommée. En s'enrichissant et vite. Marchand de fer[32].

---

30. Dans « Le Don Quichotte anglais » (p. 289), Ferron contredit aussi la notion d'autorité souveraine incarnée par son père, en disant qu'il avait « le commandement mou » : autre exemple qui confirme le statut de fiction identitaire de ces textes, écrits tout aussi bien pour s'y repérer que pour s'y perdre.
31. « [Mon père se nommait Joseph Salvarsan] », p. 290-291.
32. *Ibid.*, p. 291. L'arrière-grand-père maternel, Georges Caron, était un marchand. Voir « Notaire par le nez », p. 303.

Le narrateur retouche et corrige ici le portrait tracé avec tant de soin ailleurs : le voilà soudain à effacer les origines, à nier toute généalogie fondatrice (« il prétendait être son propre père »), à en faire un étranger, un bâtard presque (« D'où venait mon père ? Je ne le sais trop »), forcé de s'inventer, à cause de ce « rien » qui lui tient lieu d'origine, une destinée fabuleuse («C'est ainsi d'ailleurs qu'il s'est fait une renommée »). Dans cette version qui annule et rature jusqu'à un certain point les autres tentatives, si minutieuses, de reconstitution, c'est l'anamnèse[33], le trou, le chaînon manquant qui l'emportent sur toute idée de lignée enfin reconstruite : ce père, venu de rien, non seulement gravit à toute vitesse les échelons de la réussite sociale selon le modèle américain du *self-made man*, mais surtout il tire toute sa puissance autogénératrice de lui-même, en étant « son propre ancêtre », s'engendrant lui-même, se tirant du néant pour s'inventer une identité fictive, mieux, pour reprendre le titre de Sherry Simon[34] », une « fiction identitaire ». Mais il faut le souligner, c'est là une rare occurrence, un détour surprenant, une variante excentrique somme toute dans cet ensemble de textes. Il demeure toutefois révélateur que la négation des origines débouche aussi rapidement sur la fiction et l'affabulation, avec le risque à l'arrière-plan d'une identité usurpée.

Quoi qu'il en soit de ce fragment qui brouille le partage entre réalité et fiction, force est de constater que les liens entre le père et le pays, entre la généalogie familiale et la toponymie territoriale sont si étroits pour le narrateur de ces textes que la reconstitution de la topographie devient presque interchangeable avec l'arborescence généalogique et en prend souvent de fait le relais. Et il est clair que la notion d'autorité sert ici de socle commun à la fois à la figure paternelle et à celle du pays, comme il ressort de ce passage où Ferron écrit, à propos du père Robert Bernier :

---

33. On aura reconnu les titres de deux historiettes importantes du roman familial de Ferron : voir « Anamnèse », p. 423 et « Le chaînon qui manquait », p. 431.
34. Sherry Simon *et al.*, *Fictions de l'identitaire au Québec*, Montréal, XYZ éditeur, « Études et documents », 1991, 187 p.

Et étranger il est resté, lui l'homme le plus chaleureux du monde, n'ayant plus pour patrie que son ordre, sa religion, sa culture[35]. Quand enfin je lui ai parlé d'égal à égal j'ai senti que ma force était d'avoir un pays et je me suis même demandé si, avec un peu de réflexion et de travail, je ne pourrais pas un jour le dominer, lui mon maître[36].

On retrouve ici, peut-être formulée de manière plus directe parce qu'elle concerne une figure substitutive du père, la question qui occupe Ferron dans ces fragments autobiographiques : comment se rendre maître de son maître ? comment égaler puis dépasser le père, comment dominer son autorité ? C'est ici que la décision d'écrire entre en jeu. On lira avec attention la scène dans « Notaire par le nez[37] » où Ferron s'explique longuement sur les

_____

35. Il est révélateur que les maîtres qui sont évoqués par Ferron comme l'ayant impressionné — le père Robert Bernier, les docteurs Berger et Oberling — sont « au-dessus de toute politique, d'aucune langue, d'aucun pays » : « J'eus l'impression que ces deux hommes remarquables représentaient une nouvelle aristocratie, qu'ils étaient des manières de cardinaux d'une église sans pape, tout aussi catholique que l'autre. J'éprouvais beaucoup de respect pour eux sans pour cela désirer les suivre. » Et Ferron ajoute dans une formule superbe par laquelle il récuse la Littérature ou la Science représentées par ces hommes : « J'avais le goût de vivre et la vie pour moi ne portait pas de majuscule » (« [Cela te donnera quoi ?] », p. 333).

36. *Ibid.*, p. 326. De manière significative, la maîtrise du maître est encore ici étroitement liée au pays : « Ce fut par eux comme par lui [le père Robert Bernier et ses condisciples de l'Ouest], et aussi par Gabrielle Roy et Robert La Palme (je pourrais en nommer d'autres), que j'ai compris que les frontières du pays se situaient sur l'Outaouais. Ils étaient les rescapés d'une grande défaite, de la perte d'une deuxième province française. Ils ne pouvaient plus retourner à leur origine » (« [Cela te donnera quoi ?] », p. 331). C'est bien la reconstitution de cette « étape brûlée » que tentera Ferron en retournant, lui, à ses origines, à celles du pays natal, en explorant « la pauvre idée que nous nous en faisions » (*ibid.*).

37. Dans la perspective de l'émancipation du fils qui nous retient ici, on peut entendre ce titre de deux manières : le fils souligne sa ressemblance physique avec le père, il est comme lui un notaire — ou un notable — par le nez ; mais aussi il prend sa revanche sur lui, il prend le pas sur lui, il lui fait un pied de nez presque, en choisissant une vocation qui le situe, lui, le fils, au-dessus de lui, dans la hiérarchie « spirituelle » du métier — médecin et écrivain — qu'il se choisit.

circonstances entourant sa double vocation, de médecin et d'écrivain. Le passage est particulièrement intéressant parce que Ferron
souligne qu'il n'a pu « se déclarer » à son père parce que sa famille,
contrairement à celle de Pierre Baillargeon, n'en « était pas rendue
là[38] ». Mais avant d'évoquer cette décision d'écrire définie de
manière significative en termes de maladie, de pathologie («Mon
goût d'écrire, je l'ai caché comme une maladie[39]» : je reviens dans
un instant sur cette image), le narrateur explicite aussi son premier
choix, la médecine contre le notariat auquel le prédestinait son père
(qui l'avait inscrit à la Chambre des notaires dès son enfance, « où
de si loin pourtant je me dirigeais, à partir du moment où j'ai eu
les cheveux coupés en garçon, les oreilles bravement décollées, pour
entrer à l'Académie Saint-Louis-de-Gonzague[40] », précise Ferron). Il
se défend avec vigueur de voir dans ce choix de la médecine, fait
presque par indifférence, une quelconque « vocation », et encore
moins une profession « noble », ou pire encore un « sacerdoce[41] ».
Ainsi, après avoir évoqué une scène où, adolescent, il dut déboucher l'égout du chalet de Saint-Alexis, il établit cette analogie rien
de moins que flatteuse avec la médecine :

> Vraiment est-il possible de parler de vocation à propos de la
> médecine ? Je sais seulement qu'il faut passer après le plombier
> et déboucher ses beaux tuyaux de grès quand à l'égout rien ne va
> plus et que la maison est devenue écœurante. On le fait par
> nécessité, encore faut-il comprendre qu'il s'agit d'une nécessité
> communautaire, non d'une obligation personnelle[42].

---

38. « Notaire par le nez », p. 311.
39. *Ibid.*, p. 312.
40. *Ibid.*
41. *Ibid.*, p. 306. Dans ses entretiens avec Pierre L'Hérault, Ferron reformule en
des termes fort intéressants les circonstances entourant cette décision : « Je ne
crois pas à ce qu'on appelle une vocation […]. Une décision, c'est toujours le
rejet de plusieurs autres. On est à un carrefour et on choisit une voie. Cette voie-
là vous amène à un *personnage qui se modèle en cours de route* » (*Par la porte d'en
arrière. Entretiens*, p. 78 ; c'est moi qui souligne).
42. *Ibid.*, p. 306.

Notons au passage qu'on retrouve ici l'idée importante pour les Ferron d'une obligation envers le milieu. Reconstituant la scène où Ferron annonce à son père sa décision de ne pas exercer le notariat, moment qu'il relie à la mort de sa mère — parce que avant cet événement « mon goût pour le notariat dépendait de fort peu de chose et je m'en faisais peu à peu une vocation seulement pour ne pas me dédire. Une profession ou l'autre, peu m'importait » —, voici ce qu'il écrit :

> Et puis un jour ma mère mourut et me devint plus précieuse. Quand mon père s'avisa de m'inscrire à la Chambre des Notaires, je trouvai qu'il y avait mis un peu trop d'empressement. À la fin de mon cours classique, je lui appris sèchement que je serais médecin. Il n'en fut même pas vexé. Au contraire, il me dit : « Comme tu fais bien ! »
> — Ah oui ?
> — Oui, me dit-il.
> Il pensait qu'un médecin était plus libre qu'un notaire[43].

Cette scène mérite qu'on s'y arrête. Elle est marquée par la même ambivalence/complicité de la part du père qu'on avait déjà pu observer dans la lettre de 1946, à propos de la chute des cheveux, dans laquelle celui-ci envoyait un double message, en prônant la prudence et la clairvoyance à son fils tout en se réjouissant de son désir de célébrité. Ici aussi, contre toute attente devant son fils qui croit exercer son autorité en imposant sa volonté, en apparence contraire à la sienne, non seulement le père ne se fâche pas, mais il se révèle même heureux de cette décision, parce que ce choix accomplit ses ambitions secrètes, en dépassant ses attentes avouables, tout en s'insérant en droite ligne dans la « philosophie[44] » de la famille selon laquelle « on ne peut faire progresser l'humanité qu'en donnant à ses enfants plus qu'on a reçu soi-même[45] » : ainsi, « le bien commun, l'ambition personnelle et l'honneur du clan [y] trouvaient tous leur compte[46] ».

---

43. *Ibid.*, p. 313.
44. L'expression est de Ferron (« [Cela te donnera quoi ?] », p. 322).
45. *Ibid.*, p. 321-322.
46. *Ibid.*, p. 322.

Suivant la logique de l'entretien dont il est le maître, le père tient donc le fils en échec quant à cette question du choix de la vocation : alors que le fils joue sa partie pour sauver la reine (il a sa mère en tête lorsqu'il modifie son jeu), le père, loin d'être échec et mat, se sert de cette décision personnelle pour l'intégrer à sa propre stratégie. Encore une fois, le fils s'est pris à son jeu et croyant agir par lui-même, en toute indépendance, il n'a fait que confirmer l'avance du père : « Il pensait qu'un médecin était plus libre qu'un notaire[47]. »

Et la décision d'écrire vient encore donner un tour d'écrou supplémentaire à cette partie de poker. Car qui est plus libre qu'un notaire et un médecin mis ensemble, si ce n'est l'écrivain ? De fait, c'est bien lui qui est, aux yeux du père, porteur de l'autorité suprême.

---

47 « Notaire par le nez », p. 313.

Écrire pour le père

L'une des scènes les plus émouvantes de ce roman familial
— et rappelons-le, cette « lettre au père », comme celle de Kafka,
ne lui fut pas envoyée, demeurant enfouie dans cette part souterraine de l'œuvre — concerne le désir d'écrire. Évoquant l'une
des toutes dernières fois où Ferron vit son père vivant, mais mal en
point (il venait d'être mordu à la jambe par le chien de son
employé), Ferron décrit en ces termes ses « ambitions littéraires »
dont il ne lui fit jamais part ouvertement :

> Non, vraiment, je ne pouvais pas lui parler d'écrire. À Montréal,
> Pierre Baillargeon a pu se déclarer dès le collège, sa famille en
> était peut-être rendue là, pas la mienne, et il avait donné des
> preuves de son savoir-faire, tandis que moi, rien. Je m'étonne
> même aujourd'hui que j'aie voulu écrire, parti de ça ! Quel chien
> m'avait mordu ? Car j'étais bel et bien mordu, enragé même,
> avec un talent d'étudiant de belles-lettres, si l'on veut, mais rien
> de plus [...]. Mon goût d'écrire, je l'ai caché comme une
> maladie. Je ne m'en suis pas vanté et pourtant Dieu sait que je
> suis vaniteux ! C'était vraiment une maladie. Si je l'avais avoué
> à mon père, il serait mort sans lire autre chose de moi que des
> lettres. On ne se met pas écrivain pour si peu ! Il m'aurait alors
> regardé avec ironie et pitié, et j'en aurais été profondément
> blessé. Je tenais à son estime. Il est mort depuis plus de vingt ans,
> j'y tiens encore et même plus que jamais, il me reste indis-
> pensable. Et puis, je n'avais pas à lui dire que je voulais écrire :
> il le savait. Il fut même mon premier éditeur, faisant copier, peu
> avant sa mort, une lettre que je lui avais écrite de Gaspésie. J'en
> ai été heureux, oui d'une certaine façon, quand j'ai trouvé ces
> copies dans ses papiers, mais surtout honteux, car la lettre ne
> méritait en rien cette distinction[1].

---

1. « Notaire par le nez », p. 311-312.

Cette confession — adressée à soi, à l'autre en soi — est extra-ordinaire à plus d'un titre. On y retrouve l'ambivalence carac-téristique du fils face aux valeurs — la réussite sociale, l'ambi-tion — toujours identifiées au père, et qui le porte à s'humilier, à s'abaisser devant lui (il lui est impossible d'avouer ce désir parce qu'il n'a encore donné aucune preuve de son savoir-faire, « parti de ça », venu de rien, « on ne se met pas écrivain pour si peu » : le narcissisme du fils est ici réduit à néant, la formule « Moi, rien » en dit bien le manque radical). Comme dans les lettres de jeunesse, celle de « Méthode » tout particulièrement, cette ambivalence se traduit par des affects contradictoires, où la rébellion le dispute à la soumission, l'indépendance au devoir, la fierté à la honte (ainsi, il est heureux de trouver la copie de son texte dans les papiers du père, mais il se dit « surtout honteux » de cette marque de recon-naissance non méritée à ses yeux : il se voit bien comme un usur-pateur). L'homme qui écrit ces lignes, la quarantaine bien avancée, est-il si différent de l'écolier qui déclarait dans ses lettres : « Je m'efforce de contenter mes professeurs[2] », phrase encore plus forte lorsqu'elle est répétée de manière intransitive, « Je m'efforce de contenter[3] », traduisant au plus près la vérité de la relation filiale ? Et ce père, qui fut le premier éditeur[4], ne fut-il pas surtout le premier à demander au fils de lui écrire, fût-ce sous la forme naïve d'un vœu qu'il exprimera à plusieurs reprises à l'enfant : « Écris-moi souvent et tu me feras plaisir[5] » ? Une telle demande parce

2. Lettre de Jacques Ferron à Joseph-Alphonse Ferron, 16 avril 1935, reproduite p. 190.
3. Lettre de Jacques Ferron à Joseph-Alphonse Ferron, 2 octobre 1937, reproduite p. 200.
4. Il fut non seulement le premier éditeur, mais le premier à lui payer des droits d'auteur en quelque sorte : « Je t'envoie sous pli mon chèque pour la somme de $41.00 — $40.00 pour ton mois et $1.00 pour le plaisir que m'a causé l'écrit que tu m'as adressé » (lettre de Joseph-Alphonse Ferron à Jacques Ferron, le 4 février 1942 ; reproduite p. 220).
5. Lettre de Joseph-Alphonse Ferron à Jacques Ferron, 22 janvier 1934 ; repro-duite p. 179. La toute première lettre du père se clôt de manière prophétique sur ces mots : « et si tu écris encore à ton papa, sois certain que tu me feras plaisir » (lettre de Joseph-Alphonse Ferron à Jacques Ferron, 10 janvier 1933 ; reproduite p. 172).

qu'elle émanait du père pouvait-elle être anodine ? Cette toute première invitation à écrire fut au contraire déterminante, et on peut même se demander, à lire ces fragments autobiographiques inédits, si Ferron a jamais cessé d'écrire pour le père, tentant, comme il le dit à la fin de ce texte, de lui « fournir réponse[6] ».

L'ambiguïté entourant sa décision de devenir écrivain dans la scène citée plus haut ne laisse pas en tout cas de soulever la question puisque, si Ferron cache son goût d'écrire à son père et prend soin de garder secrète sa seconde vocation, il ne manque pas de souligner que celui-ci la connaissait déjà et l'avait même anticipée. Dans un autre passage, il est encore plus explicite :

> Mon père ne s'opposait pas à ma liberté bien au contraire [...].
> Mais cette liberté ne passait pas par les sonnets et les épithalames. Je pouvais écrire, mais ce n'est pas en écrivant que je me guérirais de ma dépendance. Il le savait. Je le savais. Mon père n'en avait pas pour autant contre les lettres [...][7].

Le père est donc le complice, avant la lettre si l'on peut dire, avant même qu'il y ait œuvre, du désir du fils, tout comme il avait soutenu son désir de célébrité dans la correspondance avec l'histoire du portrait, là aussi fait en prévision des biographes de l'œuvre à venir. Cette reconnaissance, cet acquiescement muet scellent ici une profonde et nécessaire complicité. Bien plus, on les voit ici étroitement liés par une forte image, celle de cette morsure qui les emportera, d'une certaine manière, l'un et l'autre : le père en effet n'aura pas le temps de se remettre de cette « vilaine morsure » à la jambe et le fils, enragé, « mordu par je ne sais quoi[8] », n'en réchappera pas davantage, car on ne guérit pas de la rage d'écrire.

> Il n'a donc jamais été question que je sois écrivain. Mordu par je ne sais quoi, si j'enrageais c'était de ne pas en avoir les moyens.

---

6. « Notaire par le nez », p. 312.
7. *Ibid.*, p. 310.
8. *Ibid.*, p. 312.

On ne fait jamais état de ses impuissances. Tout ce que je pouvais, c'était de tenter de le devenir sans me presser, de longue main, à mes dépens, tout en exerçant une profession honorable et lucrative, propre à fournir réponse à mon père[9].

Il est par ailleurs frappant de voir le désir d'écrire aussi claire-ment associé à la maladie, à une pathologie, annonçant peut-être déjà une certaine conception de la folie et de la démesure liée à l'écriture. Il est révélateur que le respect du père pour l'écrivain soit illustré par une anecdote où il « s'honorait d'une rencontre avec Olivar Asselin » qu'il plaçait bien haut dans son estime parce qu'il avait giflé un Premier ministre : « Il semblait croire qu'à l'écrivain tout est permis puisqu'il est capable de le dire ou, dans le cas d'une gifle, de s'en expliquer[10]. » La vocation d'écrivain est ainsi carac-térisée, aux yeux du père, par la « toute-puissance intellectuelle », des « accrocs à la morale », une conduite qui ne craint rien, aucune autorité, et qui ne recule pas même devant l'usage de la force physique, bref, l'écrivain est hors du commun, il tire sa démesure et sa gloire de sa capacité de tout dire (à l'opposé de la souveraineté du père fondée, elle, sur le silence).

Quant à ce lien entre démesure et art qui touche aussi les frontières entre santé et pathologie, on le trouve également dans « Ma glorieuse tante », où l'ouverture à l'art — il s'agit de la pein-ture, cette fois — se produit pour le jeune narrateur à la faveur de la maladie qui le confine à sa chambre : « Tout ce que je puis dire, c'est que, malade et ne le sachant pas encore, j'ai commencé de goûter ta peinture. » Et la tante d'insister : « Explique-moi : pourquoi as-tu commencé à aimer mes toiles en devenant malade ? Est-ce une simple coïncidence[11] ? » La question est rhétorique, la réponse déjà circonscrite en elle, mais on ne peut ignorer la pro-fondeur et le sérieux de la réponse qui dépasse de loin le cadre de cette scène et la maturité de l'adolescent :

---

9. *Ibid.*
10. *Ibid.*, p. 310.
11. « Ma glorieuse tante », p. 382.

J'avais perdu tout intérêt pour la vie que je menais, pour le petit univers trop simple, trop cohérent, trop restreint où j'évoluais. [...] C'était peut-être, en moi-même, une autre forme de vie qui n'arrivait pas à naître ou, au-dehors, un autre univers sur lequel, justement, dans leurs encadrements, comme des fenêtres, tes tableaux dormaient[12].

Il s'agira bien, par l'écriture, de donner forme à ce « qui n'arrivait pas à naître », beau projet, programme de toute une œuvre-vie à la vérité. Car comme Ferron l'écrit dans « Notaire par le nez », « fournir réponse à [s]on père », ce sera en effet le travail de toute une vie, de toute une œuvre, faite « de longue main, à mes dépens ». « J'ai été dépendant, entretenu par mon père [...]. [Q]uand je suis devenu écrivain, je le suis devenu à mon compte, c'est moi qui me suis entretenu comme écrivain[13] », dira-t-il beaucoup plus tard. Toute la question est là : l'émancipation par l'écriture est-elle possible ? Ou signe-t-elle seulement une autre dépendance, autrement plus résistante, en enchaînant le fils à entretenir la mémoire du père ? À relire ce passage il n'est pas sûr que l'écriture ait vraiment fourni à Ferron les moyens d'un affranchissement, car d'emblée elle fut tout aussi bien pour lui une façon de se détacher du père *et* de s'attacher à lui (« j'y tiens [à son estime] encore et même plus que jamais, il me reste indispensable »). En ne déclarant pas son désir d'écrire à son père, Ferron avait bien l'impression de se montrer pour la première fois insoumis (« Je lui ai toujours répondu à ma façon, selon la sienne, comme il voulait, comme je devais, sauf cette fois-là[14] »), mais il héritait encore, fût-ce à son insu, de sa « manie des grandeurs[15] ». « Tout ce qui comptait pour moi, c'était de vivre à ma guise, éviter les gêneurs, biaiser les empêchements, me faufiler, écrire[16] », dira rétrospectivement le fils. Me faufiler, écrire : belle formule qui

---

12. *Ibid.*
13. *L'Autre Ferron*, p. 419, 421.
14. « Les trois p'tits steppes », p. 276.
15. « [Mon grand-père] », p. 286.
16. « Les trois p'tits steppes », p. 276.

décrit la façon de répondre qu'il s'inventa, et plus que tout autre volet de son œuvre, ces textes témoignent de cet incessant travail de reprise, de rapiéçage, de faufilage. Ferron utilisera cette métaphore proustienne de la couture en pensant au *Pas de Gamelin*, et peut-être à tous ces fragments qu'il savait laisser en l'état : « Il s'agit des pièces d'un livre dont je n'ai pas encore le fil. Il me faudra tout reprendre, couper, allonger ; tout recoudre sur un mannequin dont j'entrevois à peine la forme[17] »...

Le sujet de ces fragments autobiographiques n'est pas seulement le représentant de son origine, de ses appartenances, de ses filiations, même s'il en est certes marqué de manière indélébile. La force de ce récit de soi demeuré fragmentaire aura bien été de nous donner à penser l'identité moins comme une suite — une succession — de points de repère, que comme un processus dynamique, un « capital de départs[18] » qui lui permet au contraire de s'écarter de l'origine pour la penser. Comme Ferron l'écrit de manière limpide à propos de sa tante Irène, pourtant elle-même une figure excentrique par rapport aux atavismes familiaux : « Et puis, je l'avoue, je me vexais déjà de n'exister à ses yeux qu'en fonction de mon appartenance à la même origine. Cette origine, elle cherchait à la rejoindre ; moi, je tâchais d'en sortir et de me distinguer[19]. »

À travers d'incessantes variantes et reprises, autant de séparations et de coupures-liens avec les figures parentales qui l'ont inspiré, ces fragments de roman familial auront tenté d'opérer ce transfert d'origine. Que ce roman familial soit resté inachevé n'enlève rien, bien au contraire, à ces épreuves de mémoire et d'amour si sensibles dans ces textes.

---

17. Jacques Ferron et Julien Bigras, *le Désarroi. Correspondance*, Montréal, VLB éditeur, 1988, p. 95-96.
18. Daniel Sibony, *op. cit.*, p. 331.
19. « Ma glorieuse tante », p. 379.

PATRICK POIRIER

Feu Jean-Jacques, ou le legs maternel

Le sujet profond de l'autobiographie, c'est le nom propre.

PHILIPPE LEJEUNE, *le Pacte autobiographique.*

[...] j'ai pris le parti d'écrire, seul et me retirant du monde, bien obligé à la longue de réfléchir. Je le fais souvent à propos de ma mère, tôt partie et qui m'a par conséquent intrigué, mais je reste de la famille de mon père, fidèle au patronyme. Dans l'autobiographie à laquelle on n'échappe jamais, qu'on se déguise ou non, il me plairait fort de rester dans les limites fixées par Nathaniel Hawthorne « sans porter atteinte à ce qui est dû aux lecteurs ni à ce que l'écrivain se doit à lui-même ».

JACQUES FERRON, *Appendice aux Confitures de coings.*

L'esquive, semble-t-il, n'est pas permise, et tous les déguisements, tous les masques n'y changeraient rien : on n'y échappe jamais. Dès que je prends le parti d'écrire — du moment où je décide d'écrire — je n'y échappe pas. C'est entendu : m'engageant dans l'écriture, l'autobiographie (m')engage et (m')oblige.

C'est du moins ce que laisse entendre le signataire de l'*Appendice aux Confitures de coings*, comme s'il répondait, par l'intermédiaire de ce texte, à une certaine obligation, à un engagement, voire — au regard de ce que nomme l'autobiographie —, à un devoir quelconque, si ce n'est au devoir même. Or, si la fidélité avec laquelle l'auteur reste attaché au patronyme ne dit pas autre chose (non seulement traduit-elle l'engagement au nom du père, mais elle donne aussi à penser « ce que l'on doit au nom, au nom du nom […] et au nom du devoir[1] »), ce sont toutefois les limites fixées par Nathaniel Hawthorne qui, dans cet exergue, mettent le mieux en évidence les liens privilégiés qui intéressent le champ autobiographique et le concept de devoir dans l'œuvre de Jacques Ferron.

À cet égard, on ne cherchera pas à savoir ce que Ferron pourrait devoir à Hawthorne quant à une possible réflexion sur l'autobiographique, ni, pour l'instant, ce qui pourrait être dû au lecteur dans les limites d'une telle autobiographie. Sans doute nous est-il permis de croire, avec Philippe Lejeune, que ce dû répond à une certaine attente contractuelle, c'est-à-dire à ce que le lecteur est en droit d'attendre dans le cadre d'un pacte autobiographique. Comme le dit Lejeune, l'autobiographie ne se définit pas « par une invérifiable ressemblance avec une personne réelle, mais […] par le type de lecture qu'elle engendre, la *créance* qu'elle sécrète, et qui se donne à lire dans le texte critique[2] ». Mais à prime abord, « ce qui est dû aux lecteurs » paraît moins problématique que cet autre dû, celui « que l'écrivain se doit à lui-même[3] ». Jacques Ferron portant atteinte à ce que Jacques Ferron « se doit à lui-même ». Qu'est-ce

1. Jacques Derrida, *Sauf le nom*, Paris, Galilée, « Incises », 1993, p. 12. Le présent essai est une version remaniée et augmentée du texte présenté au colloque « Le jeune Ferron » (Université McGill, printemps 1996), dont les Actes doivent paraître chez Nuit blanche éditeur en 1998.
2. Philippe Lejeune, *le Pacte autobiographique*, Paris, Seuil, « Poétique », 1975, p. 46.
3. Jacques Ferron, *les Confitures de coings*, nouvelle version de *la Nuit* suivi de l'*Appendice aux Confitures de coings*, Montréal, l'Hexagone, « Typo/Récits », 1990, p. 139.

à dire ? À quelle créance répond ce double jeu, cette doublure devant laquelle l'auteur se tient responsable de soi, devant soi ? Et dans la mesure où atteinte serait portée au dû, en quoi « un tel devoir, un tel contre-devoir[4] » endetterait-il l'écrivain ? Et envers qui, envers quoi ?

Mon insistance à lier le champ autobiographique au concept de devoir et, au-delà, à ce qui lie le devoir à une certaine économie de la dette, n'a en soi rien de singulier. Du moins ne devrait-elle pas étonner les lecteurs de Ferron, ce dernier ayant publié un de ses plus importants textes autobiographiques sous le titre de *la Créance*, faisant ainsi du récit de sa naissance, sinon une histoire de croyance (et il s'agit alors, en quelque sorte, de croire, de faire crédit à une invérifiable histoire de filiation), du moins celle d'un endettement originel. « Nonobstant le péché d'origine[5] », l'être même de l'auteur ne saurait ici se penser hors de la dette (pas d'auteur : hors la dette). C'est dire, et j'aurai encore à y revenir, que la naissance de l'auteur, dans le cadre et les limites de l'espace autobiographique, est celle d'une créance, d'un manque impossible à combler ; manque à partir duquel, par ailleurs, il nous sera peut-être permis de penser en quoi *manque* l'autobiographie dans l'œuvre ferronienne, c'est-à-dire en quoi cette œuvre fait précisément défaut à l'autobiographie comme à son pacte. Il en va, en quelque sorte, d'un manquement au nom reçu, voire au nom dû, et donc, au devoir.

C'est du moins ce que ma lecture se propose ici d'interroger à partir d'un motif autobiographique qui, plus que tout autre peut-être, rend compte de ce manque originel. À la lumière de *la Créance* et de l'*Appendice aux Confitures de coings*, mais également à partir des textes autobiographiques consacrés à la branche mater-nelle de l'auteur, il s'agit d'amorcer une réflexion autour du legs

---

4. Jacques Derrida, *Passions*, Galilée, « Incises », 1993, p. 22.
5. Jacques Ferron, « Nonobstant le péché d'origine », *l'Information médicale et paramédicale*, XXII : 2, 2 décembre 1969, p. 29. Il s'agit d'une historiette que Ferron a reprise, avec quelques variantes, dans *la Créance*.

laissé par la mère à son fils sur son lit de mort et de montrer en quoi cet héritage maternel nous permet de réinterroger, dans l'œuvre ferronienne, les problématiques de l'autobiographie et, partant, du nom : c'est-à-dire de ce qui, donné et reçu, devient alors un dû, une dette, impossible à signer — à acquitter — dès lors que manque le nom.

Tel serait en effet le legs de la mère : une demande, une impossible exigence que le fils doit remplir au coût de son nom. Au-delà des questions de legs et d'héritage, c'est encore l'être de l'écrivain qui est mis en question par ce nom manquant, mais aussi, d'une certaine façon, la littérature quand elle se veut auto-bio-graphique, c'est-à-dire, encore, lorsque l'écrivain s'engage à en *signer* le pacte.

De l'indécence et du malaise

> Dieu pour le punir / l'obligea à devenir son propre personnage / Penché/son ombre sur la page / Il se dédoubla.
>
> JACQUES FERRON, « [L'écrivain méchant] ».

En ce qui concerne Ferron, cet engagement ne saurait sans doute être mis en question, du moins jusqu'à un certain point. Car entre l'engagement à signer et le paraphe lui-même, il y a une marge, voire une œuvre entière. Ce n'est pas dire que le corpus ferronien se sera toujours dérobé à l'autobiographie, peu s'en faut. On connaît en effet toute l'ampleur et l'importance de l'*espace* autobiographique dans cette œuvre. Il est tel, d'ailleurs, que l'on pourrait aisément inverser les termes ici, et dire que le corpus n'a jamais trouvé de place hors de cet espace. Mais il reste qu'aucune œuvre, aucun livre publié par Ferron ne s'attache à remplir les conditions de l'autobiographie sans trouver le moyen d'en rené-gocier le pacte. Dans sa « Lecture de trois fictions autobiogra-phiques de Jacques Ferron », Ginette Michaud faisait d'ailleurs remarquer que « le partage entre l'autobiographie et le roman

autobiographique est à redessiner à chaque fois par le lecteur[6]».
C'est dire, en quelque sorte, que la signature du contrat, si elle n'est
pas différée, est toujours négociable.

Cela n'empêche toutefois pas *la Créance* et l'*Appendice aux
Confitures de coings*, publiés sous une même couverture en 1972, de
se donner à lire comme des récits autobiographiques. Et ces
œuvres[7], à vrai dire, semblent vouloir en respecter le pacte. À prime
abord, du moins, et malgré l'incertitude toujours latente qui les
travaille, elles ne trahissent pas de manière évidente le malaise
ressenti par l'auteur à l'égard du fait autobiographique lui-même,
contrairement à ce que donnent à lire certains des fragments et
historiettes rassemblés dans cet ouvrage[8]. Il fallait en effet attendre
la publication de *l'Exécution de Maski* pour en prendre la juste
mesure et saisir, à travers la figure du double, les rapports complexes entretenus par l'auteur avec ce genre. En fait, ce récit publié
en 1981 est exemplaire à plus d'un titre. Il est à la fois le cœur et
le terme sans fin d'un projet d'écriture dont *la Créance* et l'*Appendice aux Confitures de coings* pourraient sans doute être, non pas
l'origine, mais les manifestations premières.

On sait que le moment de leur publication s'inscrivait dans un
tournant de l'œuvre ferronienne, celui par lequel l'auteur en viendra peu à peu à se distancier de la question nationale pour
s'engager résolument, et son œuvre avec lui, malgré lui, dans un
espace littéraire tout entier occupé par l'intrusion envahissante de
l'autobiographique. Ce mouvement introspectif culminera éventuellement — sans prendre fin — autour de 1975 avec la rédaction

---

6. Ginette Michaud, *l'Arrière-texte : lecture de trois fictions autobiographiques de
Jacques Ferron*, mémoire M. A., Montréal, Université de Montréal, 1978, p. 15.
7. À l'exception des historiettes parues dans *l'Information médicale et paramédicale* que nous rassemblons ici, elles sont peut-être les seules œuvres du
corpus *publié* — avec « Claude Gauvreau », « Les salicaires » (dans *Du fond de
mon arrière-cuisine*, Montréal, Éditions du Jour, 1973, p. 201-264 et p. 265-288)
et certains textes de *la Conférence inachevée* — qui peuvent véritablement
prétendre à ce genre.
8. Comme c'est particulièrement le cas dans « [L'écrivain méchant] », (p. 435) et
« [Les malheurs de l'écrivain] », (p. 438).

du *Pas de Gamelin* : projet d'écriture de la folie d'où *l'Exécution de Maski* sera ultérieurement extirpé. Sans entrer dans le détail de ce projet désastreux, monument hélas ruiné, il suffit peut-être simplement de préciser que le manuscrit du *Pas de Gamelin* réactualise, dans le champ autobiographique, l'éternelle créance de l'auteur envers ses parents. Sans doute faut-il croire, en ce sens, que le récit publié quelques années auparavant sous le titre de *la Créance* n'aura guère suffi à régler cette question : peut-être n'en était-il, à ce titre, que la première articulation. En cela, *le Pas de Gamelin* est donc largement représentatif des derniers écrits de Ferron, textes introspectifs qui font souvent appel à l'histoire familiale de l'auteur. Ces textes, courtes historiettes éparpillées dans de nombreux numéros de *l'Information médicale et paramédicale*, voient leur nombre croître dès 1974-1975 et semblent être concentrés autour de l'année 1976, soit approximativement à la période pendant laquelle fut écrit *le Pas de Gamelin* (et donc, de même, *l'Exécution de Maski*).

C'est à cette époque que Ferron comptait d'ailleurs écrire son double roman familial : celui du père, *la Plus Haute Autorité*, mais également un ouvrage qui devait porter sur sa tante Irène et sa mère Adrienne, livre que l'auteur voulait intituler *la Miss et sa sœur, ma mère*. Bien que ce double projet n'ait pas été réalisé, l'intérêt que portait alors Ferron à son histoire familiale s'inscrivait, avec *le Pas de Gamelin*, dans le mouvement de retour sur soi que nourrissait alors sa hantise du sujet. Et en fait, ces trois œuvres, menées de front semble-t-il[9], correspondent sans doute aux trois volets d'une même autobiographie : « retigeant comme des patates dans un caveau », ces livres finirent peut-être par se réunir, « me mêlant moi-même, écrit Ferron, au point d'en devenir confus, d'une confusion fort insidieuse, enveloppant l'ensemble et ne touchant

---

9. Un passage de « [Les malheurs de l'écrivain] », texte qui, ne serait-ce que par la présence du double qui s'y révèle, rappelle à plus d'un titre *le Pas de Gamelin*, est particulièrement révélateur à cet égard : « Il en commença un premier, puis un deuxième, puis un troisième, mais aucun d'eux n'aboutit, grave inconvénient, car je ne pouvais plus les oublier et me dégager en les publiant » (p. 439). Voir aussi l'« Avant-propos », p. 11-12.

pas au détail des parties que je continuais de me représenter avec une singulière acuité[10] ». Trois œuvres issues d'un même mouvement introspectif, d'une commune hantise du sujet, les unes aux autres inextricablement liées, vouées au même destin : l'inachèvement et la ruine[11]. Ne manque-t-il pas en effet, au double roman familial de Ferron, une part importante s'il nous faut parler d'autobiographie ? Aux romans du père et de la mère, ne faut-il pas ajouter celui du fils, *le Pas de Gamelin* ? Car c'est bien ce qu'était devenu cet ouvrage que Ferron voulait écrire sur la folie et ses cantons : une œuvre où, à son goût, il s'exposait trop, même sous les traits de son double Maski. Cet « écrivain domestique », qui prendra plusieurs noms, plusieurs visages dans l'œuvre de Ferron, aura d'ailleurs tôt fait de se prendre pour lui dans les années soixante-dix :

---

10. « [Les malheurs de l'écrivain] », p. 439.

11. Il s'agit en effet de trois œuvres dont nous n'avons que des fragments, morceaux dispersés que l'on peut tout au plus tenter de rassembler comme nous le faisons dans cet ouvrage (sans pour autant affirmer en toute certitude qu'il s'agisse ici des textes qui devaient constituer *la Plus Haute Autorité* et *la Miss et sa sœur, ma mère*). Ces œuvres, laissées en ruine comme le « moulin à canelles » de Louis-Georges Caron (voir, entre autres, l'historiette « Anamnèse », p. 424), rappellent néanmoins, par leur forme, le sort désastreux du manuscrit inédit du *Pas de Gamelin* et s'en rapprochent d'autant. En fait, certains des fragments et historiettes publiés dans le présent ouvrage devaient faire partie du grand Œuvre sur la folie ; c'est le cas, entre autres, de « Mon futur collège », ainsi que de l'historiette « Hors de soi, loin de Dieu », qui constitue le début du texte « Notaire par le nez ». D'autres fragments, tels « [L'écrivain méchant] » et « [Les malheurs de l'écrivain] », auraient facilement pu trouver leur place dans *le Pas de Gamelin* tant le sujet — mais aussi le ton — rappellent cette œuvre. On verra d'ailleurs que l'intérêt de Ferron pour la folie à cette époque trouvait peut-être son origine, ou du moins une forte résonance, dans le roman qu'il voulait consacrer à sa branche maternelle. Il est clair du moins que son hypothèse quant au sort de son grand-père Louis-Georges Caron, à savoir qu'il soit mort fou à Saint-Michel-Archange, n'a pas été sans conséquence dans l'écriture du *Pas de Gamelin*. À l'inverse, l'on pourrait tout aussi bien supposer que son intérêt pour la folie, et la crise personnelle qu'il traverse alors, l'auront peut-être poussé vers cette hypothèse. J'y reviens plus loin, mais dans un cas comme dans l'autre, *le Pas de Gamelin* et le double roman familial qu'il est à écrire à cette époque se font clairement écho, comme si la folie et l'autobiographie avaient partie liée pour Ferron.

Penché sur la page, me laissant sous l'impression que, devenu plus exigeant, plus méticuleux, il s'appliquait à améliorer son phrasé, en réalité il y projetait mon ombre, cherchant à faire de moi et de lui en même temps, puisqu'il me faisait l'honneur de nous confondre, honneur auquel je prêtais flanc, l'ayant toujours payé de mon nom, un personnage, et pis encore : un personnage avoué, rétif, jaloux, ne laissant pas de brèche au lecteur indispensable pour y introduire le sien. C'était à proprement parler de la démence. On ne se donne pas le mal d'entretenir un écrivain quand on n'a qu'un personnage à présenter : ce personnage, on le joue, on le vit, on ne l'écrit pas[12] !

Plus qu'un simple constat, il s'agit là pour Ferron d'une règle de l'art, et non la moindre puisque, dans une lettre à Jean Marcel, il semble la tenir d'un des auteurs qui eurent peut-être le plus d'influence sur lui[13] : « Ce n'est pas Shakespeare qui se serait mis en scène, écrit-il. À se mettre en scène, on ne règne plus sur son écrit[14]. » Et pourtant, constatera Ferron, cette fois des années plus tard, il arrive inévitablement « qu'après avoir beaucoup écrit, on se rapproche de soi-même de plus en plus, comme fasciné, au point de ne pouvoir plus avoir d'autre héros que soi. Cela devient du narcissisme ». Non pas que l'auteur « se délecte en lui-même : il n'a pas d'autre sujet[15] ».

C'est ce dernier Ferron, celui aux prises avec une crise identitaire, que l'on retrouve aussi bien dans les « papiers de famille » réunis dans le présent ouvrage, que dans l'*Exécution de Maski* : n'ayant pas échappé à l'autobiographie, Ferron s'y donne à voir, le masque tenant jadis son personnage « dans la marge de [ses] livres[16] » ne trompant plus personne, moins encore l'écrivain :

---

12. « [Les malheurs de l'écrivain] », p. 440.
13. Voir à ce sujet l'étude de Ginette Michaud intitulée « Lire à l'anglaise », dans *l'Autre Ferron*, sous la direction de Ginette Michaud, avec la collaboration de Patrick Poirier, Montréal, Fides et CETUQ, « Nouvelles Études québécoises », 1995, p. 137-197.
14. Lettre inédite de Jacques Ferron à Jean Marcel, 24 novembre 1969.
15. Lettre inédite de Jacques Ferron à Pierre Cantin, 3 avril 1980.
16. Lettre inédite de Jacques Ferron à Jean Marcel, 28 mars 1967.

De livre en livre, notre monde s'était appauvri ; il avait perdu peu à peu ses personnages. Il n'en gardait qu'un seul et c'était toujours lui qui revenait, sous divers déguisements, et qui ne me trompait même plus ; c'était toujours lui, Maski, tel un vieux Narcisse qui aurait réduit le monde à sa dévotion et qui, de derrière passant devant, se projetait dans un miroir, dans le miroir où je me regardais en écrivant, sans me reconnaître, à cause de ma haine pour lui[17].

C'est cette haine envers Maski qui nous laisse deviner les rapports que Ferron peut entretenir avec le genre autobiographique : « Maski, écrit-il encore, représentait pour moi une sincérité qui débouchait sur l'indécence, l'abjection, dont j'aurais voulu me départir pour ne garder de moi que le scribe et rester en dehors de mon œuvre comme un dieu[18]. » Il est clair, en somme, que cette inimitié à l'endroit de son double mégalomane trahit un véritable malaise à l'égard d'un certain narcissisme, ou du moins un mépris pour la « candeur » et la « simplicité[19] » dont un tel narcissisme

---

17. Jacques Ferron, *l'Exécution de Maski*, dans *Rosaire* précédé de, Montréal, VLB éditeur, 1981, p. 33. On retrouvera sensiblement la même idée dans « [L'écrivain méchant] » : « Lorsque je me mis à courber, le poids des ans n'y était pour rien ; je me penchais tout simplement un peu plus sur ma page pour mieux former mes mots et agencer mes phrases. Mon application n'obtint pas sa récompense. J'écrivais beaucoup. J'avais quatre livres assez avancés, mais aucun d'eux ne semblait devoir aboutir. Cela m'impatienta, puis me consterna. Je ne remarquais pas que plus je courbais, plus je projetais mon ombre sur la page. Quand je la relisais, je ne me reconnaissais pas » (p. 437). Entre l'ombre que ne reconnaît pas l'écrivain sur la page et l'inconnu qu'admire Narcisse dans la fontaine, la ressemblance, il faut l'admettre, est frappante.

18. *L'Exécution de Maski*, p. 35.

19. Voir « [L'écrivain méchant] », p. 437. En fait, le malaise de Ferron à l'endroit du narcissisme ne s'explique pas aussi simplement. Comme en fait foi cette lettre à Jean Marcel, il relève également d'une certaine conception de l'écriture : « Dieu est au moins un lien syntaxique entre les hommes, étant le verbe, le mouvement des mots qui les groupe et les assemble ; et le fait de se trouver hors de ce mouvement, la plume à la main, dans une solitude qui est le lieu de l'écriture, vous transforme en une sorte de vieux Narcisse qui ne peut que se prendre en horreur dans le vis-à-vis où le voilà fixé — Racine savait bien choisir le nom de ses personnages. Imaginez un peu le conseiller de Néron en cénobite, sans autre

ferait montre, fût-il celui du double. Et de fait, peut-être nous est-il déjà possible de reconnaître, derrière ce malaise, l'horreur dans laquelle Ferron tient tout ce qui relève du dévoilement de soi et le dépit d'un auteur qui, de plus en plus mis en cause par une œuvre immaîtrisable, se sera lentement abandonné au mouvement de l'introspection autobiographique.

De toute évidence, la crise identitaire que traversait alors Ferron n'est pas étrangère à cette fascination du sujet pour lui-même. Or, bien qu'il ait tenté de maintenir un écart entre *le Pas de Gamelin* et lui, voire de se tenir à distance en se masquant derrière une figure fictive déléguée, il n'aura pas échappé à l'auto-biographique, se mettant tout de même « en cause, dans les deux sens ambigus du terme : [car] c'est de lui qu'il est question et c'est lui qui est mis en question — à la limite supprimé[20] » dans ce texte. Et j'ajouterais même sans réserve, en ce qui concerne *l'Exécution de Maski* : à la limite, se supprimant lui-même afin de résoudre l'into-lérable contradiction du sujet. Il y a en effet « de l'indécence à s'exhiber ainsi, écrit l'auteur. Toutes mes difficultés des dernières années viennent de là ; je ne tiens pour vraie que la confession, et, en même temps, elle me fait horreur[21] ».

Or, il ne fait aucun doute que cette contradiction à l'égard de l'autobiographique est tout entière exprimée dans le conflit qui oppose le narrateur de *l'Exécution de Maski* à son double. D'autant que ce conflit, et l'exécution qui en est l'impossible aboutissement, ne sont pas étrangers à la question du nom. Peut-on d'ailleurs imaginer une confession à laquelle manquerait le nom ? Sans entrer dans le détail de la relation qui unit Notaire à Maski, il suffit peut-être de rappeler que ce dernier aura en quelque sorte été mis à mort pour que l'auteur-narrateur puisse reprendre possession de l'œuvre en la signant de son nom, c'est-à-dire en la signant *contre* le nom

---

sujet que lui-même. Il me faisait payer le défaut de l'écrivain de moindre talent, celui d'écrire pour soi, par narcissisme » (lettre inédite de Jacques Ferron à Jean Marcel, 17 juin 1977).
20. Maurice Blanchot, *la Part du feu*, Paris, Gallimard, « NRF », 1949, p. 29.
21. Lettre inédite de Jacques Ferron à Jean Marcel, 22 octobre 1980.

de Maski : un nom devenu « provocant, comme si on l'avait faussé[22] ». C'est donc dire que cette relation conflictuelle est bel et bien représentative d'un malaise plus général à l'égard de ce qu'il en est du nom.

Mais il n'y a là rien d'étonnant, puisqu'il est vrai que ce malaise est antérieur au mouvement d'introspection autobiographique qui ordonnera — et désordonnera — l'écriture de Ferron dans les années soixante-dix. Luc Gauvreau remarque d'ailleurs que, depuis longtemps déjà, « se mettaient en place les conditions pour que le nom propre du fils d'Adrienne Caron et de Joseph-Alphonse Ferron devienne lui-même le centre d'un projet littéraire personnel[23] ». À tout prendre, peut-être est-ce donc à travers cette hantise du nom qu'il faut en partie chercher à comprendre les lois et les règles de l'engagement incertain de Ferron à l'égard de l'autobiographie : son sujet profond n'est-il pas le nom propre ?

Il est clair, du moins, que le malaise que lui cause son nom n'est pas sans conséquence pour Ferron. Ni, cela va de soi, pour l'œuvre qu'il doit signer. C'est ce qui se donne à lire, entre autres, dans cette lettre à Jean Marcel : « J'ai une sorte d'aversion pour mes livres quand ils sont finis — pourtant je me suis donné du mal à les faire[24]. » Tout se passe donc comme si le mal-être du nom contaminait inévitablement l'œuvre elle-même, voire, au bout du compte, le rapport de paternité ou d'autorité envers le livre, si ce n'est l'*auctoritas* même de l'écrivain. Comment comprendre autrement cet avertissement soufflé par Ferron à Julien Bigras à propos de son ambition de se faire écrivain : « vous mettez en jeu votre

22. Jacques Ferron, « Le pavillon de chasse », manuscrit inédit du *Pas de Gamelin*. Pour tout ce qui a trait à la question du nom dans le manuscrit inédit du *Pas de Gamelin*, je me permets de renvoyer à mon mémoire de maîtrise : *Au sujet de l'autre Ferron : expérience de l'écriture au seuil de Gamelin*, mémoire M.A., Montréal, Université de Montréal, 1994, [XXVIII] 188 p.
23. Luc Gauvreau, *Noms et encyclopédie dans l'œuvre de Jacques Ferron suivi d'un Index onomastique général*, mémoire M.A., Montréal, Université de Montréal, 1994, tome I, p. 88.
24. Lettre inédite de Jacques Ferron à Jean Marcel, 8 février 1974.

autorité pour plonger dans la littérature, carrière des usurpateurs, de ceux qui n'ont ni autorité, ni métier, ni compétence[25] ». La mise en garde, on s'en doute, est des plus sérieuses. On connaît d'ailleurs l'importance de ce concept d'usurpation dans l'œuvre de Ferron[26] ; ce sentiment de duplicité n'est pas bénin : il traverse l'œuvre de part en part et remet sans cesse en cause toute position d'autorité pouvant incomber à Ferron. Celle de l'écrivain, de toute évidence, n'y échappe pas, et Ferron n'aura de cesse de s'interroger sur cette illusoire *auctoritas* qui le met en rapport avec l'écriture. « A-t-on le droit d'écrire[27] ? », demande-t-il d'ailleurs avec insistance au détour de l'œuvre.

Or, cette question interroge plus que la seule légitimité de l'auteur. Elle met radicalement en cause — sans tout lui refuser — ce qui revient au nom : « Du point de vue coréen, remarque-t-il, tout le mal que nous nous donnons pour imposer un nom a quelque chose de dérisoire. Et la gloire qui peut rejaillir sur ce nom est une usurpation, voire un sacrilège[28]. » Que ce point de vue soit coréen ou qu'il masque plutôt l'héritage français de Montaigne — qui affirmait que « c'est à Dieu seul à qui gloire et honneur appartiennent[29] » —, il reste que l'usurpation a partie liée avec le nom et la signature. Au contraire de la gloire, l'usurpation est peut-être son seul devoir — dans tous les sens du concept —, son dû,

---

25. Jacques Ferron et Julien Bigras, *le Désarroi. Correspondance*, Montréal, VLB éditeur, 1988, p. 95.
26. Je me permets à nouveau de renvoyer à un essai antérieur sur le sujet : « La réécriture chez Jacques Ferron : une question d'usurpation », *Québec Studies*, n° 17, automne 1993/hiver 1994, p. 177-185.
27. Jacques Ferron, « Des freux, peut-être... », manuscrit inédit du *Pas de Gamelin*.
28. Lettre inédite de Jacques Ferron à Jean Marcel, 19 janvier 1969.
29. Michel de Montaigne, « De la gloire », dans *Essais*, tome II, Paris, Librairie Générale Française, « Le livre de poche », 1972, p. 315. Cet héritage est encore plus évident en ce qui concerne la signature. L'auteur ne signe jamais que par « modestie, écrit Ferron, par humilité, simplement pour que le déchet de son œuvre lui revienne et n'éclabousse pas le nom de Dieu. Ce qui est bon lui est enlevé, mais c'est ainsi qu'il se sauve » (lettre inédite de Jacques Ferron à Jean Marcel, 6 avril 1967).

ce qui revient en propre au nom propre. C'est d'ailleurs là une des trames centrales du *Pas de Gamelin* et de *l'Exécution de Maski*, les protagonistes de ces œuvres étant essentiellement des usurpateurs, non pas seulement de quelque gloire ou autorité, mais du nom même : celui du père. Maski, en effet, n'interpelle jamais le narrateur que par le nom de Notaire, titre qui « me plaisait, écrit l'auteur, car c'est ainsi que ma mère nommait son mari qui, lui, y avait droit[30] ». L'usurpateur, il va sans dire, n'a jamais (ce) droit.

Cela dit, on commence à mieux comprendre ce qui est en jeu dans cette question du nom. Le malaise qui l'entoure est tel qu'à la suite du prix David qui lui fut remis pour l'ensemble de son œuvre, Ferron se confiera à Jean Marcel en ces termes : toutes ces « attentions me fixèrent sur moi-même et me rendirent mégalomane, d'une mégalomanie doublée d'un sentiment d'infériorité, me jugeant indigne de ma réputation. Et ça continue encore[31] ».

Je me suis déjà trop étendu sur cette question, mais il importait, avant de poursuivre cette lecture, de souligner la complexité des liens qui unissent le malaise du nom à l'usurpation dans l'œuvre de Ferron. Ce sentiment est parfois d'une radicalité surprenante et bouleverse de manière significative toute l'économie du devoir, ou, plus précisément, tout ce qui est dû au nom : que ce dû soit de l'ordre du mérite, de la gloire ou de la réputation. C'est dire, en d'autres mots, que la gloire n'est jamais méritée : elle est toujours à distance du nom. Cet écart, chez le fils, est d'autant plus marqué que le nom du père, sous ses diverses dénominations, paraît quant à lui presque toujours glorieux. Même sous les traits de Joseph Salvarsan, le père « affiche » — à plus d'un titre — « un nom connu et respecté dans tout le comté de Maskinongé[32] ». Ce nom, que le père « avait fait lui-même » et qu'il « avait affiché à la devanture de son magasin », lui confère non seulement honneur et célébrité, mais bien toute l'autorité symbolique de qui prétend

---

30. *L'Exécution de Maski,* p. 12. Je souligne.
31. Lettre inédite de Jacques Ferron à Jean Marcel, 8 février 1974.
32. Voir « [Mon père se nommait Joseph Salvarsan] », p. 290.

« être son propre père[33] ». Le nom du père, en ce sens, n'est plus qu'un simple nom de gloire, il *est* la gloire : au contraire du fils, aucune distance ne semble ici séparer le nom de sa renommée.

Or, il m'apparaît justement qu'une importante part de l'auto-biographie ferronienne, et donc des « papiers de famille » ici rassemblés, n'est en fait, pour Ferron, que l'histoire de cet écart, c'est-à-dire le récit du manque. Et ce qui confère à cette histoire toute son importance, ce qui explique peut-être pourquoi elle reflue sans cesse sur l'ensemble de l'Œuvre, c'est que le récit de ce manque est aussi celui de l'héritage maternel. À ce titre, peut-être convient-il de rappeler, en reprenant certaines propositions récentes de Derrida, que l'« héritage n'est jamais un donné, c'est toujours une tâche. Elle reste devant nous, aussi incontestablement que, avant même de le vouloir ou de le refuser, nous sommes des héritiers, et des héritiers endeuillés, comme tous les héritiers[34] ».

L'héritier de Louis-Georges

À lire l'*Appendice aux Confitures de coings*, *la Créance* et les « papiers de famille » rassemblés dans le présent ouvrage, il devient rapidement évident que ces récits autobiographiques s'attardent moins à retracer la vie de l'auteur dans le détail qu'à en cerner des épisodes spécifiques. Dans ces textes en effet, Ferron semble beaucoup plus s'attarder à rendre compte de son histoire familiale qu'à réécrire son propre récit personnel. Ce n'est pas dire, pourtant, que ces histoires ne concernent pas l'auteur. Du seul point de vue généalogique, le récit du mariage d'Adrienne Caron et de Joseph-Alphonse Ferron laisse déjà prévoir l'avenir, voire, d'une certaine façon, l'héritage qui sera celui de l'auteur. Car si *la Créance* nomme d'abord la dette infinie que signe, dès sa naissance, l'auteur à ses

---

33. *Ibid.* Voir ici même le texte de Ginette Michaud au sujet de « l'autorité souveraine » du père.
34. Jacques Derrida, *Spectres de Marx*, Paris, Galilée, « La philosophie en effet », 1993, p. 94.

parents, elle nomme aussi, et avant tout — soit avant même sa
naissance —, *les* héritages qui lui seront légués. *La Créance* est ainsi
dans cette perspective avant tout le récit généalogique d'un
héritage. Celui de la mère, surtout, qui, heureusement pour elle,
selon Madame Théodora, tient plus de sa mère Bellerose que de
son père, le frénétique Louis-Georges Caron. (De plus, il n'est pas
inutile de rappeler, comme le fait l'auteur, que son éducation et son
enseignement lui auront été donnés par les Ursulines, de même que
le naturel et la simplicité qui dicteront ses goûts de couventine. À
en croire Ferron, c'est un peu l'influence de ce legs qui déterminera
le choix futur de son prénom. J'y reviendrai[35].)

En revanche, il est permis de croire que, dès *la Créance*, l'auteur
ne sera pas aussi fortuné. Avant même qu'il ne naisse en effet,
Madame Théodora ne manque pas de le comparer à son aïeul
Louis-Georges. À Adrienne qui, en douleurs, attend son fils, la
sage-femme conseille d'assécher ses larmes et de patienter : « Il a du
chemin à faire, ce garçon, avant d'arriver à Louiseville ! Il est encore
dans les hauts, à Saint-Alexis, et il se tourmente comme son grand-
père Louis-Georges[36]. » Cette comparaison, toute fortuite soit-elle,
n'est pas insignifiante. Et en effet, les liens entre Ferron et son
grand-père sont nombreux : l'intérêt qu'il lui portait, l'insistance
avec laquelle il a cherché à connaître les circonstances de sa mort
au moment même où il prévoyait écrire son double roman familial
comme son livre sur la folie en disent long sur ce que Ferron
pouvait penser de cette part de son héritage maternel. Pour le dire
simplement, les récits autobiographiques de Ferron semblent chercher à faire de lui l'héritier — en plus d'un sens — de son grand-
père.

On remarquera d'abord à quel point est singulière la différence
qui démarque la représentation des deux branches généalogiques

---

35. Il faudrait mentionner, en ce qui concerne *la Créance*, que c'est encore un
autre héritage qui prévaut à la naissance de l'auteur : celui légué par le défaut de
l'espèce et qui a pour nom le « péché d'origine ».

36. Jacques Ferron, *la Créance*, dans *Papa Boss*, Montréal, l'Hexagone, « Typo/
Récits », 1990, p. 130.

du roman familial de l'auteur. Dans le présent ouvrage, Ginette Michaud souligne en effet toute l'importance, du côté des Ferron, de la figure du grand-père Benjamin, et l'auteur lui-même, conformément à sa conception de la transmission généalogique, ne va pas plus loin que Benjamin dans sa quête des origines. « De mon arrière-grand-père, écrit-il, il ne sera pas question. Certes il restait l'aïeul de mon père, mais à mon niveau, une génération plus bas [...], il ne faisait même plus partie de la parenté[37] ». Au-delà de Benjamin Ferron, la généalogie familiale paternelle fait place à la fiction et à « La légende des trois frères ». On se demandera alors pourquoi, du côté de la mère, suivant la hiérarchie pyramidale dont fait état Ferron, l'auteur, non content de remonter jusqu'à son grand-père Louis-Georges, poursuit sa quête aussi loin que son arrière-grand-père, Georges Caron (si ce n'est même au-delà, jusqu'au célèbre « Monsieur de Beaumarchais, [...] un Caron, ouida ![38] », dont s'enorgueillissait une tante ursuline) ? Car c'est bien l'aïeul de sa mère qui, dans ces « papiers de famille », fait figure de patriarche et de « chef de la lignée[39] », au même titre et même plus que Benjamin. Pourquoi alors, dans la hiérarchie pyramidale, Louis-Georges n'est-il pas « à sa place » ? C'est que ce grand-père « crapuleux », « grand énergumène[40] » dont les chevauchées de Saint-Alexis à Louiseville étaient pratiquement légendaires, d'une telle démesure du moins que le père de Ferron en concevra de l'admiration[41], ce grand-père donc, n'était justement pas *à sa place* dans la longue lignée des Caron, y faisant peut-être défaut, y manquant de fait. C'est dire que Louis-Georges représente, en quelque sorte, une « aberration » dans la lignée des Caron : il inaugure ou symbolise la chute d'une famille jusque-là glorieuse, comme si, à cet endroit de la « chaîne », la lignée des Caron, brisée, subissait une mutation pour le pire. Comme on le

---

37. « Les trois p'tits steppes », p. 273.
38. *Appendice aux Confitures de coings*, p. 174.
39. « [Le 28 février 1888] », p. 428.
40. « Anamnèse », p. 423.
41. Voir, entre autres, « Anamnèse », p. 423, et « [Le 28 février 1988] », p. 429.

verra d'ailleurs plus loin, ce « chaînon manquant », pour s'autoriser du titre d'une historiette que Ferron consacre à son grand-père[42], figurera précisément, pour l'auteur, le manque et le défaut.

Or, ce maillon absent de la chaîne n'est pas sans bouleverser la hiérarchie pyramidale de la famille Caron. En fait, ce « patriarche » disparu (littéralement : j'y reviens) et la pyramide ainsi étêtée, la quête généalogique de Ferron, du côté maternel, perd, avec Louis-Georges, quelque peu son sens et sa raison... Non sans donner libre cours, évidemment, à un certain jeu au sein de la hiérarchie. Cette place laissée vacante n'est en effet pas sans conséquence pour Ferron : elle le met en quelque sorte dans une position de transfert assez étrange avec son grand-père. À tout le moins se retrouvent-ils sur un même pied, à même niveau et à hauteur de comparaison. Car de Louis-Georges à son père et de Ferron au Notaire, les rapports ne sont pas sans ressemblance, leur père respectif étant tous deux des figures d'autorité d'une certaine envergure. Ferron lui-même ne manque d'ailleurs pas d'attribuer à la figure de son père l'état civil, la profession et le titre de son arrière-grand-père maternel : « C'est ainsi [...] qu'il s'est fait une renommée[43]. En s'enrichissant et vite. Marchand de fer. Plus tard, fortune faite, il s'est intitulé quincaillier. Puis il est devenu Commandeur du Saint-Sépulcre[44] ». Or c'est là, à peu de choses près, le portrait même de Georges Caron, qui fut « marchand général, grand brasseur de petites affaires, espèce de Commandeur, qui mourut vieux et riche[45] ».

Il ne s'agit évidemment pas d'établir directement quelque adéquation que ce soit entre les uns et les autres. Mais il reste qu'il existe des rapports frappants, parfois troublants, entre l'auteur et son grand-père maternel. Ainsi tous deux durent-ils faire face à la même situation d'« exil » — voire d'exclusion —, ne pouvant, en

---

42. Il s'agit évidemment de l'historiette « Le chaînon qui manquait », voir p. 431.
43. J'aborde plus loin ce motif de la « renommée », par ailleurs hautement significatif pour la question de l'autobiographie dans l'œuvre de Ferron.
44. « [Mon père se nommait Joseph Salvarsan] », p. 291.
45. « [Il n'est guère intelligent de mourir à trente-deux ans] », p. 421.

principe, s'établir sur le terrain de leur père. Louis-Georges, en effet, aurait dû trouver une façon de sortir du comté de Maski-nongé, « pour ne pas rester dans l'ombre de son père, le chef de la lignée, un personnage trop considérable pour qu'il pût penser l'éga-ler, encore moins le dépasser sur son terrain[46] ». Or, il en fut de même pour Ferron, si l'on doit en croire un des entretiens qu'il eut avec Pierre L'Hérault :

> À Louiseville, je n'aurais pas pu vivre sur le pied de mon père : il y avait une ascension sociale telle que si je voulais la continuer, j'étais pour ainsi dire obligé d'aller ailleurs. Il y aurait nécessai-rement eu déchéance, honte, sans compter qu'il y a aussi une espèce de force biologique qui empêche — sans parler de l'Œdipe — de chasser sur le même terrain que son père[47].

Mais il y a plus, et plus important. Car à ces correspondances sommaires entre le grand-père et le petit-fils se sont ajoutés très tôt, pour Ferron, les fondements de ce qui deviendrait avec le temps une certaine fascination pour son grand-père, ou à tout le moins pour ce que ce dernier devait finir par incarner. Mais j'anticipe quelque peu...

On conviendra pour l'instant que ce n'est certes pas un hasard si la figure de ce grand-père frénétique revient régulièrement hanter les « papiers de famille » de l'auteur. N'avait-il pas fait de même de son vivant, alors que, honteux[48] aux yeux des siens, il alla jusqu'à faire de sa mort, sinon un mystère, du moins un secret dont la

---

46. « [Le 28 février 1988] », p. 428-429. Ce qu'il ne fit pas, semble-t-il. Or, on se demandera si ce n'est pas parce qu'il n'a pas su quitter, justement, le terrain de son père que Louis-Georges, on le verra sous peu, connaîtra une situation d'exclusion plus radicale encore que l'« exil » auquel se soumettra, médecin, son petit-fils.

47. Jacques Ferron et Pierre L'Hérault, *Par la porte d'en arrière. Entretiens*, Montréal, Lanctôt éditeur, 1997, p. 34,

48. C'est du moins ce que Ferron suggère ; un de ses oncles, pourtant « d'humeur facile et très indulgent », lui ayant avoué que son grand-père leur « faisait honte » : « Nous ne savions pas où nous mettre » (« Anamnèse », p. 423).

famille maternelle de l'auteur « ne [s']est jamais vanté[e][49] » ? C'est
que Louis-Georges Caron, comme nous l'avons dit déjà — et il
s'agit là d'une hypothèse avancée plusieurs fois par Ferron lui-
même —, serait « probablement mort à Beauport chez les fous[50] ».
Sort quelque peu gênant, on l'imagine — ou du moins Ferron
l'imagine-t-il, lui —, pour la famille Caron. Car n'est-ce pas justement ce que fait l'auteur : *imaginer*, pour son grand-père, alors
même qu'il se débat avec l'écriture de son grand œuvre sur la folie,
un funeste destin ?

Madeleine Ferron, quant à elle, mit peu de temps à éclaircir les
circonstances de la disparition de son grand-père maternel :

> il était tout simplement sorti de chez lui un 16 septembre 1907,
> était passé à l'église, puis avait traversé la rue en direction du
> cimetière, paisible voyage puisqu'il était dans son cercueil [...].
> Son nom est gravé à côté de l'épitaphe, recouvert d'une légère
> mousse, il est vrai, mais il est là. Il suffit ensuite d'aller aux
> archives pour y lire l'acte de décès, [...] confirmant que Louis-
> Georges Caron [...] est mort le 16 septembre 1907 d'une con-
> gestion cérébrale et a été inhumé à Saint-Léon[51].

La question, *a priori*, semblerait donc réglée[52]. Un fait demeure
pourtant : les circonstances réelles entourant la mort de Louis-
Georges Caron n'effacent ni n'altèrent en rien cette partie du récit
autobiographique de Ferron. Car jusqu'à nouvel ordre, il s'agit bien
d'un *récit* autobiographique, d'un *texte* où la fiction réclame sa
juste part à la vérité. Que cette part soit celle du lion importe peu,
mais il est clair que la fiction imaginée par Ferron au sujet de la

---

49. Voir « La bergère », p. 365, ainsi que « [Quelques Extraits de lettres
d'Adrienne] », p. 410.

50. *Ibid.*

51. Madeleine Ferron, *Adrienne. Une saga familiale*, Montréal, Boréal, 1993,
p. 169.

52. D'autant que Madeleine Ferron se scandalise moins, avec raison, de la
supposition de son frère que du fait que « des hypothèses et des énoncés sans
fondement servent d'éléments biographiques comme c'est le cas dans un livre
intitulé *Docteur Ferron* » (*ibid.*). Pour qui a lu ce livre de Victor-Lévy Beaulieu,
l'indignation de Madeleine Ferron paraît fondée.

disparition de son grand-père aura informé l'écriture de son double roman familial comme celle du *Pas de Gamelin*. Cette hypothèse, du moins, travaille plus d'un texte, comme si la mémoire ou le spectre[53] de Louis-Georges Caron hantait non seulement les décombres de son moulin à cannelles, mais également les ruines du récit autobiographique de son petit-fils.

Il y a en effet, dans les textes que Ferron lui consacre, quelque chose de fantomatique et de spectral chez ce grand-père excessif, emporté, qui *disparaît* avant de mourir :

> Mon grand-père maternel, Louis-Georges Caron, n'est pas mort ;
> il a disparu d'abord, entre le 8 avril 1907 et le 21 avril 1908, et
> puis, bien sûr, il a dû faire comme tout le monde, mais où ?
> quand ? de quelle maladie ? Du foie, des poumons, ou de la tête,
> fou, archifou, enfermé ? Il était, je pense, crapuleux, homme de
> « grossière débauche, surtout dans le boire » — c'est la définition
> de Littré[54].

On dirait presque, à lire ce passage, que cette première disparition, absence longtemps inexpliquée, semble suspendre l'autre, la mort, ne serait-ce, bien sûr, que pour quelque temps, puisque Louis-Georges devra bien faire « comme tout le monde ». Cette mort avant la mort fait du décès de son grand-père un événement insaisissable, étrange et incertain aux yeux de l'auteur ; il est mort, certes, mais « où ? quand ? de quelle maladie ? » Si son grand-père était mort de tuberculose, écrit Ferron, s'il

---

53. Dans son article « Lire à l'anglaise » (dans *l'Autre Ferron*), Ginette Michaud s'interroge aussi sur les divers héritages de Ferron et rappelle, avec Derrida, que l'on « n'hérite jamais sans s'expliquer avec *du* spectre et, dès lors, avec *plus d'un* spectre » (*Spectres de Marx*, p. 46). Mais il n'y a pas que le grand-père qui joue ainsi au spectre. À lire la correspondance de Jacques et de Joseph-Alphonse, on s'aperçoit également à quel point la mémoire d'Adrienne hante ces lettres : on ne compte plus les messes chantées en son honneur le jour de sa mort, ni les occasions où le Notaire évoque son souvenir, exhortant Jacques à être « digne de [s]a mère, dont la mémoire restera celle d'une personne pieuse, érudite, pleine de jugement et de bonté » (lettre de Joseph-Alphonse Ferron à Jacques Ferron, [Louiseville, novembre 1940] ; reproduite p. 204).
54. « Anamnèse », p. 423. Voir aussi le texte « [Le 28 février 1888] », p. 429, et l'historiette « Le chaînon qui manquait », où Ferron revient sur cette disparition.

s'était laissé aller de consomption, il aurait fait comme sa femme […] et comme le feront ses trois filles, Rose-Aimée, Irène et ma mère Adrienne ; tous ces excès auraient été mis au compte d'une maladie, en quelque sorte purificatrice, et il aurait son nom dans un cimetière du comté […]. Mais voilà, son nom ne se trouve nulle part.

À l'absence du grand-père répond donc celle du nom, comme si ce nom avait lui aussi disparu, emporté par son « propriétaire » dans quelque chevauchée fantôme. Or, il est significatif, on le verra, que la preuve du décès de son grand-père doive moins reposer, pour Ferron, sur l'acte de décès notarié que sur la présence de ce nom sur une pierre tombale dans un cimetière, une inscription qui ne vaut certes pas l'autre sur le plan symbolique.

À ce titre, précisons encore qu'il importe peu que Louis-Georges Caron ait été inhumé à Saint-Léon, où son nom, recouvert de mousse, est gravé sur une pierre tombale, selon la version des faits de la sœur de l'auteur. Ce qui importe, c'est que le récit auto-biographique de Ferron trahit une investigation, une recherche auprès des membres de sa famille afin de retrouver le nom manquant de son grand-père (si ce n'est, du même coup, son propre nom, comme son origine) : enquête quasi anthropologique cher-chant à retracer l'être mystérieux représenté en blanc par ce « chaînon manquant » dans la longue lignée des célèbres Caron. « Quand j'interrogeai le seul frère survivant de mon père, l'oncle Rodolphe, sur mon grand-père Louis-Georges, son visage se ferma et il me répondit d'une façon catégorique : "Ton grand-père, on ne sait pas où, quand, ni de quoi il est mort"[55]. » Dans cette scène ainsi décrite, on devine, avec Ferron, que l'oncle, si catégorique soit-il, cache sans doute quelque chose derrière son visage fermé. Ce secret, la disparition de Louis-Georges, Ferron croira en tenir la « preuve » dans les ouvrages de piété qu'Irène et Adrienne reçurent à l'occasion de leur Première Communion, sa tante s'étant vu offrir, le 8 avril 1907, un livre par son père, alors qu'Adrienne, un an plus tard,

---

55. « Anamnèse », p. 424.

recevra le cadeau coutumier, non de Louis-Georges, mais des mains de son oncle Hector. « Dans l'intervalle, conclut Ferron, le grand-père Louis-Georges avait donc disparu. Mort ? Non, car en 1909, Rose-Aimée gardera copie d'une lettre qu'elle lui avait adressée au 83 de la rue Saint-Cyrille, à Québec[56]. » Or, poursuit Ferron, cette adresse étant celle d'Hector Caron, ce « n'est sûrement pas là que le grand-père Louis-Georges était enfermé[57] ». Comment ne pas reconnaître dans ce chassé-croisé de dates et cette investigation digne d'un détective toute l'importance que devait prendre, dans l'écriture de son récit autobiographique, la reconstitution mémorielle entourant la disparition de son grand-père ? Ce qui est intéressant, de plus, c'est que devant la disparition inexpliquée — et apparemment inexplicable — de Louis-Georges, Ferron en ait déduit qu'il devait être mort enfermé à Beauport : comme si un secret aussi bien gardé, longtemps tenu sous silence, ne pouvait que cacher un scandale de cette importance (ce que sa tante Laurence, « n'étant pas tenue au secret villageois », finira par confirmer : « "Bien oui, mon pauvre Jacques, il était fou" [58] », lui dira-t-elle).

Et c'est là que l'hypothèse de l'enfermement de son grand-père devient importante pour notre propos. Car ce « secret villageois », par lequel on cherchait à préserver l'honneur et la réputation des Caron[59], témoigne aussi des mœurs de l'époque et de l'attitude

---

56. « Le chaînon qui manquait »., p. 433.

57. *Ibid.*

58. *Ibid.* Ferron aborde également toute cette question dans les entretiens qu'il accorde à Pierre L'Hérault : « Ce n'est que lorsque je serai un peu frappé moi-même, en 1975, que je m'intéresserai à savoir ce que [Louis-Georges] est devenu. Il me restait un oncle maternel à Saint-Léon. J'ai voulu savoir ce qu'était devenu mon grand-père Caron. Il m'a dit d'une façon tranchante : "On ne sait pas où il est mort, comment il est mort et de quoi il est mort." Il y avait quelque chose de bizarre derrière tout ça : je me suis donc renseigné. J'étais même allé voir le monument des Caron au cimetière. On a fini par m'apprendre qu'il était mort fou à Saint-Michel-Archange ! » (*Par la porte d'en arrière. Entretiens*, p. 32).

59. C'est du moins ce que semble penser Ferron, conscient que son grand-père hypothéquait sans doute l'héritage de sa mère : « Elle avait beau avoir de la fortune, être bien née et distinguée, il y avait quand même de la tuberculose dans cette famille, et il y avait cet être… » (*Par la porte d'en arrière. Entretiens*, p. 32).

adoptée naguère à l'égard de la folie, si ce n'est des « échappés d'asile » et des Magouas :

> on éloignait le scandale en les poussant vers l'exil, la prison et surtout, surtout vers Saint-Jean-de-Dieu et Saint-Michel-Archange ; puisqu'on les disait échappés de Longue-Pointe ou de Beauport, il s'agissait de les retourner à Gamelin ou à Mastaï, et souvent on y parvenait[60].

Saint-Jean-de-Dieu et Saint-Michel-Archange : ces deux noms prestigieux, symboliques entre tous, représentent à eux seuls le principe d'exclusion sur lequel reposait la conception que Ferron se faisait de la folie[61], principe qu'il développera plus avant dans *le Pas de Gamelin,* au point même d'en faire la « raison aporétique » de son œuvre. La présence de ces hauts lieux d'enfermement[62] dans les textes que nous rassemblons ici illustre donc de nouveau les recoupements possibles entre *le Pas de Gamelin* et le double roman familial de l'auteur. Mais ce qui importe sans doute davantage, c'est que, mort à Saint-Michel-Archange, Louis-Georges fait malgré lui le lien entre ces œuvres et devient du même coup le chaînon (manquant) qui unit peut-être, pour Ferron, l'autobiographique à (l'écriture de) la folie. Du moins peut-on se demander si, en faisant ainsi de la folie une part obscure de son héritage, son grand-père ne brouille pas quelque peu les cartes pour Ferron.

Rares sont en effet les personnages de l'œuvre ferronienne qui, fictifs ou non, rappellent plus que Louis-Georges Caron, et avec autant d'insistance, la figure de « l'échappé d'asile ». Non pas celle du Magoua, il faut le préciser, puisque, comme le rappelle Ferron, « l'échappé, né dans le grand village, était responsable de son sort,

---

60. « Mon futur collège », p. 343.
61. Voir, à ce sujet, mon article, « *Le pas de Gamelin* : vers une poétique du désastre », dans *l'Autre Ferron*, p. 221-263.
62. « Ces lieux de sûreté, écrit ailleurs Ferron, si grands qu'on se demande s'ils ne seraient pas hauts lieux où l'on offrait jadis des sacrifices aux fausses divinités pour le profit des vraies, forment en tous cas deux pôles dont l'attraction s'étend sur tout le pays » (« La fonction de la folie », manuscrit inédit du *Pas de Gamelin*).

tandis qu'on naissait magoua pour le rester toute sa vie et les sept générations à venir[63] ». Louis-Georges, évidemment — héritier de la glorieuse famille des Caron —, était né du côté « du bien, du mieux et du meilleur[64] ». Seulement, et c'est bien ce que nous laisse entendre le roman familial de l'auteur, il n'y était pas à sa place ; pas plus, d'ailleurs, que ne l'étaient, à Louiseville, « les échappés d'asile, pour la plupart de Longue-Pointe, les autres [comme il en sera pour son grand-père] de Beauport[65] ».

Or, c'est bien parce que Louis-Georges finira par incarner cette figure[66] que l'on devine, chez l'auteur, une réelle fascination pour son grand-père (un peu comme Joseph-Alphonse marquera d'admiration la démesure de son beau-père), si ce n'est même, malgré lui, une certaine identification dans ces textes.

Mon infortune fut d'être né dans le meilleur, écrit Ferron [rappellant par là le sort de son grand-père], dans un meilleur qu'accusait encore le pire, un peu au-dessus de lui-même et qui me donna tôt le vertige [...]. Me trouvant mal, je me suis ressenti du moule, de l'envers de l'endroit, et, fasciné par le pire, inaccessible comme le meilleur m'était intenable, je ne pouvais qu'être séduit par les échappés d'asile, obligé que je serais de m'échapper moi-même vers quelque chose d'autre, un ailleurs plus accessible que le pire, plus sûr que le meilleur. Je ne pouvais même pas être mon père que j'aimais. Le Notaire, lui, se trouvait bien du meilleur, l'ayant conquis de haute lutte. Il ne me plaisait guère d'avoir à perdre son gain, à défaire sa belle victoire[67].

---

63. « Mon futur collège », p. 342. L'expression « échappé d'asile » est intéressante en ce qu'on pouvait très bien être un « échappé » avant même d'avoir été enfermé à l'asile.

64. *Loc. cit.*

65. *Loc. cit.*

66. Ferron, dès qu'il évoque la mémoire de Louis-Georges Caron (que ce soit dans ces « papiers de famille », dans l'*Appendice* ou dans *la Créance*), ne s'attarde-t-il pas immanquablement à rappeler ses incroyables chevauchées où « il lui arrivait de descendre de Saint-Alexis sur l'Oiseau Bleu d'une traite à Louiseville, pris de frénésie, emporté [...], pour venir y perdre sa dignité dans les tavernes et les hôtels » (« Anamnèse », p. 423) ?

67. « Mon futur collège », p. 343. Il faudrait presque se demander si, devant sa crainte de devoir perdre le gain de son père (et donc, du coup, son respect, voire

Dans ce souvenir d'enfance, si près des origines, où le jeu du meilleur et du pire laisse le jeune Ferron perdu aux abords d'un ailleurs intermédiaire, on devine le déchirement de Jacques, incapable d'être son père aimé, le Notaire, séduit par les échappés d'asile, fasciné, déjà, par la folie... si ce n'est par ce grand-père qu'il ne connaîtra jamais, mais dont il se fera, à sa façon, l'héritier.

Un autre passage de « Mon futur collège », historiette qui fait clairement le pont entre *le Pas de Gamelin* et ce qui devait être le récit autobiographique de l'auteur, attire également l'attention. Ferron y relate une scène primitive où, encore jeune, s'inscrit dans sa psyché le souvenir d'un haut lieu de la folie[68]. Il raconte en effet que chaque fois qu'ils passaient en voiture devant Saint-Jean-de-Dieu, son père, le Notaire, ne manquait jamais de lui dire :

> « Tiens, regarde ton futur collège ». Et c'était le grand lieu si mystérieux, si calme, qui pourtant était connu partout, *qu'avant même d'avoir enfilé mon aiguille je connaissais*, le lieu primordial qu'on pouvait ne pas avoir vu, divulgué en langue commune par trois noms prestigieux, en contrepoint des trois sagesses, de Gamelin, de Longue-Pointe et de Saint-Jean-de-Dieu[69].

Lorsqu'on sait que le père de l'auteur « aimait à donner aux choses le nom de leur propriétaire[70] », on comprend mieux toute l'importance de cette scène : son père, moqueur, le prédestinant presque au même sort que Louis-Georges, lui signifiant du moins par là son dû, si ce n'est son héritage.

---

son amour paternel), la fascination que le jeune Ferron entretient envers son grand-père à travers la figure de « l'échappé d'asile » ne vise pas, par une certaine identification, à reporter sur soi l'admiration que vouait Joseph-Alphonse pour la démesure de Louis-Georges. Quand on sait que le Notaire « semblait croire qu'à l'écrivain tout est permis » (« Notaire par le nez », p. 310), le désir de devenir écrivain revêt en effet une autre signification pour l'auteur.
68. « D'aussi loin que je me souvienne, écrit Ferron, je n'ai jamais douté de Saint-Jean-de-Dieu » (« Mon futur collège », p. 342). Énoncé qui mesure à lui seul toute la portée de ce lieu primordial pour l'auteur.
69. *Ibid.*, p. 345. Je souligne.
70. « Anamnèse », p. 424.

Ferron décrit ailleurs une scène semblable, et tout aussi capitale, à propos des ruines du moulin que son grand-père avait
laissées à Saint-Alexis : « quatre murs de pierre, en haut du pont,
dans une baissière, près de la rivière. Et mon père, le Notaire, [...]
me disait : "Tiens, regarde le moulin à cannelles de ton grand-
père"[71]. » Si Ferron s'en était tenu à cette remarque anodine, l'on
aurait tout simplement compris que le moulin en question, aussi
« extravagant » que le grand-père, était la propriété de Louis-
Georges, mais l'auteur ajoute : « Il n'a jamais dit "de mon beau-
père"», faisant glisser le sens significativement. Car là encore son
père établit de nouveau un étrange rapport de « propriété » entre
Louis-Georges et le jeune Ferron, faisant de lui, non seulement
l'héritier de son grand-père, mais par le fait même celui du moulin
à cannelles de ce dernier. Étrange héritage que ce moulin dont les
« ruines constituaient une sorte de monument funéraire[72] », sépulture grandiose certes, mais anonyme en ce que le nom du grand-
père ne s'y trouve pas. Ce qui n'est pas pour surprendre, évidemment, mais en dit long sur ce que pouvait penser Ferron : « Mon
père connaissait peut-être l'expression "mettre en cannelle", qui
signifie au figuré : "déchirer, ruiner de réputation". Moi, pas[73]. »

---

71. *Ibid.* Par la reprise de la même formule (« Tiens, regarde ton futur collège »),
on devine presque ici, de la part du Notaire, une injonction à voir, à saisir une
relation évidente.
72. « [Le 28 février 1988] », p. 430. Voir aussi « Anamnèse », p. 424. Là encore,
Ferron se sert de cette sépulture toute symbolique (qui n'est pas sans rappeler le
château de la tour d'eau de Saint-Jean-de-Dieu) pour étayer l'hypothèse de la
disparition de son grand-père (dont le nom ne se trouve dans aucun cimetière).
En fait, en situant ainsi la baissière « en dessous du cimetière de Saint-Alexis »,
Ferron place comme par hasard le moulin de son grand-père « dans le voisinage
immédiat du champ du potier », là où étaient généralement enterrés les
misérables et déchus à qui l'on refusait la sépulture ecclésiastique. « Cela est
exact, mais en dit plus que je ne pense, ou moins », nuance Ferron, substituant
à cette sépulture imaginaire celle, toute hypothétique, où se trouverait son grand-
père : « car, enterré dans son moulin, cette sépulture aurait eu plus d'allure que
l'autre, celle où il se trouve, je ne sais où, peut-être dans le champ de Saint-
Michel-Archange » (« [Le 28 février 1988] », p. 430).
73. *Ibid.*

Tombeau symbolique, imaginaire, mais combien approprié, donc, que ce monument funéraire. Comment s'étonner, en effet, de ce que Ferron fasse ainsi du dernier lieu de repos de son grand-père — qui, sa vie durant, se fit une prouesse de perdre sa dignité, et donc son nom, dans les tavernes et les hôtels —, un monument à sa réputation ruinée. Mettre en cannelle : déchirer, ruiner de réputation, certes, mais aussi de nom.

Ruine d'un nom ruiné, ce moulin à cannelles témoigne peut-être à lui seul, dans l'imaginaire de l'auteur, du sort funeste de ce grand-père aux prises avec un nom et un héritage trop lourds à porter[74]. On verra bientôt qu'il s'agit d'une question cruciale dans les récits autobiographiques de l'auteur : un nom, comme un héritage (et un nom comme héritage), étant toujours chargé d'un certain devoir, quand ce n'est d'une lourde créance.

Du nom de la créance

À ce titre, il importe justement de se pencher plus longuement sur la conclusion du récit de *la Créance*. Or, que dit-elle, en somme, si ce n'est, en premier lieu, l'obscurité quelque peu fictive de la filiation de l'auteur ? Je rappelle qu'il affirme en effet avoir été engendré, non par son père qui est décrit comme « impuissant », mais par un « esprit immonde[75] », comme se le doit tout « petit bourreau[76] ». On ne peut s'empêcher de sourire à la lecture de cette scène, tant la fiction, surprenante dans ce cas, envahit un récit qui se veut en partie autobiographique. À moins de se replier sur le lieu commun qui, depuis la nuit des temps, veut que toute paternité ne soit jamais que supposée, voire comme le dit Joyce une « fiction légale », comment expliquer, en effet, que le récit de la naissance de

---

74. Avec un père comme Georges Caron, écrit d'ailleurs Ferron, « on est toujours infirme de quelque façon » (« [Il n'est guère intelligent de mourir à trente-deux ans] », p. 421).
75. *La Créance,* p. 145.
76. *Ibid.,* p. 146.

Ferron et, plus encore, de l'origine de son nom propre, soit ainsi déplacé, non sans humour, vers la fiction : « il avait été décidé, écrit Ferron, que, malgré les obscurités de mon origine, non seulement je serais adopté, nanti du patronyme, mais encore reconnu avec fierté au grand jour du comté et de toute la parenté[77] » ? Sans pour autant faire du nantissement de son nom une usurpation, il n'en demeure pas moins que l'insistance ironique avec laquelle Ferron marque l'obscurité de ses origines fait peut-être de son patronyme, non pas, cette fois, un nom dû, mais simplement un nom reçu.

Mais enfin, il n'y a rien, semble-t-il, qui puisse là mettre en cause la fidélité au patronyme dont Ferron se réclamera dans l'*Appendice aux Confitures de coings*. Au contraire. Peut-être faut-il même entendre derrière cette fidélité tout ce qui renvoie justement à la croyance, pour ne pas dire à *la Créance*. Est fidèle celui qui ne manque pas à la foi donnée aux engagements pris envers quelqu'un. En ce sens, peut-être faut-il comprendre que, fidèle au patronyme, l'auteur ne cesse de croire, c'est-à-dire de porter créance au nom du père ? Et, par le fait même, qu'il ne manque pas de faire crédit à l'histoire[78] de son origine (celle de son nom comme la sienne propre), tout obscure et fictive soit-elle ? Être fidèle au patronyme : n'est-ce pas aussi, en quelque sorte, rappeler son engagement envers le nom et, partant, envers ce qui lui est dû ?

---

77. *Loc. cit.*

78. Car c'est bien de cela qu'il est question chez Ferron : l'autobiographique, surtout lorsqu'il est question de la branche paternelle, tient davantage de l'« histoire » et de la fiction, si ce n'est même de la légende et de la tradition orale. Ce qui ne veut pas dire, comme on le verra, que la longue lignée des Caron, qui remonte aussi loin que l'Ancien Régime, soit plus « véridique » aux yeux de Ferron, ni qu'elle ait plus de « valeur », toute glorieuse soit-elle : la généalogie, remarque-t-il en effet, « vaut ce que valent les documents d'état civil qui sont probablement exacts aussi longtemps qu'on tournicote dans nos paroisses, encore que tout métissage ait été escamoté par les curés, étant donné que le premier gouverneur anglais leur avait interdit de marier Français et Sauvages. Là où ces documents deviennent douteux, c'est au lieu d'embarquement, à La Rochelle, où rien n'était plus facile que de falsifier l'état civil de nos chers ancêtres » (« Les trois frères et le bout d'un pouce », p. 349).

N'est-ce pas réinscrire le nom dans l'économie de la créance, de la dette et du devoir ?

La lecture du poème qui clôt ce récit se prête en tout cas à l'économie et au jeu de cette créance. Et si la vie — et non le nom — est cette fois l'enjeu de cette dette incommensurable, impossible à acquitter, il reste que ce poème met néanmoins en scène, pour ne pas dire en jeu (dans le jeu de la dette, du don et du devoir), la question cruciale de l'héritage :

> Ils nous ont donné la vie
> Même alors qu'ils la perdaient
> Et morts
> Se meurent encore en nous
> Qui déjà avons le mal
> De vivre d'eux
> Engrossés de ténèbres
> Tenus à les porter
> Vieux enfants chimériques et gâtés.
>
> Ils auraient pu la garder
> La vie qui les a perdus
> Et dont ils nous ont laissé
> La note pour héritage
> Créanciers souterrains
> Qui ne rient ni ne pleurent
> Mais benoîtement attendent
> Le retour de leur don
>
> Oncques nous n'aurons quittance
> Que nous ne l'allions chercher[79].

Et l'auteur d'ajouter qu'il ne saurait être question d'aller chercher cette quittance autrement que, mort sans doute, dans « un lieu rectangulaire » : projet orphique s'il en est, car du cercueil au livre, il n'y a qu'un pas (souvent le même chez Ferron).

La richesse de ce poème ne nous permet malheureusement pas de proposer ici la lecture qu'il mériterait, mais il convient de

---

79. *Ibid.*, p. 146-147.

souligner à quel point les notions d'héritage et de dette sont ici inextricablement liées, non seulement l'une à l'autre, mais également, l'une avec l'autre, au deuil. Le don, ici, est don du manque. C'est dire, pour rappeler ce qu'en disait Derrida, que « l'héritage n'est jamais un donné, c'est une tâche » (tâche à laquelle Louis-Georges, on s'en doute, aura manqué, la léguant du coup à ses héritiers), au même titre sans doute que le deuil est un travail. Comme tous les héritiers d'ailleurs, ceux du poème de Ferron ne manquent pas d'être des « héritiers endeuillés », c'est-à-dire, dans ses mots, des héritiers « Engrossés de ténèbres ». Les morts, rappelle-t-il en effet, « Se meurent encore en nous ». Je reviendrai sur ce poème en fin de parcours, mais d'ores et déjà il est clair que la relation qui s'instaure entre parents et enfants, de la naissance des uns à la mort des autres, est tout entière régie par l'économie de la dette et de l'héritage. À tel point que, si les uns, dans la mort, n'ont d'être qu'à être créanciers, l'être des autres n'est qu'héritage. Et c'est encore ce que rappelle Derrida : « Nous *sommes* des héritiers, cela ne veut pas dire que nous *avons* ou que nous *recevons* ceci ou cela [...], mais que l'*être* de ce que nous sommes *est* d'abord héritage, que nous le voulions et le sachions ou non[80] ».

Or, c'est bien là ce qui se dégage du legs maternel pour Ferron. Ce caractère ontologique de l'héritage se donne à lire dans une scène de l'*Appendice aux Confitures de coings* et dans la plupart des textes que Ferron consacre à sa branche maternelle.

Le legs maternel

On rappellera d'abord que l'*Appendice aux Confitures de coings*, au même titre que *la Créance*, se veut moins l'histoire personnelle de l'auteur que le récit du père et, plus encore, celui de la mère, voire de la famille Caron. Car à travers les Annales des Ursulines, c'est un peu la glorieuse histoire de cette lignée qui est narrée. « Il se peut même, écrit Ferron, que les quatre volumes sur les

---

80. *Spectres de Marx*, p. 94.

Ursulines de Trois-Rivières, publiés les deux premiers sous le règne de Monseigneur Charles-Olivier [Caron], les deux derniers sous celui de sa nièce, mère Marie de Jésus, aient été écrits de telle sorte que les Caron n'y perdissent rien[81]. » C'est dire que l'histoire des

---

81. *Appendice aux Confitures de coings,* p. 146-147. En revanche, on pourrait se demander si les textes que Ferron consacre à la famille de sa mère, récits qui tournent tous autour des figures d'Adrienne, d'Irène et de Louis-Georges, ne cherchent pas à faire contrepoids, d'une certaine façon, à ces Annales. Car si celles-ci furent écrites de manière à ce que « les Caron n'y perdissent rien », le récit autobiographique de l'auteur fait quant à lui fond sur la part obscure, gardée secrète, de la famille Caron : à savoir, bien sûr, ce grand-père honteux dont j'ai déjà parlé. Mais certains de ces textes, que je ne peux malheureusement pas tous commenter dans les limites de cet essai, s'attachent aussi, et de manière presque aussi « obsessive » dirait-on, à éclaircir un autre mystère que l'on préférait peut-être garder dans l'ombre : celui de l'orientation sexuelle de sa tante Irène. « Elle mariait la grâce et le feu, écrit-il, trop brillante pour qu'on ait su qui elle était, ce qu'elle voulait. *On ne tenait peut-être pas à le savoir.* L'a-t-elle su elle-même ? » (« Irène », p. 366. Je souligne). Cette tante « séduisante, plus liante pour son propre sexe que pour l'autre » (« Gris demi-sofa », p. 373), que Ferron admire généreusement dans ces textes, n'était pas moins excessive, à sa manière, aux yeux de sa famille religieuse, que son père Louis-Georges. C'est cette énergie, cette flamboyante vitalité qui fascinera encore Ferron, qui ira jusqu'à faire de la Miss une figure maternelle supplétive, lui attribuant, du moins, dans l'esquisse de son roman haïtien, « Ma glorieuse tante » (où Ferron, suprême consécration, semble même vouloir lui confier la narration du roman), les qualités artistiques de sa mère en matière de peinture. Mais plus encore, dans ce rôle de mère — rôle qu'elle tenait encore lorsque, avec l'oncle Émile, ils devenaient tous deux les « parents gypsies » (« [Un petit mouchoir sanguinolent] », p. 399) du petit Jacques —, Irène ira jusqu'à baptiser son petit neveu du nom de Trognon. Or, écrit Ferron, « Personne d'autre qu'elle ne m'a jamais appelé ainsi » (« Ma glorieuse tante », p. 377) ; autre façon de dire qu'Irène, tout comme la mère de l'auteur (j'y reviens), emportera avec elle, à sa mort, ce petit « surnom affectueux » qui, dans son acception figurée, dans le Littré, signifie une petite jeune fille, mais qui, littéralement, fait référence au cœur du fruit ou du légume, c'est-à-dire « du restant, de l'immangeable » (voir l'*Appendice*, p. 152). Pour l'instant, et à regret, on soulignera simplement que la figure d'Irène mériterait évidemment beaucoup plus d'attention. D'autant que Ferron, et cela frappe rapidement le lecteur, semble beaucoup plus conciliant à l'égard d'Irène, beaucoup plus filial pourrait-on dire, qu'il ne l'est parfois avec sa propre mère, dont le portrait, comme le souligne ici Ginette Michaud, n'est pas sans sortir égratigné de ces « papiers intimes ». On s'étonnera d'ailleurs de voir que, avec la mort d'Irène,

Ursulines et celle des Caron se confondent suffisamment pour que Ferron, à lire ces Annales, puisse retracer une partie de la généalogie de sa mère, « nièce de trois Ursulines[82] ». Ce n'est pas sans intérêt pour notre propos. Car plus que *la Créance* sans doute, *l'Appendice* ne manque pas de souligner en quoi la mère de l'auteur est l'héritière de cette lignée et de ce nom, et par héritière il faut bel et bien entendre que l'être de la mère, ici encore, est avant tout héritage. À plus d'un titre, d'ailleurs. Ferron, en effet, évoque rarement le mariage de ses parents sans s'étonner du courage de son père dans cette histoire, lui qui « avait eu l'audace de conquérir une *héritière*[83] ».

Or, il faut déjà entendre, derrière cette condition d'héritage, non seulement ce qui sépare la petite Adrienne de son époux, c'est-à-dire l'écart social que marque leur patronyme respectif, mais également la part de fatalité qui devait être le lot des Caron. Car il est important de rappeler qu'Adrienne héritera, comme ses sœurs avant elle, de la maladie familiale : la tuberculose.

> Plus qu'une maladie, la tuberculose représentait une sorte de destin et Dieu sait que cette fatalité n'aidait pas à guérir. Elle représentait de plus une affaire, une affaire très délicate, à savoir qu'il y a eu de l'audace et de la présomption dans le mariage de mes parents et que probablement, sans cette maladie familiale qui la dépréciait, ma mère qui était héritière, élevée à la perfection [...], aurait trouvé un meilleur parti. [...] Par ce mariage, amoureux bien sûr, on bousculait les usages, on frondait le destin[84].

---

tout le deuil semble être porté par Adrienne (de manière excessive, on le verra), alors que Ferron, lui, ne souffle mot de la perte de sa tante tourbillon, jetant un silence troublé, et d'autant plus significatif, sur le sujet.
82. *Ibid.*, p. 137.
83. *Ibid.*, p. 145. C'est moi qui souligne.
84. Voir « Feu Jean-Jacques », p. 418-419. Et il s'agit en effet presque de destin en ce cas, tant la tuberculose, dans la famille Caron, « y était chez elle » (« Anamnèse », p. 424).

Peut-être convient-il de souligner toute l'ambiguïté qui recouvre « l'audace » et « la présomption » dans le mariage des parents. Faut-il comprendre, en effet, qu'il était audacieux pour le père d'épouser une femme marquée par la fatalité, prédestinée pourrait-on dire, à mourir de tuberculose, ou faut-il se replier sur l'interprétation voulant qu'il fût quelque peu présomptueux de se marier à une héritière de la grande famille des Caron ? Là encore, le partage n'est pas clair, et l'affaire est sans doute plus délicate qu'il y paraît. Car dans les faits, c'est peut-être justement *parce qu'elle est héritière* (parce qu'elle hérite en tout et surtout de la maladie familiale) que le mariage d'Adrienne et de Joseph-Alphonse a pu avoir lieu, l'héritage étant toujours double et incertain[85]. D'ailleurs, c'est un peu ce que donne à penser la réputation qui était faite à Adrienne : « elle aurait eu trop d'esprit et trop d'âme pour vivre bien longtemps[86] ». Or, s'il est vrai que l'on hérite d'un patronyme, je ne peux m'empêcher de croire et de suggérer que cet héritage, pour Ferron, à l'image de sa mère, sera lui-même double. Comme le fait remarquer Luc Gauvreau :

> Chez Ferron, l'esprit du nom de famille fait référence [...] à un autre patronyme, double, caché. Partagé entre une lignée mater- nelle et une lignée paternelle, un patronyme, c'est en fait deux patronymes, l'un public, l'autre secret, intime, peut-être oublié mais fondateur au même titre que l'autre[87].

---

85. On s'étonne en effet, dans certains des textes publiés ici, de voir que sa condition d'héritière, loin de faire de sa mère un parti trop ambitieux pour le Notaire, constitue au contraire un attrait, si elle n'est même, pour Adrienne cette fois, un atout de plus pour *attirer* l'attention de Joseph-Alphonse. Et de fait, Ferron laisse entendre que c'est bien parce que sa mère était dotée qu'elle finira par avoir le meilleur sur sa cousine Gilberte qui, elle aussi semble-t-il, avait quelque prétention sur le Notaire : « Ma mère était dotée, la cousine n'avait que son exubérance » (« [Un petit mouchoir sanguinolent] », p. 396), constatera simplement l'auteur.
86. *Appendice aux Confitures de coings*, p. 174.
87. *Op. cit.*, p. 67.

Pour le sujet qui nous occupe, il n'est donc pas sans importance de rappeler à quel point le patronyme Caron n'est glorieux qu'à être également le nom d'un manque radical. Il est en effet évident que la tuberculose, cette maladie quasi héréditaire, joue un rôle de tout premier plan dans le récit autobiographique de l'auteur. Lui-même en souffrira, digne héritier d'Adrienne. Il faut croire, d'ailleurs, que le père de Ferron n'en doutait pas : « craignant le mauvais héritage, [il] assura ma vie de bonne heure ; si j'étais mort à l'âge de douze ou treize ans, comme il s'en fallut de peu, il n'aurait pas été perdant[88] ». En fait, la quasi-totalité des textes qu'il consacre à sa mère et à sa tante Irène tournent autour de cette maladie, la plupart ayant été construits à partir des lettres que ces dernières s'écrivirent dans les semaines ou les années qui précédèrent leur mort.

La tuberculose, de toute évidence, contamine donc le legs de la mère : celui qu'elle reçoit, bien entendu, et qui constitue un manque (de cette tuberculose « qu'elle avait tout lieu d'appréhender », sa mère se sentira en effet « coupable, sinon *diminuée*[89] »), mais également celui qu'elle doit léguer à son fils, et qui se donne donc, en tant que tel, comme don du manque. Or, c'est là, à n'en point douter, ce que donne à lire la scène de la mort d'Adrienne : « La veille de sa mort, écrit Ferron, elle me demanda de changer mon prénom de Jean-Jacques, en celui de Jacques et de "ne pas me penser plus fin que les autres". Elle m'avait inclus dans son acte de soumission finale. Je ne pouvais m'y soustraire[90]. »

---

88. « [Il n'est guère intelligent de mourir à trente-deux ans] », p. 420.
89. « Feu Jean-Jacques », p. 418. Cette culpabilité et cette diminution seront telles que, dans une des lettres qu'elle adresse à son époux, Adrienne semble presque lui suggérer qu'il vaudrait peut-être mieux qu'elle le « quitte » : « Ça prendrait à peu près six mois, ensuite une couple d'années pour que tu oublies, mais après cela toute ta vie serait libre et heureuse devant toi. Est-ce que ça ne vaudrait pas mieux ? Pour ce que je vaux maintenant ! J'ai bien fini d'être une "utilité" » (« [Quelques Extraits de lettres d'Adrienne] », p. 407).
90. *Appendice aux Confitures de coings*, p. 146. C'est un peu cette soumission, cette résignation que Ferron ne pardonnera jamais à sa mère qui, avec la mort d'Irène, avait perdu « le courage de vivre » (« Irène », p. 366). Par deux fois

Voilà donc nommés, dans un même souffle, l'héritage et la perte du nom, voire, d'une certaine façon, le legs *en tant qu'il est* la perte du nom. Évidemment, il est difficile de comprendre comment ou pourquoi une mère, dans l'impossibilité de se survivre, demanderait à son fils d'abandonner le prénom que, vive et joyeuse, elle lui avait donné. S'adressant au spectre de sa mère, Ferron, dans *le Pas de Gamelin*, revient d'ailleurs sur ce mystère : « personne n'a jamais compris pourquoi je ne m'appelais plus Jean-Jacques. Pauvre mère, tu as bien été la seule à le savoir, trop subtile. Tu n'étais que nuances[91] ». En fait, cette demande est d'autant plus surprenante qu'on s'étonnera de voir, à lire certaines des lettres qui lui furent adressées après la naissance de Jean-Jacques, combien la

---

d'ailleurs, Ferron met en doute la gravité de la maladie de sa mère. D'abord dans « Notaire par le nez », où son père, « pas tout à fait sûr », affirme qu'Adrienne n'était peut-être « pas malade au point d'en mourir. Le chanoine l'a poussée sur la pente fatale » (p. 308) ; mais aussi dans « [Quelques Extraits de lettres d'Adrienne] » : « il me semble bien, écrit Ferron, que la mort d'Irène, survenue le 15 décembre 1927, ait entraîné la sienne difficilement [celle d'Adrienne], après avoir langui jusqu'au 5 mars 1931, car sa tuberculose, si j'en juge par les radiographies, n'avait rien de mortel » (p. 410). Constat étonnant, il faut l'admettre, et qui laisse deviner le ressentiment de l'auteur à l'endroit de sa mère... Mais peut-être est-ce avant tout dans la devise d'Irène, « advienne que pourra (devise que [s]a mère adoptera ensuite) » (« Gris demi-sofa », p. 370), que se cristallise, aux yeux de Ferron, toute la part de fatalité dans la résignation de sa mère. Et il y a en effet quelque chose de troublant dans cette lettre qu'Adrienne écrit à l'intention d'une demoiselle Bourgeois, où, avec la mort d'Irène, cette jeune mère de cinq enfants « exprima l'idée étrange qu'elle avait perdu "le dernier lien familial" » (*ibid.*, p. 373). Ferron reproduira ensuite la réponse prophétique de cette correspondante décidément fort lucide : « Je souffre pour vous de cette disparition si affreuse de votre dernier lien familial ! [...] Heureusement que votre mari et vos chers bébés vous restent ; pour eux il faut vous rattacher à la vie, malgré ses duretés, et ne dites pas : "Advienne que pourra", c'est trop triste de se laisser aller, il ne faudrait pas qu'en vous laissant vivre sous le pessimisme de cette devise, vous perdiez votre santé si chèrement acquise et causiez aux chers petits êtres à qui vous êtes tout, le même chagrin que vous venez de subir » (*ibid.*). On devine l'amertume avec laquelle Ferron aura reproduit cette lettre qui, en quelques lignes, résume tristement les dernières années d'Adrienne.

91. Jacques Ferron, « Maski sera vengé », manuscrit inédit du *Pas de Gamelin*.

famille ne manqua pas de la féliciter sur le choix du prénom. Sa sœur Irène, entre autres, lui dit aimer « beaucoup ce nom[92] » et Émile Ferron, l'oncle poète, affirme d'emblée que les parents ont eu « un goût exquis dans le choix du nom[93] ».

Quoi qu'il en soit, cette scène d'héritage demeure fort peu banale, à la fois don et retrait du nom donné, et il semble — dans l'historiette intitulée « Feu Jean-Jacques » — que les raisons ayant motivé le don et l'amputation du prénom littéraire et frondeur ne soient pas, à prime abord, étrangères. On sait que les parents de l'auteur, en se mariant, bousculaient les usages et frondaient le destin. Or, écrit Ferron, « Cela peut expliquer [...] le nom de bravoure qu'on m'a donné[94] ». En fait, si cela explique le don du nom, son choix n'en est pas pour autant justifié, car on voit mal, pour l'instant, en quoi le prénom de Jean-Jacques pourrait être chargé d'une telle motivation. Il demeure qu'à ses yeux de couventine le don de ce nom était en soi, pour Adrienne, une façon de braver son double héritage. Comment, dès lors, devant le caractère impitoyable du destin, laisser à l'enfant son prénom de bravoure quand la fatalité de la tuberculose aura anéanti sa bravade ? Ici encore, il revient à l'héritage de justifier la perte du nom. Du moins est-ce ce que donne à lire un autre passage significatif dans lequel Ferron revient de nouveau sur le legs que lui laisse sa mère sur son lit de mort :

> Mon véritable prénom est Jean-Jacques, avec le trait d'union. Ce n'est pas nécessairement un nom de bravoure. Monsieur Olier, le fondateur de Saint-Sulpice, l'a porté avec sainteté, sinon humilité. Déjà il y a en lui de la superbe et de l'extravagance. Certes, il est parvenu à triompher de lui-même et l'abbé Bremond en dit beaucoup de bien, mais pas assez pour le béatifier. La culture religieuse de ma mère n'était pas assez profonde pour se rendre jusqu'à ce Jean-Jacques dévot. Et elle pensait à un autre, à celui qui, un siècle plus tard, avait confisqué

92. Voir « [J'ai eu pour parrain] », p. 375.
93. *Ibid.*, p. 374.
94. « Feu Jean-Jacques », p. 419.

le prénom en sa faveur, au citoyen de Genève, le fameux Jean-
Jacques Rousseau, moins pieux et recommandable que Monsieur
Olier, quoique tout aussi paranoïaque. Aussi, quand elle fut sur
son lit de mort — une chaise longue près de la fenêtre — et
qu'elle dut faire sa grande capitulation, elle me supplia *primo*, de
ne pas me croire plus fin qu'un autre, *deuxio*, de faire comme
tout le monde, et *tertio*, de m'appeler Jacques tout court. Je lui
ai cédé sur le nom, surpris d'apprendre le sens qu'elle lui avait
donné, la bravade qu'elle y avait mise. Quant au reste, mon
Dieu, je ne crois pas lui avoir aussi bien obéi[95].

Si l'auteur n'est pas nominaliste (mais cela reste à voir), on
serait porté à croire que sa mère, en revanche, est un peu plus
cratylienne. Cela expliquerait, du moins en partie, les raisons
cachées derrière sa triple exigence. On aura compris le clin d'œil de
Ferron quand, affirmant lui avoir cédé sur le nom, il dit ne pas lui
avoir aussi bien obéi pour le reste, car c'est ce reste, justement, que
visait la mère en visant le nom. Outre le fait que sa capitulation ne
pouvait plus soutenir la bravade qu'elle avait mise derrière le prénom de son fils, la perte du nom, dernière exigence, s'explique
aussi, et surtout, par les deux premières demandes qu'Adrienne
lègue à son fils en héritage. Et dans les faits, on pourrait certes
affirmer que ces trois exigences n'en forment qu'une seule. Pour le
dire autrement, il aurait été incongru de laisser son prénom au
jeune Jean-Jacques tout en lui demandant de ne pas se croire plus
fin qu'un autre. Comment espérer « faire comme tout le monde »
quand on porte le prénom « excessif[96] » d'un personnage qui n'a
jamais su obéir à la Loi, et d'abord à la loi du nom propre[97] ? Car

---

95. « Feu Jean-Jacques », p. 419.
96. Comme le remarquait Ferron, « le prénom Jean-Jacques est [...] excessif par
lui-même puisqu'il est celui de Rousseau » (lettre inédite de Jacques Ferron à
Madeleine Ferron, sans date).
97. Faut-il rappeler que, plus près de Ferron déjà, Louis-Georges lui-même
n'aura pas su respecter cette loi du nom propre, y manquant, grand énergumène,
qui ruina la réputation de son nom au point de devoir disparaître avec lui,
l'emportant on ne sait où. Or, c'est bien ce manquement au nom reçu, ce
manquement au devoir dont témoigne, en bout de ligne, le grand-père maternel
de l'auteur.

il semble bien, c'est du moins ce que suggère Ferron, qu'Adrienne avait effectivement investi dans ce prénom, non pas la superbe et l'extravagance de Jean-Jacques Olier, mais bien la gloire et la réputation de l'écrivain fameux, ce Rousseau qui avait réussi à faire de son prénom scandaleux un autre genre de nom en soi, une déclinaison inédite de la subjectivité.

Évidemment, en considérant cette lecture, on pourrait se demander, comme le fait l'auteur de l'*Appendice aux Confitures de coings*, si ces exigences n'étaient pas, « Au fond, [...] qu'un conseil très simple à un enfant pour l'empêcher d'être prétentieux et revendicateur, de faire le sot et de gâcher sa vie ; peut-être », mais comme dit Ferron, « je n'en suis pas sûr[98] ». D'ailleurs, qu'il en soit ou non ainsi ne change rien, dans les faits, à ce qui se donne à lire dans l'œuvre de Ferron. En cela, l'économie mise en place par cet héritage maternel, par ce don du manque, ne manque pas, précisément, de travailler le texte, mais aussi, et surtout, son espace autobiographique. Comment expliquer, par exemple, le titre de l'historiette intitulée « Feu Jean-Jacques » ? Doit-on comprendre que le don du manque et le manque du nom nomment tous deux la mort, le don de la mort ? À ce titre, « Feu Jean-Jacques » doit-il se lire, non comme autobiographie, mais comme thanatographie, voire comme autothanatographie ?

Je voudrais suggérer par là que le défaut de son « véritable prénom » est à l'œuvre dans l'œuvre, voire que cette absence nomme en partie le désœuvrement de l'autobiographie ferronienne. Car il faudra bien un jour se demander comment se signe, comment signer l'autobiographie quand manque feu le nom. Ou encore, comment signer le pacte autobiographique quand on reste en dette devant le contrat qui doit assurer l'identité du nom entre l'auteur, le narrateur et le personnage dont on parle ? Ne faut-il pas, en quelque sorte, retrouver le nom vrai ? Se renommer en un second baptême ? Mais la question serait alors de savoir si l'on peut reprendre le nom repris. On peut en douter, mais il reste que,

---

98. *Appendice aux Confitures de coings*, p. 147.

s'adressant au spectre de sa mère, Ferron n'en réclamera pas moins plus tard son prénom de bravoure :

> [...] il ne fallait pas emporter mon nom de guerre, dit-il, car c'en était un, vous le saviez, et je l'ai repris, oui, de la main de Maski, de la main de mon compère, de mon camarade que j'ai aimé autant que vous avez chéri votre sœur ; je l'ai repris pour me venger[99].

Est-il possible de reprendre un nom donné, c'est-à-dire d'exiger le retour du don ? Et est-ce encore un don si l'on en exige le retour ? Ces questions, pour le moment, doivent demeurer sans réponse. À les poursuivre et à les multiplier, elles nous entraîneraient d'ailleurs trop loin vers une pensée du don à laquelle nous ne pouvons ici rendre justice. Peut-être suffit-il pour le moment de retracer dans l'œuvre, non pas ce que donne à lire la seule perte du nom, mais bien ce qui, du manque, invite l'auteur à le combler. Or, c'est encore à l'héritage maternel qu'il faut revenir, car à l'image du double legs que reçoit sa mère, celui de l'auteur ne saurait être simple. Au don du manque et à la perte du nom, répond en somme un autre héritage, celui par lequel est rendu possible — seulement possible — le retour du don... comme celui du nom.

De la réputation et du renom

La critique ferronienne a d'ailleurs fait grand cas de cet autre legs, celui que symbolise, entre autres, la plume d'or dont hérite Ferron et qui représente peut-être à elle seule le lourd héritage français d'une mère « formée à la mode de l'Ancien Régime, fidèle à feu le Roi[100] ». Il y aurait beaucoup à dire sur cette plume d'or,

---

99. Jacques Ferron, « Maski sera vengé », dans le manuscrit du *Pas de Gamelin*. Il y aurait évidemment lieu de s'étendre plus longuement sur cette scène, mais il faudrait alors plonger résolument dans une lecture du *Pas de Gamelin*, ce que ne nous permettent pas les limites du présent essai.
100. Jacques Ferron, « Maski sera vengé », dans le manuscrit du *Pas de Gamelin*.

objet symbolique qui réapparaît ici et là dans l'œuvre de Ferron. L'idée que l'on se fait en général de cette plume rappelle plus souvent qu'autrement la finesse et la culture d'Adrienne, « française jusque dans la calligraphie[101] ». Ainsi, s'étonnant d'une lettre qui lui parut « d'abord assez futile », où Adrienne en rajoute, se payant une colère aux dépens d'une religieuse, Ferron finit par écrire : « Puis, après réflexion, me ressouvenant de la pertinence de ma mère, de sa plume en or, je n'ai plus l'impression que cette lettre n'était que démonstrative et un peu folle[102]. » Seulement, contrairement à ce que l'on serait en droit d'attendre, cette plume ne colle pas toujours à son image habituelle dans les « papiers de famille » de l'auteur. Loin de ne rappeler que l'héritage français de sa mère, cet objet sert aussi à tracer un tout autre portrait d'Adrienne, où son côté froid et calculateur émerge quelque peu pour nous surprendre. C'est avec « sa plume d'or », rappelle en effet l'auteur, que sa « mère Adrienne notait dans son grand livre les moindres dépenses[103] ».

Quoi qu'il en soit, on devine bien toute la charge et la portée affective dont peut être investi le legs de cette plume d'or, héritage d'autant plus paradoxal au regard des exigences formulées par la mère à la veille de sa mort. J'y reviendrai sous peu, mais cette plume, toute d'or soit-elle, n'est que la moindre part de l'héritage, et elle ne saurait faire le poids devant l'importance du legs dont héritera le jeune Ferron à la rentrée scolaire. Il s'agit, bien entendu, de la réputation d'intelligence faite à Adrienne auprès des Ursulines de Trois-Rivières : « réputation, écrit Ferron, dont je me trouverai investi à mon grand désarroi quand j'irai pensionnaire, à la rentrée qui suivit la mort de ma mère, au Jardin de l'Enfance tenu par les mêmes religieuses[104] ».

Or, si ce préjugé peut *a priori* paraître favorable, il n'en demeure pas moins qu'il s'inscrit de nouveau comme don du manque : cette réputation, ne cesse de répéter l'auteur, n'était pas

---

101. *Ibid.*
102. « [Quelques Extraits de lettres d'Adrienne] », p. 412.
103. « [Un petit mouchoir sanguinolent] », p. 398.
104. *Appendice aux Confitures de coings*, p. 174.

méritée[105]. Ferron nous laisse en effet entendre à plus d'une reprise qu'il ne s'est jamais senti à la hauteur de la réputation qui lui était faite, son malaise, à cet égard, étant en somme proportionnel à l'écart qui l'en séparait. D'une certaine façon, l'auteur aura toujours déjà été à distance d'une réputation qui n'en finira jamais de le précéder :

> J'ai fini mon primaire chez les Sœurs françaises. La première année a été très dure. La deuxième année, à cause du préjugé favorable — les Sœurs françaises tenaient aussi le Sanatorium Cook où ma mère est passée avant de venir mourir à la maison —, j'ai été *précédé* par la réputation de ma mère[106].

Peut-être est-ce d'ailleurs la raison pour laquelle Ferron ne manque jamais de rappeler, au détour de son œuvre autobiographique, qu'il n'a cessé de courir après cette réputation d'héritage, et ce, même alors qu'il lui était impossible[107] de la rattraper :

---

105. Cette réputation, remarque Ferron, ressemblait « au préjugé favorable dont parle Maître Alain à propos des œuvres classiques » (*ibid.*) ; constat quelque peu singulier pour un auteur qui se sera toujours targué d'être un écrivain mineur. Quant au préjugé lui-même, son importance est telle qu'il n'est pas sans ouvrir un large crédit au nom de l'auteur. Comme le précise Ferron : « Si je ne réussissais pas trop bien, la première année, les bonnes religieuses le mirent au compte de ma peine et du fait que je fus pas mal malade, mais la deuxième année le préjugé donna à plein et je fus premier de ma classe en tout. Sans être véritablement intelligent, très laborieux dans les abstractions, j'avais assez de flair pour percevoir le préjugé favorable, *l'investiture héréditaire*. On disait que j'avais tout lu alors qu'élevé par les servantes, petit paysan au fait des travaux agricoles et possesseur d'un vocabulaire populaire et terrien qui n'avait pas cours dans cette école, de sorte que je me sentirai *dépossédé* d'abord et en serai-je malade, je n'avais rien lu, strictement rien lu. S'il y avait des livres à la maison, jamais je ne les avais ouverts. Mais on ne cessait de dire que j'avais tout lu, en tout cas trop pour mon âge, que j'étais singulièrement intelligent et ci et ça » (*ibid*. Je souligne). Est-il nécessaire de préciser que cette investiture héréditaire, toute favorable fût-elle, n'en demeure pas moins responsable du sentiment de dépossession ressenti par le jeune Ferron ?
106. *Par la porte d'en arrière. Entretiens*, p. 30. Je souligne.
107. Ferron, au terme de sa vie, fera de nouveau retour sur cette question dans le recueil posthume de *la Conférence inachevée*. Tout comme l'économie textuelle

Désormais, écrit-il en effet, je me gardai de protester et me trouvai emporté par la réputation de ma mère fomentée par mère Marie de Jésus, essayant de me rattraper sur les lectures, courant, courant, mais restant loin en arrière de ma réputation. Un jour, j'eus le malheur de copier un passage de l'abbé Groulx et me trouvai affligé du don d'écrire. Il fallut donc écrire et je le fais encore [...][108].

Comment s'étonner de ce que l'auteur, dans le cours de cette course sans fin, se trouve affligé du don d'écrire ? Et qui plus est, qu'il s'en trouve affligé pour avoir copié, c'est-à-dire usurpé, un passage de l'abbé Groulx ? Est-il besoin de rappeler que Ferron aura toujours remis en question son *auctoritas* d'écrivain ? Et en ce sens, est-il réellement surprenant qu'une de ses premières expériences face à l'écriture soit ainsi marquée du sceau de l'usurpation ? Pouvait-il d'ailleurs en être autrement dans la mesure où, courant malgré lui derrière la réputation de sa mère, il en aura peut-être toujours été l'usurpateur : « J'ai couru, j'ai couru après cette réputation d'héritage. Je me suis *toujours* fait l'impression d'être un usurpateur[109] », avouera-t-il de manière significative à Julien Bigras.

Certes, il lui fallait donc écrire : mais le fallait-il pour rejoindre cette nouvelle réputation, pour combler le défaut de ce don d'écrire, ou ne s'agissait-il pas d'une nécessité dictée d'avance par l'héritage maternel, créance originelle et primitive signée avec la plume d'or dont il est non seulement l'héritier, mais aussi, et peut-être davantage, l'usurpateur ? Car c'est bien ce que signifie cette

---

du récit autobiographique où elle est de nouveau décrite, cette course effrénée, sans terme possible, est en effet placée sous la loi aporétique du « fractionnement infini du temps, qui empêche la flèche d'Élée d'atteindre son but » (« Le Chichemayais », dans *la Conférence inachevée. Le pas de Gamelin et autres textes*, préface de Pierre Vadeboncoeur, édition préparée par Pierre Cantin, Marie Ferron et Paul Lewis, Montréal, VLB éditeur, 1987, p. 98).

108. *Appendice aux Confitures de coings*, p. 175. Soulignons au passage que la réputation léguée par Adrienne à son fils a été relayée par mère Marie de Jésus. L'héritage de l'auteur est ainsi doublement maternel : *mère* Marie de Jésus, une Caron, ayant elle-même légué cette réputation d'héritage à la petite Adrienne.

109. *Le Désarroi*, p. 24. Je souligne.

impossible course, et c'est bien ce qu'aura toujours signé l'héritage de cette plume d'or. C'est du moins ce que Ferron semble confier à Pierre L'Hérault : « Je pense que tout le phénomène de l'écriture a été une façon de rendre hommage à la réputation que je *devais* à ma mère, à qui je *dois* sans doute beaucoup et que j'ai peu connue[110]. » Tout se passe donc comme si le phénomène de l'écriture, en face duquel il est pourtant déjà endetté, devait servir à rendre son dû à (la réputation de) la mère. Ce qui, d'ailleurs, n'est pas sans placer Ferron dans une position ambiguë.

Car à rendre justice aux demandes et aux exigences de sa mère relatives à la perte de son nom, force est de reconnaître à quel point s'avère contradictoire le double héritage de l'auteur. Et à vrai dire, ce double legs a tout de la double contrainte. Quand on se rappelle l'investissement rousseauiste dont semblait chargé le prénom de Jean-Jacques aux yeux d'Adrienne[111], on s'explique mal, en effet, cette invitation à l'écriture. En fait, même la réputation qui lui sera léguée semble aller à l'encontre des exigences qu'elle avait formulées sur son lit de mort. Comment ne pas se penser plus fin que les autres quand la réputation qui lui est impartie lui confère une intelligence singulière ? Comment faire comme tout le monde

---

110. *Par la porte d'en arrière. Entretiens*, p. 30.

111. En fait, on serait porté à croire qu'il en va de même pour l'auteur tant le sujet de son prénom est immanquablement associé au nom de Rousseau. C'est du moins ce que donnent à lire certaines lettres de sa correspondance : « [Ma mère] m'avait nommé Jean-Jacques. Avant de mourir elle me rebaptisa Jacques, ce qu'elle n'aurait pas pensé faire dans le diocèse de Montréal où Jean-Jacques Olier prévaut sur le Rousseau qu'elle avait dans la tête » (« Lettre de Jacques Ferron à Clément Marchand, 23 avril 1980 », dans *l'Autre Ferron*, p. 330-331). De même, dans une lettre à sa sœur Madeleine, Ferron semble donner raison au cratylisme de sa mère, affirmant d'emblée que « le prénom Jean-Jacques est [...] excessif par lui-même puisqu'il est celui de Rousseau » (lettre inédite de Jacques Ferron à Madeleine Ferron, sans date). Cette petite remarque est d'autant plus intéressante qu'elle accompagne un poème que le jeune Ferron adresse à sa sœur, vers qui « ont pris naissance du dessin que je fais de mon nom », précise l'auteur. Et le dessin de ce paraphe, « mal réussi » note-t-il, est de fait un jeu où se superposent les majuscules de son double prénom.

quand il lui faut courir après une réputation qui le distingue si notoirement des autres ?

Quoi qu'il en soit, il est évident que le legs de cette plume d'or semble inviter l'auteur à combler l'absence instituée par la perte de son nom. Mais en fait, n'est-ce pas d'emblée ce qu'il nous fallait déjà entendre lorsque l'auteur affirmait avoir toujours couru après sa réputation ? Car à tout prendre, courir après une réputation, n'est-ce pas aussi, en quelque sorte, chercher à acquérir une célébrité, une gloire, une notoriété, mais aussi, et surtout, une quelconque renommée ? Avoir une réputation, n'est-ce pas avoir — à défaut du nom — un certain renom ?

Pour ma part, et à considérer les questions du nom et de l'héritage maternel dans l'œuvre de Ferron, je ne peux m'empêcher d'entendre tout ce qui insiste derrière cette réputation, c'est-à-dire tout ce qui, de la renommée, revient au nom manquant, au renom du nom, voire, au bout du compte, à ce qu'il en est du nom que l'on se fait et du nom que l'on se donne (à) soi-même. C'est un peu comme si l'écrivain célèbre, quoi qu'il en ait, se renommait lui-même, se nommait une seconde fois après avoir abandonné son nom à sa mère[112]. Car c'est bien là tout l'enjeu de l'écriture : se faire un nom en écrivant, compter sur l'œuvre pour être garante de son nom, même alors qu'elle ne le peut jamais. Et le tragique, sans doute, est là : le nom manque toujours.

Évidemment, on ne saurait trop souligner ce qu'il y a de contradictoire derrière cet héritage. Il n'y a qu'à penser au malaise de son nom ; il n'y a qu'à imaginer Ferron signant son œuvre avec

---

112. De même, c'est un peu comme si le renommé Jacques Ferron s'était réellement trouvé emporté par sa réputation, non pas seulement par celle que lui aurait léguée sa mère, mais par la réputation du citoyen de Genève, le « fameux Jean-Jacques Rousseau ». C'est ce que suggère le post-scriptum d'une lettre à Julien Bigras : « Jean-Jacques est un prénom pieux dans votre diocèse, à cause de Jean-Jacques Olier, le fondateur des Sulpiciens. Or, je suis du diocèse de Trois-Rivières où *l'emporte* la renommée de Rousseau » (*le Désarroi,* p. 43. Je souligne). De toute évidence, il faut comprendre que la renommée de Rousseau l'aura emporté dans le choix du prénom, mais on peut aussi se demander si cette réputation, au bout du compte, n'aura pas tout emporté, *malgré* le nom.

la plume d'or de sa mère pour mesurer toute l'ambiguïté de la tâche à laquelle ce legs le soumet. Et en fait, cette ambiguïté nous permet peut-être d'expliquer le malaise que son nom pouvait causer à l'auteur : sa renommée, sa réputation et sa gloire restant toujours à distance — de l'œuvre, de l'auteur et du nom. C'est un peu ce que Ferron laissait entendre à Pierre L'Hérault :

> J'ai toujours eu l'impression qu'il y avait quelque chose de *faux* dans ce qu'on disait de moi. C'est très ambigu. Ça fait partie de ce qu'il peut y avoir d'embarrassant dans mon personnage. J'ai toujours été content d'avoir un certain succès, mais il ne m'était pas *dû*. En ce sens, je n'ai pas l'impression de m'être jamais pris au sérieux. Je suis un bonhomme bien ordinaire, je n'ai rien d'un être exceptionnel. Je me suis donné un rôle assez difficile parce que je disposais de ce préjugé favorable. J'étais plutôt ennuyé d'avoir une telle *réputation*[113].

On pourrait commenter longuement cet extrait, ne serait-ce que pour insister sur la double contrainte dans laquelle aura toujours été pris l'héritier d'Adrienne ; ne serait-ce que pour rendre compte du sentiment de fausseté et de la joie embarrassée ressentis par Ferron dès qu'il connaissait un certain succès : « il ne m'était pas dû », proteste-t-il, et on jurerait qu'il proteste justement au nom du devoir — au nom d'un certain devoir.

En d'autres circonstances, il y aurait sans doute lieu de s'en étonner, de se demander à qui revient ce succès si ce n'est à l'écrivain lui-même, mais on aura compris que tout doit immanquablement revenir à sa réputation d'héritage, c'est-à-dire au legs auquel tout est toujours dû, et le succès — et la renommée — plus que tout. À croire que l'on n'est jamais quitte envers son héritage...

---

113. *Par la porte d'en arrière. Entretiens*, p. 30-31. Je souligne.

Le retour du don

> Oncques nous n'aurons quittance
> Que nous ne l'allions chercher.
>
> JACQUES FERRON, *la Créance*.

On se doute, du moins, qu'il en aura peut-être été ainsi pour Ferron, et c'est pourquoi j'en reviens finalement au poème de *la Créance* et à la dette incommensurable que constitue le legs des « Créanciers souterrains ». Du seul point de vue du legs maternel, il me serait sans doute permis, en fin de parcours, de suggérer que l'auteur n'aura peut-être jamais écrit que pour s'acquitter de son héritage. Non qu'il faille absolument chercher une motivation première derrière l'œuvre de Ferron ; le pourrait-on qu'il faudrait d'ailleurs s'interroger sur la pertinence d'un tel savoir. Non, ce qu'il importe plutôt de reconnaître au terme de cette lecture, c'est qu'il y a toujours de l'héritage à l'œuvre dans une œuvre : on n'y échappe pas, et Ferron moins que quiconque sans doute. Le legs maternel dont héritera le jeune Ferron ne manquera pas de travailler l'espace autobiographique de l'œuvre qu'il *aura eu* à écrire. C'est dire qu'une part de l'œuvre est *toujours* écrite par devoir, et c'est dire aussi qu'on n'en finit pas de s'acquitter. Ferron, d'ailleurs, est catégorique à cet égard, particulièrement dans le poème qui clôt le récit autobiographique de *la Créance* : jamais nous n'aurons quittance de notre héritage que nous ne l'allions chercher. Or, s'il est vrai que l'être de l'écrivain est d'abord héritage, on comprendra en quoi cette dette est impossible à acquitter, même au coût de son nom.

Mais en fait, n'est-ce pas malgré tout ce qu'aura *tenté* Jacques Ferron : aller chercher quittance, d'une manière ou d'une autre ? Et d'abord en poursuivant la rédaction de son œuvre autobiographique jusqu'au *Pas de Gamelin*, c'est-à-dire à ce point où l'écriture n'était plus, pour Ferron, qu'« un temps mort dont on revient du mieux qu'on peut, hagard et maladroit, comme si l'on était descendu dans un empire souterrain[114] ». Est-il besoin d'insister sur cette descente aux Enfers ? Faut-il encore rappeler qu'Eurydice est toujours trahie, qu'elle doit être reniée chaque fois, et chaque fois nécessairement ? Or, devant la dette incommensurable que représente toujours un héritage, n'est-ce pas en fait le seul recours possible : renier la mère[115], trahir ce que l'on doit à la mère ?

Eurydice trahie sous les traits d'Adrienne : la scène, presque explicitement reproduite dans le Pas de Gamelin, ne laisse guère de place au doute. Dans un essai qui rejoint ici ma propre lecture, Ginette Michaud remarque d'ailleurs, à propos de cette scène, qu'il s'agit là de « la plus haute trahison[116] ». Invoquant la mémoire de sa mère alors qu'il est à rédiger le Pas de Gamelin, Ferron croira en effet entendre sa voix derrière son épaule, lui disant « préférer les gros caractères de [ses] lettres d'enfant aux cursives de maintenant. "D'ailleurs, lui dit-elle, ce n'est plus pour moi que tu écris ainsi à l'anglaise"[117] ». Écrire à l'anglaise : c'est dans ce jugement d'Adrienne que Ginette Michaud reconnaît aussi :

> [...] le fils prenant congé, se défilant à l'anglaise, devant un héritage français trop lourd pour lui [...]. Ne plus écrire pour sa mère — il s'agit bien indifféremment de la mère naturelle ou de la langue-mère — n'est-ce pas la plus haute trahison, celle pourtant que doit commettre tout écrivain, s'il veut, paradoxalement, accomplir son désir[118] ?

---

114. Jacques Ferron, « Le pavillon de chasse », manuscrit inédit du *Pas de Gamelin*.

115. À vrai dire, l'auteur avait déjà cherché à renier son héritage maternel dès l'*Appendice aux Confitures de coings*. On rappellera en effet qu'il y congédie sa mère et sa « famille ridicule qui se croyait de sang royal » en répétant le leitmotiv « qu'elle aille » (*Appendice aux Confitures de coings*, p. 189).

116. Ginette Michaud, « Lire à l'anglaise », dans *l'Autre Ferron*, p. 196.

117. « Maski sera vengé », manuscrit inédit du *Pas de Gamelin*.

118. Ginette Michaud, *op. cit.*, p. 196. L'auteure poursuit encore : « En le prénommant Jean-Jacques et en lui léguant sa plume d'or, n'est-ce pas elle qui le prédestinait en quelque sorte à sa vocation ? » (*loc. cit.*).

La plus haute trahison, certes, mais il s'agit sans doute, dans les limites de l'œuvre, de la seule issue possible.

Dans les limites de l'œuvre... Car à s'aventurer hors de ces limites, Ferron aura aussi tenté d'aller chercher quittance auprès d'Eurydice d'une manière beaucoup plus tragique. C'est dans ces termes, du moins, qu'il décrira lui-même la tentative de suicide qui manqua de l'emporter : « Si le 13 août 1976 je n'ai rien rapporté du royaume des morts, c'est que ma mère tenait devant son visage un voile noir[119]. »

Peut-être est-ce ainsi, au bout du compte, qu'il arrive à l'écrivain de porter atteinte, malgré lui, à ce qu'il se doit à lui-même...

---

119. Fonds Jacques-Ferron, MSS 424 ; boîte n° 23 ; chemise n° 10 ; 3.20. Notons aussi que c'est avec le stylet de sa plume d'or, celle-là même dont Ferron héritera, que sa mère, honteuse, « ne pouvant plus souffrir la vue de son visage [...], s'est défigurée » (*ibid.*), « raturant son visage sur la seule photo qu'elle laissa prendre d'elle après » la mort d'Irène (voir « Irène », p. 369).

Lettres au père

Au Jardin de l'Enfance[1]
1932-1933

*Le Jardin de l'Enfance marque, après la mort de la mère survenue
le 5 mars 1931, la première séparation de l'enfant, désormais
éloigné pour de longs mois de sa famille. Dès septembre 1931, il
y poursuit son cours primaire et sera pensionnaire jusqu'à la fin
juin 1933.*

Kindergarden, December 23rd, 1932

M. Alphonse Ferron[2]
Louiseville

Dear Father
    *I write to you, to offer you, my best Christmas wishes, which are :
health, long and happy days.*
    *I write to you in English to show you, my progress in English ; for
I have much, studied during preceding months.*

---

1. Toutes les lettres de l'auteur à son père sont réunies dans le Fonds Jacques-
Ferron, MSS 424 ; boîte n° 15, chemises n° 8-9.
2. Joseph-Alphonse Ferron (1890-1947), que l'on appelait généralement par son
titre, Notaire, fut secrétaire-trésorier de Louiseville et du comté de Maskinongé,
greffier de la Cour du Circuit et organisateur du Parti libéral.

I pray much for you. and for my brother Paul[3] and also for my sisters Marcelle[4] and Thérèse[5].

That is my new year's gift that, I offer you. In the year which will soon begin, I promise you to work still more than in the year will soon ended.

Your loving son[6]

Jacques Ferron

□

[Jardin de l'Enfance ; lettre incomplète et sans date]

Je suis aussi second en Géographie. Quant aux autres examens je n'eus [pas] le résultat.

J'espère que tout va bien à la maison ; ici j'ai gardé de ma grippe un gros rhume que je combats.

Toutes mes salutations à la famille, ainsi qu'à Mademoiselle Brouillette et à Georgette[7].

J'espère que vous êtes en bonne santé.

Votre fils qui vous aime

sincèrement,

J. Ferron

---

3. Paul Ferron, né le 19 juillet 1926. Les deux frères médecins ont longtemps partagé un bureau sur le chemin de Chambly à Longueuil.

4. Marcelle Ferron, née le 29 janvier 1924. Peintre, elle fut membre du groupe des Automatistes et signa le *Refus global* de Paul-Émile Borduas.

5. Thérèse Ferron, affectueusement surnommée la « Bécasse », est née le 1er décembre 1927. Sa mort, en 1968, bouleversera grandement son frère, qui en gardera trace dans son roman *la Charrette*.

6. Nous avons conservé pour cette première lettre la ponctuation et la syntaxe originales. Sauf indications contraires, nous avons uniformisé la présentation des lettres de cette correspondance selon le code courant.

7. La famille Ferron faisait régulièrement appel à de jeunes servantes. Comme le précise Ferron, à cette époque le « service domestique, étant considéré comme un apprentissage des manières, n'avilissait pas la personne » (*Par la porte d'en arrière. Entretiens,* p. 92).

□

[Jardin de l'Enfance ; sans date]

Mon cher Papa,

Une semaine encore, et bonjour ! je suis en vacances.

Naturellement j'ai bien hâte, je suis bien heureux ; toutefois j'ai des petits tracas. Pas pour la discipline, Dieu merci ! Par exemple, je ne sais pas trop quoi faire avec ma valise. Est-ce que ce sera Racine qui viendra la chercher ? Si oui, dis-lui avant la sortie. Elle sera prête jeudi, mercredi même. J'ai ma petite valise pour les derniers efforts.

Parce que recevoir sa valise quelques jours après la sortie, c'est embêtant, d'autant plus que je n'ai pas de clé.

Si tu envoies M. Racine, avertis-moi — O.K. ?

La cloche sonne.

Bonsoir,

Jacques

□

Louiseville, P.Q., le 10 janvier 1933[8]

Monsieur Jacques Ferron
Jardin de l'Enfance
Trois-Rivières

Mon cher Jacques,

Je reçois ta lettre et je te trouve bien gentil de me tirer d'inquiétude au sujet de ton retour.

---

8. Lettre tapuscrite sur papier notarial. On trouvera un exemple de l'en-tête des lettres du notaire Joseph-Alphonse Ferron en consultant le fac-similé de sa lettre du 25 novembre 1941, p. 214. Sauf indications contraires, toutes les lettres du père sont dactylographiées sur ce papier officiel (il dictait généralement ses lettres à sa secrétaire, d'après la remarque contenue dans la lettre de Jacques Ferron datée du 18 janvier 1947 : « Quand j'ai reçu cette longue lettre autographe, je

Hier soir, Paul s'informait vers huit heures et quart si tu étais couché et me disait que vous aviez eu une grosse difficulté, mais que tu étais bien gentil.

Tu es bien courageux de vouloir te remettre au travail, mais d'un autre côté, surveille bien ta santé et ne travaille pas lorsque tu seras malade ; car la santé avant l'instruction.

Au revoir mon cher petit Jacques et si tu écris encore à ton papa, sois certain que tu me feras plaisir.

Ton affectionné papa,
J.A. Ferron

□

Jardin de l'Enfance, le 16 janvier 1933

Mr. Alphonse Ferron
Louiseville

Cher papa,

Je suis encore arrivé le premier et je suis en bonne santé. J'espère que vous allez venir jeudi la veille de ma fête, et en même [temps] voudriez-vous m'emporter mon gouret ?

J'espère que vous êtes en bonne santé.

Votre fils qui vous aime,
Jacques Ferron

---

suis devenu mal : "Quelle bêtise ai-je pu faire ?" Ce fut la question que je me fis involontairement, car il était de tes habitudes de nous écrire ainsi, seulement lorsque tu avais à nous dire des choses qu'il était préférable que ta secrétaire ne sache pas », p. 263). On peut donc déduire de cette remarque qu'il y a deux registres dans les lettres du père : un registre plus formel et social avec les lettres dactylographiées, un autre plus affectif et intime lorsque les lettres sont manuscrites. On trouvera toutes les lettres de Joseph-Alphonse Ferron à son fils dans le Fonds Jacques-Ferron, MSS 424 ; boîte n° 9 ; chemise n° 8 ; 1.1.96.

□

Jardin de l'Enfance, lundi le 6 mars 1933

Monsieur Alphonse Ferron
Louiseville

Cher Papa,

Je suis encore arrivé le premier avec 328.6 sur 400. J'ai dépassé mon rival de 13 points. Mon bulletin est comme d'habitude d'argent.

Je suis arrivé sans accident hier soir. Je suis bien décidé de garder mon rang et je vais faire mon possible d'avoir un bulletin doré.

Je prie bien pour que Dieu vous conserve la santé.

Votre fils qui vous aime,
Jacques Ferron

Au collège
1933-1941

En septembre 1933, Jacques Ferron commence son cours classique au Collège Jean-de-Brébeuf à Montréal. Il sera renvoyé de cet établissement en septembre 1936 et finira l'année au Collège de Saint-Laurent. Réadmis à Brébeuf en septembre 1937, il en sera de nouveau renvoyé en février 1941, et devra compléter son cours au Collège de l'Assomption.

Louiseville, P.Q., le 10 novembre 1933

Mr. Jacques Ferron
Montréal

Mon cher Jacques,

Je croyais me rendre à Montréal aujourd'hui mais je ne puis le faire. Je me rendrai la semaine prochaine.

J'espère que tu ne souffres pas trop du fait de n'avoir pas ton paletot d'hiver ; il sera plus neuf pour le Jour de l'An.

Ton frère et tes sœurs sont bien portants et moi je pars ce soir pour trois jours par affaires au lac Saint-Jean.

Sois bien portant et heureux dans tes classes et crois bien que ton papa pense souvent à toi.

Bonjour,
J.A. Ferron

□

Collège Jean-de-Brébeuf[1]
Chemin Sainte-Catherine
Montréal

Le 17 décembre 1933

Monsieur Alphonse Ferron
Louiseville

Cher Papa,
    Samedi je prendrai le train de trois heures et demie pour arriver
à la maison à six heures et demie.
    Nous avons passé la première composition du semestre ven-
dredi et nous en aurons trois durant la semaine que nous allons
commencer.
    Au hockey, je ne joue plus dans le club « Rangers » mais dans
le Toronto et jeudi dernier, lors d'une partie que nous jouions et
que nous avons gagnée 3 à 1, j'ai réussi à scorer un point après
avoir passé tous les joueurs du club adversaire ; ce que j'ai fait de
nouveau aujourd'hui lors d'une joute : 1er club contre 2e.
    J'ai bien hâte de venir à Noël.
    Vous saluerez toute la famille, ainsi de Flore et Jeanne[2].

Votre fils qui vous aime,
Jacques Ferron

☐

---

1. Lettre écrite sur du papier portant l'en-tête du Collège Jean-de-Brébeuf.
2. « Quand ma mère est partie pour les sanatoriums, avant qu'elle ne meure,
nous avons été élevés par les servantes et j'ai été lâché lousse : je suis devenu un
petit garçon comme les autres. Je me souviens en particulier des demoiselles
Bellemare du rang Vide-Poche de Yamachiche, mais il y en a eu d'autres » (*Par
la porte d'en arrière. Entretiens*, p. 29). S'il y en eut d'autres, aucune, toutefois,
n'eut autant d'importance aux yeux du jeune Ferron que Florence et Marie-
Jeanne Bellemare ; elles furent, écrit-il, « à notre insu et au leur, des sortes de
mères » (« La bergère », p. 365), rôle qui leur est également imparti dans « Le
Chichemayais » : elles « avaient remplacé ma mère, écrit Ferron, toujours absente
de la maison à faire de la chaise-longue au lac Édouard » (*la Conférence inachevée*,
p. 102-103).

Collège Jean-de-Brébeuf
Chemin Sainte-Catherine
Montréal

Le 21 décembre 1933

Monsieur Alphonse Ferron
Louiseville

Cher Papa,

Comme tous les enfants, je vois venir Noël avec joie, non pour les cadeaux qui m'attendent, mais pour pouvoir passer une bonne quinzaine avec vous et toute la famille, et pour tâcher de vous témoigner mon affection minime en comparaison de tous les sacrifices que vous vous êtes imposés pour moi : vous m'envoyez dans un des plus beaux collèges de la Province et vous me procurez tout ce qui m'est nécessaire, ainsi que maints cadeaux dont je pourrais me passer, et une infinité d'autres choses que je ne pourrai vous rendre. Je vous demande pardon pour les nombreuses fautes par lesquelles je vous ai affligé et je ferai mon possible pour ne plus recommencer.

Durant ce semestre déjà passé je suis arrivé plusieurs fois premier ; jusqu'ici je n'ai manqué qu'un témoignage de bonne conduite. Toutes mes prières, réunies avec mes meilleurs vœux de Bonne et Heureuse année forment l'humble vœu que je vous offre.

Votre fils qui vous aime,
Jacques Ferron

□

Collège Jean-de-Brébeuf
Chemin Sainte-Catherine
Montréal

Le 11 janvier 1934

Monsieur Alphonse Ferron
Louiseville

Cher Papa,

Je suis arrivé ici sans accident fâcheux lundi et les R. Pères n'ont fait aucune objection en me voyant arriver à 10h10.

Hier comme c'était la fête de Maman[3], pour son cadeau, je lui ai fait chanter une messe.

Mardi nous avons eu un examen sur l'orthographe et aujourd'hui un sur l'arithmétique ; je crois pouvoir arriver un des premiers.

Je suis en bonne santé.

Vous saluerez toute la famille ainsi que Flore et Mari[e] pour moi.

Votre fils qui vous aime,

Jacques Ferron

□

Louiseville, P.Q., le 22 janvier 1934

Mr. Jacques Ferron
Montréal

Mon cher Jacques,

Je voulais te faire une surprise et te rendre visite le jour de ta fête et dimanche sortir avec toi pour aller chez ton oncle Philippe, mais j'ai été dérangé dans mes projets. C'est pourquoi je viens te dire comme je suis content de te voir à treize ans, bien portant et grand

3. Adrienne Caron (1899-1931), la mère de l'auteur, est décédée le 5 mars 1931 de la tuberculose. De nombreux textes lui sont consacrés dans cet ouvrage. Voir « Le chandelier » (p. 357), « Il est un peu boche » (p. 384), « Le vilain petit mouchoir » (p. 391) et « Feu Jean-Jacques » (p. 416).

comme un homme de seize ans, sage et studieux comme un homme de dix-huit ans, économe et d'affaires comme un vrai notaire.

Je souhaite que durant ta treizième année tu aies beaucoup de succès dans tes classes comme dans tes précédentes années, que ta santé soit florissante et que tu continues à m'être agréable et à faire l'orgueil de ton papa qui est vraiment fier de toi.

Ton frère et tes sœurs sont bien et te souhaitent aussi « Bonne fête ».

Paul a joué une partie de hockey le 20 où il prétend que les arbitres ont été un peu contre sa classe en donnant plus de délai qu'il en était convenu. Paul joue sur la défense mais certains spectateurs m'informaient que lorsque les joueurs se rencontraient un peu brusquement, ils tombaient tous deux sur la glace.

Écris-moi souvent et tu me feras plaisir.

Bien à toi,

J.A. Ferron

□

Collège Jean-de-Brébeuf
Chemin Sainte-Catherine
Montréal

Le 17 février 1934

Monsieur Alphonse Ferron
Louiseville

Cher Papa,

C'est avec douleur que j'ai appris la mort de ma tante Rodolphe Ferron et je regrette de n'avoir pu écrire à mes cousines si éprouvées.

Les quarante heures[4] ont commencé aujourd'hui.

Je suis arrivé premier en Version latine la semaine dernière.

---

4. Les « quarante heures » dont il est question dans cette lettre font référence à une pratique religieuse pendant laquelle le Saint-Sacrement était exposé jour et nuit. Une messe marquait le début et la fin de cette période consacrée à la prière et à la confession.

Auriez-vous la bonté de m'envoyer ma montre que j'ai oubliée chez nous ; et aussi de m'envoyer *l'Écho de Saint-Justin* car différents sujets m'intéressent, mais si cela vous dérange, je m'en passerai bien.

J'espère que vous êtes en excellente santé tout comme je le suis.

Votre fils qui vous aime,
Jacques Ferron

□

Montréal, le 5 mars 1934

Monsieur J. Alphonse Ferron
Louiseville

Cher Papa,

Le mois de février, quoique le plus court, a été pour nous le plus rempli : fête sportive, visite du Rév. P. Provincial, etc.

Durant ce mois qui vient de s'écouler, j'ai réussi à gagner la médaille de la classe par mon application ; je suis aussi arrivé premier en Version, deuxième en Préceptes et analyse et en Devoirs et leçons.

Aujourd'hui j'ai bien prié pour le repos de l'âme de ma chère maman, morte il y a déjà trois ans.

Samedi dernier nous avons [eu] la visite du Rév. Père Provincial.

Vous direz à Madeleine[5] que je suis bien content qu'elle m'ait écrit et je regrette de n'avoir pas pensé à elle lors de ma dernière lettre, dites-lui qu'elle peut être sûre qu'à la première lettre qu'elle m'écrira, je lui répondrai.

Vous saluerez toute la famille pour moi et vous direz à Paul et à Thérèse que je viendrai passer quelques jours à Pâques et à

---

5. Madeleine Ferron est née le 24 juillet 1922. Elle est l'auteure du roman *le Baron écarlate* (Montréal, HMH, 1971) et, entre autres, d'*Adrienne. Une saga familiale* (Montréal, Boréal, 1993), où elle trace une version de la généalogie ferronienne sensiblement différente de celle de son frère.

Marcelle et à Madeleine que je ne manquerai pas ma chance pour les faire fâcher.

J'espère que vous êtes tous en bonne santé tout comme je le suis.

Votre fils qui vous aime,
Jacques Ferron

□

Louiseville, P.Q., le 20 mars 1934

Mr. Jacques Ferron
Montréal

Mon cher Jacques,

Je viens t'annoncer que j'ai vendu ton petit « Caille[6] » et que nous allons dresser pour la selle le blond à sa place.

Nous sommes tous en bonne santé et nous demandons qu'il y ait du sucre pour tes vacances de Pâques, afin de pouvoir y aller.

Paul fera sa Première Communion à Pâques et à cet effet il est allé s'acheter un habit aux Trois-Rivières.

Je suis content de tes succès et je souhaite que ta santé continue à être bonne et que tu aimes toujours ton séminaire.

Ton père,
J.A. Ferron

□

Louiseville, P.Q., le 28 mars 1934

Mr. Jacques Ferron
Montréal

Mon cher Jacques,

Ta lettre m'a été agréable bien qu'elle me désappointe un peu car j'attendais ton arrivée la veille de Pâques.

---

6. Il s'agit sans doute d'un des premiers chevaux du jeune Ferron.

Paul fait sa Première Communion demain et il en est bien content car il dit qu'il va pouvoir communier pour sa maman à l'avenir et il m'a demandé d'aller communier avec lui.

Tes sœurs t'attendent avec anxiété et je suis indiscret envers Madeleine en te disant qu'elle pèse 104 lbs., car elle voudrait peser plus que toi à Pâques.

Bien à toi,

JAF/JSJ.   J.A. Ferron

□

Montréal, le 13 avril 1934

Monsieur J. Alphonse Ferron
Louiseville

Cher Papa,

Je suis arrivé premier en Version latine qui comptait sur 80 au lieu de 60.

Nous avons eu une séance anglaise hier ; ce fut très intéressant malgré que je ne suis pas encore un expert en anglais.

J'espère que Madeleine ne continue pas d'engraisser car je commence à en être jaloux.

Je suis en bonne santé et je n'ai presque plus le rhume. Vous saluerez toute la famille pour moi, de [même] que Flore et Jeanne.

Votre fils qui vous aime,
Jacques Ferron

□

Louiseville, P.Q., le 13 avril 1934

Mr. Jacques Ferron
Montréal

Mon cher Jacques,

Je reçois avec plaisir ton bulletin et je te fais toutes mes félicitations. Le beau temps d'aujourd'hui nous réjouit et fait disparaître toute la neige mais laisse nos bonnes gens incapables de faire du sucre.

Aujourd'hui Thérèse subissait un traitement pour le ver solitaire[7], mais malheureusement elle n'en a envoyé qu'environ douze pieds et la tête est restée et nécessitera un nouveau traitement.

Marcelle, pleine de confiance dans son Dr Michaud qui a traité Thérèse, est venue se faire extraire trois dents par lui et Paul, une dent ; bien qu'il soit habile, ils ont constaté que ce n'était pas encore sans douleur.

Je n'irai à Montréal que la semaine prochaine et irai te voir.

Sois toujours bon petit garçon et pense à ton père qui s'ennuie de toi.

J. Alphonse

□

Louiseville, P.Q., le 8 mai 1934

Mr. Jacques Ferron
Montréal

Mon cher Jacques,

Je sympathise avec toi pour la disparition de ton argent, mais comme tu vois ce sont les épreuves qui commencent dans ta vie.

Ton oncle Georges a été content de voir ta lettre et Madeleine est furieuse de tes bons sentiments pour Fernand.

Bonjour.

Ton père,
J.A. Ferron

□

---

7. Ferron mentionne également cet incident dans le texte « En deçà de la Grande Noirceur » : « Craignant la tuberculose, [mon père] nous faisait manger des viandes saignantes ; ma sœur Thérèse en avait attrapé un, tenace, que les médecins du nord n'avaient pu déloger » (p. 336).

Montréal, le 25 mai 1934

Monsieur J. Alphonse Ferron
Louiseville

Cher Papa,

Nous avons commencé nos examens, déjà la Mémoire française[8] et l'orthographe sont passés ; je travaille ferme pour bien arriver à la fin de l'année, ce qui prouvera un peu ma reconnaissance envers vous.

J'ai bien hâte aux vacances, mais il reste encore un mois bien rempli d'examens.

Je suis en parfaite santé, j'espère que vous l'êtes autant que moi.

Votre fils qui vous aime,
Jacques Ferron

☐

Louiseville, P.Q., le 11 septembre 1934

Mr. Jacques Ferron
Montréal

Mon cher Jacques,

Ta lettre m'a fait plaisir et tu es bien gentil de me donner de tes nouvelles aussitôt rendu et installé.

Ton frère et tes sœurs ont repris leurs classes et tout semble aller pour le mieux. L'exposition a eu lieu vendredi et samedi derniers bien que la température ait été défavorable. Paul a mené son « poney[9] » et ses canards ; il eut le cinquième prix pour son cheval

---

8. Il s'agissait d'exercices de mémorisation de courts textes d'auteurs français, les *Fables* de La Fontaine étant souvent à l'honneur.

9. Les guillemets sont de Joseph-Alphonse Ferron : ceux qui concernent les mots anglais (« poney », « bucké ») sont intéressants, car ce soulignement a pu attirer l'œil du jeune Ferron et induire un autre type d'appropriation des mots anglais, enquébécoisés sans italique ultérieurement dans ses textes.

de selle, soit $2.00 et le premier prix pour ses canards, soit $0.75 et il était bien content. Cependant son cheval lui fit un affront, il a « bucké » et le cavalier tomba, fort mécontent, il rembarqua immédiatement. Ton « Monarch » fut malchanceux et n'eut pas de prix, le juge me disait qu'on aurait dû attacher son jockey sur le dos du cheval, tant il semblait avoir peur ; c'était Mr. Jos. Tousignant qui le montait. Une seconde raison pour laquelle il n'eut pas de prix c'est que j'avais entré trois chevaux dans la même classe et que je n'avais droit qu'à un cheval. Nelson[10] gagna le deuxième prix soit $5.00 ; il fut battu par un beau petit cheval rouge, appartenant à J.B. Loranger, de Trois-Rivières, monté par un nommé Boucher de Maskinongé.

Maintenant Paul eut une autre chance. C'est qu'il gagna un prix dans un tirage de la paroisse de Saint-François-d'Assise, Trois-Rivières : un coffre en cèdre rempli de lingerie évalué à $100.00 ; je viens d'aller le chercher, il est fort joli. Inutile de te dire que « tit » Paul parle vite lorsqu'il parle de ses succès.

Je regrette que tu n'aies pas été à l'exposition pour conduire ton cheval toi-même. Je travaille toujours mais je pense souvent à toi.

Ton père qui t'aime,
J. Alphonse

□

Louiseville, P.Q., le 2 octobre 1934

Mr. Jacques Ferron
Montréal

Mon cher Jacques,

Sous pli mon chèque pour la somme de $10.00 pour te permettre de t'acheter chaussures et claques.

---

10. Il semble que le père ait effectivement possédé un cheval anglais nommé Nelson. Dans le manuscrit inédit du *Pas de Gamelin*, Ferron comptait réécrire l'historiette « Mister Nielson » (*l'Information médicale et paramédicale*, XXVII : 13, 20 mai 1975, p. 21), ou du moins la réintituler « Son cheval anglais se nommait en réalité Nelson ».

Vendredi dernier nous sommes revenus heureusement et comme toujours j'ai été content de te voir si bien-portant et gai, mais tu ne me reverras plus avec ma petite machine jaune car elle a été « écartelée[11] » hier soir dans un accident d'auto où Antoine Croisetière était au volant et revenait de Montréal avec Plourde et autres personnes, au nombre desquelles était une demoiselle Ross qui fut tuée instantanément.

Ton frère et tes sœurs sont bien portants, Thérèse semble avoir beaucoup de talent.

À la suite d'une difficulté survenue à cause que Madeleine n'avait pas tout mangé son œuf, Florence est partie et je l'ai remplacée par Georgette Caron.

Bien à toi,
J.A. Ferron

□

Louiseville, P.Q., le 7 novembre 1934

Mr. Jean-Jacques Ferron[12]
Montréal

Mon cher Jacques,

Ton rapport du mois m'a fait réellement plaisir et a certes été agréable à ta petite maman, si sensible à tes succès, car on dit que l'âme Bienheureuse participe aux joies des siens sur la terre.

Ton portrait était bon et il m'a été agréable parce que tu avais les cheveux un peu longs, ressemblance un peu avec tes portraits d'enfance.

Marie-Jeanne Bellemare est partie du 3 novembre pour ne pas revenir. Ma soupe est faite par Georgette et une demoiselle

---

11. Les guillemets sont de Joseph-Alphonse Ferron. Sauf avis contraire, les guillemets utilisés dans ces lettres sont toujours des auteurs.
12. Il est très rare que le père désigne son fils de cette façon. Ce n'est sans doute pas un hasard s'il évoque par la suite la mémoire de sa défunte épouse, Adrienne. C'est en effet la mère qui avait choisi ce prénom avant de demander, sur son lit de mort, à son fils de le changer pour Jacques.

Cloutier dont j'ignore encore le nom de baptême. Elles sont assez bonnes cuisinières et au mois de décembre, la gérance tombera entre les mains d'une demoiselle Brouillette, qui fut première servante de Mr. le Curé Panneton[13] durant douze années.

Je te dis que Marcelle observe et elle m'a averti qu'elle prendrait son temps pour bien les comprendre avant de faire ses observations. J'espère que tout ira bien et qu'elles sauront te faire une bonne « marmite » pour tes vacances de Noël.

Surveille bien ta santé.

Ton père,
J. Alphonse

□

Montréal, le 12 novembre 1934

Monsieur J. Alphonse Ferron
Louiseville

Cher Papa,

Je suis arrivé premier avec 60 sur 60 en Version grecque, 6ᵉ avec 46 sur 60 en Instruction religieuse, en Explication française avec 52 sur 60 : j'espère arriver assez bien ce mois si je réussis en Anglais ; car les Préceptes, le Thème latin et la Version latine [ne] m'effraient guère.

Je prie bien pour vous.

Votre fils qui vous aime bien,
Jacques

□

---

13. Figure bien connue des lecteurs ferroniens, le chanoine Georges-Élisée Panneton, curé de Louiseville, composa la messe des morts aux funérailles d'Adrienne Caron. Voir l'*Appendice aux Confitures de coings*, le *Saint-Élias* et, *infra*, « Notaire par le nez », p. 296.

Louiseville, P.Q., le 19 janvier 1935

Mr. Jacques Ferron
Montréal

Mon cher Jacques,

Tu as déjà quatorze ans, avec ton caractère tu es grand garçon et je t'en fais toutes mes félicitations.

J'aurais aimé à aller te voir demain mais je ne le puis ; c'est pourquoi je te souhaite par écrit « Bonne fête » ; que ta quatorzième année soit heureuse et surtout que ta santé soit bonne.

Pour cadeau je t'envoie mon chèque pour la somme de $5.00 dont tu disposeras comme bon te semblera, car je me demandais ce que je pourrais t'envoyer pour t'être utile et agréable.

Mardi on chantera une grand-messe pour le repos de l'âme de ta chère maman qui elle aussi doit faire des vœux pour que tu passes une Bonne Année.

Bonjour, mon cher Jacques.

Ton papa,
J.A. Ferron

□

Louiseville, P.Q., le 30 janvier 1935

Mr. Jacques Ferron
Montréal

Cher Jacques,

Je croyais pouvoir aller te voir demain mais il m'est impossible d'y aller. Dispose de ton cadeau de fête comme bon te semblera car réellement je t'ai toujours trouvé pratique dans tes décisions.

Quant à l'oiseau[14] je te l'adresserai ces jours-ci par la malle. Ton

---

14. Selon la sœur de l'auteur, Madeleine Ferron, il s'agit sans doute d'une reproduction ou d'une image d'oiseau, la famille Ferron étant intéressée, à l'époque, par l'ornithologie.

oncle Omer[15] a encore perdu son élection, mais cette fois-ci il y aura contestation car mon ami, Hector Béland, oubliant nos relations amicales, a fait voter des gens qui n'avaient pas droit de vote et a volé à notre cher oncle, qui était très confiant dans son succès, préparant même son discours de remerciement, l'élection que la paroisse lui avait votée.

Marcelle est enchantée de son cadeau et t'en remerciera par une lettre.

Nous la fêterons samedi midi. Je lui donne une lumière électrique de fantaisie et Thérèse servira le thé à 4 hrs avec Mr. Boyer[16]. Elle m'a averti qu'elle lui avait dit de mettre son habit bleu.

Te souhaitant du succès et bonne santé, je demeure

Ton père qui t'aime,

J.A. Ferron

☐

Louiseville, P.Q., le 1er avril 1935

Mr. Jacques Ferron
Montréal

Mon cher Jacques,

Je te crois toujours bien portant et je m'en réjouis.

J'ai hâte de te voir à Pâques et je voudrais que tu puisses assister à la messe de Première Communion de notre chère petite Thérèse qui aura lieu le jour de Pâques au matin. Thérèse se prépare avec beaucoup de recueillement.

Je t'envoie sous pli un exemplaire de notre journal local, *l'Écho de Saint-Justin*, où le rédacteur met un bon mot en ta faveur et dont je me glorifie.

---

15. Il s'agit d'Omer Gagnon, époux d'Eva Ferron, la sœur de Joseph-Alphonse. L'oncle Omer avait une ferme au village des Gravel dont il aura aussi été le maire. Contrairement à Émile Ferron, Omer ne sera pas élu député.

16. Il semble que les Ferron observaient à l'occasion le rite du thé à l'anglaise, autre trait à ajouter à l'anglophilie familiale.

Nous sommes allés « au sucre[17] » hier, il faisait très beau et nous espérons qu'il y en aura encore le lundi de Pâques.

Je te souhaite bien du courage et je te prie de surveiller ta santé.

Ton père qui a hâte de te recevoir,
J.A. Ferron

□

Montréal, le 16 avril 1935

Monsieur J. Alphonse Ferron

Mon cher Papa,

Je suis parvenu au collège, hier soir, sans accident, voire même sans réprimande de la part du père Préfet bien que je sois arrivé quatre heures plus tard que 7 hres p.m. — heure que les autorités collégiales avaient fixée pour le retour.

Pour recommencer les activités scolaires, on nous a donné une composition d'orthographe — valeur de trois — ce matin.

Mercredi [il y a] quinze jours nous avions eu une composition en Version grecque ; je suis arrivé le quatrième avec 52.

Je m'efforce de contenter mes professeurs.

Votre fils qui vous aime,
Jacques Ferron

□

Montréal, le 5 septembre 1935

Monsieur J. Alphonse Ferron

Bien cher Papa,

Nous voilà redevenus écoliers : en effet, dès aujourd'hui composition en Thème latin.

---

17. Joseph-Alphonse Ferron ne réserve pas les guillemets seulement aux mots anglais, mais aussi à certaines expressions idiomatiques populaires, comme c'est le cas ici avec la traditionnelle cabane à sucre. Il marque ainsi un certain rapport à la langue courante et aux « niveaux » que s'autorisait un notable...

Ce matin, j'ai été très surpris d'entendre sonner une cloche : je rêvais que j'étais à la maison ; la réalité est souvent peu agréable.

Je suis en Méthode « A » avec Cartier, Lajoie ; Legris est en « B ».

Cette année nous avons un professeur jésuite[18].

J'ai acheté tous mes livres ($2.00) de « seconde main ».

J'ai oublié à la maison un *Ésope* (livre de fables grecques) et mon *Premier Manuel [de] Grec*. Ils doivent être près de la « Petite Chambre ».

J'ai reçu ce midi *le Nouvelliste* ; si mon abonnement achève, ne me réabonne pas car j'aimerais mieux m'abonner au *Devoir*.

Demande à Madeleine si elle a besoin de mon livre d'anglais ; sinon pourrais-tu s.v.p. me l'expédier avec les deux autres ?

La campagne[19] marche bien ?

Ton fils qui t'aime bien,

Jacques

N.B. : Excuse cette lettre, car ma valise n'est arrivée que ce midi ; je suis un peu en retard.

J.F.

□

---

18. Ferron évoque dans plusieurs fragments inédits le legs de ces professeurs jésuites : voir « Son fils », p. 281; « [Mon grand-père] », p. 285; « Le Don Quichotte anglais », p. 287 ; « Du haut du palier », p. 314 et surtout « [Cela te donnera quoi ?]», p. 320.

19. Comme le précise la lettre suivante, il s'agit de la campagne électorale de l'oncle Émile Ferron qui sera élu député libéral à Ottawa en 1935 puis en 1940, avant d'être nommé sénateur en 1943. Avec l'aide de son frère Joseph-Alphonse, il sera nommé juge de la Cour supérieure dans la juridiction de Trois-Rivières en 1945.

Louiseville, P.Q., le 12 septembre 1935

Mr. Jacques Ferron
Montréal

Mon cher Jacques,

Je reçois ton bulletin et je te fais toutes mes félicitations.

Il est vrai que j'ai été malade mais sois sans inquiétude car je suis actuellement en pleine santé et le fait d'avoir réglementé mon boire et mon manger va remettre tout au point.

Nous travaillons pour l'élection de ton oncle Émile et nous espérons avoir du succès. Ce dernier fera son premier discours dimanche à Saint-Gabriel-de-Brandon.

Paul et tes grandes sœurs sont de bonne humeur et très encouragés dans leurs classes.

J'irai te voir à mon prochain voyage à Montréal, qui sera la semaine prochaine.

Ton père qui pense souvent à toi,
J.A. Ferron

☐

Montréal, le 28 octobre 1935

Mr. J. Alphonse Ferron
Louiseville

Bien cher Papa,

Excuse-moi du temps que je prends pour t'écrire. J'ai peut-être une raison : j'ai pris un repos forcé d'une semaine à l'infirmerie. Ce n'était guère grave : une petite grippe, un mal de gorge et beaucoup de glandes.

Aujourd'hui je suis en parfaite santé.

Vendredi dernier j'ai composé en Histoire, dans mon lit. Le résultat est bon quand même.

J'espère que vous êtes reposés des élections, toi et mon oncle.

Ton fils qui t'aime bien,

J. Ferron

□

Montréal, le 31 octobre 1935

Monsieur J. Alphonse Ferron
Louiseville

Bien cher Papa,

Comme j'ai eu le plaisir d'avoir votre visite hier, et que nous avons fort bien causé, il m'est quelque peu ardu de vous rédiger une lettre intéressante.

Je vous l'ai dit hier, mon rang du mois d'octobre est terriblement bas.

Ce serait alarmant si du mois de septembre au mois d'octobre j'eus perdu autant de connaissances que de places ; mais non, c'est plutôt une petite malchance.

Votre fils qui vous aime bien,

Jacques Ferron

P.S. : Mes salutations à toute la famille, à Florence et à Madeleine C.

□

Montréal, le 10 novembre 1935

Mr. J. Alphonse Ferron
Louiseville

Bien cher Papa,

Voici le froid qui vient ; les beaux jours sont disparus ; et on parle de patiner.

Je suis fort ennuyé, lorsqu'on me parle de patiner : je me demande : « Comment vas-tu mettre tes grands pieds dans tes

patins pointure 7 ? » J'ai longtemps cherché à résoudre le problème, et n'ai trouvé que [deux] manières de le résoudre : 1° Ne pas
patiner. 2° Acheter d'autres patins.

Comme je sais que la première manière ne vous sourit point,
encore moins à moi, je serai donc obligé de m'acheter d'autres patins.

Je vous demande donc l'autorisation de m'en acheter, et si vous
me le permettez, je me choisirai des patins à la fois solides et pas
trop chers.

J'ai payé mon abonnement de journal et j'ai demandé en même
temps qu'on discontinuât à me faire parvenir *le Nouvelliste*.

Tout va bien ici, tant avec mes professeurs qu'avec mes sur-
veillants.

J'espère que vous vous portez bien, quant à moi je suis très bien.

Votre fils qui pense souvent à vous,

Jacques

□

Montréal, le 8 décembre 1935

Monsieur J. Alphonse Ferron
Louiseville

Cher Papa,

Je suis arrivé ici sain et sauf hier soir ; j'étais en retard de
quelque quatre-vingt-dix-neuf minutes ; le R.P. Préfet n'a rien dit
sur ce retard : il paraît qu'il a fait une retraite durant les vacances :
cela lui a fait du bien.

Ce matin nous avons un examen d'orthographe : c'est une
dictée intitulée *Rien ne sert à [sic] courir, il faut partir à point.*

Notre très R. Professeur voulait nous montrer dans sa dictée
combien Monsieur de La Fontaine[20] avait raison : alors je suis
coulé ! désespoir !

---

20. Il s'agit évidemment de la fable « Le Lièvre et la Tortue » de Jean de La
Fontaine. Ferron ne semble pas avoir retenu la leçon, puisqu'il faut lire « Rien
ne sert de courir ; il faut partir à point : Le Lièvre et la Tortue en sont un
témoignage ».

Les vacances m'ont bien reposé. Ce matin en étudiant ma prélection[21] j'étais étonné de voir combien cela « rentrait » bien ! Mais
si je suis bien reposé que j'ai presque désappris[22] l'écriture.

J'espère que vous vous êtes bien amusés hier.

Votre fils qui pense souvent à vous,

Jacques

☐

Louiseville, P.Q., le 19 décembre 1935

Mr. Jacques Ferron
Montréal

Mon cher Jacques,

Avec toi je compte les jours et j'ai hâte de te voir arriver pour
tes vacances.

Tes sœurs et Paul espèrent te rendre tes vacances agréables.

Concernant ta valise, j'irai peut-être samedi et je t'en apporterai
une, sinon fais-toi un paquet ficelé.

Bien à toi,
J. A. Ferron

☐

Louiseville, P.Q., le 24 janvier 1936

Mr. Jacques Ferron
Montréal

Mon cher Jacques,

Je croyais me rendre à Montréal hier mais la tempête m'en a
empêché et j'aurais profité de ce voyage pour te faire mes souhaits

---

21. Discipline du Cours classique. Avec l'aide des « Cahiers de prélection », les
étudiants devaient préparer à l'avance la lecture de textes latins ou grecs en vue
de leur traduction ultérieure.

22. Il faut presque lui donner raison : Ferron fait deux fautes en orthographiant
le mot « désaprit »...

à l'occasion de ton anniversaire. À quinze ans l'on est considéré comme un homme : par conséquent plus de responsabilité pour nos actes mais aussi plus de satisfaction pour les succès obtenus.

Tu as reçu les envois de ton frère et de tes sœurs, et Marcelle se demande ce que tu vas bien lui répondre.

Il n'y a rien de bien nouveau à Louiseville, les affaires sont assez tranquilles mais notre manufacture a réouvert ses portes, ce qui va faire du bien pour le paiement de nos loyers.

J'irai peut-être à Montréal la semaine prochaine et j'irai te voir.

Je te souhaite beaucoup de succès dans tes classes et dans la formation de ton caractère.

Ton père qui t'aime,

J.A. Ferron

□

Louiseville, P.Q., le 6 mars 1936

Mr. Jacques Ferron
Collège Jean-de-Brébeuf
Montréal

Mon cher Jacques,

Tu ne saurais croire comme ta lettre me fut agréable. Ta conduite me prouve que tu es soumis et veux travailler à la formation de ton caractère, ce dont tu te réjouiras plus tard.

Je suis sensible au souvenir que tu conserves de ta mère, qu'on aimait tous beaucoup et dont nous étions les plus chères affections.

Je te félicite donc du résultat de ton mois et te souhaite encore beaucoup de succès.

Notre petite maman n'a pas peint seulement les deux tableaux du salon mais aussi deux autres qui sont dans la salle à manger et un dans la chambre de Mimi[23].

---

23. Surnom d'Irène Caron, sœur d'Adrienne. Voir « Irène » (p. 366), «Gris demi-sofa » (p. 370) et, entre autres, « Ma glorieuse tante » (p. 377) où il est cette fois question des tableaux de la tante.

Je me demande si tes talents te poussent à la peinture mais dans le moment je crois que Marcelle aura de très bonnes dispositions, et je me propose de lui faire prendre des leçons cet été.

Toute la famille est bien portante, nous sommes dans nos dévotions du Carême et hier nous avons communié pour « Maman » aux intentions de laquelle était chantée une grand-messe.

Nous avons hâte d'aller manger du sucre et souhaitons que Pâques soit célébrée par une fête à la cabane.

Bonjour,
J.A. Ferron

☐

Montréal, le 16 mars 1936

Monsieur J. Alphonse Ferron
Louiseville

Bien cher Papa,

J'ai reçu ta lettre du 6 ; je suis bien content de vous avoir satisfait de mon mois de février. Je me proposais de persévérer durant le mois de mars, quand j'attrape une mauvaise note pour la conduite à l'étude : c'était pour avoir quelque peu parlé. Cela m'a déconcerté un peu, mais je m'efforcerai de terminer ce mois sans autres mauvaises notes.

Le 5 [mars] dernier, j'ai assisté à la messe, et communié pour maman ; j'aurais bien aimé à le faire avec vous !

De ce temps-ci en classe, on étudie les ressources naturelles et les industries de la Province ; j'aime bien cela. Aujourd'hui, on étudiait les industries du lac Saint-Jean ; cela m'a intéressé d'autant plus que je connais bien cette région. Mais dans ces études de ressources naturelles, un bon libéral[24] se mord souvent les pouces.

---

24. Allusion aux mœurs électorales des années trente, où deux partis, le Parti libéral et l'Union nationale, se disputaient les comtés qui affichaient ensuite leurs couleurs partisanes, en l'occurrence le rouge et le bleu. Ferron critiquera ce découpage du territoire dans le conte « Les provinces » (*Contes*, édition intégrale, présentation de Victor-Lévy Beaulieu, Montréal, Bibliothèque Québécoise, 1993, p. 84-89).

On m'a demandé aussi de fournir des documents sur l'industrie de la soie ; je suis quelque peu embarrassé. C'est pourquoi je vous demanderais de venir à mon secours.

Quant à la peinture, bien que j'aime cela et que j'étudie son histoire, je ne me connais pas de talent pour cet art. Mais si Marcelle a de bonnes dispositions, il est bien juste de les lui faire profiter : Maman t'approuverait certainement.

En voyant la splendide température qu'on a depuis plus d'une semaine, je crois bien que les sucres seront passés aux vacances de Pâques.

À la mi-Carême, il est rumeur que l'on aura, au collège, une représentation du film de *Maria Chapdelaine*[25].

Je suis en bonne santé, bien que je me sente quelque peu fatigué.

Votre fils qui vous aime,

Jacques

☐

Montréal, le 2 avril 1936

Monsieur J. Alphonse Ferron

Mon cher Papa,

Dix jours à peine et me voici à Louiseville, me voici parmi vous ; j'ai bien hâte, si hâte que je me suis déjà procuré un billet pour Louiseville, voilà une semaine.

Lundi dernier nous avons eu messe et communion pour une intention fort peu banale : notre université ; j'ai bien prié, mieux que de coutume même ; c'est si triste de voir se dresser à chaque instant devant nos yeux cette université[26] inachevée, vivant symbole de l'impuissance de la race canadienne-française.

---

25. Il s'agit sans doute du film *Maria Chapdelaine*, réalisé en 1934 par Julien Duvivier (Société nouvelle de cinématographie, René Pignières et Léon Baytout, Film Herpey).

26. Le jeune Ferron fait sans doute référence à l'arrêt des travaux de construction du Pavillon principal de l'Université de Montréal. Commencés en 1928, ces travaux furent en effet suspendus de 1931 à 1941 faute de financement. Le Pavillon principal de l'Université ouvrit finalement ses portes en 1942.

« Suivant une coutume antique et solennelle » du Collège Jean-de-Brébeuf, nous sommes allés accomplir à l'oratoire Saint-Joseph — autre symbole de l'impuissance des Canadiens — le pèlerinage annuel ; outre toutes les grâces que nous avons pu récolter, ça nous a fait prendre une bonne marche.

Je suis à lire le livre acheté avec l'argent des raisins ; j'aimerais bien à lire aussi le livre dont vous me parliez, au moment où la rue Bishop est venue nous interrompre.

Votre fils qui vous aime,

Jacques Ferron

□

Collège de Saint-Laurent, le 18 mars 1937[27]

Mon cher Papa,

Je suis heureux de pouvoir te présenter ce mois ici et une bonne conduite, et un résultat convenable ; j'ai conservé je crois en conduite la meilleure note — ce qui m'a fait mériter une mention. Quant au résultat, bien qu'il ne soit pas brillant, puisse-t-il te satisfaire ? Je serais arrivé mieux si les compositions avaient compté : elles ne comptent que pour les prix. Enfin je suis bien content d'avoir pu pour une fois mériter assez pour te faire plaisir.

J'ai beaucoup pensé à Maman ces jours ici ; je me suis promis d'être ce qu'elle m'avait demandé d'être la dernière fois que je la vis, après le souper du mercredi : « un bon petit garçon... »

Certes j'ai fait des folies. Mais ne vaut-il pas mieux passer par là plus tôt que plus tard ?

J'espère qu'à la maison, vous êtes tous bien portants. J'ai bien hâte aux vacances.

Votre fils qui vous aime,

Jacques

□

---

27. Cette lettre porte l'en-tête officiel du Collège de Saint-Laurent, à la suite du premier renvoi du Collège Jean-de-Brébeuf.

Montréal, le 2 octobre 1937

Monsieur J. Alphonse Ferron
Louiseville

Mon cher Papa,

C'est la première lettre du Versificateur ; mais il y a fort peu de changement ; il ressemble beaucoup au Méthodiste, au Syntaxiste. Comme ces deux individus l'avaient fait, il te répète le refrain de chaque début d'année : « Ah oui ! cette année je vais bien travailler, j'aurai un bon rang, de bonnes notes, enfin tout ce qui pourra vous faire plaisir. »

Et ce qui est bien drôle, l'on est toujours sincère lorsqu'on le dit, ce refrain.

Je ne sais pas si mon rang, mes notes de conduite vous satisfont ; à moi, elles ne me vont pas... Et le mois prochain, je prétends arriver un peu mieux, vous verrez...

J'espère que vous êtes tous bien ; Marcelle n'a pas redescendu de classe encore ? Thérèse et Paul, je n'en doute pas, doivent être très forts, surtout Thérèse.

Enfin, ici tout va bien ; je suis content de tout et je m'efforce de contenter...

Votre fils qui vous aime,
Jacques

☐

[lettre sans lieu ni date ; 1937 ?]

Mon cher Papa,

Nous avons eu le résultat de la seconde composition du mois de septembre ; comme dans la première, je suis arrivé premier (sur 50). C'était une rédaction française.

Mes notes à venir jusqu'à date ont été excellentes.

Samedi dernier, j'étais élu secrétaire de « L'Académie de Belles-Lettres ». C'est moi qui dirige les activités de cette académie, avec le Président.

Voilà trois exemples de mon désir de te faire plaisir. Si je réussis, mes efforts seront bien récompensés.

Donc, tout va bien : j'ai du goût à l'étude et je suis bien encouragé.

Mais il faut un revers à la médaille : eh bien ! il ne me reste plus un sou : j'ai acheté plusieurs volumes de seconde main et j'ai dû fournir plusieurs contributions : quêtes, cases de récréation ; j'ai dépensé la balance dans ma sortie d'hier (dîner-souper-théâtre : j'aurais été chez l'oncle Raymond, mais je n'ai point eu de réponse à mon téléphone.) J'oubliais mes pantoufles.

Je regrette d'avoir tellement dépensé ; j'aurais voulu que ma lettre ne soit pour toi qu'agréable.

J'ai fait trois jours de retraite fermée. Cela m'a fait du bien.

J'espère que tout va pour le mieux à la maison. Les enfants sont bien ? Toi aussi ? Quant à moi, c'est parfait ; je joue beaucoup, plus que jamais. Il faut dire que mes vacances m'ont fait beaucoup de bien ; je me sens beaucoup plus de force quand je joue.

As-tu gagné ton procès du lac Saint-Jean ? Je l'espère bien.

Enfin, il faut que j'arrête : il faut travailler (!).

Votre fils qui vous aime,

Jacques

N.B. : Excuse la tenue de ma lettre ; je n'ai guère eu le temps de mieux faire.

□

[lettre sans lieu ni date, 1938 ou 1939]

Mon cher Papa,

Ta lettre m'a bien fait plaisir ; à vrai dire, je n'espérais pas beaucoup d'avoir mon permis de conduire une voiture ; du moins ce que tu m'avais dit n'était guère dans ce sens ; mon plaisir n'est que plus grand, je te remercie bien. Cependant, je pense qu'à te remercier trop, tu pourrais trouver que j'en ferai grand usage ; n'aie nulle crainte, je ne m'en servirai que pour le voyage du conventum, et à Louiseville je serai ton fils obéissant !

Mais ce qui m'a fait bien rire c'est ton chèque non signé ; j'ai failli rire moins car peu s'en fallut que je me présente à la banque ; j'aurais eu l'air intelligent. Je ne te croyais pas distrait à ce point ? Autrefois tu trouvais que j'étais un fils désolant parce que j'oubliais mes lunettes sur un trottoir ; après ce chèque, je ne m'étonnerais pas d'apprendre que dimanche tu aies oublié d'arrêter à Louise-ville... Mais il ne faut rien exagérer. Je te renvoie le chèque ; mais de grâce n'oublie pas de me le renvoyer.

Cependant j'y pense, il ne faut pas me croire bien attentif. Car j'ai oublié bêtement ma raquette après que tu m'eusses averti.

Tu m'as dit que tu ne reviendrais pas à Montréal avant quelques semaines. C'est impossible de l'envoyer par la poste. Alors je ne vois qu'aller la chercher moi-même avec Paul dimanche ; nous avons excursion soit ($1.60). Nous pourrions aller à Saint-Alexis miller[28] notre parterre.

Si tu y trouves objection dis-le-moi par le retour du courrier. Mais j'ai peur que tu n'aies guère le temps. D'ailleurs la dépense n'est guère plus élevée que si nous restions à Montréal, notre congé est allongé et ça fera bien plaisir à Paul : je ne lui en parlerai qu'à la dernière minute.

Enfin je te remercie encore, d'autant plus que le prétexte que tu trouves à tes bontés est un succès bien maigre, je trouve. Je ne réussirai pas aussi bien que les autres années ; tu auras moins de plaisir à assister à la distribution des prix. Mais je travaillerai encore ferme jusqu'à la fin, bien que je sois un peu fatigué.

Je t'écris bien vite pour que ma lettre te parvienne au plus tôt ; excuse-moi.

À bientôt,

Jacques

□

---

28. Il s'agit probablement d'ensemencer une terre de grains de millet.

[lettre sans lieu ni date ; 1940 ?]

Mon cher Papa,

Je t'envoie *le Devoir* et tu y trouveras un portrait de mon oncle Émile et une critique sévère de son discours ; ce qu'il y a d'important, c'est qu'on ait parlé de ce discours ; l'article du rédacteur en chef du *Droit* aussi lui est réservé. Il faut croire que son discours avait une originalité.

En somme il a dû plaire aux ministres ; par retour il s'attire quelques critiques des dissidents qui sont tempérées toutefois par une certaine considération visible quand Richer, après avoir traité du discours de mon oncle, passe à celui d'un autre et lui fait voir que la logique des députés libéraux n'est pas toujours logique ; il semble dire que si mon oncle a une certaine logique, les autres n'en ont pas tous. C'est être distingué et c'est beaucoup.

Tout va bien, je commence à me remettre de l'agitation où m'ont mis ma sœur et ses amies en troublant mes habitudes.

Bonjour mon cher Papa,
Jacques[29]

□

[Louiseville, novembre 1940[30]]

Mon cher Jacques,

Hier je revenais de Québec, journée de travail mais dont j'étais content lorsque j'ai lu ton bulletin du mois d'octobre, faisant partie de la correspondance du jour.

Conduite générale médiocre, application en classe médiocre, points conservés 136 sur 300.

29. D'autres signatures (dont le nom de Fortin) ont été rajoutées à la fin de cette lettre. Elles ne semblent pas être de la main de Ferron.
30. Trop personnelle sans doute, cette lettre ne fut pas transcrite par la secrétaire du père de Ferron, comme c'était habituellement le cas.

Jacques, tu te souviens de tes dires au début de ta philosophie et de ton résultat de juin dernier ; tu te souviens de tes dires de septembre et voici ton résultat d'octobre.

Sois donc digne de ta bonne mère, dont la mémoire restera celle d'une personne pieuse, érudite, pleine de jugement et de bonté ; quant à moi je te permets de reviser mon dossier, faisant mes études dans des conditions qui ne sont pas les tiennes et tu n'y trouveras pas de tels passages, ne citons que mon examen le plus important tu me verras le 5e sur 52 à la Chambre des notaires, qui m'appelait quelques années plus tard à être un de ses membres, durant six ans et enfin la présidence du comité de correction des manuscrits et le secrétariat du comité des brevets pour admission à la pratique.

Si tes facultés ne te permettent pas, j'en suis attristé, plus de succès, mais ce que je ne tolérerai plus : une conduite médiocre et une application médiocre.

À quel titre tu ferais ta formation à ta guise[31], lorsque je crois de mon devoir de te payer les frais d'un de nos meilleurs collèges de la Province, que j'ai choisi parce que les Jésuites avaient la réputation de cultiver et affranchir nos fils, et de vivre dans l'oisiveté lorsque je crois au travail et que je me refuse quelques jours de repos.

Si mon passé ne t'a pas prouvé que j'aimais mes enfants, ces remarques te le prouveront et je ne suis pas prêt à concéder ce qui me reste de plus cher dans le monde.

J'ai reçu une lettre du Dr Samson qui n'est pas très encourageante pour le genou de notre chère Marcelle.

Madeleine et Thérèse sont de bonne humeur.

Ton père qui t'aime,
[lettre non signée]

□

---

31. Le passage : « et tu vivrais dans » a été raturé.

[Montréal ; février 1941[32] ?]

Mon cher Papa,

Paul est certainement têtu, car le voici qui a encore été malade et malade encore de la grippe ; il est vrai qu'il pourrait s'entêter dans des choses pires. Mais il est guéri, et comme je suis un frère attentif, j'ai cru devoir lui faire prendre un tonique qui lui donnera la vigueur nécessaire pour résister aux miasmes collégiaux. Je m'entête de mon côté à ne point user de ma chambre ; je ne crois pas que la solitude soit bonne aux jeunes gens ; surtout en ces temps malheureux où le monde étant surpeuplé, la promiscuité est habituelle, où les entreprises industrielles et guerrières réunissent les hommes en troupeau au grand plaisir de ceux qui les conduisent. Le dortoir m'est surtout salutaire, ce n'est qu'aujourd'hui que je suis devenu conscient que je puis ainsi l'apprécier ; avant je ne

---

32. Il est difficile de déterminer la date précise à laquelle cette lettre a été écrite. Ferron, dans le texte « Notaire par le nez » (p. 306), y fait référence comme s'il s'agissait d'une lettre écrite alors qu'il était en Méthode (1935-1936), ce qui semble peu probable, puisque cette lettre pourrait fort bien précéder son deuxième renvoi du Collège Jean-de-Brébeuf, en février 1941. Il est certain, du moins, que cette lettre a été écrite peu avant la fin de ses études, puisqu'il s'indigne de devoir attendre le mois de mai « pour un parchemin que des milliers d'imbéciles ont eu », préférant aller faire du ski avec un ami. Mais plus déterminant encore, il affirme ne pas avoir été aux Ballets russes, ce qui pourrait bien être un mensonge, si l'on en croit les entretiens qu'il a accordés à Pierre L'Hérault : « Voilà ce qui était arrivé : parce que j'aimais bien les danseuses et qu'un camarade y était allé, j'avais demandé une autorisation au Père Dragon pour aller voir les Ballets russes. Il m'avait refusé. Voulant revenir sur la question, j'étais retourné le voir et lui avais dit : "Mon Père, mon oncle le député est de passage à Montréal et m'invite au restaurant. Est-ce que vous m'autoriseriez à aller souper avec lui ?" Il m'avait dit "Oui !" C'est ainsi que je suis allé aux Ballets russes ! Le lendemain, le professeur de philosophie que nous chahutions, le père Léon Langlois, qui était un peu fou, est venu me voir et m'a demandé : "Et les Ballets russes, hier soir ?" Je lui ai raconté et il est allé rapporter à Dragon. Le Père m'a fait venir et m'a mis à la porte » (*Par la porte d'en arrière. Entretiens*, p. 20-21). Il y a donc tout lieu de croire que Ferron aurait écrit cette lettre alors qu'il était, non pas en Méthode, mais bien plutôt en Philosophie II. Suivant Ferron, nous faisons néanmoins référence à cette lettre comme étant la « Lettre de Méthode ».

pouvais pas comprendre la portée symbolique du geste de
reprendre l'air respiré par mes compagnons de dortoir ; c'est la
solidarité humaine qui s'obtient par la participation à un même
élément, l'air. Ma chambre m'avait désappris cette grande chose ; je
devenais comme ce gros cheval bleu que nous avons : trop bête
pour rester avec les autres chevaux et que Monsieur Hébert
retrouva dans la savane. Les chevaux indépendants sont toujours
déplaisants ; mais les bons chevaux qui se tiennent ensemble sont
vraiment plaisants pour le berger ; il s'agit d'en brider un et tout
le reste suit ; ils sont un peu moutons, mais tellement plus faciles
à administrer. J'étais un cheval indépendant, quelle était mon
erreur ! me voici suave comme un mouton. C'est dommage que je
n'aie pas les cheveux bouclés, car il me semble que je ferais à
Louiseville, cet été, un excellent saint Jean-Baptiste.

La semaine dernière, un peu plus, j'abandonnais le cours classique pour aller faire du ski avec un ami que j'ai et qui en a fait
une carrière, un garçon très intelligent ; il ne m'en aurait coûté que
$0.75 par jour, au lieu qu'au collège il en coûte le dollar par jour ;
j'y aurais pris de la santé, de la vigueur ; j'aurais grillé au lieu
d'attendre pâle, le mois de mai, et pourquoi ? pour un parchemin
que des milliers d'imbéciles ont eu. Mais la paresse m'a retenu ; car
étant devenu soumis et respectueux de l'autorité au point de ne pas
aller aux Ballets russes, le plaisir m'en ayant été refusé, et de faire,
avec un sentiment d'allégresse, quelques pertes en revendant mes
billets, étant, dis-je, à ce point soumis, je suis devenu paresseux ;
état que je connaissais mal et étais loin d'apprécier à sa juste valeur.
Il me donne l'occasion de lire des flots de romans, de manger
lentement — ma digestion est meilleure aussi — et de dormir sans
arrière-pensée. Tout cela, il est vrai me détache de la philosophie et
autres sciences que l'on m'enseigne, mais vogue la galère ! Je préfère
couler ma classe plutôt que de reprendre une vie de soucis
effroyables en étant réinstallé dans ma chambre.

Je pense beaucoup à m'engager dans la marine ; ce fut, si tu t'en
souviens, ma première vocation. Dans les loisirs infinis que j'ai eus
ces jours derniers, revenant sur moi-même, j'ai cru ressentir à
nouveau cet appel ; et puis il faut donner raison au mendiant qui

m'a prédit une vie aventureuse[33] ; si l'on n'obéit pas aux prédictions, qui voudra prophétiser, je me le demande ?

Que les astres[34] qui président à ta destinée continuent à y bien présider, c'est le souhait de ton fils affectueux,

Jacques

---

33. Ferron fait ici référence au quêteux que son père entretenait : « Mon père était amateur de quêteux, un amateur de diseurs de bonne aventure » (Pierre L'Hérault, « Entretiens avec Jacques Ferron », dans *l'Autre Ferron*, p. 418). Voir « Notaire par le nez », p. 300, où il en parle de nouveau.

34. Il s'agit d'une métaphore qui aura une longue portée dans l'œuvre ferronnienne (« On ne peut rien sur les astres », écrira-t-il dans « Shakespeare et l'entomologie psychiatrique », dans *Escarmouches. La longue passe*, p. 371), et tout particulièrement dans le manuscrit inédit du *Pas de Gamelin*, désastre qui rend compte, pour Ferron et son œuvre, d'un véritable dérèglement des astres. Voir, à ce sujet, Patrick Poirier, « *Le Pas de Gamelin* : vers une poétique du désastre », dans *l'Autre Ferron*, p. 221-263.

À l'Université Laval
1941-1945

En septembre 1941, Jacques Ferron commence ses études de médecine à l'Université Laval de Québec. Dès le premier mois, il s'enrôlera dans le Corps médical royal canadien affilié à l'Université. Cette nouvelle indépendance lui permettra d'épouser Madeleine Therrien, étudiante en droit, le 22 juillet 1943, à Nicolet. Il sera reçu médecin en juin 1945.

Québec, le 25 septembre 1941

Mon cher Papa,

Quand on est libre comme je le suis, il importe de donner de ses nouvelles, pour rassurer son papa. Je me conduis avec une sagesse que je n'admire pas, car elle est nécessaire. Je me lève à 6:30 hres, j'étudie une heure, je déjeune et je suis au cours à 8 hres. J'en sors pour aller dîner. Je me promène pour digérer. Je rentre, j'étudie jusqu'à 2:30 hres et je retourne à l'Université jusqu'au souper. Et le soir je travaille encore, car la matière à étudier est formidable ; s'il neigeait tous les jours et que M. Hébert néglige durant une semaine de déblayer la cour, il sera enterré : il en est de même pour moi avec ma médecine. Je suis inscrit dans le corps médical, syllabus 6 (mon CEOC[1] de Brébeuf m'y poussant) du

---

1. Selon Pierre Cantin (*Jacques Ferron, polygraphe*, Montréal, Bellarmin, 1984), Ferron aurait fait partie des élèves-officiers du Corps-École des Officiers Canadiens.

COTC[2] de l'Université. J'ai repassé l'examen médical et ai été classé encore « A ».

La fantaisie m'y poussant, j'irai prendre le souper avec vous, le 1er octobre. Dis à Madeleine de soigner ses plats, je suis devenu pincé comme un Québecquois.

À bientôt donc,

Jacques

□

Québec, dimanche le 14 [1941 ?]

Mon cher Papa,
et chère Madeleine,

Que les dieux vous protègent des punaises, car ce sont des bêtes malignes et insidieuses ! Ce qu'elles m'ont causé de réflexion, de recherches est impossible à dire ; car si je savais que j'étais piqué, je ne savais pas qui me piquait. Les premières nuits, j'en mis la faute sur un mauvais sang ; je pris du sel < Lupatiques ? >, je mangeai des pommes et je me promenai dans les côtes de Québec pour accélérer ma circulation ; ces moyens furent inutiles et ils me coûtèrent le sel et les pommes. Alors je réfléchis : un fait certain, c'est que mon tourment est nocturne ; il doit provenir d'un manque d'activité. Aussi lorsque la nuit je m'éveillais, piqué jusqu'au fond de l'âme, je n'avais rien de plus pressé que de faire des mouvements de gymnastique ; c'était comique de me voir à trois heures du matin, marchant sur les mains. Le remède fut vain, même néfaste, car la fatigue qu'il me causait m'empêchait de me défendre, et un matin je constatai que j'étais piqué sur le bout du nez ; et s'il y a une chose que j'ai à cœur, c'est mon nez. Je vais chez le médecin, il a l'air bien ignorant, mais il ne parle pas ; il me donne des comprimés en grognant que c'est deux dollars. Les comprimés, comme vous le pensez, furent inutiles. Je conclus que j'avais la peau trop tendre et que le frottement des draps l'irritait ;

---

2. L'abréviation militaire COTC désigne le *Canadian Officer Training Corps*.

je couche en robe de chambre : excellent résultat, je ne suis piqué qu'aux jambes et au visage ; mais je n'étais pas satisfait. La nuit dernière, je couche sur la couverture : meilleur résultat, je suis à peine piqué au bras. L'intérieur de mon lit était décidément suspect ; je l'ouvre, mais ne vois rien ; ce n'est que ce midi que je vis la punaise. La servante en plaçant les draps prend dans ses doigts un insecte : « Qu'est ceci ? », lui dis-je. « Rien. Mais encore. Je ne sais pas. Je vais voir : une bête brune. Une punaise ? Ça lui ressemble. » Je n'ai pas été surpris : ma logeuse a l'air d'une punaise. Mais cela m'aura coûté beaucoup d'ennuis.

Mes études vont bien : nous avons à ce qu'il paraît des macchabées pour jusqu'à la fin de l'année. J'ai payé mes livres ; c'est dire qu'il me reste cinq sous en banque. Viendra un temps où je maigrirai. J'ai du goût pour la médecine.

Bonjour, petite Madeleine ; Robert[3] a toujours bonne mine. Bonjour ! mon cher Papa,

Jacques

□

Louiseville, P.Q., le 15 novembre 1941

Monsieur Jacques Ferron
Québec, Qué.

Mon cher Jacques,

Ton silence me laisse croire que tu es plongé dans le travail de ta chère médecine.

Je n'ai pas reçu tes indications pour transmettre ton baccalauréat à l'Université.

Je t'envoie sous pli une lettre que tu as reçue.

---

3. Ferron, moqueur, veut sans doute rassurer sa sœur Madeleine quant à la mine de son ami Robert Cliche (1921-1978), alors étudiant en droit à l'Université Laval. Or, à la surprise de son frère, Madeleine épousera éventuellement cet ami que Jacques lui avait présenté. Avocat et juge (1972), Robert Cliche fut aussi le leader du NPD-Québec en 1963 et commissaire, en 1974, de la Commission Cliche sur les libertés dans le milieu syndical.

Madeleine est de bonne humeur ainsi que ceux de Montréal. Marcelle assiste à son premier bal ce soir. Je serais curieux de la voir.

Ton père,
J.A. Ferron

□

[402, rue Saint-Jean, Québec ; 1941 ?]

Mon cher Papa,

Je m'excuse de ne pas t'avoir écrit plus tôt <...> je me suis trouvé la plus belle petite chambre du monde. Comme j'aime les grandes transactions, je l'ai louée directement du « General Trust » que représentait un Monsieur Désy, fils du juge qui ne t'aimait pas, mais qui aimait les cartes. On hésitait d'abord à me louer ; on ne me connaissait pas et comme je suis roi et maître dans ma petite chambre, on craignait que j'abusasse, etc. Alors j'ai dit : mon père a joué aux cartes avec votre père — et l'on m'a loué. J'ai signé un bail dont je t'envoie copie. Ce qui m'ennuie, c'est que je n'ai pas la liberté d'avoir de chien ni de substances explosives ; tu peux t'imaginer que je suis à la recherche d'un chien…

Je commence à étudier, j'ai bonne santé et mes finances sont bonnes. Tout est bien dans le meilleur des mondes. Pour être complètement heureux, il me reste à envoyer un livre à Madeleine : dis-lui qu'elle l'aura bientôt.

J'enrage de n'avoir pas choisi le droit, car je partirais mardi pour l'Ouest ; j'y aurais arraché des betteraves. Ne trouves-tu pas que la Chambre des notaires devrait protester contre cette injure que l'on fait à votre profession !

Porte-toi bien : souhait d'une grande rareté dans la bouche d'un médecin et qui montre bien mon affection pour toi.

Jacques

□

[lettre sans lieu ni date : 1941 ?]

Mon cher Papa,

Voici ce que j'ai de nouveau :

1° Je ne peux pas avoir de bourse cette année ; l'an prochain, il me sera plus facile d'en avoir une parce que je me serai alors distingué.

2° Je suis arrivé premier et le seul premier des 90 que nous sommes et avec une bonne avance sur les autres ; la majorité a eu autour de 9. Voici mes points dans les quatre examens que nous avons eus :

1. 79 %   Rang — Dans le milieu
2. 95 %   Un des premiers
3. 85 %   Dixième environ
4. 93 %   L'Unique premier

3° Nous avons lundi un examen préparatoire à l'examen définitif de chimie. Je compte passer honnêtement. Sans plus.

4° J'irai sans doute à Louiseville, le 8 décembre. Toutefois, il me faudrait quelque vingt dollars pour le premier.

5° En somme je travaille bien et j'entends bien que tu sois content de moi, mon cher Papa.

Je te serre la main,

Jacques

□

Louiseville, P.Q., le 25 novembre 1941

Monsieur Jacques Ferron
Québec, Qué.

Mon cher Jacques,

Sous pli mon chèque pour la somme de $22.00.

J'ai complété ton dossier que je déposerai demain à Montréal.

Madeleine est de bonne humeur, contente de ton livre, et moi ma santé s'améliore.

J. Alphonse Ferron
Notaire

Bureau
2 rue St. Marc
Tel. 37

Residence
4 rue St. Laurent
Tel. 64

Louiseville, P.Q. le 25 novembre 1941.

Monsieur Jacques Ferron,
Québec, Qué.

Mon cher Jacques,

    Sous pli mon chèque pour
la somme de $25.00.

    J'ai complété ton dossier,
que je déposerai demain à Montréal.

    Madeleine est de bonne hu-
meur, contente de ton livre, et moi ma santé
s'améliore.

    J'ai hate d'être au 6 de dé-
cembre pour recevoir mes visiteurs, car je crois
que ceux de Montréal viendront ce jour et que
nous en profiterons pour fêter la fête de Thérèse.

    Bonjour, ton père,

J'ai hâte d'être au 6 de décembre pour recevoir mes visiteurs, car je crois que ceux [d]e Montréal viendront ce jour et que nous en profiterons pour fêter la fête de Thérèse.

Bonjour, ton père,
J.A. Ferron

□

[lettre sans lieu ni date : 1941[4]?]

Mon cher Papa,

Afin que tu puisses recouvrer deux valises, dont la mienne — et entre parenthèses, je ne tiens nullement que la possession se transporte, que le possessif « mienne » devienne « sienne » et que l'astucieux Paul emporte encore le morceau — afin, dis-je, que tu puisses les recouvrer, voici les duplicata de leur enregistrement.

La deuxième fois que je suis allé à l'hôpital, au moment le plus grave de l'examen d'un pauvre malade — tout le monde était silencieux et le médecin allait l'accabler d'une angine — je me mis à balancer comme un arbre dont on achève de trancher le tronc et faillis tomber sans un mot sur le nez. C'est ainsi que j'ai raté mon premier évanouissement. Cette faiblesse m'a concilié l'affection des religieuses : les femmes aiment les faiblesses, même si on ne les a pas pour elles.

Je te serre la main,
Jacques

N.B. : Point de livres, pas d'étude : la vie est belle !

□

---

4. Cette lettre porte l'en-tête du « Comité local de rationnement ».

[lettre sans lieu ni date : janvier 1942]

Mon cher Papa,
Ma chère Madeleine,

Quand on a dix ans, quand on a dix-huit ans, ça veut dire que le temps passe, que l'on grandit, que l'on s'accomplit, ça ne veut rien dire de précis. Mais quand on a vingt et un ans, c'est une autre affaire ; ça veut dire que l'on est accompli, l'État nous reconnaît des droits, celui par exemple de nous marier sans consentement, de voter et autres choses amusantes.

Aussi pour célébrer un aussi grand jour, nous avons décidé de nous offrir un beau repas ; nous allâmes, moi Jacques avec le nouveau citoyen Jacques Ferron, dans un bon restaurant et nous mangeâmes sans économie, comme il se doit. Un repas est vite envolé, mais il laisse un problème : la digestion. C'est un problème complexe où mille glandes ont leur mot à dire, leur ferment à sécréter. Il faut croire que l'une d'entre elles était distraite, elle ne dit pas son mot, et ma digestion fut compromise ; cela se fit tant bien que mal, sur trois pattes, jusqu'à la nuit.

Mes humeurs furent altérées pour la journée et franchement maussades. Comme je m'étais enfermé dans ma chambre, et comme auparavant je lui avais manifesté que je n'entendais pas à rire, François Lajoie écrivit sur ma porte la recommandation que voici :

C'est aujourd'hui ma fête radieuse.
Toute célébration m'est odieuse ;
Filez, filez votre chemin,
Je ne veux pas vous serrer la main.
L'humeur qu'Aurore m'a donnée
Jusqu'à la nuit je l'ai conservée ;
Elle est massacrante. Bourgeois,
Prenez garde et n'y revenez pas deux fois.

Ce matin je trouvais votre gilet, un coupe-papier de Thérèse, des lettres ; mon humeur est transformée. Je vous remercie beaucoup, le gilet est si beau et si inattendu.

Jacques

P.S. : Chère Madeleine, à présent que tu n'es plus la fille de Mercure, tu pourrais peut-être m'envoyer *Quarantième étage*[5].

□

[lettre sans lieu ni date : 1942[6] ?]

	J. Ferron
Université Laval	Secrétariat général

Service des examens

Médecine 1ère année	Premier semestre 19......

Résultat des examens

Matières	Conservé sur 100
Chimie générale	70 [comme je m'attendais]
Biochimie	86 [au-delà de mes espérances]
Biologie	69
Embryologie	
Anatomie	78 [en deçà de mes espérances]

303/4 = 75 %

Je m'attendais d'être un peu plus fort, mais si je considère les nombreux échecs qu'il y a eu, mon résultat me réjouit encore. Nous sommes fort peu nombreux qui n'avons rien coulé.

J'ai deux oreilles de gelées, mais je n'en suis pas moins votre fils aimant,

Jacques

[Au dos de l'enveloppe]

Que Madeleine n'oublie pas *Quarantième étage* ; reliure en toile verte.

□

---

5. Nous n'avons malheureusement pu retracer la référence de cet ouvrage.
6. Cette lettre est écrite sur un bulletin officieux de Ferron.

[lettre sans lieu ni date : 1942[7] ?]

Rassure-toi, mon cher papa : je suis encore à Québec. Ou si tu as pensé un instant que c'était le Président de la république voisine qui t'écrivait, console-t'en : c'est ton fils Jacques, ton fils au désespoir d'avoir pensé le 9 que tu étais né le 8. Au désespoir parce que c'est une distraction qui afflige mon amour filial et pour une autre raison : je suis à apprendre l'obstétrique, c'est-à-dire l'art de collaborer avec la femme qui veut bien avoir un enfant. Franchement, je me demande à quoi me servira l'étude de cet art si j'ai des oublis semblables et si je prends l'habitude de me présenter le 9 quand le bébé braille depuis 24 heures.

Désolé, navré et repentant.

Ton fils qui t'aime,

Jacques

□

[lettre sans lieu ni date : 1942 ?]

Mon cher Papa,

Je suis entré ce matin à l'hôpital, non pas pour me coucher, mais pour passer l'avant-midi debout à regarder. Je suis le médecin, il lève la jaquette du malade, il regarde, je regarde, il hoche de la tête, je hoche de la tête et nous passons à un autre lit ; ici on ausculte, là on tape sur le ventre et quand on a bien ausculté, bien tapé, on sort de l'hôpital à moitié abruti et l'on va manger sans appétit.

Voici mes résultats :

Examens écrits :

	Physiologie :	48 %
	Sémiologie :	85 %

Examens oraux :

	Physiologie :	90 %
	Sémiologie :	80 %

---

7. Cette lettre porte l'en-tête de l'hôtel *The Navarro, 112 Central Park South, New York.*

Chimie clinique :   80 %
Bactériologie :   60 %
Pharmacologie :   95 %
_____
538/700 ou 75 %

C'est moins brillant que l'an dernier, mais 75 % + mes notes de l'an dernier me donne un baccalauréat « *cum gloria* ».
Finances[8]

Livres (toute la pathologie : les derniers livres que j'aie à acheter)	$66.00
Souquenilles (chemises blanches)	$5.00
Stéthoscope	$7.00
Case à l'hôpital, autre lingerie d'hôpital	$2.00
	$80.00
Restes de ma bourse :	$20.00
	$60.00

Voici donc la somme qu'il me faut. Je t'enverrai la facture de tout cela qui n'est que le nécessaire.

On va me donner deux malades à suivre : je te donnerai bientôt de leurs nouvelles.

Sois bon envers toi comme je voudrais l'être avec mes patients.

Jacques

□

_____

8. Cette partie de la lettre porte l'en-tête du « Comité local de rationnement ».

Louiseville, P.Q., le 4 février 1942

Monsieur Jacques Ferron
Québec, Qué.

Mon cher Jacques,

Je reçois ta lettre et elle m'est agréable ; à quel point de résignation que tu es rendu. C'est épatant !

Je t'envoie sous pli mon chèque[9] pour la somme de $41.00 — $40.00 pour ton mois et $1.00 pour le plaisir que m'a causé l'écrit que tu m'as adressé.

Je suis bien portant, je m'occupe beaucoup au règlement de mes affaires personnelles ; j'ai vendu la terre Savoie $6 500.00 et j'en suis content. Mais je me demande que faire au sujet de l'automobile. Ringuette veut remettre son argent et reprendre son auto, j'en suis content. Dois-je acheter une machine neuve ou machine usagée ? Acheter une machine neuve et si nous ne pouvons nous en servir, est une chose peu intéressante d'investir $2 000.00 inutilement, car après la guerre il est certain qu'on aurait tout un modèle spécial et peu dispendieux. Acheter une machine usagée, mais de bonne apparence qui coûterait environ $500.00 serait certainement préférable si la guerre n'est pas de trop longue durée.

Dis-moi donc ce que tu en penses.

Madeleine est de bonne humeur, Marcelle doit venir à Louiseville samedi, et Thérèse et Paul, que j'ai vus mercredi dernier, étaient bien portants.

Bonjour,
J.A. Ferron

□

---

9. Dans la marge, à la main : « Tu n'as rien à payer pour retirer ton argent. »

Louiseville, P.Q., le 17 février 1942

Monsieur Jacques Ferron
Québec, Qué.

Mon cher Jacques,

Madeleine est revenue de son voyage enchantée et fière de son frère.

Mais elle m'a dit que tu avais été malchanceux, alors sous pli [un] billet de dix piastres et pour tes skis, si tu veux avoir des skis « Clément », dis-moi la longueur que tu veux avoir et je t'en ferai parvenir une paire. Garde ceux que tu as et avec les autres déjà cassés, nous pourrons peut-être les utiliser pour des lames de ski pour nos poulains.

Ma santé est bonne, j'ai vu Paul et Marcelle hier, ils sont de bonne humeur et j'ai amené Thérèse passer huit jours à Louiseville, pour repos.

Je te souhaite toujours du succès et du travail pour aimer ta profession et pour être quelqu'un dans ta profession.

Bien à toi,
J.A. Ferron

☐

Le 1er juin 1942 [Val-Cartier]

Mon cher Papa[10],

L'armée est telle qu'on y est bien quand on est exactement semblable aux autres ; jusqu'à ce que je reçusse mes bottines, j'ai vécu dans les transes ; mais à présent que grâce à vos soins rapides, je les ai, je suis heureux comme un lézard qui se fait chauffer au soleil ; j'ai déjà deux excellents coups de soleil, c'est moi qui suis le mieux rôti de Val-Cartier, c'est une gloire.

---

10. Cette lettre porte l'en-tête officiel du *Canadian Legion War Sevices*. Lettre inachevée ; feuillet manquant.

Autre gloire : je suis caporal. On m'a donné cet honneur parce que j'ai réussi mes examens [...].

□

Québec, le 7 septembre 1944

Mon cher Papa,

Tu m'excuseras de ne pas t'avoir écrit plus tôt ; nous avons travaillé fort ces jours derniers : nous nous sommes préparés pour l'hiver. Non que je me sois pourvu d'une hache et que je sois parti faire du bois ; non que ma femme[11] ait sorti son grand chaudron dans la cour pour faire son savon. Mais nous avons fait le ménage de notre appartement, lavé nos murs et nos rideaux, peinturé nos meubles, fourbi notre coutellerie… Bref, nous pouvons aujourd'hui nous asseoir sans avoir crainte de nous salir.

Nous voyons Marcelle assez souvent ; elle a, comme toujours, beaucoup de projets. Elle a failli reprendre sa peinture, mais ne l'a pas reprise. Elle a failli s'inscrire à l'école de Commerce, mais n'y est pas entrée. Finalement, elle a décidé d'apprendre le russe. Jusqu'à hier, c'était chose entendue ; hier, elle a commencé à être moins décidée et aujourd'hui, il semble bien qu'elle n'apprendra pas le russe. Elle ira à Vernon en Colombie-Britannique où René[12] va suivre un cours de Commando. Ça lui fera un beau voyage ; malheureusement, il est dispendieux, et elle n'est pas certaine de trouver à Vernon un gîte où loger. Le camp militaire est à sept milles de la ville. René est bien patient. Entre-temps, elle souffre du scorbut, maladie dont souffrait Jacques Cartier lors de son séjour à Québec — c'est-à-dire qu'elle a mal aux gencives.

J'ai fait des démarches pour le petit Armstrong que tu m'as amené et qui souffre d'épilepsie. Il y a à Québec un hôpital qui

---

11. C'est la première fois que Ferron fait ainsi référence à sa femme. Tout comme pour le mariage de son père, aucune lettre de cette correspondance ne fait mention de ce mariage, survenu le 22 juillet 1943 à Nicolet.
12. Premier conjoint de Marcelle Ferron. Il fit son entraînement militaire à la même époque que Jacques avant de devenir avocat.

s'occupe spécialement des enfants souffrant de cette maladie. C'est l'Hôtel-Dieu du Sacré-Cœur, Limoilou, Québec. Il faudrait qu'Armstrong écrive pour demander l'entrée de son fils. On lui enverra une formule d'entrée et une formule d'Assistance publique. Après quoi, il n'aura qu'à envoyer son petit bonhomme. Quand tu iras à Saint-Alexis, pourrais-tu leur faire la commission ?

Mon premier terme d'Université est de $95.

Mes amitiés à Maman Ida[13], à Madeleine.

Je te serre la main,

Jacques

---

13. Étrangement, rien n'annonce ou ne laisse présager, dans cette correspondance, le second mariage de Joseph-Alphonse Ferron avec Ida Méthot.

Dans l'armée
1945-1946

Après avoir terminé avec distinction son doctorat en médecine, Ferron ira poursuivre son instruction militaire élémentaire à la base de Vernon en Colombie-Britannique, puis son instruction militaire avancée au camp Borden en Ontario. D'octobre 1945 à janvier 1946, il sera médecin de service au M.D. Six de Longueuil, puis, à titre de capitaine, au camp d'internement des officiers allemands de Grande-Ligne. Rétrogradé au rang de lieutenant, il dut reprendre son instruction avancée au camp Borden avant d'être muté au camp Utopia dans la baie de Fundy, puis à Fredericton. Affecté à Québec au M.D. Five, il sera finalement démobilisé en juillet 1946[1].

---

1. C'est dans *Gaspé-Mattempa* que Ferron résume avec verve cette « belle année de voyagement, d'errance et d'extravagance pour tout le Canada, de la Colombière, dans le bel entre-deux des Rocheuses, juqu'au camp Utopia, dont personne ne semble avoir entendu parler ni des sardinières de la baie de Fundy, à Black-Harbour, tout près, en passant par Borden et Toronto-la-folle, par Fredericton et son petit village souriquois, de l'autre côté de la rivière Saint-Jean : par Grande-Ligne, sur les hauteurs de Saint-Blaise où [il] se trouvera partagé entre les prisonniers allemands et les bons *Old Vets* qui les gardaient » (édition préparée par Marcel Olscamp, Montréal, Lanctôt éditeur, « PCL », 1997, p. 16).

[sans lieu ni date : janvier 1945]

Mon cher Papa,

Je me rase depuis dix ans, j'étudie depuis quinze ans et voilà déjà plus de vingt-quatre ans que je suis ton fils. Cette filiation est donc ce que j'ai de plus ancien ; elle est sans doute aussi l'événement primordial de ma vie, car sans elle, je me demande comment j'aurais pu m'y prendre pour avoir de la barbe, pour étudier. À l'occasion de mon vingt-quatrième anniversaire de naissance, je te remercie donc d'avoir bien voulu être mon père.

C'est la première fois que je le fais ; je m'excuse de l'avoir oublié les vingt-trois premières années de ma vie.

L'idée m'en est venue ce soir : je méditais sur ma destinée, je me voyais enfant, je me voyais plus vieux ; je me voyais plus fin, je me voyais moins fin, mais à force de voir, je vis que sans toi je n'aurais été ni fou ni fin : alors je me suis dit : il faut que je remercie ce bon vieux papa d'avoir bien voulu que je sois son fils.

Car je ne sais pas si c'est l'habitude, mais je ne peux pas m'imaginer autrement qu'en étant ton fils. Je le pourrais que je ne le voudrais pas. Je suis fier que tu sois mon père ; je pense même que ce que j'ai de meilleur, je le tiens de toi. Par exemple, j'ai beaucoup de facilité à être bon pour les malades que je fréquente, à compatir à leur malheur ; or je sais que cette facilité, tu l'as toujours eue ; tu as toujours été bon pour les pauvres diables. Cette humanité est à mon sens la qualité la plus grande qui soit et je ne saurais trop te remercier de me l'avoir fait comprendre.

Je tiens de toi des choses dont je suis moins content : une certaine tendance à l'embonpoint, le grand nez et une certaine faiblesse de caractère qui me fera peut-être abuser de certains bonheurs terrestres. Mais ce sont là choses secondaires. Et si à leur propos, ou plus précisément à propos de cette faiblesse qu'un Ferron éprouve envers quelques passions, j'ai pu te dire des choses affligeantes, mon cher papa, ce fut pour des motifs d'ordre familial ; tu pourrais continuer la vie un peu relâchée que tu as eue ces dernières années, je ne cesserais jamais d'avoir pour toi la plus haute estime.

Mais je me suis aperçu par l'écriture ferme de tes lettres que tu es très bien et j'en suis infiniment heureux.

Puisque nous sommes sur le sujet, je te conseille de faire examiner ton cœur par un spécialiste, le Dr Tétrault par exemple ; la radiographie que tu m'as montrée me semble un peu inquiétante. Il vaut mieux prévenir que guérir.

Ici, nous continuons notre petite vie studieuse, chacun dans notre faculté, qui dans son bureau d'avocat, qui à l'hôpital. Et le temps passe vite. René vient coucher chez nous presque à tous les soirs. C'est un brave garçon, et chose rare dans sa situation, un mari impeccable. Il faudrait que tu viennes passer quelques jours avec nous, quelques jours de rentier : l'après-midi tu irais au Parlement, le soir tu nous aiderais à laver la vaisselle, après quoi nous jouerions aux cartes ou irions au théâtre. N'est-ce pas ?

Magda^2 t'envoie ses amitiés.

Je te serre la main,

Jacques

□

[Québec, le 28 mai 1945]

Mon cher Papa,

Je suis de nouveau un prolétaire. J'ai vendu mes meubles et mon tapis, mon appartement est fort nu : il n'y reste que les murs, les cabinets et le bain. Ma femme y dort. Quant à moi, je me suis acheté un hamac. J'aime à ce point ce genre de niche, que je ne pourrai plus dormir ailleurs. Quand je descendrai à Louiseville, il est probable que j'amènerai mon hamac.

À part ce hamac, il y a l'étude, le doctorat que je passe vendredi et qui me coûtera $25 <…>. Pourrais-tu m'envoyer la somme à 14 des Remparts.

Bonjour à toute la famille, mes hommages à Maman Ida.

Jacques

□

---

2. Il s'agit du surnom de sa première épouse, Madeleine Therrien.

[Québec, été 1945]

Mon cher Papa,

La chose est très pénible et je suis peiné d'avoir à te l'apprendre. Je m'y attendais et sans fausse modestie, je puis te dire que je l'ai méritée.

C'est une chose non seulement très pénible, mais encore qui va me transformer. Je vais perdre ma personnalité.

Au lieu de me dire Jacques, on va me dire en s'adressant à moi : docteur, ce qui est impersonnel, ce qui me déplaît. C'est ça la chose pénible.

En effet, il semble bien que je serai médecin. Il ne me reste plus que quelques examens faciles à passer. Je serai assermenté le 3 juillet.

Cependant, avant de prêter ce serment fatal, il est probable que j'aille vous voir vendredi prochain.

Madeleine a passé avec succès sa licence ; c'est presque un événement car elle est la première femme à le faire à Québec.

Mon cher Papa, j'en arrive à une démarche qui me remplit de joie, car c'est la dernière fois que je la fais. C'est la démarche qui consiste à t'enlever un peu d'argent. Il me faut en effet $60 pour prêter le serment d'Hippocrate. Je dois remettre l'argent au plus tard jeudi.

Je trouve le Collège des médecins moins vorace que le Barreau qui n'exige pas moins que $200. Ce qui veut dire que mes fauteuils, mon divan, mon tapis ont à peine suffi à solder ce prix exorbitant.

J'espère que vous êtes tous en bonne santé ; quant à nous, nous sommes sains et saufs. J'ai grand-hâte de te voir.

Jacques

□

Mardi, le 28 août 1945[3]

Mon cher Papa,

J'ai reçu ta lettre avec joie ; rien ne nous fait plaisir autant que d'entendre crier notre nom par le facteur.

Les rayons du soleil ne me fatiguent plus et malgré les rigueurs de l'entraînement, tout va bien, tout va si bien que le 8 septembre je prendrai le chemin du retour.

Il semble donc que je n'aurai pas de difficultés à assister au mariage de Madeleine. J'en suis bien aise. Mille bonjours à tous, à Maman Ida, aux frère et sœurs.

Jacques

□

Camp Borden, le 24 septembre 1945

Mon cher Papa,

L'armée a ses raisons que la raison ne connaît pas. Mais tout ceci demande une longue explication.

Mardi matin, à l'heure où les permissions se demandent, le Plt[4] Ferron, dûment escorté par « l'officier du jour », se présente chez l'adjudant. Il salue avec la rigidité d'un lance-caporal qui veut devenir caporal, on lui rend son salut plus mollement, il n'a pas le temps d'offrir son sourire le plus séduisant, qu'on lui demande brusquement : de quoi s'agit-il ?

Il s'agit d'un mariage, du seul mariage que le Plt Ferron serait peiné de manquer, de celui d'une sœur et d'un ami.

L'adjudant est un dur, parce qu'il frotte ses souliers et ses boutons lui-même, qu'il porte une grosse moustache anglaise, il se croit militaire, tout ce qu'il y a de plus spartiate.

---

3. Cette lettre porte l'en-tête suivant : « *The Salvation Army. "Keep in touch with the folks at home". On active service with the Canadian Forces.* »
4. Abréviation pour *Private Lieutenant.*

Mais si dur qu'il fût, mes arguments le pénétrèrent : « *"Well"*, dit-il, je vais soumettre votre demande au colonel et quoique, samedi, vous ayez un "test", j'ai lieu de croire qu'il vous l'accorde».

Tout était pour le mieux dans le meilleur des mondes et bénissant Dieu, l'adjudant et sa moustache, pieusement, comme une vierge comblée de grâces, le Plt Ferron s'en fut retrouver les camarades. Imprudents camarades ! Têtes légères, trop françaises, trop bruyantes pour plaire à la quiétude, à la monotonie anglaise ! Dans leurs rangs, sur la parade, il y avait toute une vie souterraine de rires étouffés, de coups de pied discrets, de cordes attachées au derrière du voisin de devant, il y avait une gaminerie, une indiscipline qui rebroussaient la moustache des sévères officiers.

L'innocent le plein de bonne volonté Plt Ferron, au milieu de ses compagnons de mauvais aloi, ne se doutait de rien.

C'est à ce moment précis qu'intervient un petit carré de pelouse. Il faut dire qu'il est précieux, il faut dire que pour le susciter on a dû avoir quelques difficultés, car la plaine de Borden est sablonneuse, stérile. De chaque côté, un « *Keep off the grass* » bien évident ; — et ce qu'on ne voit pas —, l'œil vigilant de l'adjudant dont le bureau donne sur le carré de pelouse. Les Anglais peuvent avoir de grosses moustaches, un flegme étonnant, ils n'en ont pas moins des yeux d'enfants ; leur bonheur est dans des riens, une pipe, un chien, les œufs le matin, un arbre, une pelouse.

Ce tempérament anglais, l'antipathie que notre exubérance latine avait suscitée, firent que j'entendis un énorme : « *Féronne ! Féronne, come in.* »

Comme un canard attrapé au vol par un habile chasseur, j'étais cueilli, courant sur la pelouse, et cueilli par l'adjudant. Il ne fut pas tendre, il fut même très bête et bête en anglais. Mon vocabulaire en cette langue est fort restreint et il me faut une atmosphère paisible pour le déballer. Dans la tempête, je suis muet, presque sourd, non sourd au point de ne pas entendre que ma fin de semaine était à l'eau. Je suis donc reparti trempé, désolé.

J'ai pensé à déserter pour quelques jours. C'est difficile, on me tient : on m'a dit que si je n'étais pas sage, je ne serais pas capitaine aussi rapidement que normalement ; or, être capitaine, c'est

$2.50 de plus par jour. Pour un père de famille, c'est un argument pesant.

Voici pourquoi je n'ai pas pu me rendre à Louiseville samedi. Tu peux être certain, mon cher papa, que j'en étais désolé. J'ai l'impression que je n'aurai plus l'occasion de me rendre souvent à Louiseville tant que je serai dans l'armée. Il paraît que je serai posté dans l'Ouest dès que mon cours sera terminé ici.

Mon meilleur bonjour à Maman Ida ; j'imagine qu'elle doit être fatiguée ces jours-ci ; j'espère que Thérèse ne se mariera pas trop vite afin qu'elle puisse se reposer un peu.

Mes hommages à la noble Thérèse.

Ma femme est en bonne santé, elle vous salue tous.

Donne-moi des nouvelles de la famille.

De tout cœur,

Jacques

□

[sans lieu ni date : octobre 1945]

Mon vieux papa,

Je commençais à être inquiet : pas de nouvelles de Louiseville, pas de réponse à ma lettre. J'étais à me demander si tu n'étais pas fâché de ce que je n'ai pas pu me rendre au mariage de Madeleine. Cela me faisait beaucoup de peine parce que j'ai fait l'impossible pour m'y rendre. Malheureusement tout a été contre moi ; non seulement je n'ai pas eu ma fin de semaine, mais encore j'ai perdu les deux congés que nous avons eus durant notre entraînement ; j'ai failli passer en cour martiale. Et cela pour des insignifiances ; l'armée ne badine pas.

C'est te dire avec quelle joie j'ai reçu ton envoi, mon cher Papa. La montre est merveilleuse. J'en suis fier comme un enfant ; je t'en remercie de tout cœur.

Mon entraînement achève ; il finira le 20 octobre : je ne sais pas encore à quel endroit je serai posté ; ce pourrait être aussi bien à Vancouver qu'au Labrador. Quoi qu'il en soit, je trouverai le moyen d'être à Louiseville, dimanche le 21. Il me semble que ça fait des années que je ne t'ai point vu. Je ne crois pouvoir rester plus que quelques heures ; ce sera toujours ça de pris.

Nous avons reçu un vaccin aujourd'hui, un vaccin que je ne digère pas et qui me rend malade. Excuse-moi de ne pas t'en écrire plus long. Ma femme est en bonne santé, elle vous embrasse tous. Bonjour à Maman Ida, à Thérèse. Donne-moi l'adresse de Madeleine ; ça me ferait plaisir de lui écrire.

Je te remercie encore, mon vieux papa. Crois à mon affection la plus entière.

Jacques

□

[sans lieu ni date : été 1945]

Mon cher Papa,

Après être demeuré sept jours et huit nuits dans un wagon, comme Jonas[5], je suis revenu sur la terre ferme, à Calgary, ville outrageusement anglaise où pour me faire comprendre je dois gesticuler comme un sourd-muet.

Le voyage a deux phases : la première dans le nord de l'Ontario où l'on ne voit que des lacs et des montagnes ; la seconde : les grandes plaines qui sont très monotones. Cette nuit, nous entreprenons les Rocheuses.

Bonjour à Maman Ida, à Thérèse et à Madeleine.

Cordialement,
Jacques

□

---

5. Ferron fait évidemment allusion au Jonas de la Bible qui passa trois jours dans le ventre d'un énorme poisson (ou d'une baleine, selon les versions) avant d'être régurgité vivant.

Vendredi le 16, 1945[6]

Mon cher Papa,

Vernon est une petite ville où il ne pleut jamais et où il fait chaud à faire frire un œuf dans sa main.

Mais la chaleur, la sécheresse, les sauterelles ne seraient rien s'il n'y avait pas l'armée. Il y a l'armée et l'armée, ça représente une journée qui commence à 6 hres et qui finit à 8 hres p.m. Ça représente l'engueulade et parfois, comme ça m'est arrivé hier soir, le lavage des planchers.

Heureusement que nous sommes en groupe. Nous pouvons rire de notre misère commune.

Car c'est de la belle misère. Il paraît que ça va nous faire du bien : en attendant, je saigne du nez comme un collégien grandi trop vite.

Bonjour à toute la famille. Écrivez-moi, ça me fera grand plaisir.

Bonjour, mon cher papa,

Jacques

Mon camp ne dure qu'un mois.

□

Borden, lundi le 17 [1945[7]]

Mon cher Papa,

Je suis au Mess et quand je regarde par les fenêtres, je m'étonne de pas y voir passer de maisons, courir des arbres. Après une semaine passée à voyager, un arbre immobile est d'un spectacle insolite. J'ai quitté Vernon, lundi dernier, suis arrivé à Borden vendredi matin, étais à Montréal le soir et samedi matin j'arrivais à Québec d'où je suis revenu avec Madeleine. Elle réside à Barrie,

6. Cette lettre porte l'en-tête suivant : « The Salvation Army. "Keep in touch with the folks at home". On active service with the Canadian Forces. »

7. Cette lettre porte l'en-tête du Canadian YMCA « On active service ».

à dix milles du camp. Après un mois de séparation, c'est une bien agréable chose.

Mon cher papa, j'ai été désolé de ne pouvoir arrêter te voir. Comme je t'ai dit, je n'avais que quelques heures. Si j'avais pu le prévoir, j'aurais demandé à ma femme de m'attendre à Louiseville et ainsi le mari, le fils, le frère, tout le monde chez moi aurait été content. Actuellement, j'ai un mari heureux, un frère malheureux et un fils désolé. Je ris d'un œil, je pleure de l'autre.

Je fais des démarches pour pouvoir me rendre à Louiseville samedi. L'armée est pire que le collège, j'enrage. Il faut croire que je suis plus diplomate que naguère ; je ne me suis pas encore fait mettre à la porte. L'argent y est pour beaucoup ; on nous dit : si vous n'êtes pas sages, vous ne serez pas capitaines. Être capitaine, ça représente une augmentation de $2.50 par jour. Alors on se force. On enrage entre ses dents et les jours passent, tous monotones, tous plats.

Et je n'ai pas fini ; après Borden, il semble que je serai posté dans l'Ouest. Mais de toute façon, avant de repartir sois certain que j'irai avec toi, mon cher Papa, chasser la dive perdrix.

Mes amitiés à Maman Ida, aux petites sœurs.

Je te serre la main,

Jacques

To J.F.
A-22 — CAMC (TC)[8]
Camp Borden
Ontario

□

[Grande-Ligne, fin janvier 1946]

Mon cher Papa,

J'ai reçu ta lettre avec joie, les souhaits, les conseils et le chèque qu'elle portait. Je t'en remercie de tout cœur. Mon anniversaire m'a

---

8. Abréviation pour *Canadian Army Medical Corps (Training Center)*.

laissé songeur : avoir vingt-cinq ans, ce n'est pas une mince affaire, c'est avoir derrière soi un quart de siècle. Encore si je ne l'avais que derrière moi, mais je l'ai aussi sur la tête ; mon front, qui s'agrandit, devient un crâne. Encore quelques années, et j'aurai un air tout à fait vénérable. Si je fais des folies, on ne me les pardonnera plus, car je serai ridicule d'en faire avec un crâne chauve.

Excuse-moi de ne pas t'avoir écrit plus tôt. Mes nouvelles fonctions m'ont absorbé. Je ne suis plus le plus jeune des quarante médecins de Longueuil, je suis le médecin du *N° 44 Internment Camp*. J'ai un sergent, un caporal et trois soldats sous mes ordres : quand je leur parle, ils se mettent à l'attention ; je leur dis : faites ceci, et ils le font. Au Mess, j'occupe un rang enviable ; si le Colonel joue au bridge, je suis le premier à être invité à sa table.

Grande-Ligne est un petit village à quinze milles de Saint-Jean, un village baptiste et chose assez rare, le pasteur et plusieurs paroissiens sont canadiens-français. La grand-mère du pasteur, Monsieur Boisvert, était une Ferron. Les prisonniers allemands occupent un ancien collège. Ils sont au nombre de six cents, la plupart sont des officiers. Je m'entends très bien avec eux. Beaucoup parlent le français. Deux à trois [fois] par semaine, ils m'invitent à prendre le café.

Mais ces chers Allemands ont le tort de faire leur café très fort. Avant-hier j'en pris trois tasses. Rendu à la maison, Papou[9] m'en fit boire une autre tasse. La nuit venue, je m'endormis comme de coutume, en me couchant. Tout allait bien, n'est-ce pas ? Mais je commençai à rêver : j'étais au fond d'une grande pièce dont la porte était ouverte ; je surveillais attentivement cette porte, car il me semblait que des brigands voulaient m'assassiner. Je les entendais marcher, mais aucun n'était encore entré. Je surveillais toujours la porte. Tout à coup, je sens bouger près de moi : je deviens angoissé ; le meurtrier, me dis-je, est près de moi. Comme je tiens à la vie, je décidai de me défendre : à coups de poing, à coups de pied. J'attaque le meurtrier, la lutte est intense jusqu'au moment où je tombe du lit.

---

9. Autre surnom que Jacques donne à son épouse, Madeleine Therrien.

Le Papou — car c'était lui que j'avais attaqué sauvagement — pousse un cri de mort. (Elle croit que je fais une attaque d'épilepsie.) Toute la maison s'éveille, les gens chez qui nous demeurons montent avec précipitation, ils croient qu'un malheur est arrivé.

Heureusement qu'en tombant du lit, je m'étais éveillé : je pus donner des explications qui amusèrent tout le monde. Papou, qui porte encore quelques bleus, m'a défendu de boire d'autre café.

Papou est heureuse ici ; elle joue dans la neige, fait sa popote. Elle a un caractère très champêtre et n'est pas plus faite pour les hautes fonctions juridiques que je ne suis fait pour l'enfer.

Porte-toi bien, mon cher Papa, et crois à mon affection la plus grande,

Jacques

□

[Grande-Ligne, le 11 février 1946]

Mon cher Papa,

Tes lettres me font toujours un grand plaisir et un peu de peine ; un peu de peine, parce qu'après les avoir lues, il me semble que cela fait des mois et des mois que je ne t'ai pas vu. J'ai hâte d'avoir un congé afin de me rendre à Louiseville, mais je ne crois pas l'avoir bientôt. J'ai beaucoup d'ouvrage ici, nos prisonniers doivent partir bientôt ; cela signifie une série interminable d'examens médicaux.

Je suis à faire faire mon portrait par un prisonnier, artiste de talent[10]. Je te l'enverrai bientôt. Il n'est pas mal. C'est mon avis que lorsqu'on veut devenir célèbre, il faut s'y préparer ; mes biographes seraient fort embêtés s'ils n'avaient pas de moi au moins un portrait. J'ai prévu leur ennui et je me suis fait dessiner le nez.

---

10. Ferron mentionne également ce « portrait à l'allemande » dans un des chapitres du manuscrit inédit du *Pas de Gamelin* (voir « La berline et les trois grimoires », dans *l'Autre Ferron*, p. 305-312). Tout porte à croire que c'est ce portrait que l'on retrouve dès la toute première page du livre de Jean Marcel, *Jacques Ferron malgré lui* (édition revue et augmentée, Montréal, Parti pris, « Frères chasseurs », 1978, 288 p.).

À part cela, la petite vie va son train. Papou est toujours champêtre, heureuse de pelleter de la neige et de faire la cuisine. Pour la faire rire un peu, je me suis fait raser la tête. La farce a été drôle le premier jour, maintenant il paraît qu'elle est triste. Le crâne rasé me console de vieillir à chaque jour, car chaque jour, les cheveux me repoussent. Je serai présentable dans un mois.

Je fraternise avec les Allemands, tous de chics bonhommes. Leur séjour au Canada est assez paradoxal ; ils y vivent depuis trois à quatre ans sans en avoir rien vu. Ils retourneront chez eux sans en voir davantage. Beaucoup aimeraient demeurer ici et si j'étais le gouvernement, je les garderais.

Si Thérèse ne sait pas trop que faire, une de ces fins de semaine, qu'elle vienne la passer avec ma femme qui en serait très heureuse. Je n'ose pas t'inviter, car je sais que tu ne viendrais pas. Évidemment, vous ne pourriez pas voir de prisonniers. Vous devriez vous contenter de nous.

Ma femme est toujours très heureuse des bons mots que tu as pour elle dans tes lettres. Elle te prie de croire à son affection. Bonjour mon cher papa, sois heureux, porte-toi bien et sois certain que j'irai te voir dès que je le pourrai.

Jacques

□

Louiseville, le 16 février 1946

Mon cher Jacques,

Ta lettre m'a reporté à mes années de 1921 et 1922, où ma chère Adrienne épiait la chute de mes cheveux et me disait : "C'est un signe d'un homme sérieux, qui fait travailler son cerveau, mais sois prudent et prévoyant."

La Providence a voulu qu'elle ne me voit pas chauve et qu'elle ne connaisse pas les imprudences que l'orgueil, du succès d'alors, a peut-être été la cause.

Tu t'es fait raser à la date où tu ambitionnes de devenir célèbre, ce qui est très bien ; car durant la croissance de cette nouvelle chevelure, se fera aussi celle d'un homme clairvoyant et prudent.

Je suis content de te voir heureux ainsi que Madeleine, qui, dans la solitude et le travail qu'elle fait, atteindra ces qualités de la femme aimée par le général Bonaparte, répondant au questionnaire de Madame de Staël.

Ton désir de venir me voir me réconforte et je te remercie pour ton invitation à Thérèse qui est en fin de semaine avec ses amies de Joliette, [en] voyage dans le nord.

Marcelle et René m'arriveront mardi pour quelques jours, René a congé.

Paul est en retraite.

Madeleine revient de N.-É. [Nouvelle-Écosse] vers le 25 février pour passer quelque temps à Louiseville. Robert va en mission étrangère.

Comme tu vois je vous suis [tous] et avec satisfaction.

J'inclus une copie de jugement dans mon action : le *in rem verso*[11].

Ce n'est pas de la littérature pour toi, mais du droit pour Madeleine ; un jugement qui, outre de m'être lucratif, me fait grandement plaisir et qui aura sa répercussion contre mes confrères Béland et Chevalier, maire et greffier de Louiseville.

Mon moment de causer avec vous est terminé et je vous dis,

Bon soir, ton père,

J. Alphonse

□

[Camp Utopia, avril 1946 ?]

Mon cher Papa,

Un fils se doit d'écrire à son père. Voici donc le fils, le voici des forêts, des montagnes et des lacs, le voici de très loin, de très creux, le voici d'un camp militaire dont l'isolement, le décor sauvage en

---

11. Il s'agit d'un document annexé contenant la description d'une affaire opposant Joseph-Alphonse Ferron à la ville de Louiseville.

font quelque chose d'invraisemblable, presqu'une utopie, le voici précisément du camp Utopia.

Pour se rendre à ce camp, voici le chemin qu'il faut faire ; partir au petit jour de Nicolet sur un train spécial (du moins, j'ai cru qu'il était spécial car nous en étions, Papou et moi, les seuls passagers), arriver à Montréal de bonne heure afin de pouvoir s'acheter des bas « nylon », dîner *Chez Pierre* de tripes sautées lyonnaises, aller rendre visite à Marcelle, la surprendre nue en train de faire le portrait de sa fille (comme elle ne répondait pas, nous avions poussé la porte ; tout empêtrée dans la robe qu'elle voulait revêtir, elle nous expliqua qu'elle n'avait pas répondu parce qu'elle atttendait le garçon épicier), jaser avec elle, repartir, souper au Windsor, y rencontrer Guy Caron, se griser de communisme et mal manger, aller dans une gare, y abandonner sa femme parmi les porteurs nègres, monter dans le train, y trouver un lit, une voisine, écouter le voisin vous expliquer ses idées sur l'Iran et les pétroles, dormir sans arrière-pensée (la voisine a soixante ans), se réveiller à Frederictown[12], dîner à Saint-Jean (ville sale, mal bâtie, admirablement bien située), entendre crier les goélands de la baie de Fundy, aller voir son DMO[13] (cher DMO qu'il est gentil en sa timidité : il me donne mon poste en baissant les yeux. Comme il me rassure ! « *Do not worry*, me dit-il, vous n'y restez que trois à quatre semaines »), sortir de chez le DMO, prendre son autobus, faire quarante milles en longeant la baie de Fundy, dans une nature fort sauvage, ne pas traverser un seul village, en frapper enfin un, y descendre (le village fait penser à Saint-Alexis : les jeunes beaux y portent les mêmes feutres verts, les mêmes chaussures de couleur), remonter dans un jeep qui vous attend, faire cinq milles dans le bois et après une côte abrupte, trouver une clairière, dans la clairière des baraquements : c'est Utopia.

---

12. « Frederictown » : Ferron se plaît, à plusieurs reprises dans cette correspondance, à orthographier ainsi Fredericton.
13. Il s'agit de l'abréviation pour *District Medical Officer*.

Je suis attaché à l'hôpital du camp : nous sommes deux médecins ; nous avons cinq patients, trois Nursing Sisters. Les patients
vont très bien, les Nursing Sisters vont très mal : je crois que dans
quelques jours, elles ne seront plus d'âge militaire. Utopia est un
beau camp ; malheureusement, il est impossible d'en sortir ; cette
réclusion gâte sa beauté. On m'avait dit qu'un officier n'allait
jamais à Saint-Georges : tu sais, je ne suis pas comme les autres, j'y
suis donc allé hier soir. L'autobus y arrive à 7 hres, en repart à
11 hres. De 7 à 9, je fus au cinéma. De 9 à 11, j'attendis mon
autobus : je marchai quelque peu. J'allais d'un bout à l'autre du
village ; j'étais le seul officier, tout le monde me regardait, j'étais
mal à l'aise. Un gros bonhomme, à moitié civil, à moitié aviateur,
quelque peu éméché, se promenait comme moi : chaque fois qu'il
me rencontrait, il me disait : « *Hello Chief !* » en faisant une sima-
grée de salut militaire. Les badauds trouvaient ça bien drôle ; à
chacun son goût, moi, je ne trouvais pas ça drôle du tout.

Bonjour à Mère Luche[14], bonjour à Thérèse.

Je te serre la main, mon vieux Papa,

Jacques

□

Frederictown, le 15, peut-être le 16 mai 1946

Mon cher Papa,

Quand l'armée eut décidé que mon séjour à Utopia avait assez
duré, elle m'ordonna de me rendre à Frederictown. Je lui objectai
qu'il faudrait auparavant que je demande l'avis de mon père.
L'armée ne voulut rien entendre et ce fut ainsi que sans ta permission je vins à Frederictown.

Mais je sais que tu me l'eusses accordée, car Frederictown est
une belle ville — du moins relativement aux autres villes du N.B.
[Nouveau-Brunswick] — et j'y suis des plus heureux. Papou

---

14. Surnom affectueux de Madeleine Ferron, sa sœur. Il est rare que Ferron
l'écrive de cette façon, utilisant le plus souvent « Merluche ».

demeure à l'endroit le plus cher de l'endroit ; elle dîne avec un général à tous les jours et je remercie le ciel de n'avoir pas d'ambitions militaires, car si j'en avais, il faudrait que ce bon Papou « flirte » avec le général ; ce que dans mon cœur, je déplorerais. D'ailleurs le général a une femme assez jalouse. En somme, tout le monde est chanceux que je n'aie pas d'ambitions militaires.

Je sais que tu préférerais que j'en aie et que je t'arrive un jour, major, dans une limousine longue comme une maison. Hélas ! mon cher Papa, il semble bien que jamais major ne deviendrai — je suis encore lieutenant après dix mois ; mon cas est unique dans le RCAMC[15] — que jamais grande limousine n'aurai. L'avenir, parce que je n'ai pas [de] grandes ambitions, ne m'embarrasse guère. Je ne sais pas encore ce que je ferai en sortant de l'armée. J'ai parfois l'idée de ne pas pratiquer la médecine — idée assez folle, je l'avoue, mais qui aura un excellent effet, car le bon papa inquiet de son fou, va lui écrire une lettre de recommandations sages. C'est assez remarquable qu'il faut t'inquiéter un peu pour que tu écrives. La dernière fois, ma lettre était tout à fait sage (trois pages sans une ligne de sérieux) et tu ne m'as pas répondu. Si jamais tu apprends que je suis en prison, tu pourras t'en accuser, car ce sera le moyen radical qu'aura pris un fils qui s'ennuie de son père, de son père qu'il aime bien, pour avoir une lettre de lui.

Jacques

□

[lettre sans lieu ni date : juin 1946 ?]

Mon cher Papa,

Peut-être n'es-tu pas content d'être né et souffres-tu que nous t'en félicitions. Peut-être aurais-tu préféré naître ailleurs, en Chine pour être mandarin, en Océanie pour être cannibale. C'est pourquoi je suis indécis : dois-je te féliciter ? Cependant, content ou

15. Abréviation pour *Royal Canadian Army Medical Corps.*

non, ta naissance m'intéresse vivement car s'il en est une à laquelle je doive quelque chose, c'est bien la tienne. Où serais-je sans elle ? Décidément tu as bien fait de naître et je t'en félicite.

Ta naissance me semble d'autant plus extraordinaire que t'ayant toujours connu gros et grand, il m'est impossible de te figurer nouveau-né. C'est pourtant ce personnage que tu as été, qui est, dans le cycle de la liturgie familiale, célébré le 8 juin. Autour du berceau où il suce peut-être son gros orteil, la famille respectueuse se penche. Je regrette infiniment de ne pouvoir assister à la cérémonie. C'est peut-être mieux, car je pourrais exiger que tu ne boives durant la journée que du lait avec un biberon. Mon cher Papa, je ne te ferai pas de souhaits, car tu sais bien que dans mon cœur, je ne désire pour toi que du bonheur et de la joie.

Jacques

P.S. : Je serai à Montréal lundi et mardi, pour m'occuper de l'impression de mon livre[16]. Je ne crois pas avoir le temps d'aller à Louiseville, je te téléphonerai.

---

16. Il s'agit sans doute de *la Gorge de Minerve*, roman que Ferron tentera au moins à deux reprises de publier. Voir la lettre du 15 décembre 1946, *infra*, p. 255.

En Gaspésie

À l'été 1946, Ferron décide de pratiquer sa profession en Gaspésie : il s'installe d'abord à Petite-Madeleine, puis à Sainte-Madeleine-de-la-Rivière-Madeleine.

[Petite-Madeleine, août 1946]

Mon cher Papa,

Enfin me voici installé ! Ce ne fut pas facile, car l'affaire s'est compliquée d'un petit accident que j'ai eu : une lampe à pétrole m'a sauté dans le visage. Je suis pour le moment assez endommagé, mais je ne crois pas en garder trop de cicatrices.

Les affaires vont assez bien. J'espère pouvoir payer mon premier billet. Je me suis trouvé une petite maison qui manque de plusieurs commodités ; mais enfin nous nous tirons d'affaire.

Ma femme qui a beaucoup de loisirs a décidé de me faire un fils[1]. J'espère qu'elle persévérera dans sa tâche.

Et la petite vie va son train. Je suis un peu fatigué : je rentre d'un accouchement. Je t'écrirai plus tard.

Mille bonjours aux frère et sœurs.

Je te serre la main,

Jacques

□

---

1. Il s'agira plutôt d'une petite fille, Josephe-Anne Ferron, surnommée Chaouac, qui naîtra le 15 avril 1947.

[Rivière-Madeleine, sans date]

Mardi soir

Mon cher Papa,

Je ne peux pas me résigner à te renvoyer la formule de remisage de mon auto, sans t'écrire un mot. Il est pourtant tard et j'arrive d'une tournée du bas du comté. Je suis parti à 6 hres ce matin, j'ai fait trente milles en autoneige ; durant la matinée, j'ai tenu mon bureau à Saint-Yvon. Après dîner, une voiture me ramène de Saint-Yvon à Pointe-à-la-Frégate (huit milles). En cours de chemin, j'arrête ici et là. J'arrive à la Frégate vers 5 hres p.m. Je tiens mon bureau jusque vers 7 hres. À cette heure, l'autoneige arrête me prendre et me ramène à Madeleine. Je suis parti avec $85 et je reviens avec $123 [en marge : (j'ai dépensé environ $15)]. C'est une de mes bonnes journées.

Riv. Madeleine	Gr. Vallée	Petite-Vallée	Pointe-à-la-Frégate	Cloridorme	Saint-Yvon
•	•	•	•	•	•

— > Gaspé

Remarquez à Grande-Vallée, il y a un médecin. Je lui saute par-dessus la tête, et j'ai toute la clientèle de la Frégate à Saint-Yvon. Je commence à être connu comme Barrabas dans la Passion. J'ai l'impression d'être aimé, et les enfants qui reviennent de l'école lèvent leur casquette quand ils me rencontrent.

J'aime bien ma petite pratique.

Ce printemps, je fais rafistoler mon auto et en la conduisant lentement, en ne m'en servant que pour mes affaires, elle peut me durer encore deux étés.

Mais pour l'hiver prochain, je rêve d'une petite autoneige. On me dit qu'on en fabrique à deux passagers. Avec cela, l'hiver prochain, j'ai une clientèle de Marsouins à Saint-Maurice, cent milles de côte, je ruine complètement le médecin de Grande-Vallée. Je dessers environ 5 000 de population et quand Paul sera reçu, il se spécialise en chirurgie, et nous avons une clinique à Madeleine et l'aide du Gouvernement.

Si je ne profite pas de ma bonne réputation, je risque de perdre l'extérieur et d'être confiné à Madeleine, ce qui serait la médiocrité.

L'autoneige m'est plus nécessaire que l'auto elle-même. C'est pourquoi, si tu avais des tuyaux sur les moyens d'en acquérir une, tu me rendrais service en me les donnant.

Nous avons été touchés de tes envois de journaux. Tu es un bon papa et nous t'aimons bien.

Jacques

P. S. : J'ai une nouvelle plume, de celles qui servent quatre ans. Elle épate les gens, ainsi que la centaine de piastres que j'ai toujours sur moi. Les gens disent : « Il a de l'argent, donc il réussit, donc il est bon médecin. »

□

Madeleine, le 3 septembre 1946

Mon cher Papa,

Comme tu es mon principal créancier, voici l'état de ma fortune.

Dettes
Pharmacie... etc.	88.47
Billet payable à la fin d'octobre	405.00
Tes billets	900.00

J'ai en banque $479.50, en main $ 30.00.

J'ai eu à payer $300 de pharmacie, $50 environ de frais d'automobile, mes frais d'installation... etc.

Ma prochaine dépense sera mon bois de chauffage : environ $100.

Je crois pouvoir mettre environ $200 de côté par mois.

Cela ne va pas si mal. Ma femme est bien et nous serions heureux que tu viennes nous voir. Je te propose une chasse à l'orignal.

Bonjour à Thérèse et à Paul.

Je te serre la main.

Jacques

□

Petite-Madeleine, le 9 septembre 1946

Mon cher Papa,

Voici le montant de la prime. J'aime bien qu'on me paye, mais je n'aime guère payer. Ce serait si beau de n'avoir qu'à encaisser ! Tout de même cela m'encourage de voir semaine après semaine, mois après mois, mes créanciers moins nombreux et moins gros. Tu seras le plus long à dégonfler, mais j'espère avec le temps y parvenir. Du $900 que je te dois, je te promets $400 cet hiver.

Je pourrais te donner plus, mais mon installation n'est que temporaire ; il faut que j'envisage meubles et immeuble pour le printemps prochain.

J'aimerais que tu viennes me voir ; tu pourrais peut-être retourner avec un chevreuil ou un quartier d'orignal. Et cela sans avoir à marcher plus que trois ou quatre milles. Tu verrais ma situation, tu pourrais me donner conseil et surtout tu me ferais énormément plaisir. Et quelles vacances tu passerais !

Cordialement,

Jacques

☐

Madeleine, le 15 septembre 1946

Mon cher Papa,

Une certaine mobilité anime mes affaires. Ainsi donc, hier, j'ai changé d'auto : mon Mercury pour un Plymouth [19]37. $900 de retour, $600 comptant, $300 par un billet payable dans quatre mois. Je vendrai le Plymouth à la fin de l'automne pour environ $500, peut-être $600.

Ainsi donc mon voiturage ne m'aura rien coûté cette année, et le printemps prochain, je m'aurai une auto neuve.

Il faudra donc canceller l'assurance du Mercury pour la reporter sur le Plymouth n° de série : 93799299, n° de moteur : 65125523.

Situation de fortune :

Dettes :	$900	
	$10	
	$630.70	en banque
	$300	en billets
	$30.00	en compte
	$65.00	en main
	$17	
		Mon Plymouth
		Ma Pharmacie
		Mes instruments
		Mon crédit militaire

En somme, ce n'est pas si mal. Mon bureau marche assez bien, mieux de semaine en semaine. Mon mois de septembre sera d'environ $400. Ce qui me porte à croire que dans deux à trois ans, j'aurai suffisamment d'argent pour m'établir honnêtement dans une ville. La vie y sera plus facile, plus confortable. À moins que je ne me lie ici pour la vie ; c'est possible en autant qu'un autre médecin ne vienne pas s'établir sur mon territoire qui n'a pas moins que cinquante milles.

Ma femme est bien et t'embrasse. Elle est courageuse et se prive joyeusement de radio, d'eau courante et d'électricité. J'espère du moins que ce n'est pas la rusticité de notre installation qui t'effraie et te retient de venir nous voir.

Cordialement,

Jacques

□

[Madeleine, octobre 1946 ?]

Mon cher Papa,

Je viens de recevoir la lettre annonciatrice de ta venue ; je t'attends donc pour la Toussaint. J'ai hâte que tu voies ma situation.

Comme l'hiver s'annonce dur, comme la prochaine Commission des liqueurs est à cent vingt milles d'ici, tu serais bien aimable de m'apporter six quarante onces de boissons dites enivrantes, cinq de gros Gin, un de Dry Gin.

Prépare-toi à ramener de la morue, une trentaine de livres. Je la ferai congeler et tu n'auras aucun trouble à la rapporter.

Madeleine t'embrasse. J'en fais autant et je meurs de hâte de te voir.

Jacques

□

[Madeleine, automne 1946 ?]

Mon cher Papa,

La mer est large, très large et c'est en la traversant que le vent du nord viendra. Il est à prévoir qu'il sera froid. Avant donc qu'il ne vienne, à Thérèse et à toi, je lance mon invitation : venez pêcher la morue.

Le soir, vous dormirez comme des loirs, car l'air marin a des propriétés hypnotiques incontestables, quelques jours vous reposeront pour l'année. Venez : en partant de Louiseville le matin, vers 6 hres, vous serez à Madeleine, le soir.

Si vous venez, apportez-nous des provisions, fruits, légumes, farine [de] sarrazin. Vous pourrez y faire un profit.

À bientôt, car nous vous attendons.

Jacques

P. S. : Pourrais-tu me dire le montant de la prime de ma police d'assurance (auto) ? Je pourrai t'en envoyer le montant.

□

Madeleine, le 1ᵉʳ octobre 1946

Mon cher Papa,

L'orignal qui t'attend, d'impatience, a commencé à faire des siennes : c'est un orignal entreprenant qui débauche les vaches du voisinage. Les taureaux sont en diable, le village est en alerte ; le maire de la paroisse songe à t'écrire afin que tu viennes débarrasser un honnête village de ce monstre effrayant.

Par ailleurs, mes affaires se compliquent : j'achète une maison. Presque aussi grande que la tienne, bien finie, bien chauffée, ayant un foyer, trois salles de bains, grand terrain. Le tout pour $5 000. C'est une aubaine, une faveur que la Brown Corporation me fait à titre de médecin.

Je prends mon emprunt du Gouvernement : $6 000
    $5 000 pour l'achat
    $1 000 pour les réparations

De réparations, point ne ferai ; peut-être $100 à $200. La balance paiera mes meubles. Je donne $600 comptant ; je rembourse $4 000 en 25 ans.

L'emprunt est long à venir. La compagnie me permet d'occuper la maison immédiatement ; à mes risques. Ce qui veut dire une assurance. $10 000 — Tu es l'assureur tout désigné : j'aime autant te donner la prime qu'à un autre.

Ma nouvelle voiture va à merveille ; elle est adaptée à nos chemins. Je viens de refuser $600 comptant. Je ne tiens guère à m'en débarrasser ; peut-être à $1 000 et encore j'hésiterais.

Ma femme est à Québec, achetant des meubles. J'irai la chercher, à moins que par un hasard inestimable tu songes réellement à venir tuer l'orignal. Alors n'hésite pas, d'autant plus que cet orignal m'a dit à l'oreille qu'il t'attend encore une semaine, pas plus.

Crois à mon affection,

Jacques

[Madeleine, automne 1946 ?]

Mon cher Papa,

Madeleine m'est revenue enchantée de son voyage, de toi, de son séjour à Louiseville, enchantée même de revenir. Je suis content de te savoir de belle humeur et j'envie presque la vie que tu t'organises.

Je t'attends avec tous les saints, avec aussi des provisions. Madame Thérèse nous en a préparé. Tu serais très gentil de nous les apporter. Nous en avons grand besoin.

Notre existence est toute menue, nous en sommes heureux quand même. Nous espérons nous établir dans notre nouvelle maison bientôt. Nous espérons surtout te voir.

Affectueusement,

Jacques

☐

Rivière-Madeleine, le 23 novembre 1946[2]

Mon cher Papa,

Il ne faut pas m'en vouloir d'avoir tardé à t'écrire ; durant les quinze derniers jours, les préoccupations ont abondé ; notre déménagement n'a pas été l'une des moindres.

Enfin nous voici installés et c'est une grande joie, un grand repos que de l'être. La maison est convenablement meublée, notre salle à manger en particulier est belle, digne, et c'est un peu comique de nous voir manger, Papou et moi, chacun à un des bouts de la grande table, et servis par notre bonne. C'est un changement de fortune un peu brusque et après trois ans de petite vie, nous avons l'air un peu étonnés de nous trouver dans le grand

_____

2. Cette lettre porte l'en-tête de l'Association générale des Étudiants de Laval, Cabinet de l'exécutif.

genre. Nous avons un peu l'impression de jouer un rôle ; ma femme le prend au sérieux ; moi, je le trouve amusant.

— Dora !

(Dora vient de la cuisine)

— Madame ?

— Apportez donc une tasse de café au docteur.

— Oui, Madame.

Et ainsi de suite.

J'ai fait fendre mon bois et je m'occupe ces jours-ci à le rentrer ; je le corde soigneusement dans ma cave, le bouleau ici, le merisier là et l'érable en troisième lieu. Et je chauffe ma fournaise, je ne dis pas que je la chauffe bien, car c'est tout un apprentissage ; j'ai commencé par la trop chauffer, maintenant je ne la chauffe pas assez ; avec le temps j'espère en être au juste milieu.

La médecine va assez bien et sans faire autant d'argent que le premier mois, j'en ferais suffisamment pour vivre honorablement si mon installation était terminée.

J'ai reçu hier l'offre définitive de la Brown : $5 000. J'ai remercié cette compagnie de sa célérité, mais malheureusement, mon histoire d'emprunt ne va pas si vite.

Pour en arriver à deux acres de terrain, je tente d'avoir un lot de la Couronne qui se trouve de l'autre côté du chemin, à cent pieds environ de celui-ci. Je me suis rendu à Gaspé et l'on m'a dit que cela marcherait.

Autre tracas, je n'ai pas l'argent requis pour faire mon dépôt de 10 %, soit $600.

Ma fortune s'expose ainsi :

1. Mon auto que je garde (je n'aurai pas le moyen d'en avoir une neuve au printemps) à moins d'avoir le gros prix, soit $600 à $700. J'ai refusé $500.

2. Ma pharmacie qui peut valoir $600 et sur laquelle je dois encore $150.

3. Mes meubles : j'ai $500 de donnés ; il me reste $1 000 à payer par mensualités.

4. $250 en banque : c'est une réserve que je ne veux pas baisser en bas de $100, à cause de l'état de ma femme.

5. $60 en main, autant en comptes ; sur ceux-ci, j'ai $25 sur lesquels je ne compte guère.

6. Mes provisions d'hiver sont faites, mon chauffage payé par le Conseil. Je prévois donc une dépense d'au plus $60 par mois pour le reste de l'hiver, servante incluse.

Quand j'aurai mon $6 000, la maison payée ainsi que le lot, il m'en restera environ $850 ; cette somme jointe aux économies que je me serai faites, fera un bon $1 000 qui te reviendra.

Donc les seules ombres au tableau :

1° Que le Gouvernement ne me vende pas le lot.

2° Que je ne puisse avoir ce $600 sans lequel l'affaire du prêt sera remise au printemps, car l'évaluateur du Gouvernement ne vient voir la propriété qu'après versement de cette somme, et il ne peut venir en hiver à cause des difficultés de transport.

Et voilà ; entre-temps, je m'inquiète de ce hoquet[3]. Mon petit papa, prends garde à toi, fais-toi bien soigner et pense que loin comme je suis, je m'inquiète d'autant plus à ton sujet. Pourquoi ne vendrais-tu pas toutes tes propriétés de Louiseville, n'abandonnerais-tu pas toutes tes affaires et ne viendrais-tu pas vivre avec nous ? Avant peu tu serais député de Gaspé-Nord.

Affectueusement,

Jacques

□

---

3. Ferron en fait mention dans les entretiens qu'il accorde à Pierre L'Hérault : « Après la mort de ma mère, [mon père] est devenu alcoolique : ça lui semblait tout naturel. Le midi, il allait dans la salle à manger et prenait sa grande rasade de gin, jusqu'au moment où les choses ont commencé à aller mal. Il s'est mis à avoir le hoquet, sans arrêt, au point de devoir être hospitalisé. C'est à ce moment qu'on s'est rendu compte qu'il s'agissait d'alcoolisme » (*Par la porte d'en arrière. Entretiens*, p. 36).

Le 2 décembre 1946

Mon cher Papa,

Je vais sans doute t'ennuyer avec toutes mes petites affaires, mais elles prennent un tour nouveau qui m'oblige à le faire.

D'abord la Brown a agi trop vite et elle m'envoie un contrat à signer, qu'elle signera de son côté lorsque je lui aurai fait parvenir $5 000.

Je réponds à cette compagnie en lui demandant de faire l'offre de vente au DVA[4]. Elle m'écrit qu'elle préférerait me vendre à moi, pour qu'ensuite je revende au DVA.

Voilà mon ennui et il est d'autant plus grand que la Brown a été extrêmement courtoise pour moi, qu'elle m'a donné la préséance sur les autres acheteurs ; qu'elle m'a fait un prix de faveur en me laissant à $5 000 une maison qui a coûté $8 500 à un temps où la construction était peu coûteuse ; qu'elle m'a permis de l'occuper.

J'en suis à me demander que faire.

J'ai eu l'idée de monter à Sainte-Anne voir le notaire Langelier, lui demander une hypothèque de $5 000.

Qu'en penses-tu ?

L'affaire de l'emprunt ira très lentement [en marge : l'emprunt du fédéral] : une lettre du ministère des Terres et Forêts en fait foi. Les titres du lot que je veux ne seront pas prêts avant le mois de janvier.

D'autre part, n'ayant pas vendu mon auto avant la fermeture des chemins, il me semble impossible de la vendre maintenant et de rassembler ainsi le $600 que je dois fournir.

[en marge : D'ailleurs je préfère la garder : elle fait l'affaire et je n'ai pas les moyens d'une neuve, même aux conditions que tu me dis.]

D'autre part, même si je le fournissais, je doute que l'évaluateur fasse soixante-quinze milles en autoneige pour étudier mon cas.

---

4. Il s'agit de l'abréviation pour *Department of Veteran Affairs*.

Enfin, le lot que je dois avoir est à cent pieds du chemin, face à ma propriété. On m'a dit que l'on croyait pouvoir m'accorder le prêt *mais sans me l'assurer*[5].

Voilà le problème dans toute sa complexité. J'avoue qu'il me dépasse. C'est pourquoi je te demande ton avis.

J'ai l'impression que je suis allé trop vite, que j'ai voulu une belle maison avant d'en avoir les moyens.

Cependant m'y voilà installé, après avoir accepté une offre de vente et avoir obtenu la garantie de deux braves gens. Je ne peux pas en sortir. D'ailleurs, je ne le veux pas, car je suis persuadé que je pourrai faire quelques $1 000 en revendant la maison. T'ai-je dit que l'on doit construire sur la Madeleine le barrage qui électrifiera la Gaspésie ?

Mon cher Papa, je m'excuse encore une fois de joindre mes petits tracas à tes grands tracas, mais tu comprendras sans peine que tes conseils me sont nécessaires.

Affectueusement,

Jacques

P. S. : Pourrais-tu m'avoir une assurance (vol et feu) sur nos meubles, argenterie, lingerie, pharmacie... etc. $3 000 ?

□

Rivière-Madeleine, le 15 décembre 1946

Mon cher Papa,

Une petite grippe malencontreuse, un mal de tête fort ennuyeux ont mis mes affaires en désordre et mes remerciements en retard. J'aurais voulu te les envoyer dès que j'eus reçu ta lettre ; le plus pressant était d'expédier le chèque à Gaspé. C'est cela que je fis et aujourd'hui, à mon remerciement le plus sincère, je joins le reçu et la lettre de M. Rousseau.

---

5. C'est Ferron qui souligne.

J'ai écrit à M. Perrin une lettre que j'ai voulue courtoise ; je lui ai même offert de payer loyer tant que la vente ne sera pas conclue. N'en ai pas reçu de réponse.

J'ai déjà envoyé à mes deux vendeurs la formule par laquelle ils s'offrent à vendre au DVA.

Par ailleurs la vie va petit-train ; nous sommes dans le vent et dans la neige. La nuit dernière je suis allé aux malades en chiens[6]. Magda est bien ; elle étend des collets dans les bois environnants, mais je ne compte pas sur elle pour me nourrir. Je paye mes comptes lentement.

Et mes loisirs, je les occupe à lire et à refaire mon roman. À force de le travailler, il faut que j'arrive à un succès[7].

Excuse-moi d'être si plat, mais aujourd'hui dimanche, j'ai eu à extraire une quinzaine de dents : cela me tue. Je t'écrirai dans le courant de la semaine, une lettre moins fatiguée.

Affectueusement,

Jacques

☐

---

6. Ferron a probablement fait usage d'un traîneau à chiens pour visiter ses patients.

7. Ce ne sera malheureusement pas le cas : *la Gorge de Minerve*, ce roman que Ferron écrivit pendant son séjour dans l'armée, de 1945 à 1946, demeure encore inédit. Il avait tenté de le faire publier, entre autres, chez l'éditeur montréalais Serge Brousseau, mais en vain : « De mon livre, il disait : "C'est très bien !" Mais ça ne marchait pas. Le livre n'avait d'importance que pour moi, que pour me prouver que j'étais capable de faire un livre » (*Par la porte d'en arrière. Entretiens*, p. 68). Ferron retravaillera ce premier roman, le réintitulant par la suite *Jérôme Salvarsan*. L'auteur a confié à Pierre Cantin qu'il aurait finalement abandonné l'idée de le publier parce que le roman « dépeignait de manière trop réaliste certains aspects de sa ville natale, Louiseville ». Il servira tout de même à la confection de *la Créance* et de l'*Appendice aux Confitures de coings* » (Pierre Cantin, *Jacques Ferron, polygraphe*, p. 460).

Madeleine, le 21 décembre 1946[8]

Mon cher Papa,

Noël me surprend. Je croyais que la routine ne mène à rien : elle mène à Noël, cela est certain, et si vite que j'en suis étonné, secoué : « déjà ! », me dis-je. Mais déjà c'est presque trop tard puisqu'il ne me reste qu'une nuit pour te transmettre mes souhaits.

— Or ça, dis-je à Dora, préparez-moi du café.

— Or ça, dis-je à Papou, dormez sans moi ; je ne suis pas de la partie.

Le café m'est apporté. Le tumulte ancillaire reflue dans ses quartiers lointains. Papou précédée de son ventre, les pieds plus plats, les yeux plus blancs que jamais, monte sans moi. Je demeure seul dans la nuit du silence, dans le silence de la nuit ; une guêpe bruit dans les braises du foyer. Je bois mon café avec lenteur, avec religion, comme s'il était un breuvage sacré ; je me sens emphatique et je regrette de n'avoir une plume d'oie[9] pour vous écrire. Cela vous permettrait de dire en me lisant, en voyant mon compassé, mon ridicule : « Ma foi ! il a gardé la plume, mais il nous a envoyé l'oie. »

Quoi qu'il en soit, cher papa, chère famille, sachez d'abord que je suis encore en Gaspésie, que je m'y tiens fermement et plus que jamais. Les goélands, les mouettes, les cormorans, les morues et les harengs en sont partis ; je n'ai pas bougé. Les hommes, l'un après l'autre, sont montés dans les bois ; je suis resté assurément.

— C'est de l'héroïsme ! dites-vous. Vous l'avez presque : c'est de l'apostolat. Ma mission est sacrée ; je suis, dans une terre lointaine, l'envoyé de la religion Ferron.

Religion timide, religion d'eau douce, elle manquait d'envergure, elle manquait d'apôtre. Grâce à moi, elle a poussé sa pointe

8. À la surprise de Ferron, qui la retrouvera dans les papiers de la succession après la mort de son père, Joseph-Alphonse avait fait dactylographier cette lettre.
9. Cette plume est sans doute l'un des plus insistants motifs liés à la mémoire d'Adrienne. À ce sujet, voir Ginette Michaud, *supra*, p. 49, et Patrick Poirier, *supra*, p. 157 et ss.

vers l'orient, elle a trempé ses orteils sacrés dans l'eau salée. Et son âme a frémi, car son âme est de sel. Elle en est sortie (de cette eau si froide, de ce baptême, de ce frisson divin) avec un mot grivois. Émerveillé je me suis écrié : « Cette plage est miraculeuse ! Bâtissons-y notre maison. » Je l'ai bâtie et j'en ai fait un sanctuaire, un lieu de pèlerinage de notre belle religion. J'en suis le prêtre et Papou la prêtresse ; nous augmenterons notre chapitre au prin-temps d'un prêtrillon. Les devoirs sacrés nous absorbent, nous retiennent et ce sont eux qui nous empêchent d'être avec vous et de participer au grand concile que notre religion tient à Louiseville. Nous en sommes bien tristes ; la prêtresse aurait aimé faire voir ses nouveautés et la joie qu'elle en a et l'esprit qu'elle en tire ; elle prétend même avoir du génie. « C'est là qu'est le génie », disait Musset en montrant son cœur ; d'autres montrent leur tête, Robert montre ses dents, Thérèse son cheval et Madeleine son nez ; la prêtresse, ma femme, indique son ventre et elle me fait beaucoup d'honneur.

Quant à moi, je me sens dindon dans mon sanctuaire ; je me fais l'impression d'un nigaud de cardinal qu'on n'aurait pas invité au grand concile de Rome et qui s'ennuie à mourir de son Saint Père le Pape. Il se plaît à rêver à ce concile, à en détailler les personnages.

Paul, pense-t-il, a dû arriver le premier, non pas qu'il fût affamé, car ce jeune abbé a déjà la sagesse d'un vieux et gras cha-noine : il sait la valeur du bien manger, du bien dormir ; il place en premier lieu son confort personnel. Il a, comme pas un de nous, les qualités et les défauts de la famille ; mais ce sont qualités et défauts bien vêtus, bien nourris, et partant, discrets, un peu effacés. Cette modestie le rend diplomate, habile en affaires. Si son père était Isaac[10], il ne serait pas Ésaü, il serait Jacob ; astucieux comme

---

10. Figures patriarcales bibliques. Premier fils d'Abraham et de Sara, Isaac fut sauvé *in extremis* par la main de Dieu alors que son père allait le sacrifier. Son épouse Rébecca lui donna deux jumeaux, Ésaü et Jacob. Considéré comme l'aîné, Ésaü vendit son droit d'aînesse à son frère pour un plat de lentilles. Les douze tribus d'Israël portent les noms des fils de Jacob.

celui-ci, il est délicat comme lui et toute sa vie il luttera avec un ange. Il plaira aux jeunes filles ; dans sa nonchalance il souffrira qu'on l'aime. S'il n'arrête pas à la première, il ira loin dans la carrière, effeuillera beaucoup de fleurs, et à trente ans, sera l'homme le plus séduisant du monde. Même s'il s'arrête à la première, s'il se sacrifie, s'il devient pot-au-feu, il sera toujours aimable. Nonce ou chanoine, dans l'eau salée comme l'eau douce, libre ou restreint, ce jeune abbé aura une carrière facile et réussie. Comme modèle, je lui propose l'abbé List[11].

Thérèse est sans doute arrivée ensuite, sans doute un peu déçue d'être venue d'Amérique en train ; cette façon de voyager est un peu banale pour elle. Alors que l'abbé Paul donne aux qualités et défauts de la famille une ambiance de confort, cette amazone les fonde sur l'orgueil. C'est un orgueil encore jeune, qui a encore les angles pointus, mais de la plus belle espèce. Cet orgueil l'isolant, elle a su occuper sa solitude et se créer une vie intérieure, un raisonnement — chose rare chez une femme. Elle écrit bien. Elle peut devenir intéressante. Mais elle est femme, et chez les femmes comme chez les sirènes, les plus belles qualités peuvent finir en queue de poisson.

Puis sont venues Madeleine et Marcelle, traînant avec elles les peuples conquis de la famille.

Le premier de ces peuples conquis se nomme Hamelin ; c'est un peuple qui fait partie des beaux-arts et il est le logique aboutissement des études de Marcelle. Celle-ci ayant pris sur l'Apollon du Belvédère les mesures de la Beauté, partit en campagne, rencontra René et il s'ensuivit ce que l'on sait ; ce que l'on ne sait pas, c'est que Marcelle fut étonnée de ne pas lui trouver une feuille d'érable. L'histoire ajoute que cette licence artistique ne la déçut point. Ce que l'on remarque d'abord chez René (après la plastique), c'est la

---

11. S'agit-il d'un abbé connu de la famille Ferron ou de Friedrich List, économiste allemand (1789-1846) qui contribua à l'établissement de l'Union douanière allemande et qui défendit le principe d'un protectionnisme temporaire pour les nations en voie de développement ? Selon Madeleine Lavallée-Ferron, il pourrait également s'agir du compositeur, pianiste et chef d'orchestre hongrois Franz Liszt (1811-1886).

simplicité et la délicatesse ; aussi la réserve. Il écoute d'abord, juge son homme, le laisse parler ; on dirait qu'il s'attend à ce que son interlocuteur soit plus intelligent qu'il ne l'est en réalité. Quand il dit enfin son mot, il est toujours sensé, bien placé. René est sérieux : il cherche plus à comprendre qu'à briller. Il gagne à être connu. Sa bonté a été mise en évidence par sa fille qui, à un an, n'a pas de dents.

(Ici, à ce point de ma lettre, fatigué, je fus me coucher. C'était le 21. Je la reprends le 27, aujourd'hui. Dans l'intervalle, j'ai eu mille occupations : la visite des notables, un accouchement et surtout le soin de deux rescapés qui nous sont arrivés par les glaces.)

Et puisque je m'amuse à donner mon impression des membres de la famille, continuons. J'en suis à Marcelle, l'enfant trouvé de la famille. Elle pétille, elle flambe, c'est un petit feu de paille. Autant nous sommes lents, nonchalants, autant elle est vive. Elle représente parmi nous ce que les Caron avaient de fou et de spirituel. Elle a une vitalité de chien et, la tête coupée, elle trouverait moyen de vous faire rire. Le mariage, la maternité, pas plus que les maladies, ne l'ont apaisée. Elle aurait pu se lancer dans l'espionnage, faire sauter l'archevêché, assassiner le Premier ministre. Sa fougue en eût été capable si sa fougue n'était pas tempérée par beaucoup de bon sens ; elle l'a dirigée vers les arts où, en toute tranquillité, elle peut se permettre les pires excès, l'horreur de l'incendie, les arbres affolés courant dans la prairie, des femmes rouges, des hommes verts, des serpents et des vampires. Marcelle réussira peut-être à devenir un peintre, mais même si elle atteint à la célébrité, je ne risquerai jamais de poser devant elle : elle serait capable de me sortir un serpent du nez, de m'ouvrir le crâne et [de] montrer à l'univers qu'il n'y a rien.

Madame Cliche ne sera jamais une espionne, jamais une assassine. Elle est la réussite sociale, morale, religieuse, paroissiale de la famille. Peut-être même en est-elle la réussite tout court. On ne peut pas souhaiter meilleur type de femme, plus de douceur, plus d'amabilité ; il est impossible d'en dire du mal. Son point faible est son nez (qui est magnifique) et son esprit d'abnégation ; c'est par là seulement qu'elle est accessible à l'impatience, aux larmes.

— Tu es si bonne, Madeleine.

Elle vous regarde, le nez lui allonge, ses yeux se mouillent ; c'est l'esprit de la famille qui pleure d'être captif dans une bonté qui lui convient si peu, c'est l'esprit de libertinage qui souffre d'être fondu dans l'esprit de sacrifice. Rien à faire, Mère Luche est bonne, soumise. Les défauts de ses sœurs deviennent qualités chez elle : l'orgueil souvent désagréable de Thérèse devient sa belle fierté, le grain de folie de Marcelle devient une exaltation sentimentale, une tendresse chez elle. Tu es la sainte de notre religion et il fallait un polisson comme Robert pour te faire en enfant.

Robert a gardé le goût de ses ancêtres pour les couleurs voyantes et le clinquant ; il aime ce qui brille, même si c'est de la camelote. Ce goût est peut-être un amour-propre, car il est lui-même brillant. Durant quelques années, il s'est cru de camelote : il voulait être animateur de radio. C'était se rabaisser. Il aurait pu être homme de théâtre. Pour faire plaisir à tout le monde et à papa et à maman, il a opté pour le droit, pour la province, pour le ménage, et cet homme habile qui pleurait de vraies larmes sur la scène, épouse à merveille le rôle qu'il a choisi ; il est aussi bon père de famille qu'il aurait été amant infidèle. Sa réussite ne fait pas de doute, car même s'il était cordonnier on parlerait de lui.

Et pour finir les personnages du concile, après les cardinales et les cardinaux, en voici la figure centrale, ce Monsieur Pape, ce Monsieur Père qui rajeunit à mesure que ses enfants vieillissent et qui a su devenir pour eux le meilleur des amis. Il a fallu pour cela qu'il les aime beaucoup ; ceux-ci d'ailleurs l'aimaient de même. Cela se savait de part et d'autre, mais on était un peu gêné, on ne savait pas se le dire ; il y avait entre eux une telle différence d'âge. Cette différence s'est rétrécie avec le temps ; les enfants ont connu la vie et la vie les a aidés à reconnaître en leur Père le seul ami qu'ils avaient.

La religion Ferron a toujours été solide, mais elle est devenue inaltérable depuis cette reconnaissance ; elle s'est augmentée de deux gentils, de deux peuples conquis, d'une progéniture qui n'a pas de dents, mais elle demeure aussi unie que devant.

Monsieur Pape est grand et il réussit à être gros sans que cela paraisse, comme il est plus chauve qu'on ne croit : quelques cheveux jetés en travers de sa calvitie en masquent la disgrâce. Il a en lui de la noblesse naturelle ; il est à son aise dans les grandes circonstances, à sa mesure quand les choses passent l'ordinaire ; c'est un personnage que le drame n'affole pas et qui reste toujours maître de lui ; il se fâche rarement, il s'irrite quelquefois ; mais c'est à propos de détails. Jeune, il a dû être timide ; c'est pourquoi l'âge lui est favorable : il a gardé intacte la fraîcheur de sa bonté et de ses sentiments et l'on se demande parfois si, à cinquante ans, il ne commence pas sa jeunesse. Il est vrai que les affaires, les responsabilités, la jeunesse de ses enfants étaient pour beaucoup dans le sérieux de ses trentièmes et quarantièmes années ; ces soucis diminuant le redonnent à lui-même. Monsieur Pape a eu ses petites faiblesses ; il a même inquiété ses enfants ; ce fut un mal pour un bien, car il leur a fait comprendre les inquiétudes que lui-même a eues à leur sujet. Heureusement tout s'est arrangé, mais il en est resté quelque chose et Monsieur Pape à cause de l'âge difficile qu'il a passé (une sorte d'adolescence), à cause des inquiétudes qu'il leur a causées, est devenu un peu l'enfant de ses enfants. Cela a aidé à la compréhension, à l'amitié. Il y aurait beaucoup d'autres choses à dire sur lui. Je terminerai en disant qu'il a eu assez d'esprit pour faire des enfants intelligents. C'est là chose que j'ai déjà dite ; je la répète parce qu'elle me semble intéressante.

Je suis désolé que ma lettre ne vous soit parvenue pour Noël. Je me borne à vous souhaiter l'année heureuse ; à Paul, le succès de ses études ; à Thérèse, des chevaux de grand style et des Américains sans façon ; au cher Papa, un hoquet qui ne soit pas fatigant, un aqueduc où coule de l'or liquide et un foie qui ne sécrète pas de bile.

À vous, de tout cœur,

Jacques

Rivière-Madeleine, le 29 décembre 1946

Mon cher Papa,

1. Ci-joint le mandat grâce auquel je ne crains plus l'incendie et l'ouragan. Ma voiture est remisée ; on pourra en canceller l'assurance à partir du 24 décembre.

2. Les affaires vont leur petit train-train ; j'ai fini de payer mes pharmaciens et n'ai plus d'autres dettes que celle qu'occasionna l'ameublement de ma maison ($70 mensuels X 10 ; j'ai deux versements de faits) et le $1 500 que je reconnais te devoir et dont tu seras remboursé en grande partie cette année.

3. Nous avons reçu l'envoi de Noël et vous en remercions ; pour ce qui est du bonnet, j'en ai déjà un en castor. Je te le renvoie et j'espère que tu pourras l'échanger.

4. Bonsoir.

Jacques

□

Rivière-Madeleine, le 10 janvier 194[7]

Mon cher Papa,

J'ai trouvé le secret du bonheur : c'est de fendre son bois, sans oublier de le corder. J'ai passé ainsi ma journée, et je suis parfaitement heureux.

À part cela, j'ai les oreilles gelées. Je crains de les perdre. J'avais prouvé à mon charretier qu'il n'y avait aucune raison de se les cacher, que ce n'étaient pas organes immodestes, et que rien au monde ne me les ferait cacher. Je me les suis gelées. Mon raisonnement pourtant était bon.

Il y a beaucoup de caribou dans le pays, mais c'est un animal fort indigeste. Je n'arrête pas de soigner ceux qui en sont malades. On m'en offre parfois ; ça ne se refuse pas. J'ai hérité de toi ce sens de la politesse.

Si je n'avais pas d'oreilles je serais en bonne santé, si ma femme n'était pas grosse à pleine ceinture, elle serait élégante, et si j'étais intelligent je souperais ce soir avec toi.

Affectueusement,

Jacques

Voici une copie de ma lettre à Monsieur Louis Rousseau ; c'est un modèle de lettre d'affaires.

Cher Monsieur,

Le retour d'un chèque est moins agréable que celui de l'enfant prodigue ; aussi, au lieu de tuer le veau gras, ai-je télégraphié au signataire ce qui suit :

« Votre chèque comme la mer : n'a pas de fond. En suis-je le poisson ? »

À quoi il me fut répondu :

« Ne pêche pas en temps prohibé. Attendais cette nouvelle. Il y a eu erreur. Ai déposé de nouveau. Chèque sera honoré. »

Je n'ai donc qu'à vous renvoyer ce chèque-voyageur, et à rendre grâce au ciel du malentendu : il me permet de vous souhaiter une joyeuse année.

Acceptez, cher Monsieur, l'expression… etc.

Jacques Ferron m.d.

□

Rivière-Madeleine, le 18 janvier 1947

Mon cher Papa,

Quand j'ai reçu cette longue lettre autographe, je suis devenu mal : « Quelle bêtise ai-je pu faire ? » Ce fut la question que je me fis involontairement, car il était de tes habitudes de nous écrire ainsi, seulement lorsque tu avais à nous dire des choses qu'il était préférable que ta secrétaire ne sache pas.

J'ai lu la lettre avec appréhension, et je me suis rendu compte avec joie que je n'avais pas fait de bêtise, que ce n'était qu'une lettre

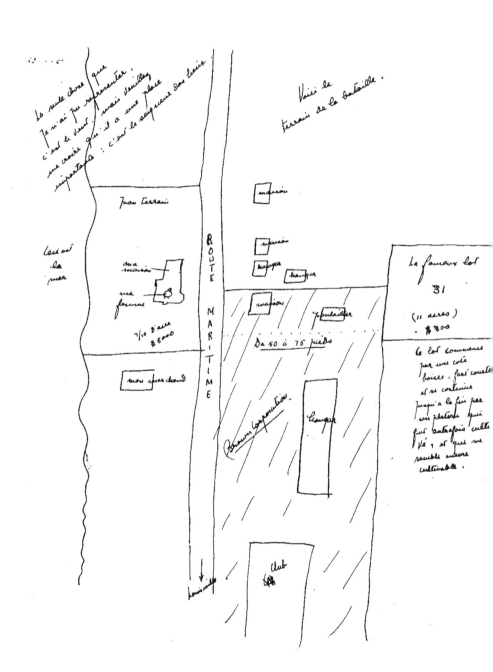

de bonne amitié. Je l'ai conservée précieusement, car ce n'est pas seulement une lettre, c'est une révolution. J'en tire mille conclusions, et l'une d'elles, qui n'est pas la moindre, c'est que tu es devenu un homme heureux. Je n'ai plus d'inquiétude sur ta santé, car il faut être bien chagrin ou bien fou pour être malade. Ne me dis plus que tu as le hoquet, car je ne te croirai pas.

L'affaire de ma maison.

1. J'achète mon lot du ministère des Terres et Forêts à la fin de janvier et le paie moi-même. Il coûte $310 ; j'ai actuellement $250 en main et il m'en est dû autant ; je n'aurai donc aucune difficulté à payer. De plus je m'attends à recevoir bientôt quelque $200 de l'Armée ; c'est une aide qu'elle accorde aux professionnels dont les déboursés dépassent les recettes ; un inspecteur est venu pour cela, et je l'en ai persuadé.

2. Je t'envoie toutes les lettres que j'ai reçues de la Brown.

3. J'ai l'impression que l'emprunt ne serait pas consenti avant le mois de mai, car il faut auparavant qu'on inspecte la terre.

4. Je t'envoie un certificat que j'ai reçu.

5. Les gens du bureau de Gaspé sont pleins de prévenances pour moi.

6. Je ne saurais trop te remercier de t'occuper de cette affaire ; sans toi, je serais bien embêté. Ce qu'il y a de merveilleux dans cet emprunt, c'est qu'il est de $6 000, qu'il m'en restera $1 000, qu'il t'en restera $1 000.

Je crois que d'ici le printemps, je pourrai t'envoyer une couple de $100. Je m'excuse de n'avoir pu honorer mes billets. Mais tu as sans doute compris que j'ai payé d'abord le plus pressant.

En somme, tout va bien, et je suis des plus heureux d'être venu m'établir dans ce coin perdu. Je ne gagne pas énormément, mais suffisamment ; j'ai beaucoup de loisirs, je fais du ski, j'écris, je fends mon bois, et je suis bien logé. Si, à ce régime, je ne vis pas cent ans, c'est que j'aurai eu un accident de ski à quatre-vingt-dix-neuf ans.

Mon affection,

Jacques

[Rivière-Madeleine, le 14 février 1947]

Mon cher Papa,

J'arrive de Pointe-à-la-Frégate ; je repars pour Gros-Morne. Je chasse le client. Les pièges que j'ai tendus à Madeleine ne sont pas suffisants.

Je suis content que Thérèse soit revenue à la maison : c'est sa place. Il importe peu qu'elle ait des certificats. Le seul certificat qui compte chez une fille, c'est qu'elle soit jolie et intelligente.

Je t'écrirai à mon retour de Gros-Morne. Cependant, il me semble que la politique ne t'est bonne à rien ; ce n'est que du temps perdu, sujet de rancune et de complainte. La seule politique qui compte, c'est celle de notre bonheur.

Tu étais bien cet automne, parce que tu ne te préoccupais que de cette politique. Pourquoi ne continues-tu pas de la suivre ?

Tu as toute mon affection,

Jacques

P. S. : Pour ce qui est du lot 31, j'ai en main l'argent qu'il faut pour le payer. On m'avait dit que les titres en seraient prêts à la fin de janvier.

J'ai télégraphié hier au député : « J'ai demandé d'acheter le lot 31, à Rivière-Madeleine. Je ne l'ai pas demandé pour mes héritiers, mais pour moi. L'affaire traîne depuis l'automne. J'aimerais que vous y voyiez. »

Dr Ferron

J'ai une lettre de ce député me recommandant au ministère des Terres et Forêts. J'ai l'offre du ministère. Si l'affaire traîne, c'est peut-être parce qu'on me dit libéral.

Mais cela c'est rien, et je n'ai qu'à menacer de partir pour que tous les organisateurs unionistes, la municipalité, le curé, tout le comté forcent le député et le ministère à remplir leurs engagements.

Donc ce n'est qu'un retard, et avant quinze jours j'aurai les titres et je pourrai moi-même faire l'offre de vente au DVA.

Je tiens à demeurer à Madeleine, à cause de la maison et des développements futurs de la place, mais j'ai des demandes de Grande-Rivière, Sainte-Marthe, Cloridorme ; toutes paroisses plus importantes que Madeleine.

Je ne peux pas ne pas avoir le lot.

☐

Rivière-Madeleine, *February the 12ᵗʰ*, 1947

J. A. Ferron[12]
Louiseville Que.

Au sujet du terrain j'espère avoir les titres sous peu, je ne les ai pas encore eus.

Dᵣ J. Ferron

---

12. Télégramme envoyé par l'entremise de *Canadian Pacific Telegraphs. World Wide Communications.*

Du côté du père :
historiettes et autres textes

[Je naquis les yeux ouverts]

Je naquis les yeux ouverts[1], mais je ne pensais pas à respirer. L'accoucheur, qui sacrait comme un charretier, trouva le mot approprié. Puis il m'appliqua la fessée en déclarant que je serais l'être le plus impertinent de la terre. Il était barbouillé de sang.

— Ha ! Ha ! criait-il, ma gueule de boucher ne te revient pas. Comme gueule de boucher, c'en est une, d'accord ; et merci de me le rappeler... Mais as-tu peur de l'avaler ? Veux-tu bien respirer, innocent !

Et tape donc. À la fin, je pleurai. Les larmes furent décisives : j'entrepris de vivre. Et peu à peu, au gré des jours, ma destinée se forma ; le don des dieux, l'argent de mes parents y furent pour quelque chose : je fus bientôt le garçon le plus intelligent du village. On me jugea digne d'apprendre le latin. Je l'appris sans y prendre garde et la barbe me poussa. Je devins bachelier avec une moustache. Le curé voulut de moi comme vicaire ; mon père me voyait huissier comme lui. Quant à ma petite amie, elle voulait être ma femme. Vicaire, huissier, mari, je le fusse devenu sans déplaisir, mais le curé, mon père, ma maîtresse se détestaient entre eux. Ne pouvant les accorder sur aucun de ces trois états, j'étais dans

---

1. Texte incomplet et sans titre, probablement écrit à la fin des années quarante. Fonds Jacques-Ferron, MSS 424 ; boîte n° 17 ; chemise n° 6 ; 2.19.4. Ce texte pourrait être un fragment du premier roman écrit par Ferron, *la Gorge de Minerve*, demeuré inédit. Du moins rappelle-t-il la scène de la naissance de *la Créance*, où le docteur Hart apparaît aussi comme « un prophète de l'Ancien Testament, tout en sueur, le tablier éclaboussé de sang et la barbe aussi, vers le bas, les mains rougies jusqu'aux coudes » (*la Créance*, p. 146).

l'embarras, quand le médecin, qui m'avait jugé impertinent, s'avisa de me rencontrer. Il me trouva l'œil rond.

— Tu ne reviendras donc jamais de ma gueule ?

Je le regardai avec surprise : je n'avais rien contre sa bonne grosse gueule ; au contraire, je l'aimais. Mon air le piqua ; il s'emporta.

— Veux-tu bien parler, innocent ! cria-t-il.

Il avait pris de l'âge depuis ma naissance ; il s'appuyait sur un bâton, bâton qu'il lève contre moi. Je me sauve en riant, non sans avoir résolu mon avenir : être médecin comme ce vieux fou.

Les trois p'tits steppes

« Cela t'donn'ra quoi ? », me demanda-t-il de sa voix ordinaire[1], pas si ordinaire que ça, au débit inégal, à la fois traînante et précipitée, qui lui faisait allonger le « ça » en « cela » et ramasser le « te donnera quoi » en « t'donn'raquoi » ; à l'élocution bizarre qui lui gardait, avec ou sans cigare, les dents serrées, une voix plutôt curieuse, c'était la première fois que je m'en rendais compte, et pourtant je le connaissais depuis longtemps, cet homme, mon père. Je ne répondis pas et nous continuâmes notre marche, lui au bord du trottoir, moi au fond comme une demoiselle. Il ne sembla pas remarquer mon silence. Il me surveillait du coin de l'œil, j'en faisais autant, et sans doute croyions-nous de part et d'autre que cela ne se voyait pas. Par un p'tit steppe appris dans l'armée, en 1918, capitaine de réserve pour échapper à la conscription, il prit quand même mon pas.

De l'arrière-grand-père il ne sera pas question. Certes il restait l'aïeul de mon père, mais à mon niveau, une génération plus bas, selon un système que j'expliquerai plus loin, il ne faisait même plus partie de la parenté. On n'avait pas à se demander comment il parlait, quelle avait été sa langue ou sa voix. Au sommet de la pyramide familiale se tenait le grand-père Benjamin[2], un homme qui ne disait jamais oui ou non, bègue et beau chanteur. Il avait même un répertoire, en retrait sur sa chanson. On convenait dans

---

1. Historiette parue sous ce titre dans *l'Information médicale et paramédicale,* XXVII : 18, 5 août 1975, p. 9.
2. Benjamin Ferron était cultivateur à Saint-Léon-le-Grand.

la famille que chacun ait sa chanson. Celle de mon grand-père s'intitulait : *Le guiâble est sorti des enfers pour ramasser son monde*[3]. Il la chantait avec un sérieux redoutable, sur un ton d'église, et personne, même si tout le monde en connaissait le refrain « Embarque dans ma voiture » et les couplets, n'aurait osé lui en contester la possession. Mon père, lui, s'appliquait à mal chanter et sa chanson-scie des éléphants, l'un par-dessus l'autre dans une assiette de faïence, dont le nombre augmentait d'un couplet à l'autre, ne pouvait monter bien haut : dès le quatrième éléphant, on lui criait : « Arrête ! Arrête, Notaire ! » Entre le septième et le huitième il avait obtenu l'unanimité ; il finissait par s'étouffer de rire et l'on riait avec lui rituellement de sa performance bouffonne.

S'est-il déjà essayé à bien chanter ? Oui, je suppose, mais le voulait-il vraiment ? Je suppose que non, à cause de son père, ledit Benjamin, qu'il affectionnait, pour lequel il se voulait de la vénération, tout petit habitant que celui-ci fût au village des Ambroises. On n'admire jamais assez quand on s'y met et l'on s'abaisse volontiers pour mieux y réussir. D'ailleurs, sans se faire une prouesse de mal chanter, mes oncles et mes tantes, de sang ou d'alliance, n'ont jamais cherché à contester la suprématie d'un patriarche moins bien nanti qu'eux-mêmes, dont la pauvre p'tite maison est restée aussi longtemps qu'il a vécu, à chaque jour de l'An, le haut lieu de réunion d'une famille considérable à Saint-Léon et même dans le comté de Maskinongé.

— Cela t'donn'raquoi ?

Mon père, du moins, s'était appliqué à bien parler, mais, même sans bégaiement, sa voix restait incertaine, comme je l'ai dit, par une bouche qui ne s'ouvrait pas assez et le débit[4]. Il devait être difficile à l'époque de bien parler, surtout pour un homme tel que lui, dont l'ambition sociale et la fierté de ses origines (lesquelles comportaient un français bigarré, la prononciation normande,

---

3. Voir, à ce sujet, *le Saint-Élias,* p. 186-187, n. 56.
4. On retrouve la même fascination pour les difficultés d'élocution et de dysarthrie dans le conte « Adacanabran » de *la Conférence inachevée,* pp. 199-217.

l'accent charentais et le registre trop haut des prédicants paroissiaux) s'étaient trouvées en animosité quand, à l'âge où se fixe la voix, il avait eu la révélation des prestiges de l'anglais. Cela l'avait troublé. Il avait avalé le bégaiement de son héros, mais sans le digérer, d'où l'alternance d'une parole précipitée et trop lente ; de plus il cassait le français et donnait l'impression d'un anglophone, ce qui le flattait, même si de par le vaste monde où, semble-t-il, les Anglais sont fort nombreux, il ne parvenait à se faire comprendre que de ses chevaux. Il ne leur disait pas : « Arrié don ! », il disait : « *Bacque hop*[5] ! » Et puis, en-dessous de cet accent bizarre, il y en avait d'autres, plus anciens, qui cherchaient à passer, dont l'acadien que je n'ai pas mentionné, et qu'il empêchait en mordant son cigare. Le résultat n'était pas fameux. Il s'en était rendu compte et se fit notaire alors qu'il aurait préféré être avocat, je crois, et député, juge, ministre ou sénateur, j'en suis certain.

Sa question, dont le temps d'ailleurs variait, faisait partie d'un rituel dont la banalité même ne me surprenait pas. Quel qu'en fût le temps, je devais me borner à ce qu'il voulait entendre, rien qui ne l'engageât à plus qu'il me devait. J'étais son fils, il voulait bien se complaire en moi pourvu que je n'aie pas une vocation de crampon ; il m'en avait averti souvent, toujours de la même façon, par sa fameuse question. Je lui répondais bénignement, comme un bon garçon courageux et modeste, presquement respectueux de toutes les autorités, à lui, la plus haute autorité. Ces réponses semblaient le contenter. Il hochait la tête pour faire montre de gravité alors qu'il souriait quant et lui[6]. Moi, je le regardais du coin et m'amusais autant. Je croyais le prendre. Mes réponses, je les avais

5. Dans une lettre à Ray Ellenwood, Ferron rappelait que son père « cassait son français sans être très fort en anglais, tout juste assez pour le parler à ses chevaux, qu'il choisissait anglais, bien entendu » (« Lettre de Jacques Ferron à Ray Ellenwood, 21 août 1974 », dans *l'Autre Ferron*, p. 362).
6. Il s'agit sans doute d'« un français d'avant la grammaire, enfin, le français dont nous avons hérité. Ma grand-mère, par exemple, disait : "Je vais aller quant et toi à l'écurie." "Quant et toi" : avec toi, en même temps que toi, c'est une expression dont nous avons hérité, mais qui est antérieure au lexique et au dictionnaire » (*Par la porte d'en arrière. Entretiens*, p. 148).

apprises ; je les lui récitais sans me rendre compte que peu à peu, par elles, je me laissais prendre à son jeu. Tout ce qui comptait pour moi, c'était de vivre à ma guise, éviter les gêneurs, biaiser les empêchements, me faufiler, écrire. Mais ça, écrire, jamais je n'aurais osé le lui annoncer ; il m'aurait dit : « Cela t'donn'ra quoi ? » et que répondre ? Je lui ai toujours répondu à ma façon, selon la sienne, comme il voulait, comme je devais, sauf cette fois-là. Après un autre p'tit steppe pour se remettre au pas, il ne me demanda pas la raison de mon silence, non, ce n'était pas son genre : il me demanda ce que j'avais à le regarder.

— Tu as la voix curieuse. Je cherche à comprendre.

— Penses-tu l'apercevoir, ma voix curieuse ?

Il ne semblait pas le moindrement surpris. Son visage était empreint d'une douce ironie. De l'autre côté de la rue, il y avait des fusées à toutes les lucarnes des grands ormes, en avant du presbytère. Depuis quelques années ma propre voix changeait. J'avais perdu celle de ma mère, la remplaçant peu à peu par une autre qui n'était pas la sienne, Dieu merci ! Pour rien au monde il n'aurait voulu me la léguer. Ma nouvelle voix lui plaisait. Il se demandait où je l'avais prise. Cela l'intriguait. Il aimait bien le pittoresque, le baroque, tout ce qui est curieux. Sans doute fut-il servi à souhait, cette fois-là, quand je lui appris la nouvelle que l'étrangeté de ma voix avait débordé sur la sienne, sur cette bonne voix familière par laquelle il me parlait depuis près de vingt ans.

— Aurait-elle changé ? demanda-t-il.

Il me parut narquois.

— Non, répondis-je un peu inquiet.

— Curieux !

— Je ne l'avais pas remarquée, tout simplement.

Cette fois, ce fut lui qui se permit de ne point répondre. Cependant, pour me rassurer, il trouva moyen de perdre encore le pas et de s'y remettre par un troisième p'tit steppe.

[Les trois p'tits steppes]
variante

« Cela t'donnera quoi[1] ? », me demanda-t-il[2] de sa voix ordinaire, avec son élocution bizarre dont le débit lent ou précipité lui fait allonger le « ça » en « cela » ou ramasser le « te donnera » en « t'donnera », une voix à laquelle il ne semble pas devoir s'habituer, qui n'est peut-être pas la sienne, si tant est qu'on a une voix à soi, venant de soi, ce dont je doute, ayant cru remarquer que toute voix est apprise. Celle de mon père rappelle la voix du grand-père Benjamin qui était bègue et néanmoins beau chanteur, qui connaissait parfaitement une quarantaine de chansons, tandis que mon père n'en a qu'une à son répertoire, la chanson-scie des *Éléphants*, les uns par-dessus les autres dans une assiette de faïence, dont le nombre augmente d'une unité à chaque nouveau couplet : « Monter sur un éléphant, sur trois, sur dix, ça monte, ça monte, monter sur dix éléphants, ça monte énormément. »

Dans les réunions de famille, tout le monde était prié à tour de rôle de s'exécuter[3]. Immanquablement mon père entonnait *les Éléphants*. Chacun s'y attendait. On le laissait monter un peu, puis

---

1. Fonds Jacques-Ferron, MSS 424 ; boîte n° 21 ; chemise n° 11 ; 2.100.3. Ce texte écrit dans les années soixante-dix est une version incomplète et sensiblement différente de l'historiette « Les trois p'tits steppes » parue dans *l'Information médicale et paramédicale*, XXVII : 18, 5 août 1975, p. 9. On peut lire, dans le coin supérieur droit de ce texte : « Carrière dont le meilleur a été tiré ».
2. Ferron a raturé : « me demanda [mon père] de sa voix... »
3. Ferron a raturé : « à tour de rôle [de donner sa chanson]. »

on le suppliait d'arrêter. Lui, de continuer quand même. Alors tout le monde criait : « Arrête ! Arrête, Notaire ! » Il finissait par s'étouffer en riant et l'on riait avec lui rituellement de sa performance bouffonne.

S'était-il appliqué déjà à bien chanter ? Oui, sans doute, mais le voulait-il au fond ? Non, vraiment. À cause du grand-père qu'il affectionnait et respectait, pour lequel il se voulait de l'admiration, tout petit habitant qu'il fût dans ce petit rang de Saint-Léon qu'était le village des Ambroises. On n'admire jamais assez quand on s'y met et pour mieux le faire on s'abaisse. D'ailleurs, sans chercher à se faire une prouesse de mal chanter, mes oncles et mes tantes, qu'ils fussent de sang ou d'alliance, n'ont jamais cherché à contester la suprématie du grand-père. À la fin de sa vie, quand je l'ai connu, il était le moins bien établi. Néanmoins, à chaque jour de l'An, sa pauvre petite maison restait le La Mèque[4] de la famille. De tous les enfants son fils aîné, l'oncle Nérée, seul à ne pas être instruit, étant donné qu'il était appelé à lui succéder sur la terre, n'a pas eu de progéniture. Lui, il ne chantait pas du tout. En plus d'être bègue, il était la maladresse même. Tante Margot, sagace et bornée, la femme de l'oncle Raymond, l'agronome qui a tout fait sauf de l'agronomie, a annoncé un jour que Nérée trouverait bien le moyen de se faire écraser par les gros chars. « Pauvre Nérée ! » disait mon père. C'était pourtant un être qui avait autant et plus de finesse que tous les Ferron. Il n'a hérité que d'un tremplin. Ce n'était plus un patrimoine. Et il est mort sur une charge de foin, frappé par le train.

Mon père, du moins, s'était appliqué à bien parler, mais sa voix, même sans bégaiement, est restée incertaine. Il devait être aussi difficile, à l'époque, de bien parler que de bien chanter, surtout pour un homme comme lui, partagé entre son ambition et sa

---

4. Ferron compare la petite maison de son grand-père Benjamin à La Mecque, capitale religieuse de l'Islam qui renferme la *Ka'ba* et vers laquelle tous les musulmans se tournent pour la prière. Chaque année elle est un important lieu de pèlerinage puisque les musulmans doivent s'y rendre au moins une fois dans leur vie.

fierté dont il avait de trop de l'une et de l'autre et qui s'étaient trouvées en animosité en lui quand, à l'âge où se fixe la voix, il avait eu la révélation que l'anglais était plus prestigieux que le français. Cela l'avait troublé dans son application à mieux parler que son père ; certes, il ne bégayait plus, mais il cassait le français, tout en ne sachant guère l'anglais qui ne se parlait plus d'ailleurs dans le comté de Maskinongé. Le résultat n'était pas fameux. Il s'en était rendu compte et se fit notaire alors qu'il aurait préféré être avocat, je crois, et juge, j'en suis certain.

« Ça te donnera quoi ? » Cette question avait de plus deux variantes, l'une au conditionnel, l'autre au passé, la première lorsque je lui avais fait part de quelque impossible projet comme on en formule durant l'adolescence et que les adultes qualifient de rêve en haussant les épaules. Mon père ne m'a jamais éconduit de la sorte ; il m'écoutait avec beaucoup d'attention ; ce respect finissait parfois par me troubler car, le sachant perspicace, je faisais mienne peu à peu cette perspicacité et mon exposé perdait grâce ; je me trouvais à l'entendre, je laissais tomber ou me raisonnais moi-même de sorte qu'alors il n'avait rien à dire ; et il ne disait rien à la manière de son propre père qui, m'avait-il appris, voyait tout, entendait tout, comprenait tout et n'ouvrait jamais la bouche, gardant son autorité intacte. Il n'entrait pas dans ses goûts de juger de la nature de mes actes possibles ou impossibles. De l'Évangile il avait retenu qu'il ne faut pas juger, non pas de peur d'en ôter à Dieu ; non, Dieu ne l'occupait guère. S'il ne fallait pas juger, c'était tout simplement qu'en le faisant on empêche celui qu'on a jugé de se juger lui-même. Aussi, lorsque je ne me donnais pas moi-même la réplique et que je poussais au bout l'énoncé de mes fumeux[5] projets, tout au plus s'enquérait-il des conséquences : « Ça te donnerait quoi ? » Je ne peux pas dire qu'il ait jamais tenté de me pousser hors des sentiers battus. Il ne me les a pas interdits non plus : « Ça, mon petit garçon, tu le feras quand tu seras à ton compte. »

---

5. La graphie de Ferron ne nous permet pas de trancher entre les mots « fumeux » et « fameux ».

La deuxième variante, celle du passé, il y recourait devant le fait accompli. Quand je m'étais permis une escapade, il ne s'attardait pas à la condamner ni à me la reprocher, ça lui répugnait et ç'aurait été du temps perdu ; toutefois, connaissant les ennuis qu'elle m'avait causés, dont il subissait le plus souvent le contrecoup, par exemple lorsque j'avais été chassé d'un collège[6] et qu'il devait s'amener à Montréal pour me replacer, le jour même, dans un autre collège, il me demandait, les dents un peu plus serrées que d'habitude et mordillant son cigare : « Ça t'a donné quoi ? »

La question, quel qu'en fût le temps, faisait partie de son rituel paternel. Je ne m'en surprenais pas ; elle était devenue plutôt banale. Au passé, je ne pouvais répondre : les résultats parlaient d'eux-mêmes. Par contre, lorsqu'il me la posait au futur de l'indicatif, au conditionnel présent ou imparfait, comme rien n'avait été fait, beaucoup restait à dire, tout en principe, pas grand'chose en réalité, à cause de ma dépendance[7]. J'étais son fils, bien entendu ; il avait mis en moi toutes ses complaisances mais pas au point de me vouloir pour crampon ; il m'en avait averti de mille façons. Je lui répondais donc bénignement, comme un bon garçon courageux et modeste, respectueux de toutes les autorités. Ces réponses semblaient le contenter. Il hochait la tête et souriait dans sa barbe. Moi, je le regardais du coin et m'amusais autant. Je croyais le prendre. Mes réponses, je les avais apprises ; je les lui récitais. En réalité, il n'était pas dupe ; il me laissait me prendre à son jeu. Tout ce qui comptait pour moi, c'était de vivre à ma guise, d'éviter les empêchements [...].

---

6. Ferron sera en effet renvoyé du Collège Jean-de-Brébeuf à deux reprises : en septembre 1936 (il finira l'année au Collège de Saint-Laurent) et en février 1941. Il devra alors terminer ses études au Collège de l'Assomption. Voir « Au collège, 1933-1941 », p. 175-207.

7. Ferron a raturé : « ma dépendance [; je devais me borner à ce qu'il voulait entendre, rien qui ne l'engageât à plus qu'il me devait] ».

Son fils

Mon grand-père[1] avait une moustache qui mollement lui tombait de chaque côté de la bouche ; mon père en avait une aussi, mais de poil plus raide, elle lui sortait du nez et n'allait pas plus loin. Mon grand-père avait soixante ans de plus que moi, mon père n'en avait que trente : l'un m'impressionnait beaucoup, l'autre moins. Quant au fils de ce dernier, j'ai son âge, il ne m'impressionne[2] pas du tout.

Je l'ai connu, il avait quatre ou cinq ans ; c'était un gentil garçon, je m'attachai à lui ; depuis je ne l'ai pas quitté. Nous nous sommes d'abord bien entendus, ne nous parlant pas, occupés à courir après une balle. Puis mon père, ayant jugé que ces courses ne menaient pas loin, nous confia aux Jésuites pour que ceux-ci enseignent à son fils la magie. Ils lui enseignèrent le latin : c'est le jargon qui contient les mots magiques.

Quand vous savez ces mots-là, vous n'avez plus qu'à dire : « Sésame », la caverne s'ouvre aussitôt ; le trésor est devant vous, offert au prenant ; vous prenez et devenez un homme considérable ; on vous appelle docteur, curé, notaire, maître, juge, chanoine ; on vous souffle, vous vous gonflez, on vous admire, vous êtes beau à voir et l'on ne vous demande pas davantage.

---

1. Texte écrit dans les années cinquante. Fonds Jacques-Ferron, MSS 424 ; boîte n° 16 ; chemise n° 2 ; 2.2.9. Il s'agit ici de Benjamin Ferron.
2. Ferron a raturé : « il ne [m'intéresse] pas du tout. »

Mon grand-père approuva mon père. « La magie, on ne rit pas », dit-il, plein de respect. C'était un habitant de la bonne espèce, quoique d'un genre un peu spécial : il aimait la pêche à la ligne. Son état ne se prêtant guère à sa passion, il favorisait l'instruction.

— Ton fils ira loin, reprit-il.

— Avec les Jésuites on ne sait jamais, dit mon père. Ils peuvent aussi bien faire de lui un évêque.

— Un évêque, on ne rit pas !

Et mon grand-père ne riait pas ; il était même un peu inquiet, car il ne parvenait pas à imaginer le prélat[3] sur la berge, une ligne à la main.

Les Jésuites sont de fameux sorciers ; mon père ne s'était pas trompé, mais ce fut son fils qui fit les frais de la constatation. Il était, ai-je dit, un gentil garçon, l'esprit simple et le cœur ardent, qui courait après une balle ; bref, un enfant. Eh bien, croyez-le ou non, ces Jésuites en moins de deux ans réussirent à saper son innocence ; son teint s'en ressentit ; des poils lui poussèrent dans le visage comme cela ne lui était jamais arrivé auparavant. Qu'avaient-ils mis dans sa soupe ? Ne cherchez pas à le savoir : tout est secret chez ces hommes ténébreux, qui ne reculent devant rien pour parvenir à leurs fins. Le pauvre garçon n'y prit pas garde ; quelques années encore, naïvement, il continua d'agir en enfant. Puis il fallut bien qu'il se rase. Je cessai alors de bien m'entendre avec lui ; il voulait m'en imposer et je m'y refusais.

Il commença par le coup de la moustache.

— Comment la désires-tu ? me demanda-t-il. Raide comme ton père ou molle comme ton grand-père ?

Je n'en désirais aucune.

— Tu n'es pas mon ancêtre, lui dis-je.

---

3. Ferron cherche souvent de la sorte à « humaniser » par le bas les hauts dignitaires ecclésiastiques, comme en font foi plusieurs scènes du *Ciel de Québec*. Cette image de l'évêque pêchant à la ligne s'inscrit dans cette série de renversements carnavalesques, bien analysée par Pamela V. Sing dans son essai, *Villages imaginaires. Édouard Montpetit, Jacques Ferron et Jacques Poulin* (Fides-Cétuq, « Nouvelles Études québécoises », 1996, p. 81-147).

Il se passa donc de moustache, mais il était déçu. Et je me moquais de lui.

— Crois-tu, lui demandais-je, que la barbe fait l'homme ? Loin de là, elle féminise le garçon.

À quoi il ne trouvait rien à redire. Sa bravade n'allait pas loin. Il pensait beaucoup plus à sa mère qu'à son père. À tout moment il se <juquait[4]> sur une épine ; cela le faisait rougir. Il poussait en délicatesse, il demeurait maniéré comme une fille. Il arriva même qu'il prit honte à sa barbe ; d'affreux boutons couvrirent son visage. La leçon de ses maîtres portait fruit.

Après le coup de la moustache ce fut celui de la poésie, lequel convenait peut-être mieux à son âge. Valéry était à la mode ; il me récitait du Valéry. Il fut près de m'avoir. Je saisissais que le poème était beau, mais je ne le comprenais pas très bien. Cela me mettait vis-à-vis de mon camarade dans un état d'infériorité. Il abusa de son avantage. Il ne cessait plus ses déclamations. À la fin je me rendis compte qu'il ne les comprenait pas mieux que moi. Je le remis vertement à sa place.

— Mais c'est beau, protesta-t-il.

— C'est beau, d'accord, mais n'en profite pas pour m'épater.

La perte de ce profit le désintéressa de la poésie. Puis il s'essaya avec les femmes. Elles lui firent du bien. Dès qu'il les eût touchées, il fut délivré de la femme qu'il y avait en lui. Et il devint un homme. Ce qui me donna à penser que l'homme est une invention de la femme, que si celle-ci n'existait pas, celui-là…

Quoi qu'il en soit, ce commerce avec les femmes, même s'il l'aida, ne le plaça pas dans une posture à m'épater. Au contraire il se conduisit si sottement que c'est moi, si je l'avais pu, qui l'aurais dominé.

« Fort bien, m'a-t-il dit, je ne peux t'en passer, mais si tu voulais, nous pourrions peut-être travailler ensemble pour épater les autres. » C'était une idée. Je n'avais rien à [y] gagner, mais rien

---

4. Il peut tout aussi bien s'agir de « piquait » que de « juquait », la graphie de Ferron ne nous permettant pas de trancher.

à y perdre. Je lui laissai toute liberté qu'il fasse son grand-père comme il voudra, qu'il épate les fils et petits-fils du genre humain et Dieu sait que c'est facile. Mon idée sur lui est faite : c'est un farceur.

— La magie, on ne rit pas, avait dit mon grand-père.

Il ne l'avait pas apprise.

[Mon grand-père]

Mon grand-père[1] était habitant à Saint-Léon-les-bains[2], comté de Maskinongé ; sa terre s'étendait vers l'est jusqu'à la rivière du Loup. Durant le jour il besognait comme un autre habitant ; le soir venu il descendait à la rivière ; sa bizarrerie était d'aimer la pêche. Il fut heureux en ménage, sa femme raffolait de poisson. Ils eurent douze enfants, lesquels, à l'exception de l'aîné, héritier de la terre, ils firent instruire. Mon père apprit la magie[3] au Séminaire des Trois-Rivières ; c'était de la petite magie ; elle lui ouvrit une petite caverne, encore fort honnête ; il fut toute sa vie notaire au chef-lieu du comté. Il rêvait d'horizons plus vastes, son fils s'amena, il reporta son rêve sur lui. Ce transport fut la cause qui l'envoya chez les Jésuites dès qu'il fut d'âge à être instruit, ceux-ci ayant la réputation d'enseigner la grosse magie, celle qui ouvre la grosse caverne et forme les gros messieurs du pays.

En vérité mon père ne s'était pas trompé : les Jésuites sont de grands sorciers.

Ce chef-lieu n'était qu'à cinq milles de Saint-Léon-les-bains. Mon père avait rêvé de pousser plus loin sa fortune. Il lui restait au

---

1. Fragments d'un texte inachevé et sans titre, écrit dans les années cinquante selon le répertoire de la Bibliothèque nationale du Québec. Fonds Jacques-Ferron, MSS 424 ; boîte n° 16 ; chemise n° 2 ; 2.2.10.
2. Il s'agit peut-être d'un autre nom pour Saint-Léon-le-Grand, ou d'une liberté de l'auteur.
3. Allusion au texte précédent, « Son fils », le latin étant ici considéré comme une langue magique.

cœur un appétit, lequel lui servit en mariage[4]. Il eut un fils, il en fut bien heureux, car il pouvait reporter sur lui sa manie des grandeurs.

Car il avait la manie des grandeurs. En 1900, on n'avait pas encore découvert les lacs ni la mer ; gentilshommes et belles dames de Montréal[5], pour suivre la mode française, venaient à Saint-Léon, village balnéaire de la province.

Lorsqu'il était enfant, les gens fortunés du pays, qui n'avaient pas encore découvert les lacs ni la mer, suivaient la mode française, ils venaient à Saint-Léon où, le long de la rivière, il y avait une petite source d'eau salée et un grand hôtel. Cette affluence n'était pas sans bouleverser le village ; gentilshommes et belles dames avaient des mœurs qui n'étaient point villageoises ; le curé tonnait contre eux ; ils avaient quand même grande allure aux yeux des petits paysans[6].

---

4. Ferron a raturé « en mariage. [L'amour est un dérivatif.] Il eut… » Ferron fait sans doute allusion ici à l'« amour mêlé d'ambition » de son père et à l'audace qu'il avait eue « de conquérir une héritière » (*Appendice aux Confitures de coings*, p. 145).

5. Ferron a raturé : « de Montréal, [allaient aux eaux pour suivre la mode de France]…»

6. Ce passage rappelle évidemment la scène cardinale du père dans l'*Appendice* : « La mode était vite passée aux lacs, en multitude en haut de Saint-Alexis. Cet hôtel éphémère où jamais mon père n'entra, exerça quand même sur lui la plus grande influence. D'âge à marcher au catéchisme, il le faisait pieds nus jusqu'aux premières maisons du village, tenant ses souliers et ses chaussettes à la main, et fut souvent dépassé, timide et honteux, par des cavaliers et des écuyères aux bottes luisantes, montés sur des bêtes nerveuses, de tout autre allure que le petit cheval canadien ; ces cavaliers et leurs dames cheminaient tout en devisant en anglais et, Dieu merci ! ne daignèrent jamais lui jeter un regard » (*Appendice aux Confitures de coings*, p. 176-177).

Le Don Quichotte anglais

J'ai[1] la réputation de ne pas aimer les Anglais et de ne pas croire en Dieu. Mon père était anglomane et j'ai été élevé par les Jésuites. Je ne pense pas à l'un sans émotion, non plus que je ne revois les autres[2] sans bonheur. Et je vis trop avec moi-même pour ne pas revivre, chaque jour, un peu de ma jeunesse et de mon enfance. Mais Dieu m'a peut-être déçu. Quant aux Anglais, c'est certain. Ils m'irritent d'autant plus que je n'ai jamais cessé, dans leur masse méprisable, masse où inévitablement je me perdrais si je m'anglicisais, de rencontrer çà et là une sorte de Don Quichotte baroque, drôle et touchant, désinvolte et toqué, toujours solitaire, qui est l'être du monde qui m'a le plus émerveillé, et de l'émerveillement le plus doux, tout près du sourire amusé. Un Don Quichotte qui n'est pas monté sur une rossinante[3], mais sur cette bête aristocratique, forte et élégante, qu'est le grand cheval anglais des chasses à courre. Un Don Quichotte aussi qui n'a pas seulement un Sancho, mais des dizaines, mais des milliers, et par conséquent qui se dit démocrate. Un Don Quichotte un peu mystificateur, peut-être tricheur, et s'en doutant bien ; nullement espagnol. Il est sans doute ma création et c'est peut-être contre moi que je m'irrite de ne pas le retrouver plus souvent chez les Anglais. Le

---

1. Fonds Jacques-Ferron, MSS 424 ; boîte n° 19 ; chemise n° 15 ; 2.58.1. Le titre de ce texte apparaissait au revers du troisième feuillet. Ferron a raturé « [Je me suis fait] la réputation… »
2. Ferron a raturé « je ne revois [mes maîtres avec] bonheur. »
3. Rossinante était le nom de la jument de Don Quichotte, héros de Cervantes.

même ennui est arrivé au bon Dieu quand il n'a plus rencontré dans l'homme sa créature. Je ne m'en fais pas trop. Je n'ai peut-être pas les moyens de me retirer, fâché, et d'aller bouder le monde au ciel. Mais je peux fort bien reprendre à mon compte et en français ce que j'ai accordé à mon Don Quichotte anglais.

Comme Dieu a fait pour l'homme, je ne l'ai pas créé de rien. J'ai dit que mon père était anglomane. Il avait un petit défaut de langue. On a cru parfois qu'il parlait surtout l'anglais dont il ne savait pas trente-cinq mots. Cela le flattait beaucoup. Et comme j'étais son fils, son successeur, ce qu'il m'a sermonné pour que j'apprenne cette langue ! Les deux commandements de mon père étaient ceux-ci : « Tu apprendras l'anglais correctement et frotteras tes chaussures pareillement. » Comme tous ceux qui ont marché pieds nus en leur enfance, il avait le respect de la belle chaussure. Et s'il accouplait ainsi la langue de son roi à un détail aussi bas, cela venait d'une particularité géographique. Lorsque mon père, fils d'un cultivateur du village des Ambroises, se rendait à Saint-Léon où était l'église, pour se préparer à la communion solennelle, cérémonie d'initiation des adolescents, il croisait de belles dames et des cavaliers[4]. Il y avait alors le long de la rivière du Loup une source d'eau minérale qui, après avoir fait les délices des vaches, avait donné lieu à un hôtel *fashionable*. Il y a peu de lacs en Europe, mais beaucoup de centres balnéaires. Or en cette fin du XIXe siècle, c'était l'Europe qui imposait sa mode à l'Amérique. Et l'on dédaignait nos lois pour venir passer l'été à l'hôtel des eaux. Cet hôtel se dressait à quelques arpents du village des Ambroises. Les belles dames et les cavaliers que mon père croisait étaient bien chaussés, assurément, et ne parlaient que l'anglais. Lui, il allait nu-pieds, ses petits souliers à la main, pour les ménager. Ce n'est qu'en entrant dans le village de Saint-Léon qu'il se chaussait. De là lui venaient sans doute le goût et le respect des beaux souliers et de l'anglais.

---

4. Il s'agit là encore de la scène des cavaliers de l'*Appendice aux Confitures de coings*.

Or je n'ai jamais voulu cirer mes souliers ni apprendre l'anglais. Bien sûr qu'il était normal que devenu quelque peu homme, je m'opposasse à mon père. Mais je m'opposais ainsi à lui pour mieux lui ressembler, en restant dans la situation d'où lui venait son anglomanie. Autre raison : il avait le commandement mou. Toute sa vie il a dit : « Mes enfants, dimanche prochain, nous arriverons à l'heure pour la messe », et toujours nous sommes arrivés en retard. Au fond, il tenait à garder ses distances avec Dieu. Et moi j'ai fait de même avec les Anglais. Cela, pour l'un et pour l'autre, a eu de bons résultats : mon père a toujours été respecté par les curés comme j'ai toujours été bien traité par les Anglais. Et l'idée d'un super-Dieu et d'un super-Anglais n'était pas si bête : pour échapper à ceux qui s'imposaient de près.

Quand mon père s'est établi à Louiseville, il n'y restait qu'une famille anglaise à peu près francisée. Dans cette famille il y avait une belle fille : mon père a couché avec elle et tous mes oncles après lui. Cela leur a sans doute fait du bien. La mitaine était en ruine[5]. Seul, le cimetière protestant subsistait, bien entretenu. C'est alors qu'est entré chez nous un personnage considérable qui a été la joie, l'honneur et la santé de mon père. Il se nommait Nelson[6].

En Amérique du Nord, au Canada, et encore moins dans le Québec, il n'y a pas de mal à médire des curés et des Anglais ; les uns n'ont pas remplacé le petit Jésus sur la paille, leurs presbytères sont bien chauffés, l'enfer sous la neige réconforte leur cœur ; et les autres, que je sache, parce qu'ils sont frugaux, n'ont pas encore été mis au pain et à l'eau. Il n'y a pas en tout cas de lâcheté. Seulement on se fait une mauvaise réputation. C'est parfois ennuyeux : mon père était anglomane et j'ai été élevé par les jésuites. Ils ont été un peu mon enfance, un peu ma jeunesse. Je vis trop avec moi-même pour oublier ce fond si vif et ce passé si présent. C'est ennuyeux pour moi d'être athée et anglophobe. Dieu m'a peut-être déçu. Quant aux Anglais, c'est certain.

_____

5. Voir p. 301, n.7.

6. Joseph-Alphonse Ferron aurait eu un cheval anglais nommé Nelson. Ferron, dans le manuscrit inédit du *Pas de Gamelin*, comptait se servir de l'historiette intitulée « Mister Nielsen » (*l'Information médicale et paramédicale*, XXVII : 13, 20 mai 1975, p. 21), mais il en avait changé le titre pour « Son cheval anglais se nommait en réalité Nelson ».

[Mon père se nommait Joseph Salvarsan]

Mon père se nommait Joseph Salvarsan[1], un nom connu et respecté dans tout le comté de Maskinongé, qu'il avait fait lui-même et qui le vieillissait, car il prétendait être son propre père. Le nom, il l'avait affiché à la devanture de son magasin, dans la grand-rue, à Louiseville, naguère Rivière-du-Loup-en-haut et qui aurait pu le rester car c'était une place autrement plus importante que Rivière-du-Loup-en-bas, petit village de l'Estuaire, vassal de Cacouna, indigne de recevoir la princesse Louise. L'En-haut avait donc eu l'honneur de cette visite royale et pour bien la marquer s'était débaptisé au profit d'une personne qui, à l'époque, devait être fameuse[2]. On n'alla pas voir sous son nénuphar quelle était sa framboise ; on aurait peut-être trouvé que ladite princesse, nonobstant les fastes de sa visite, n'était au fond qu'une pauvre laitue.

---

1. Texte sans titre, probablement écrit autour de 1971. Fonds Jacques-Ferron, MSS 424 ; boîte n° 18 ; chemise n° 12 ; 2.37.34. Jérôme Salvarsan, et non Joseph, est le nom du personnage principal de *la Gorge de Minerve*, roman encore inédit que Ferron réintitulera *Jérôme Salvarsan* par la suite. Mais il s'agit également du nom de Maski, le double mégalomane du narrateur du manuscrit inédit du *Pas de Gamelin*. Il ne serait donc pas surprenant que ce texte ait pu faire partie de ce manuscrit inachevé, Joseph Salvarsan pouvant en effet fort bien être le père de Maski, le docteur Jérôme Salvarsan, dont l'histoire personnelle est calquée sur celle de l'auteur-narrateur.

2. Comme le remarque Pierre Cantin dans une note du *Saint-Élias*, Rivière-du-Loup-en-haut « devint Louiseville en 1879. Ce changement de nom voulait honorer la princesse Louise, quatrième fille de la reine Victoria et épouse du marquis de Lorne, gouverneur général du Canada de 1878 à 1883 » (*le Saint-Élias*, p. 165-166).

En tout cas elle ne s'est guère survécue et l'on se demande aujourd'hui qui, de par le vaste monde, se souviendrait de son nom s'il n'était perpétué par le chef-lieu où je suis né, il y a déjà cinquante ans, alors que ma ville natale, sur son quant-à-soi et hautaine, n'avait pas oublié que quelque temps auparavant, peu de temps, à peine un siècle, elle dépassait par le nombre de ses habitants et la richesse de sa plaine, cette prétentieuse petite bourgade, bâtie sur les sables, qu'est devenue Trois-Rivières, capitale de la Mauricie. Je peux dire d'emblée que si je ne me suis jamais privé d'affiliations, de tant de partis, de coteries, de chapelles que je ne me souviens pas de toutes mes infidélités, je ne me suis jamais senti de cette province.

D'où venait mon père ? Je ne le sais trop. S'il prétendait être son propre ancêtre, c'est qu'il ne tenait pas tellement à ses origines. Je me suis laissé dire qu'elles étaient dans le sud, quelque part entre Sainte-Eulalie et Saint-Agapit, dans un midi pas très loin du fleuve. Autant dire qu'il venait de rien. Quand on a eu l'honneur de naître au fronteau du pays, dans les puissantes paroisses du nord, et surtout à Louiseville, sur le parcours du Chemin du roi, entre Québec et Montréal, on en reste à la frontière fluviale, pas question de condescendre à regarder au-delà ; d'ailleurs, de Louiseville, à cause du lac Saint-Pierre, on n'y voit rien. Peut-être, à la rigueur, fera-t-on exception pour Nicolet, peut-être pour Sorel, Lowell et Woonsocket, mais pas pour Sainte-Eulalie et Saint-Agapit. Mon père le savait et ne s'en vantait pas. Je me suis laissé dire de plus que, venant de si creux, il n'aurait pas rejoint notre belle rive du premier coup et que, parti pour grimper, il serait passé par les Dominicains de Saint-Hyacinthe. Cela ne laisse pas d'être plausible, car il est arrivé à Louiseville vieux garçon, nullement soucieux de son retard, plus pressé de s'enrichir que de se marier. C'est ainsi d'ailleurs qu'il s'est fait une renommée. En s'enrichissant et vite. Marchand de fer. Plus tard, fortune faite, il s'est intitulé quincaillier. Puis il est devenu Commandeur du Saint-Sépulcre. Fut-ce par esprit de religion ? Non, plutôt par souci de profession. Le clergé bâtissait beaucoup alors. Mon père n'a jamais tenu que des discours très convenables, dans le genre insignifiant ; il parlait de règne de

Dieu sur terre et dans le ciel en termes choisis, presque aussi bien qu'un ecclésiastique, et ces termes-là en imposaient, semblant provenir d'un grand fonds de piété alors qu'ils n'étaient que le vocabulaire d'un métier dont il avait déjà tâté. Il n'était pas homme à ne rien perdre. Le vocabulaire faisait partie de son acquis. Il s'en servait et il s'en servait bien, parlant avec autant de simplicité de sujets qu'il commandait que de la pluie et du beau temps. Sa Commanderie ne sembla pas usurpée, d'autant plus qu'il était à peu près le seul notable de bonnes mœurs de Louiseville à pouvoir se la payer.

[La grandeur]

De mon grand-père[1], Louis-Georges Caron, ce misérable qui paya en eau claire Madame Théodora, la dernière fois qu'il coucha avec elle, je ne sais que peu de choses, assez toutefois pour ne pas douter du jugement de Madame Théodora[2]. Mon père, le Notaire, ne m'a pas caché qu'il descendait de Saint-Alexis à Louiseville pour crapuler, y attachant peu d'importance car il était plutôt tolérant, excusant volontiers la passion, fût-elle frénétique et malsaine ; il admirait dans ces équipées la part de prouesse, encore qu'elle revint plus au cheval Flambard[3] qu'au grand-père Louis-Georges. Il avait le sens de la grandeur. Par exemple, il s'amusa longtemps de l'homosexualité de Napaul Vanasse, avocat, usurier et écrivain qui

---

1. Texte sans titre, probablement écrit dans les années soixante-dix. Fonds Jacques-Ferron, MSS 424 ; boîte n° 20 ; chemise n° 6 ; 2.70.3. Ce fragment se terminait sur les mots : « *La grandeur*/dépasser la mesure », que Ferron pensait peut-être utiliser comme titre…
2. Louis-Georges Caron (1860 ?-1907 ?), le père d'Adrienne, semble avoir été un personnage haut en couleur. Ferron en parle plus longuement dans les historiettes « Anamnèse », « III » et « Le chaînon qui manquait ». Déjà, dans l'*Appendice aux Confitures de coings* et la *Créance*, Ferron en traçait un portrait peu flatteur. C'est par l'entremise de la sage-femme du docteur Hart, Madame Théodora, que Ferron évoque la mémoire de son grand-père maternel : elle en « avait été la putain quelques fois, exigeant et mauvais payeur, un homme qui ne pouvait s'empêcher de marchander sur tout, même sur l'amour, fils de marchand et marchand lui-même. — Louis-Georges faisait l'important pour dépasser son père ; il n'y est parvenu que dans les hôtels de Louiseville et qu'à la nuit close, quand il descendait au galop de Saint-Alexis » (*la Créance*, p. 134).
3. Le cheval de Louis-Georges Caron est parfois appelé l'Oiseau Bleu.

rédigeait le courrier de Louiseville dans *l'Écho de Saint-Justin*, le journal hebdomadaire du comté de Maskinongé. Cette pratique, alors illicite, donnait lieu à des partouzes extravagantes, lesquelles attiraient l'attention de la police, alertée par les familles qui ne tenaient pas du tout à leur fournir leur tribut d'éphèbes. Pour éviter d'être traduit en justice comme criminel, Napaul épousa une demoiselle Marchand, des Trois-Rivières, fille et sœur de juges. À New York, dès le premier soir du voyage de noces, Napaul disparut pour trois jours. La malheureuse dame approchait la trentaine ; elle avait beaucoup de distinction, de la réserve, et, durant plus d'une année, avec une douce patience, mit tout son cœur à convertir Napaul, lequel resta impénitent et ne lui rendit jamais les devoirs d'un mari. À la fin, rendue à bout, ne pouvant s'obstiner sans s'avilir, elle demanda l'annulation de son mariage, l'obtint rapidement et entra chez les Carmélites.

Mon père en conçut beaucoup d'admiration pour Mademoiselle Marchand. Il ne rompit pas pour autant avec Maître Vanasse, devenu la fable de toute la Mauricie. Peu après, m'emmenant de Montréal à Louiseville pour les vacances de Pâques en compagnie de mon ami Jacques Lavigne[4], je trouvai comme d'habitude mon père à la gare. Il ne nous attendait pas seul. Napaul était avec lui. Mon père, à cette époque, n'appréciait pas trop le langage quelque peu affecté dont nous usions au collège. Peut-être craignait-il que je devinsse fifi ? Mon père ne croyait guère à la vertu des sermons. Il usa toujours envers moi d'une pédagogie de maquignon. Je me demande s'il n'a pas utilisé Napaul, cette fois-là, dans ce but, un peu comme l'été suivant il engagea une fille de mauvaise réputation, à la main alerte, pour nous servir à Saint-Alexis, durant les vacances d'été. Il prit soin alors d'attirer mon attention sur les manières de cette fille et de ne pas trop en faire cas si elle m'entreprenait. Il me jugeait, je pense, un grand benêt, imbu de littérature et de musique.

---

4. Philosophe, ami de l'écrivain qui fut aussi son camarade de classe au Jardin de l'Enfance et au Collège Jean-de-Brébeuf. Ferron se servira à quelques reprises de son nom comme pseudonyme.

Dans l'auto, comme nous étions en Belles-Lettres, Napaul ne manqua pas de nous parler de lettres, des auteurs de sa génération, de Paul Bourget et plus précisément d'un roman de celui-ci, *le Divorce*[5].

— Je viens de le relire, dit-il. Ah ! quelle justesse dans l'exposé du drame ! Vous pouvez m'en croire. Ce drame, je viens de le vivre.

Nous n'avions pas beaucoup de respect pour Monsieur Paul Bourget. Néanmoins j'avais lu *le Divorce* et connaissais trop bien l'aventure maritale de Maître Vanasse pour trouver le moindre rapport entre celle-ci et le roman. Tout ce que je comprenais, c'est que fifi notoire, ce pauvre homme se cachait bien de l'être, et cela me paraissait insensé. Au volant de l'auto, mon père ne disait rien. Par le rétroviseur, il me surveillait et voyait mon étonnement. Quand nous eûmes laissé Napaul, il ne passa aucun commentaire, me jugeant suffisamment édifié. Toutefois, après ce malencontreux mariage, quand la manie de l'avocat tourna à l'abjection et que mon père, toujours bien renseigné, apprit que la nuit il allait se trouver un vagabond et qu'il le payait pour l'emmener chez lui, cessa de le tourner en dérision et ne parla plus de lui qu'avec respect.

---

5. Paul Bourget, *Un divorce*, Paris, Plon, [s.d.], 398 p.

Notaire par le nez

Au commencement était le Verbe[1], l'homme ajouta ses mots et la parole de Dieu fut entendue. Dorénavant on n'aura pas de cesse, pour mieux la retenir et comprendre, qu'elle ne soit écrite. On s'y applique encore, cela ne finira pas de sitôt, tant et aussi longtemps que Dieu et sa syntaxe, l'homme et son lexique, ayant partie liée, indispensables l'un à l'autre, y resteront indivis, sinon égaux. Sans l'homme, Dieu retomberait dans la bouche immense des vents cosmiques, zéro ouvert à l'infini. Sans Dieu, toutes les formes fines et savantes, inventées par l'homme, redeviendraient choses nébuleuses, propriété absolue de quelque comète insensée. Avant le pacte, il y a eu les négociations, la mutualité du temporel et de l'éternel, les échanges, Dieu qui est mort en l'homme, l'homme qui ressuscite en Dieu. La parole rendait possibles ces préliminaires au traité d'alliance, mais ne suffisait pas à cause de sa consistance aérienne, mouvante et vite dissolue, parce que l'air est l'eau du ciel,

---

1. Fonds Jacques-Ferron, MSS 424 ; boîte n° 20 ; chemise n° 13 ; 2.77.1. Le texte porte la mention « Chapitre deuxième », ce qui pourrait indiquer l'intention de Ferron de l'intégrer dans le manuscrit du *Pas de Gamelin* ou dans celui de *la Plus Haute Autorité*. Ferron a en outre raturé ce qui semblait être un sous-titre : « Hors de soi, loin de Dieu. Mon établissement à la Madeleine ». Les trois premières pages (incluant « On comprend que Zachée ait monté dans l'arbre »), dont une partie a été composée de fragments photocopiés et collés sur le texte manuscrit, proviennent d'ailleurs de l'historiette intitulée « Hors de soi, loin de Dieu » parue dans *l'Information médicale et paramédicale*, XXVII : 19, 19 août 1975, p. 13. La datation de ce texte est difficile à préciser : certains passages semblent indiquer qu'il pourrait avoir été écrit en 1967, d'autres en 1980 ou 1981.

un élément de passage qui se prête à la communication, mais se referme aussitôt sur lui-même, sans cicatrice ni même trace du passage ; parce que ce véhicule de la parole l'emporte et revient toujours sans elle. Après ces pourparlers, le pacte devait être signé sur un solide qui en gardât la marque et l'entente conclue à mi-chemin entre le cerveau humain, froid, attentif et précis, et le grand délire divin, foyer chaleureux, source inépuisable de mouvement et de vie. Ce lieu fixe et mitoyen fut l'écriture, circuit solitaire et muet, orbe de la parole qui en vient, y retourne et n'est pas la parole. En deçà de l'au-delà, au-delà de l'en deçà, on s'y rencontre, qui hors de sa durée, qui hors de son immortalité, mais on ne saurait y séjourner à demeure car ce n'est pas un lieu vivable ni pour Dieu ni pour l'homme. Je ne suis pas autorisé à parler au nom du premier, ni même du deuxième, car celui-ci n'est jamais mandaté et s'autorise de lui-même — de quel droit ? À moins d'être copiste, on n'écrit pas sans inquiétude. Certes, les mots et même leur représentation graphique sont d'invention humaine, mais quel sens auraient-ils sans le Verbe ? De plus, l'entente conclue, le pacte signé, que reste-t-il à exprimer, sinon à rappeler que cette entente et ce pacte ont eu lieu, et puis c'est tout ? Est-il bien nécessaire de s'avancer hors de soi, loin de Dieu, pour témoigner après procès ? Tout ce que je puis répondre, c'est qu'on le fait quand même, sinon par zèle, du moins avec quelque chose d'excessif qui n'est pas de tout repos et tient peut-être de la folie. Ce n'est pas dans la démesure qu'on se trouve des repères, qu'on peut faire le point et se replacer dans les normes.

Écrivain, cela serait trop simple : on est scribe ou prophète, objet de mépris ou sujet de terreur, malfamé, trop vanté, soit l'un, soit l'autre ou les deux à la fois, discordant, comme si l'outrance ne suffisait pas, quitte à revenir de l'un à l'autre dans la confusion et la perplexité, de façon toujours mêlée, selon le mouvement général de la société à laquelle on appartient, mouvement qu'on subit faute du recul voulu pour l'apprécier. Les sociétés s'organisent puis se défont. On ne saurait écrire dans le premier temps de la même façon que dans le deuxième. Comment échapper à l'alternance ? Elle agit sur Dieu lui-même, tantôt caché, principe d'autorité, tantôt révélé, principe libérateur, quand à l'organisation succède la critique, au demeurant signe assez équivoque à cause de sa propre alternance avec le Diable. Au Dieu caché s'oppose Lucifer de sorte que sa révélation subséquente emprunte l'aspect luciférien forcément, ce qui ne la rend pas évidente. Fausses clartés, vraies lumières, comment distinguer ? Là ne finit pas la difficulté, cette fois à cause de l'oreille dont le sens reste toujours attentif alors que l'œil s'ouvre et se ferme : comment savoir où l'on est ? Fait-il jour, fait-il nuit ? Et qui faut-il croire, l'œil confondu par la lumière, l'écoute favorisée par les ténèbres ? Au-delà de l'appareil sensoriel, comment distinguer qui se cache, qui se montre, Dieu ou le Diable ?

Saint Luc, le médecin-évangéliste, avec son beau nom, ses deux métiers, n'élucide rien. D'une part, « le Royaume de Dieu est semblable à du levain qu'une femme a pris et enfoui dans trois mesures de farine[2] » : le tout lèvera, on n'en doute pas ; seulement voilà, d'autre part, quelques versets auparavant, Dieu lui-même vous prévient :

— Le levain, méfiez-vous, car tels sont les Pharisiens, les hypocrites[3] !

On comprend que Zachée[4] ait monté dans l'arbre[5]. C'est l'intention — ou l'attention tout simplement — qui met le Royaume de Dieu en contradiction avec lui-même. Les mots ne changent pas, seule la façon de les dire, sincère chez la femme, apprise chez les Pharisiens. Mais le levain reste toujours le levain et la vérité peut être rétablie par la façon d'entendre les hypocrites.

---

2. Il s'agit de la parabole du levain que l'on trouve dans l'Évangile selon saint Luc (13: 20-21).
3. Autre passage de l'Évangile selon saint Luc : « Gardez-vous du levain des Pharisiens, c'est-à-dire de leur hypocrisie » (12: 1-2).
4. Zachée était le chef des collecteurs d'impôts. Parce qu'il était petit de taille, il monta dans un sycomore pour voir Jésus. Voir l'Évangile selon saint Luc (19: 1-10).
5. C'est ici que prend fin la photocopie du texte tapuscrit. Ferron reprend à la main la suite du texte.

Le sens et la raison n'ont lieu qu'en pointillé, par moments, et de l'un à l'autre de ceux-ci il est surprenant qu'on les retrouve. Quand la vie achève, on ne se ressouvient que d'eux, et elle paraît bien courte. En réalité, elle aura été bien longue ; sur un fil, elle a franchi les vilains trous, les baissières, les marais dont j'ai déjà parlé. Avec mon père, le Notaire, si je suis resté sur mes ambitions litté-raires, c'est que je n'avais encore rien à écrire, nullement sûr d'ailleurs d'en avoir le talent. J'allais essayer de le faire à mes dépens, en me mettant dans une profession honorable et lucrative, même si ce n'était pas la sienne, le notariat, celle que je me pro-mettais d'exercer depuis mon enfance, du moment qu'il s'est avéré que j'aurais le nez busqué comme le sien. J'avais été si constant dans cette vocation enfantine que mon père, avant même que je sois bachelier, en avait avisé la Chambre des notaires et payé mon inscription. Alors, sans trop savoir pourquoi, avançant pour raisons mon goût des sciences naturelles et le fait que j'avais entrepris une Flore[6] du comté de Maskinongé, je m'étais ravisé pour la médecine.

J'arrive de l'Assomption, je suis à Louiseville entre deux trains. Demain ou après-demain, je continuerai à Québec m'y inscrire à la Faculté. Mon père, sous prétexte d'aller aux commissions, m'a demandé de l'accompagner ; je n'ai pas pu me défiler. Je me dirigeais vers la cuisine, pensant que nous prendrions l'auto ; il m'a dit : « Il fait beau, viens : nous irons à pied. » Et nous sommes passés par l'ancien cabinet de consultation du docteur Hamelin, dont mon père s'était fait un bureau avec coffre-fort et greffe. La porte donne sur la galerie, du côté de la rue Notre-Dame où se trouvait un solide piquet, soigneusement entretenu par la

---

6. Dans les entretiens qu'il accorde à Pierre L'Hérault, Ferron mentionne qu'au Collège Jean-de-Brébeuf, s'étant surestimé au hockey, il avait « cessé les jeux pour [s]'occuper de botanique » (*Par la porte d'en arrière. Entretiens*, p. 20). On sait l'importance que Ferron a toujours accordée à la *Flore laurentienne* du Frère Marie-Victorin, et les nombreux titres « floraux » de son œuvre ne font que confirmer cet intérêt pour la botanique : « Les Salicaires », *les Grands Soleils, les Roses sauvages, l'Amélanchier…*

municipalité pour les clients de feu le docteur. Devenu notarial, ce piquet a continué de servir. Les habitants, venus de loin, y attachaient leur cheval avant de sonner à la porte. C'était à l'heure des repas, car mon père pratiquait au Palais de justice à titre de secrétaire du Conseil de comté et de la Cour de circuit, où il était bien plus grandement logé. Au bruit de la sonnette, il se levait de table, allait jeter un coup d'œil sur l'équipage et savait déjà à qui il aurait affaire en ouvrant la porte au cultivateur qu'il acceptait ainsi de recevoir parce qu'il venait d'aussi loin que Saint-Didace ou Saint-Paulin, pressé d'y retourner avant la tombée de la nuit.

Nous sommes donc sortis par cette porte d'à côté. J'ai dit quelque chose, je ne sais plus quoi. Mon père m'a demandé : « Ça t'donnera quoi ? » Nous étions rendus sur le trottoir de la grand-rue qui passe devant la maison et coupe la rue Notre-Dame. Sur le trottoir, au sud, sa question posée, mon père a regardé au nord, vers le parc de la Fabrique, le seul de la ville avec le cimetière. Le dimanche, les habitants y attachent leurs chevaux sous les ormes. Mais aujourd'hui, c'est samedi ; les arbres sont seuls, haut troussés, chacun sur son pied, le tronc aussi dépouillé qu'une colonne ; en dessous de la voûte que tressent leurs branches, que leurs feuilles n'empêchent pas la lumière de percer d'innombrables jubés, on aperçoit le presbytère au fond du parc, ses dépendances, l'écurie du curé, le jardin-potager de sa servante, la grange, dite de la Fabrique, qui reçoit les grains de la dîme ; plus à l'est, on aperçoit enfin la première maison de la rue Notre-Dame, car c'est de cette rue jusqu'au parterre de l'église, au nord de la grand-rue, que s'étend le parc vide. Mon père regarde de ce côté sans doute pour se détourner de moi qui marche au fond du trottoir et pour me signifier ainsi qu'il n'est pas pressé de recevoir ma réponse ; il lui plaît peut-être aussi d'observer les jeux auxquels se livrent le soleil et le vent capricieux des cimes dans le feuillage des ormes. Mon père est un amateur de curiosités ; il protège, allant jusqu'à les entretenir, des gens bizarres et souvent peu recommandables. Même si je suis son créancier naturel, jamais l'idée ne me viendrait de lui retourner sa question. Or une dame des petites rues, sa locataire, avait des hallucinations, peu de gens le savaient car elle

ne s'en vantait pas, n'en parlant même pas à son mari ni au curé ;
c'était même une dame assez quelconque, tenant bien sa maison,
soigneuse de sa personne. Ses hallucinations d'ailleurs ne la
troublaient pas. Elle trouvait tout naturel, par exemple, quand elle
arrivait dans la grand'rue, d'apercevoir des anges dans tous les jubés
des arbres. Et c'était peut-être ces anges-là que mon père cherchait
à apercevoir, en vain. Par contre, moi, je les ai déjà entendus, après
l'incendie de l'église, quand on chantait la messe en plein air. La
musique meublait l'espace aérien. Dans tous ces jubés, ma sœur
Madeleine et moi, près du piquet, nous savions qu'ils repvenaient
les chants de la messe en leur donnant une ampleur grandiose, et
nous en étions ravis.

Le trottoir, du côté sud de la grand-rue, longe le jardin des
Sœurs de l'Assomption, qui, lui, donne la réplique à sa manière,
avec toutes sortes de fleurs, au parc de la Fabrique. Par la grand-
rue, passé le pont étroit de la rivière du Loup, on se trouvait ainsi
à pénétrer dans Louiseville comme par une merveilleuse avenue.
Du moins, il en était encore ainsi, cette fois-là, à mon retour du
Séminaire de l'Assomption, quand mon père m'emmena faire une
marche, lui qui n'allait jamais à pied, pour se montrer avec moi.
Depuis, le vieux pont à superstructure métallique, à chaque extrémité duquel était affichée bien visiblement, en anglais et en
français, la défense absolue de trotter, a été remplacé par un pont
plus large, moins démonstratif, qu'on passe sans trop prendre garde
à la rivière, et la route nationale, qui s'amène maintenant par le
rang du Brûlé, est encombrée des deux côtés, sur un bon mille vers
Yamachiche, par des constructions hétéroclites, criardes et lamen-
tables, maisons, garages, motels, couiquelunches[7], lesquelles sont
sorties de la ville pour l'annoncer, comme si elle était devenue une
localité triviale, indigne qu'on s'y arrête. Mon père donc, rendu sur

---

7. Ferron enquébécoise souvent des mots anglais en leur faisant subir une
transformation graphique qui les francise : ici « couiquelunches » pour « *quick
lunch* », « ouesterne » pour « *western* » dans « [Cela te donnera quoi ?]» (p. 330).
Cet emprunt à la langue anglaise est évidemment un exercice d'appropriation,
par ailleurs fort amusant.

le trottoir de la grand-rue, me demanda ce que la médecine me donnerait. Sa question posée, il regarda de l'autre côté de la rue comme s'il n'attachait pas beaucoup d'importance à ce que j'allais lui répondre, car je savais ce qu'il attendait de moi, que je lui dise que cela me donnerait ceci, me rapporterait tant. Par un p'tit steppe il se remit au même pas que moi[8] et, ce jour-là, toutes les commissions consistèrent à faire savoir aux boutiquiers de la grand-rue que, moi, fils de notaire, j'allais faire carrière de médecin. Et puis, mes études terminées, j'entrai dans l'armée, capitaine de Sa Majesté, ce qui donna lieu, cette fois, à une parade en uniforme dans la grand-rue. Une année passa. En 1946, je décidai de m'établir dans les Bas, à la Madeleine. « Cela t'donnera quoi ? », demanda mon père.

— Au moins cinq cents piastres par mois.

— En es-tu sûr ?

— Mon père, je me fie à la parole du curé Vaillancourt.

Mon père me jeta un regard du coin de l'œil qui signifiait que, lui, il ne se fiait pas trop à la parole d'un curé.

— Le docteur Dontigny est encore plus catégorique.

— Que t'a-t-il dit ?

— À moins de cinq cents piastres d'aller me jeter au bout du quai dès le premier mois.

Le docteur Dontigny, originaire de Saint-Tite, de notre province par conséquent, pratiquait la médecine à Saint-Anne-des-Monts, soixante milles en amont de la Madeleine[9]. Sa femme, Thérèse Lescadres, est la cousine germaine de mon père, d'une famille fière et démonstrative, portée aux extravagances depuis qu'un bisaïeul, le père de ma grand-mère Victoria[10], s'était mis à

---

8. Voir « Les trois p'tits steppes », p. 273.
9. La famille Dontigny revient souvent dans ces textes autobiographiques. Madame Dontigny, par exemple, visitera son fils au sanatorium du lac Édouard où Adrienne Caron était internée (voir « [Quelques Extraits de lettres d'Adrienne] », p. 407, et « Il est un peu boche », p. 386).
10. Victoria Lescadres fut l'épouse du grand-père Benjamin Ferron et la marraine de l'auteur. Voir « [J'ai eu pour parrain]», p. 374.

porter le chapeau de castor sur semaine. Cependant, tout gros habitant qu'il fût dans le Grand-Rang de Saint-Léon, assez en moyens pour faire cultiver sa belle et grand-terre par des engagés, cet homme n'avait pas, malgré son faste et son chapeau, la puissance de mon bisaïeul maternel, Georges Caron[11], colonel de la milice et marchand général à Saint-Léon et à Saint-Alexis. Ce que savait Madame Dontigny qui tenait d'ailleurs mon père, le Notaire, pour beaucoup plus riche qu'il n'était. Mon établissement à la Madeleine, à en juger par ce qu'elle savait de mon prédécesseur, le défunt docteur Cotnoir[12], lui semblait plutôt hasardeux, moins un établissement qu'un caprice de fils de famille, capable de se le permettre grâce à son père et à la petite fortune dont ma mère devait avoir hérité de son aïeul, le colonel. Si le docteur Dontigny m'avait conseillé d'aller me jeter au bout du quai après un mois, si je n'avais pas mes cinq cents piastres en bel argent liquide, c'était, je crois, une façon détournée de m'empêcher de m'obstiner dans une entreprise un peu folle. Je l'avais fort bien compris, n'en gardant que ce qu'il fallait pour répondre au « Qu'est-ce que ça t'donnera ? » de mon pauvre père, déjà radié de la Chambre des notaires, sur le point de devenir banqueroutier, ne s'en sauvant que par sa mort, survenue le 5 mars 1947. Il en avait lui-même fixé la date, celle de la mort de ma mère cadette, le 5 mars 1931. Il y a deux

---

11. Arrière-grand-père maternel de Jacques Ferron, il semble avoir été tout le contraire de son fils, Louis-Georges. Marchand, il fut aussi député fédéral à plusieurs reprises et nommé colonel de milice et commandant de la division de Maskinongé en 1869. On aura avantage à consulter le récit, *Adrienne. Une saga familiale*, où Madeleine Ferron trace un tableau fort intéressant de la branche maternelle de sa famille. On notera que Ferron transfère ce trait de l'état civil de son arrière-grand-père maternel à son père, dont il fait aussi un marchand, un « quincaillier » dans le fragment « [Mon père se nommait Joseph Salvarsan] » (voir p. 291).

12. Le Dr Auguste-Bernadin Cotnoir s'installe à Rivière-Madeleine en 1917 et y meurt en 1938. Ferron le mentionne également dans *Gaspé-Mattempa* : « le plus beau compliment que se méritera Maski sera de s'entendre dire qu'il était un nouveau Cotnoir » (p. 18). Ce Dr Cotnoir servira aussi de modèle au personnage éponyme du conte que Ferron dédicacera à Robert Bernier, *Cotnoir* (Montréal, VLB éditeur, 1981, 111 p.).

ou trois ans, lors des funérailles d'un frère[13] de mon père, qui, lui aussi, avait bien fait les choses, voire mieux qu'on s'y attendait de la part d'un homme de plaisir, Lucien Comeau, un associé de Duplessis, que je ne connaissais que de vue, est venu me trouver et m'a dit simplement que les gens de ma famille savaient mourir. J'en ai conçu quelque fierté et une certaine crainte, celle de déroger. J'en ai surtout beaucoup écrit à propos d'un personnage du nom de Mithridate[14], roi de Pont, ennemi des Romains. Il a d'abord été un robineux, ensuite le propriétaire du fameux pont de Batiscan, le premier d'une dynastie dont le troisième ou quatrième est médecin comme moi et par profession grand connaisseur de poisons. Je vous livrerai plus loin un petit abrégé de mes connaissances sur diverses drogues, en particulier sur le chanvre[15] dont le haschich a été longtemps un secret d'État, tant que la plante a été textile. Je parlerai aussi de l'amphétamine, des bienfaits de l'intoxication qui permet de distinguer parmi la troupe le chef sur lequel on pourra compter à la guerre. Enfin, il s'agit d'un sujet si important que je devrai vous entretenir de l'Honorable Marc Lalonde[16], le grand imposteur de qui relèvent les drogues venimeuses, le soutien des dames et la hiérarchie fameuse des souteneurs, le sublime, le vagabond, l'escarpe, le poteau, hiérarchie dont, l'imbécile, il n'avait même pas idée, et qui m'a dénoncé à la Faculté. Mithridate a toujours soutenu que la mort a trop d'importance pour qu'on se la laisse confisquer par le premier Jean-Foutre venu, fût-il de l'*Opus Dei*[17].

---

13. Il s'agit d'Émile Ferron.
14. Personnage des *Grands Soleils* et du *Saint-Élias* auquel Ferron se sera profondément identifié, particulièrement pendant la crise qu'il traversa au milieu des années soixante-dix.
15. Ferron s'est beaucoup intéressé au chanvre. Voir « Le chanvre », dans *Du fond de mon arrière-cuisine*, p. 69-78.
16. Marc Lalonde fut élu député libéral en 1972 et devint ministre de la Santé et du Bien-être social. Étroitement associé au gouvernement Trudeau, il fut l'objet de plusieurs attaques polémistes de la part de Ferron.
17. Prélature personnelle de l'Église catholique fondée en 1928 afin de favoriser dans toutes les couches de la société la pratique des Évangiles, notamment dans le travail professionnel. Pie XII, dont Ferron n'appréciait guère la politique « fasciste » durant la Deuxième Guerre mondiale, approuva l'*Opus Dei* en 1948.

Et quand il parlait de mort, il entendait les moyens d'y arriver à point nommé.

Souvent, j'ai entendu parler de ma vocation. On m'en a même félicité. Chaque fois, j'en étais éberlué. Je le reste. Ma vocation, laquelle ? Celle du médecin, de l'écrivain ou de Mithridate ? Et que fait-on de mon mérite ? J'ai l'impression qu'on me cherche noise, qu'on veut me diminuer, m'humilier ; qu'on me dénie toute faculté d'adaptation, qu'on réduit mes virtualités à celles dont j'ai tiré parti et qu'on me laisse à sec, à vide, privé d'eau, d'air, de mon élément, de ma liberté. Moi, un bienheureux prédestiné ! Pourquoi pas un personnage machiné à son insu, plein d'idées innées, qui ne penserait pas par lui-même ? Un robot chanceux qui se prendrait pour moi, assez niais pour faire mienne sa chance, m'en avantager au point de trouver naturel qu'on me vante et de me rengorger pour tout, sans avoir rien mérité ? Que tout cela est ridicule ! Qu'on me voudrait sot[18] !

Aurais-je jamais pensé à faire des livres si j'étais né sur une banquise, dans les parages de la Terre Aurélie[19] ? Je ne sais même pas quelle sorte d'Esquimau je serais devenu. Je suppose que j'aurais louché du côté du sorcier. Mon père en a déjà entretenu un dans une de ses maisons du bas de la rivière, ce qui ne l'empêchait pas d'avoir pour confesseur le chanoine Élisée Panneton[20], thaumaturge et musicien, et de chercher en sous-main, habile et narquois comme il était, à les mettre en conflit ; ce qui ne l'empêchait pas non plus d'être un de ses croyants inquiets, à fond d'incrédulité, à la fois candides et perspicaces, naïfs et cyniques. À ma connaissance, il n'a été constant que dans sa dévotion aux âmes du purgatoire. Un athée, peut-être, porté sur les merveilles, et mal servi, qui, les yeux fixes et grands ouverts, voyait des petites croix noires partout. Mon père ne m'a jamais prêté une vocation. Quand

---

18. Ferron a raturé la première phrase du paragraphe suivant : « On parle de vocation, c'est ridicule. »

19. Vastes terres dans le nord du Canada. Ferron y fait référence dans *le Ciel de Québec* (Montréal, VLB éditeur, 1979, p. 39).

20. Le chanoine Georges-Élisée Panneton, curé de Louiseville, composa la messe des morts aux funérailles d'Adrienne Caron. Voir aussi « La bergère » (p. 364) et l'*Appendice aux Confitures de coings* où Ferron en trace un portrait intéressant.

je lui ai dit que je voulais faire comme lui, il m'a inscrit à la Chambre des notaires, et quand j'eus changé d'idée, il m'a inscrit tout simplement à la Faculté. Il n'a même pas prétendu que je serais bon ou mauvais notaire, bon ou mauvais médecin, et je crois qu'il a été sage car j'ai toujours été aussi contraireux que bienvoulant, imprévisible en somme, même pour moi. Que je me souvienne, il n'y a eu que tante Laurence, quand mon choix fut déclaré, qui a prétendu que je ferais un bon médecin. À Saint-Alexis où nous passions l'été, l'égout se boucha parce que la pente en était trop faible, du chalet au puisard. Il me fallut en déterrer les tuyaux de grès d'un bout à l'autre avec un grand concours de mouches ; il y en avait des vertes, des noires, des drabes, des grises, des mouches à vaches, des mouches à chevreuils, et des taons, et la puanteur, bien entendu, car si la journée était bien chauffée, elle restait comme endormie, absente d'elle-même ou stupide, je n'en sais rien, en tout cas sans autre ventilation que les ailes de ces maudits insectes. C'est alors que tante Laurence apparut au-dessus de la fosse, d'autant plus impressionnante que, belle femme, elle avait la visite rare, regarda, mais pas plus qu'il ne fallait, juste le temps de m'apprendre, plutôt décourageante, que je ferais un bon médecin. Je n'ai pas l'impression qu'elle se faisait de la médecine une idée noble et, bon Dieu ! elle avait bien raison.

Vraiment est-il possible de parler de vocation à propos de la médecine ? Je sais seulement qu'il faut passer après le plombier et déboucher ses beaux tuyaux de grès quand à l'égout rien ne va plus et que la maison est devenue écœurante. On le fait par nécessité, encore faut-il comprendre qu'il s'agit d'une nécessité communautaire, non d'une obligation personnelle. Que la médecine soit libre, je comprends que la Faculté y tienne. Ce qui me dépasse, c'est le rang dans la société qu'on lui accorde. Un sacerdoce, dit-on. Ce n'est pas une chose à dire.

La première idée personnelle qui m'est venue, il y a bien longtemps, plus de quarante ans, alors que j'étais en Méthode[21], origi-

---

21. Voir la lettre de Jacques Ferron à Joseph-Alphonse Ferron, sans date [février 1941 ?], p. 205. La datation de cette lettre demeure problématique, mais il est

nale pour moi, pas nécessairement pour autrui, est une drôle d'idée chrétienne : que dans un groupe d'une centaine de garçons on choisisse les dix meilleurs et qu'on les isole sur une île ; déjà ils ne sont plus meilleurs et doivent se répartir l'éventail des rôles, du pire et du mauvais au bon, au mieux et au meilleur. Le procédé chrétien aurait été le suivant : pour empêcher le pire d'être vilain, franchement mauvais ou méchant, celui qui serait sûr de sa bonté s'empresse de prendre le rôle de la méchanceté. Conséquent il m'était alors arrivé de m'accuser d'un vol dont j'étais innocent. Personne ne me prit au sérieux, mais le voleur ne fut pas ennuyé. Je crois de plus que je lui ai porté chance : aux dernières nouvelles que j'en ai eues, il continuait de voler en toute impunité.

Monsieur mon père ne m'impressionnait pas beaucoup quand, les yeux fixes, il comptait ses croix noires. Un jour, j'arrive de Québec à l'improviste pour lui quémander je ne sais trop quoi, quelque chose qu'il lui déplaisait de me donner. Il était assis au bout de la table, seul dans la grand-salle-à-manger, tel un baron excommunié. Avec ses visions il sut, dès qu'il me vit paraître, que je ne pensais pas à sa délivrance, et il me dit : « Mon pauvre homme, tu as beau venir de loin, tu arrives mal : je n'ai que des croix à te donner. Les aperçois-tu, au moins ? J'en ai sûrement de reste, car je ne parviens pas à toutes les compter. »

Ses maudites p'tites croix, je n'en voyais pas une gueuse et le croyais assez malin pour les avoir inventées.

— Des p'tites croix de la Tempérance ?

— Le p'tit blanc est bu, c'est au tour des croix de se montrer[22].

Aujourd'hui, avec quelque retard, je serais porté à croire qu'il avait peur. Tout allait mal à la maison. Le chien de son homme de

---

peu probable que Ferron ait alors été en Méthode. Nous continuons toutefois de faire référence à cette lettre comme la « Lettre de Méthode », puisqu'il la nomme ainsi.

22. En plus de faire allusion aux mises en garde, très répandues à l'époque, contre l'alcoolisme (pensons ici aux célèbres sermons du père Chiniquy contre l'intempérance), l'image des « p'tites croix » est encore intéressante dans le cas du Notaire, gardien des écritures, qui devait souvent voir ses clients, cultivateurs analphabètes, parapher d'une croix les documents officiels en guise de signature.

cour venait de le mordre à la jambe, sans doute pour lui rappeler que cet homme de cour était plus ou moins son esclave. De plus, son sorcier avait failli le tuer quand à ma sœur Thérèse, la Grand'Bécasse, il avait été le lui montrer comme une curiosité. Quant à son thaumaturge, homme vénérable s'il en fût, il prétendait l'avoir pris en défaut parce que, réfléchissant tout haut devant mon père, il s'était demandé ce qu'un saint aurait fait dans des circonstances qui le laissaient perplexe. Et de l'avis de mon père, un saint n'a pas à imiter ses collègues ; il l'est de son propre mouvement et la grâce de Dieu lui permet de renouveler la sainteté. Mon père avait perdu toute confiance en lui. S'il le gardait pour confesseur, ce n'était que pour mieux l'épier. D'ailleurs, ce chanoine n'était pas de la lignée de Ringuet[23], mais des banquiers de Trois-Rivières : « Parlons-en : des usuriers tout simplement ! Comment un saint serait-il sorti de ça ? C'était impossible. J'aurais pu me tromper. Maintenant j'en suis sûr. »

— Mon père, personne ne t'a demandé qui était du ciel ou de l'enfer sur terre. Moi, tout ce que je sais, c'est que la Messe des morts qu'on a chantée aux funérailles de ma mère était l'œuvre de Monsieur le chanoine Élisée Panneton.

— Mon fils, je ne voudrais pas t'enlever une autre de tes illusions. D'ailleurs je ne suis pas tout à fait sûr. Il me semble que ta mère n'était pas malade au point d'en mourir. Le chanoine l'a poussée sur la pente fatale. Dans le chœur, c'est avec le plus grand des ravissements qu'il a écouté sa fameuse messe.

Tel fut mon père durant les quelques mois qui précédèrent sa propre mort. Il était en proie à une sorte de démesure qui ne pardonne pas et dont la Némésis[24] est la déesse inexorable. Il y trouvait de petits avantages, en particulier de m'évincer quand je m'amenais pour quémander. Il ne lui restait que quelques mois à

---

23. Philippe Panneton, dit Ringuet (1895-1960), auteur de *Trente Arpents* (1938).
24. Fille de Nyx (la Nuit), Némésis personnifie la vengeance divine ; elle châtie les crimes et punit les amants cruels. Par son action justicière, elle rythme et équilibre également le destin des hommes.

vivre, le temps de laisser guérir la vilaine morsure que lui avait infligée le chien de son homme de cour. Il avait remis sa banqueroute au 5 mars 1947, anniversaire de la mort de ma pauvre mère. Ses funérailles ne seront pas aussi réussies. La musique y fut quelconque. Mon Dieu ! il ne pouvait pas s'attendre à mieux, encore chanceux de passer par l'église[25]. Et pourtant, sa façon de mourir ne laissa pas d'être remarquée. Je l'ai compris plus tard au compliment de Maître Lucien Comeau, lors des funérailles de l'oncle Émile, cet homme de plaisir qui, nommé juge, s'était mis à pleurer car il aurait préféré devenir sénateur, et mon père avait dû le rappeler à la raison, après quelques gentilles bourrades : « Voyons, Émile, il faut bien que tu gagnes ta vie. » Émile, certes, était mort correctement, sans ennuyer personne et trouvant moyen de tenir bureau d'esprit alors même qu'il savait ses heures comptées. Après les compliments de Maître Comeau (compliments que je maudis à la face de Pélo-Mattawain, ce p'tit escroc), vint le moment d'entrer à la cathédrale. J'aperçus alors un homme en pleurs se faufiler dans la foule et aller cacher sa peine derrière une colonne de la nef. C'était le médecin et l'ami de mon oncle. Ah ! mes aïeux ! jamais je n'avais vu ça : un médecin respecté, compétent, recherché, aussi humble, aussi naturel, aussi humain qu'une femme, pleurer en public la perte de son patient. Pour une fois, ma fierté d'être médecin l'a emporté sur mon deuil. Et je l'avoue, oubliant le conseil de cet oncle qu'on enterrait : « N'avoue jamais », m'avait-il souvent dit. C'était l'homme de plaisir, le libertin, qui me parlait. Il n'avait jamais aimé que les femmes, la pêche et la conversation. Alors il disait tout pour le simple et beau plaisir de dire. Il était l'indiscrétion même. Il avouait pour les autres et faisait grand état de ses propres prouesses. Son conseil avait quand même un sens ; j'ai toujours supposé qu'il aurait dû s'énoncer ainsi : « Dis tout ce qui te plaît et n'avoue jamais par contrainte. »

---

25. Joseph-Alphonse Ferron ayant choisi le jour de sa mort (le 5 mars 1947), il est en effet surprenant que le clergé de l'époque ait consenti à lui offrir les rites ecclésiastiques. Ainsi, le Dr Fauteux du *Saint-Élias* sera-t-il enterré sans passer par l'église. Voir aussi « Anamnèse », p. 425.

Je ne suis pas allé m'installer à la Madeleine pour gagner beaucoup d'argent, comme j'en avais avisé mon père, mais parce que j'avais remarqué dans les salles publiques de l'Hôtel-Dieu de Québec que les gens de l'estuaire et du golfe Saint-Laurent avaient un plus beau langage que ceux de l'amont. C'est en les écoutant, ravi, que je me suis décidé pour les confins du Bas du fleuve, passé la Gaspésie, pour cette ultime Thulé[26] que sont les Iles-de-la-Madeleine. Quand vint le temps de m'y installer, je me suis rendu compte qu'elle n'était pas à ma portée. Je me rabattis sur la Madeleine, en Gaspésie. Et ce fut en partie pour le nom. Quant à mes ambitions littéraires, elles suivaient tout bonnement, seul à les prendre au sérieux. On écrivait beaucoup à cette époque. L'oncle Émile composait des épithalames. Les cousins et les cousines correspondaient. Ils s'aimaient un peu puis se mariaient ailleurs et leurs lettres finissaient là. Il en sera de même pour l'amusement de ma mère : quand elle s'est mariée, elle a cessé de peindre.

Mon père ne s'opposait pas à ma liberté, bien au contraire, puisque c'est par elle que j'allais cesser d'être un crampon. Mais cette liberté ne passait pas par les sonnets et les épithalames. Je pouvais écrire, mais ce n'est pas en écrivant que je me guérirais de ma dépendance. Il le savait. Je le savais. Mon père n'en avait pas pour autant contre les lettres et s'honorait, par exemple, d'une visite à l'île d'Anticosti, patronnée par l'Honorable Médéric Martin[27], qui leur avait permis, ma mère et lui, de rencontrer Olivar Asselin[28] qu'ils mettaient bien plus haut que ledit Médéric. Ne disait-on pas qu'il avait giflé un Premier ministre ? Mon père, tout partisan qu'il fût de celui-ci, n'était pas fâché de cet outrage, loin de là. Il semblait croire qu'à l'écrivain tout est permis puisqu'il est capable de le dire ou, dans le cas d'une gifle, de s'en expliquer.

---

26. Ancien nom donné à la plus septentrionale des terres connues.
27. Médéric Martin fut d'abord député de la Chambre des communes en 1906, puis maire de Montréal de 1914 à 1924, et de 1926 à 1928.
28. Olivar Asselin (1874-1937), journaliste et essayiste ; il crée *le Nationaliste* en 1904 et participe à la fondation du *Devoir* en 1910 après avoir fait deux séjours en prison (1907 et 1909) pour outrage à la magistrature.

Cette toute-puissance intellectuelle, souvent accompagnée de force physique, avait pour revers quelques accrocs à la morale, d'ailleurs encouragés. Auprès d'Olivar Asselin mon père ne s'est pas vanté d'avoir montré beaucoup d'esprit ; ce n'était pas là son rôle. Il m'a dit simplement que ma mère ne l'avait pas laissé indifférent et que loin d'être jaloux de cette cour, il en était fier puisqu'elle aurait consacré la qualité de sa femme, de ma mère. Quand je dis sa femme, je dois noter qu'il ne se l'était pas entièrement appropriée. Ainsi sur le faire-part qu'il fit publier après sa mort, il lui a laissé son patronyme ; lui, le Notaire Ferron, nous, les enfants, cinq p'tits Ferron, nous pleurons Madame Adrienne Caron. Pour en revenir à ce Monsieur Asselin, écrivain comme on était seigneur, il ne paraît pas avoir abusé de ses prérogatives autrement que par la gifle dont j'ai parlé plus haut. Il échappait un peu au jugement d'espèce que les petits notables de province se faisaient de l'écrivain, un artiste, un libertin porté sur les femmes et l'alcool, un type à la fois sympathique et irresponsable pour lequel il convenait d'avoir de l'indulgence et du respect. D'ailleurs sa réussite constituait toujours une sorte de miracle. Pour un Olivar Asselin, que de beaux esprits perdus par la débauche et qui auraient été autrement d'excellents notaires, tel le pauvre Berthelot Brunet[29]! Il n'y avait pas eu de miracles dans la vie de mon père ; il n'en attendait pas pour moi, les jugeant trop dangereux.

Non, vraiment, je ne pouvais pas lui parler d'écrire. À Montréal, Pierre Baillargeon[30] a pu se déclarer dès le collège ; sa famille en était peut-être rendue là, pas la mienne, et il avait déjà donné des preuves de son savoir-faire, tandis que moi, rien. Je m'étonne même aujourd'hui que j'aie voulu écrire, parti de ça ! Quel chien m'avait mordu ? Car j'étais bel et bien mordu, enragé même, avec

---

29. Berthelot Brunet (1901-1948), journaliste, critique, conteur et romancier. Il abandonne sa carrière de notaire pour vivre à sa guise. Il est l'auteur de l'*Histoire de la littérature canadienne-française* (Montréal, Éditions de l'Arbre, 1946, 187 p.).
30. Voir plus loin, « Du haut du palier » (p. 314) et « [Cela te donnera quoi ?] » (p. 320).

un talent d'étudiant de Belles-Lettres, si l'on veut, mais rien de plus. J'ai connu des étudiants de Belles-Lettres qui avaient plus de talent que moi et qui ont été assez modestes, assez gentils pour ne pas devenir écrivains, eux ! Mon goût d'écrire, je l'ai caché comme une maladie. Je ne m'en suis pas vanté et pourtant Dieu sait que je suis vaniteux ! C'était vraiment une maladie. Si je l'avais avoué à père, il serait mort sans lire autre chose de moi que des lettres. On ne se met pas écrivain pour si peu ! Il m'aurait alors regardé avec ironie et pitié, et j'en aurais été profondément blessé. Je tenais à son estime. Il est mort depuis plus de vingt ans[31], j'y tiens encore et même plus que jamais ; il me reste indispensable. Et puis, je n'avais pas à lui dire que je voulais écrire : il le savait. Il fut même mon premier éditeur, faisant copier, peu avant sa mort, une lettre que je lui avais écrite de Gaspésie[32]. J'en ai été heureux, oui d'une certaine façon, quand j'ai trouvé ces copies dans ses papiers, mais surtout honteux car la lettre ne méritait en rien cette distinction.

Il n'a donc jamais été question que je sois écrivain. Mordu par je ne sais quoi, si j'enrageais c'était de ne pas en avoir les moyens. On ne fait jamais état de ses impuissances. Tout ce que je pouvais, c'était de tenter de le devenir sans me presser, de longue main, à mes dépens, tout en exerçant une profession honorable et lucrative, propre à fournir réponse à mon père. Ce ne sera pas, comme je l'ai déjà dit, le notariat où de si loin pourtant je me dirigeais, à partir du moment où j'ai eu les cheveux coupés en garçon, les oreilles bravement décollées, pour entrer à l'Académie Saint-Louis-de-Gonzague[33]. Ma mère, tante Irène, les servantes fondirent en larmes, à mon retour du barbier, de me voir ainsi devenu un homme. J'avais six ans, il fallait bien. Pourquoi pleurèrent-elles ?

---

31. Joseph-Alphonse Ferron étant mort le 5 mars 1947, ce passage tendrait à indiquer que ce texte aurait été écrit vers 1967.
32. Voir la lettre de Jacques Ferron à Joseph-Alphonse Ferron, 21 décembre 1946 ; reproduite p. 256.
33. Jacques Ferron fera les cinq premières années de ses études primaires (1926-1931) à l'Académie Saint-Louis-de-Gonzague dirigée par les Frères de l'Instruction chrétienne.

Parce que je quittais le gynécée pour entrer dans le monde de mon père ? Par effroi ? Pourtant, lorsque j'étais sous leur gouverne, elles m'offraient les océans et semblaient vouloir faire de moi un capitaine de bateau, métier pour le moins aussi dangereux que l'exercice du notariat dans un chef-lieu de comté. Aujourd'hui, depuis peu, je crois deviner pourquoi ces deux jeunes dames, si belles, si importantes dans ma vie, fondirent en larmes à ma vue ; elles avaient de la hardiesse, elles étaient tout simplement excessives, surtout tante Irène, capitainesse pour deux, et trouvaient lamentable la médiocrité qui m'attendait, pauvre p'tit con avantageux. Ces dames étaient hautes et méprisaient l'homme de leur pays. Elles pleurèrent à gros sanglots de voir que leurs larmes, loin de me décourager, m'avaient rendu tout fier de moi et donné l'espoir d'égaler un jour mon père. Ah ! pauvre, pauvre p'tit con que j'ai été, polichinelle, indigne de ces deux jeunes dames admirables ! Stupide par les oreilles, je n'ai pas tardé à le devenir par le nez. Une couple d'années après ce retour de chez le barbier, il s'avéra que j'aurais le nez busqué comme mon père. Souvent je touchais à la petite voussure osseuse pour me rendre compte de sa pérennité ; elle tenait bon et même profitait. Mon goût pour le notariat dépendait de fort peu de chose et je m'en faisais peu à peu ce qu'on appelle une vocation seulement pour ne pas me dédire. Une profession ou l'autre, peu m'importait. Et puis, un jour, ma mère mourut et me devint plus précieuse. Quand mon père s'avisa de m'inscrire à la Chambre des notaires, je trouvai qu'il y avait mis un peu trop d'empressement. À la fin de mon cours classique, je lui appris sèchement que je serais médecin. Il n'en fut même pas vexé. Au contraire, il me dit : « Comme tu fais bien ! »

— Ah oui ?

— Oui, me dit-il.

Il pensait qu'un médecin était plus libre qu'un notaire.

Du haut du palier

Le père Robert Bernier[1] était un homme élancé, beau, élégant et éloquent[2]. Il m'a enseigné les lettres. Son cours était bien préparé. Il situait les lettres dans la perspective des beaux-arts et ne cachait pas qu'en cela il prenait pour modèle Alain, qui reste un auteur difficile et qui fut un grand pédagogue. Il nous signala de plus que les meilleurs auteurs de France étaient imprimés à la *Nouvelle Revue française*. Je m'y abonnai donc. Dès 1939, je connaissais le nom de Sartre. La rencontre d'Alain et de Valéry chez Lapérouse me paraissait un grand événement historique. Cela montre un peu ce que je dois à ce professeur — une certaine avance sur mes contemporains québécois. Assez curieusement, lui, natif du Manitoba, il se considérait comme un étranger dans notre pays, presquement au sens que Camus a donné au mot. Il disait de l'abbé Groulx, fort couru à l'époque : « Oui, en effet, c'est un honnête homme. » Il n'en disait pas plus et ce n'était pas assez : nous avons toujours regardé l'abbé Groulx de très haut. De Hertel[3],

---

1. Historiette parue sous ce titre dans *l'Information médicale et paramédicale*, XXVIII : 22, 5 octobre 1976, p. 16.
2. Professeur au Collège Jean-de-Brébeuf, de 1935 à 1939, ainsi qu'au Collège Sainte-Marie, Robert Bernier (1911-1979) fut le titulaire de Ferron en classe de Belles-Lettres. Ferron lui dédicacera son premier roman, *Cotnoir*. Voir aussi « [Cela te donnera quoi ?]», p. 320.
3. Pseudonyme de Rodolphe Dubé (1905-1985). Écrivain, journaliste, enseignant et philosophe, il a vécu exilé en France dès 1949. Ordonné prêtre jésuite en 1939, Hertel enseignera quelque temps au Collège Jean-de-Brébeuf, où Ferron l'a connu.

pas un mot ; c'était au mieux un polygraphe. Par contre, Bernier accordait beaucoup d'importance à Léon Gérin[4]. Il nous signala aussi que Saint-Denys Garneau renouvelait notre poésie.

Tout cela montre, je crois, l'excellence de son goût. Il n'était qu'un tout jeune homme, à peine plus âgé que nous. Je le note aujourd'hui, mais alors cela ne lui était pas compté ; il était le maître, un point c'est tout. Notre admiration n'empêchait pas de le guetter avec une sorte d'avidité pour le prendre en faute. Ainsi son cours sur l'Évangile où il mit de l'émotion, voire quelques sanglots, me parut un peu forcé. On se dit qu'il y était obligé et qu'il faisait de son mieux son métier de Jésuite. Plus tard, quand il a laissé les lettres pour la théologie, il a essayé de me faire le plat, de me dire l'absolu de Dieu et que Lui seul comptait, je l'ai laissé dire : je n'étais pas preneur. Et cela montre, je pense, que les jeunes gens tirent de leur maître ce qui leur plaît, s'en contentent et ne le suivent pas nécessairement dans toutes ses aventures.

Et puis, une autre chose m'en empêchait, c'est la belle amitié qu'il vouait à Pierre Baillargeon[5] qui, lui, mettait son point d'honneur, son absolu, dans les lettres. C'est une amitié qui ne s'est jamais démentie. Lors des funérailles de Pierre, après un incident grotesque (je m'étais trompé de cortège), je me ramenai de Sainte-Madeleine d'Outremont à l'église de la Côte-des-Neiges et j'aperçus, rasséréné, Bernier au fond du chœur, à gauche, tel Fabrice del Dongo[6] à la fin de sa vie. Pierre était un tout autre homme, genre capucin, alors que Bernier avait le chic jésuite. Pour commencer, je pense qu'il est né chauve. Et en l'église Sainte-Madeleine, ne

---

4. Léon Gérin (1863-1951), sociologue et historien, fils d'Antoine Gérin-Lajoie, est l'auteur de *l'Habitant de Saint-Justin*, paru en 1898 (Montréal, Presses de l'Université de Montréal, 1968, 128 p.).

5. Écrivain, traducteur et journaliste, Baillargeon (1916-1967) fut un des premiers lecteurs de Ferron. C'est d'ailleurs dans la revue littéraire *Amérique française*, fondée par Baillargeon en 1941 avec quelques amis, que Ferron publiera son premier conte (« Récit », *Amérique française*, 1re année, n° 3, février 1942, p. 18-21). Les deux Brébeuvois semblent avoir fait connaissance par l'entremise du père Robert Bernier, qui fit imprimer le premier livre de Baillargeon, *Hasard et Moi* (Montréal, Beauchemin, 1940).

trouvant aucun de ses amis, mon attention s'était fixée sur un bienheureux couronné comme lui : peut-être un de ses parents... Mais des chauves, il y en a dans toutes les familles. Et quand, à l'oraison funèbre, le prêtre se mit à faire les louanges de la défunte, je me dis que décidément je devais m'être trompé. C'est alors que j'étais revenu chez Deslauriers, le croque-mort, pour apprendre que les funérailles de Pierre étaient chantées dans l'église de sa nouvelle paroisse, sur la Côte-des-Neiges. Quand je venais le voir d'aussi loin que la Gaspésie, il habitait dans Sainte-Madeleine et cela expliquait en partie mon erreur. De plus, j'étais arrivé chez Deslauriers, au coin de la Côte-des-Neiges et du Chemin Sainte-Catherine, avec un certain retard, alors qu'un cortège quittait les lieux, allant vers Sainte-Madeleine, ne pensant pas qu'il pût y avoir un deuxième cortège, ce qui m'a fort dégoûté des funérailles.

Ensuite Pierre n'avait pas de voix. Excellent dans l'entretien, il ne valait rien en public. Et il n'était pas élégant. Comme on voit, il était bien différent de son ami Robert Bernier. Et j'en avais fait mon maître, puisque ce dernier était parti au diable vauvert, dans une théologie, art suprême qui fait les grands diplomates, oui, peut-être, mais qui alors ne me disait rien de bon. Baillargeon, lui, s'en tenait à la littérature, et je pouvais le soupçonner d'avoir été et de rester le maître de Bernier. Cela n'a pas été tiré au clair. Je serais porté à penser aujourd'hui qu'il devait s'agir tout simplement d'une

---

6. Fabrice del Dongo est un personnage de *la Chartreuse de Parme*, « chef-d'œuvre » de Stendhal que Ferron admirait immensément. S'il en parle peu dans son œuvre, il avouera tout de même à Jean Marcel que « Stendhal m'est un dieu » (lettre inédite de Jacques Ferron à Jean Marcel, 14 novembre 1971). Le personnage de Fabrice a sans doute été une figure importante de l'enfermement aux yeux de Ferron et *la Chartreuse de Parme*, grand livre d'évasion et modèle du genre, s'est peut-être imposé à lui lorsqu'il voulut écrire son livre sur la folie et les lieux d'enfermement, *le Pas de Gamelin* : « Lorsqu'on fait un livre sur les lieux d'internement, on rencontre une grande difficulté si on ne peut parler d'un des grands moteurs de l'écriture, l'évasion... Les grands livres sont des livres d'évasion. C'est *la Chartreuse de Parme*. Si tu mets une forteresse, avec des prisonniers dedans, au milieu du livre, il faut que tu réussisses à en faire évader. [...] C'est là une des difficultés d'un livre tel *le Pas de Gamelin* » (Pierre L'Hérault, « Entretiens avec Jacques Ferron », dans *l'Autre Ferron*, p. 429).

bonne et franche amitié entre deux jeunes hommes du même âge qui se complétaient à merveille.

Pierre Baillargeon m'a fasciné autant que Claude Gauvreau[7]. Enfin presque autant. Claude n'a jamais douté de son génie et Dieu sait quel grand fou il est devenu. Pierre, moins absolu, a quand même pensé de prendre un métier comme tout le monde, celui de médecin. Il s'est arrangé cependant pour y échouer. Ce n'était peut-être qu'un prétexte pour aller à Paris. Québec ou Montréal n'était pas à sa hauteur. À Paris, il fut victime d'un accident. Mais y a-t-il des accidents ? À l'époque il y en avait encore. Et cet accident, où il avait failli avoir la tête rompue et l'esprit endommagé, lui révéla que les dieux ne voulaient pas de lui à la Faculté. Il obtempéra aussitôt à leur ordre et décida tout simplement d'être un homme de lettres. Au fond, c'est ce qu'il avait toujours désiré. Des dieux, il faisait son affaire, c'est tout. Et il écrivit alors un premier livre, intitulé *Hasard et Moi*, que son ami, le père Bernier, fit publier chez Beauchemin, probablement à compte d'auteur ou à son compte à lui, je ne sais trop. Puisqu'il se donnait cette peine, lui notre professeur de lettres, l'homme le plus séduisant du monde, c'était notre devoir de l'acheter. Je n'y manquai pas, le lus et n'y compris rien. Je n'osai pas en présumer qu'il ne valait pas grand-chose. Ce livre jouissait de ce qu'on appelle le préjugé favorable et je dus en déduire, après lecture, que je n'étais pas assez doué pour l'entendre. L'autorité de Bernier y fut pour beaucoup. De plus Pierre avait déjà donné des preuves de son excellence, des poèmes publiés dans le journal du collège qui me semblaient presquement parfaits et qui sont peut-être, même s'ils n'ont pas été republiés, ce qu'il a fait de mieux.

Hasard et Moi, ce titre me faisait supposer qu'il s'agissait de l'accident, en quelque sorte miraculeux et impitoyable, qui l'avait

---

7. Ferron a d'ailleurs traduit cette fascination dans plusieurs textes, le plus important étant celui qu'il lui consacre dans *Du fond de mon arrière-cuisine*. L'ayant fréquenté avec le groupe des Automatistes de Borduas, il jugeait même que Claude Gauvreau avait « été l'âme de l'Automatisme » (« Claude Gauvreau », dans *Du fond de mon arrière-cuisine*, p. 203-264).

obligé à vivre désormais de sa plume et pour la gloire. Il avait une assez haute estime de soi-même pour le prendre ainsi, dans le sens que Bossuet, l'Aigle de Meaux[8], a donné au terme : « Ce qui est hasard à l'égard des hommes est dessein à l'égard de Dieu. » Et ce coup de chance ne pouvait pas m'arriver, à moi, bien entendu. Je suis bien tombé sur la tête, moi aussi, au Collège de l'Assomption, mais je n'en ressentis que des inconvénients, c'est-à-dire que je loucherai pendant deux ou trois mois, ce qui me gênera beaucoup pour passer le bachot de l'Université, auquel, venant du Brébeuf dont j'avais été chassé, je n'étais guère préparé. En d'autres termes, je ne me sentais pas assez sûr de moi pour m'accrocher au dessein de Dieu qu'il y aurait dans le mot hasard.

De plus, il y avait alors dans mes horizons un autre grand machin, celui de Mallarmé, « Un coup de dés n'abolit pas le hasard[9] », auquel je ne comprenais pas grand-chose, mais que je pouvais interpréter en ma défaveur de la façon suivante : un coup de dés[10], chanceux pour Pierre, n'abolissait pas le hasard pour moi, inquiet, prudent et précautionneux, incapable de croire à ma chance et de me jouer aux dés, ni de m'estimer génial parce que j'avais les yeux croches. Je me suis contenté de passer mon bachot de peine et de misère, puis de m'inscrire à la Faculté, non à Paris mais à Québec, et de devenir médecin, faisant comme tout le monde, me donnant un bon métier dont j'ai vécu, libre et beso-gneux, à l'abri des nécessités de la vie. Je n'en gardais pas moins Pierre Baillargeon pour modèle, ou du moins, comme terme de comparaison. Je l'observais attentivement, lui, le brave, le croyant,

---

8. Jacques Bénigne Bossuet (1627-1704), prélat et écrivain français ; il fut évêque de Condom (1669) et de Meaux (1681). Nous n'avons pu retracer la citation, sans doute extraite des *Sermons* ou des *Oraisons funèbres*, que Ferron lui attribue ici.

9. Mallarmé et Valéry sont deux auteurs que Ferron a beaucoup admirés, mais qui, trop éloignés de lui, ne pouvaient lui servir de modèles. Ferron fait ici référence au poème « Un coup de dés jamais n'abolira le hasard » de Stéphane Mallarmé.

10. Voir, au sujet de ce coup de dés, la lettre que Ferron écrit à Robert Cliche en 1948 et dont Ginette Michaud propose une lecture (p. 19).

capable de partir gagnant, un peu de la même façon que Claude Gauvreau ; je voulais voir jusqu'où sa chance le mènerait. Elle l'a mené jusqu'à la Société Royale où il est plus facile d'entrer qu'à l'Académie de Monsieur Barbeau[11]. Dans son discours de réception, tout à son propre éloge, sûr d'avoir en moi un disciple fidèle, Pierre Baillargeon me fera l'honneur de me citer, prenant son bien dans une lettre personnelle que je lui avais envoyée de ma lointaine Gaspésie. Et puis, un jour, il ira m'offrir d'y entrer après lui. Bien des années s'étaient alors passées. Ce gagnant, ce héros, ce modèle, parti de trop haut, n'avait pas su se maintenir, tandis que moi, parti de beaucoup plus bas, obligé à la modestie, mais nullement tenu d'y rester, dans une carrière qui nous porte au contraire à la mégalomanie, j'avais cru monter assez pour le dépasser. Et ce sera du palier[12], avec une sorte de fierté cruelle, que je refuserai son offre toute d'amitié. En fut-il blessé ? Hélas ! je le crois. Est-ce à dire que pour être aussi méchant, je l'avais toujours envié ? Non, je ne crois pas que ç'ait été de l'envie. Nos carrières avaient été trop différentes. Je voulais sans doute lui signifier que je lui devais[13] moins qu'il ne le pensait et qu'ayant toujours fait cavalier seul[14], je tenais à le rester.

---

11. Victor Barbeau assurera jusqu'en 1959 la présidence de l'Académie canadienne-française qu'il avait fondée en décembre 1944 avec un groupe d'écrivains.

12. Cette image du palier renvoie aussi à l'image de l'échelle sociale, si fréquente dans les textes de Ferron, tout comme la hiérarchie verticale de ce passage rappelle la lignée généalogique de sa famille évoquée dans ces textes autobiographiques.

13. Les questions de la dette et de la créance sont des motifs importants dans les textes autobiographiques de l'auteur. Voir les commentaires de Ginette Michaud et de Patrick Poirier.

14. Voir, au sujet de cette image du « cavalier seul », la « Lettre de Méthode » où il est aussi question des « chevaux indépendants » (p. 206).

[Cela te donnera quoi ?]

« Cela te donnera quoi[1] ? », demandait mon père, et je me suis habitué à répondre : « Cela me donnera ceci, cela me rapportera tant. » J'ai appris à rechercher le résultat immédiat, clair et précis. Je suis peut-être une sorte d'Anglais. De toute façon je n'ai jamais pensé à devenir grand clerc. J'ai d'abord tâté de la littérature, ensuite je me suis mis à l'histoire et l'ai fait fort simplement ; certes, j'avais remarqué son efficacité et les droits que donne sur l'avenir la connaissance du passé, sa présence donc, mais cela ne fut qu'un appoint, et ma raison d'historien découlait de l'idée que je me faisais de moi-même, l'idée que j'étais, comme mon père l'avait été, un notable, ce qui impose des obligations dont la première est une juste appréciation du milieu.

Mon père avait poussé dans la souche de sa famille et arrondi par ses observations un héritage transmis oralement qui lui donnait prise sur une durée d'environ un siècle et un espace qui était à peu près celui du comté de Maskinongé. Cette conscience ne lui pesait guère du fait qu'elle était commune et sans cesse rappelée à la mémoire. Chacun connaissait sa lignée et celle de ses voisins. Au plus bas, cela donnait une idée de la paroisse. Il y avait neuf paroisses dans le comté ; en bas, dans la plaine du lac Saint-Pierre,

---

1. Texte sans titre qui porte le chiffre « III », ce qui indique son éventuelle intégration dans un ouvrage demeuré inabouti, soit *la Plus Haute Autorité*, soit *le Pas de Gamelin*. Fonds Jacques-Ferron, MSS 424 ; boîte n° 21, chemise n° 11 ; 2.100.4. D'après certains indices biographiques (par exemple l'allusion à son installation à Ville Jacques-Cartier et le retour de sa fille Chaouac), ce texte aurait été écrit vers 1964 ou 1965.

Louiseville et Maskinongé, Saint-Léon, Sainte-Ursule et Saint-Justin ; en haut, dans les contreforts des Laurentides, Saint-Paulin et Saint-Édouard, Saint-Didace et Saint-Alexis-des-Monts. Mon père parcourait ces paroisses à divers titres, celui de notaire, de secrétaire du Conseil de comté, d'organisateur politique. De plus, il avait sa demeure dans le bas du comté, à Louiseville, et une maison d'été dans le haut, à Saint-Alexis. Il était établi solidement dans un univers cohérent dont le seul défaut était de ne pas s'agencer très bien dans le vaste monde.

Notre pays a plus d'étendue que de hauteur ; on y monte très vite, mais l'ascension sociale ne s'accompagne pas d'un élargissement d'horizon, surtout vers le faîte où les troubles de vision sont de règle. C'est un pays qui commence bien et finit mal, car il est inachevé ; on n'y monte pas pour le dominer ; il n'est pas soumis à lui-même, dominé d'ailleurs, de New York, de Londres, d'Ottawa, de Paris, de Rome et de Londres[2]. Alors on y monte pour s'en évader, pour le renier, pour se perdre.

Le grand-père Benjamin, cultivateur au village des Ambroises — ce village était en réalité un rang, et même pas un rang double, un rang simple —, avait réussi à s'imposer dans sa paroisse de Saint-Léon en y devenant commissaire d'école et marguillier. Mon père eut l'envergure de son comté et un de mes oncles, juge à Trois-Rivières, celle de sa province, la Mauricie. Que me restait-il à prendre ? le pays tout entier. Je me trouvai projeté en dehors de l'œuf traditionnel et promu coq dans un espace mal défini, dans une durée dont l'avenir ne contrebalançait pas le passé et qui ne se concevait bien qu'entre la mort et l'éternité, entre les ancêtres et le ciel — encore fallait-il être croyant et je ne l'étais guère. Cela me préparait sans doute à l'histoire. L'étincelle surviendra plus tard.

Il avait été décidé dès avant ma naissance, du moment que mon père l'avait appris, que j'apprendrais le latin, et dans ce but je serai envoyé à Montréal comme il l'avait été à Trois-Rivières. Le choix de ce lieu découlait du principe suivant : qu'on ne peut faire progresser l'humanité qu'en donnant à ses enfants plus qu'on a reçu

---

2. Ferron répète par mégarde : « de Londres ».

soi-même. On était parfois philosophe dans ma famille avec une prédilection marquée, toutefois, pour la sagesse conciliante et rudimentaire où le bien commun, l'ambition personnelle et l'honneur du clan trouvaient tous leur compte. Si le grand-père Benjamin, pauvre habitant, avait pu payer à son fils le séminaire diocésain, celui-ci, devenu Notaire Ferron, se devait de m'offrir mieux, soit le Collège Jean-de-Brébeuf d'où il pensait que je sortirais bachelier à un étage plus haut qu'il n'était sorti, et il ne se trompait pas, car là où il avait appris sa province par l'entremise des Mauriciens de tous les comtés environnant Trois-Rivières, qui fréquentaient son séminaire, je me fis une idée du pays par les fils de familles qui venaient de toutes les provinces chez les Jésuites.

La force des Jésuites, en tant qu'éducateurs, ne réside pas en eux-mêmes. Certes[3] ils sont gens disciplinés, simples et conséquents ; ils ont la probité intellectuelle d'être logiques avec eux-mêmes. Mais, comme dans les autres ordres, comme partout d'ailleurs, il y a dix imbéciles pour un homme d'esprit. Leur force vient surtout de leurs élèves. Durant les années trente, alors que la Crise empêchait le peuple d'accéder à la bourgeoisie, les familles arrivées, dont la suprématie profitait du malheur général et n'était plus menacée, pouvaient se croire de sang divin. Ces familles envoyaient leurs fils aux Jésuites de tous les coins du pays. J'ai connu les petits Garneau, les petits Amyot de Québec, les petits Simard de Sorel, les petits Gourd d'Amos, les petits Geoffrion de Montréal. Et pour finir le paquet, la guerre nous avait amené les petits princes zazais, Bourbon-Parme et Luxembourg. Alors, moi, après avoir vu de près toute cette aristocratie, je me suis dirigé sans regret vers des lieux où on ne la rencontre pas, en Gaspésie puis en banlieue de Montréal. C'est bien de ce mépris que je suis le plus redevable aux Jésuites, même si leur intention n'était pas de me le communiquer.

---

3. Le passage débutant avec « Certes ils sont gens disciplinés… » et se terminant avec « à la merci du premier courant d'air », est une coupure d'un texte photocopié collée par Ferron. Il s'agit d'un extrait de l'historiette « La table est mise pour les crapauds », reprise dans les *Escarmouches*. *La longue passe* (t. I, Montréal, Leméac, 1975, p. 57-60).

Au fond tous ces fils de famille étaient des misérables, Saint-Denys Garneau[4] le premier. Des plants de serre chaude à la merci du premier courant d'air. Mépris d'ailleurs qui m'englobait, aliéné que j'étais moi-même au pays. Le collège formait un pont au-dessus de celui-ci, sur lequel nous passions directement de nos provinces à la France et au monde entier. Ma capitale était Paris[5], pour d'autres Londres ou Nouillorque. Les Jésuites ne portaient pas attention au siècle où notre peuple a pris naissance, parce qu'ils avaient alors été chassés de l'histoire. Cette bouderie leur adonnait d'autant mieux que leurs élèves, au faîte de l'ascension sociale, se croyaient sortis du labyrinthe et aptes à voler. Ils volèrent si bien que sur quatre amis que j'ai eus, deux sont morts, un est à moitié fou et l'autre exilé. Saint-Denys Garneau était mon aîné ; je ne l'ai pas connu au collège, mais j'ai pu observer son frère Paul qui a fait carrière dans l'armée active et vit aujourd'hui en Italie. Mon père m'avait appris à juger un cheval à sa lignée. Pour vous citer un autre exemple, je vous donne le général Vanier[6] dont les fils sont apatrides.

Je suis d'une intelligence médiocre, mon vocabulaire est pauvre. Je n'ai pas le génie verbal, j'écris laborieusement, mais je suis doué d'un merveilleux esprit de contradiction. En pays bien ordonné j'aurais mal tourné. Dans le nôtre, sens dessus dessous, sens devant derrière, je me suis retrouvé la tête en haut et dans la bonne direction. Je m'estime chanceux.

Remarquez qu'il valait mieux ne pas enseigner l'histoire du Canada que de l'enseigner mal comme cela se faisait dans les séminaires où, isolée des temps modernes, elle apparaissait comme un supplément de l'Histoire sainte. Notez de plus que les écoles ont ceci des vignobles qu'elles diffèrent avec les années. L'idée que je me

---

4. Hector de Saint-Denys Garneau (1912-1943), poète québécois au sujet duquel Ferron émet des commentaires peu flatteurs dans le Ciel de Québec. Il est l'auteur de Regards et jeux dans l'espace, publié en 1937, année pendant laquelle se déroule le grand roman de Ferron.

5. Il s'agit d'une des rares occurrences où Ferron marque aussi clairement son allégeance à la France, adoptant le plus souvent à son endroit une grande méfiance.

6. Le général Vanier (1888-1967) devint ambassadeur du Canada en France de 1944 à 1953, puis gouverneur général du Canada de 1959 à sa mort.

fais du Brébeuf m'est sans doute personnelle. Mes condisciples ont pu être sensibles à l'influence d'autres professeurs. Moi, je n'y ai vraiment rencontré qu'un seul maître, le père Robert Bernier. Avec lui j'ai fait mes humanités. En français. Le latin, le grec, foutaises ! Et les mathématiques aussi, hélas ! Bernier était un homme chaleureux et éloquent. Je crois qu'il était neuf à son sujet et s'instruisait avec nous. Ami de Pierre Baillargeon, de trois ans notre aîné, il prenait son conseil, car Baillargeon déjà était bon lettré et savait écrire avec concision, sans bavures, durement. Nous pensions qu'il allait devenir un très grand écrivain. Les années ne l'ont guère changé. Bernier savait admirer, une science qu'il sut nous transmettre. Et puis il suivait Alain[7] qui ne pouvait le fourvoyer. Il ne s'était pas fait moine pour être plus sot qu'un profane. Il n'acceptait pas d'être réfréné par son état. Il allait hardiment de l'avant. Nous ne tardâmes pas à rejoindre la littérature vivante, celle dont on ne prévoit pas ce qu'elle deviendra et dont on attend les nouveaux livres avec hâte. Sur son conseil, je m'étais abonné à la *Nouvelle Revue française*. En 1939, nous connaissions déjà Sartre. Le reste de mon cours classique ne fut vraiment pour moi, les penseurs de rhétorique et de philosophie vite expédiés, que la continuation de [l'année de] Belles-Lettres.

Bernier était originaire du Manitoba. Les petites mesquineries québécoises lui semblaient des chimères. Des grandes plaines il était passé à Dieu et de Dieu à la littérature française où il prenait, aurait-on dit, des vacances. Deux ou trois ans plus tard il fut envoyé à l'Immaculée-Conception pour se raffiner en théologie. Je fus l'y voir, il était changé, il me dit avec contention : « Mon cher Jacques, foin de la littérature, il n'y a que la théologie. » Moi, la théologie ! je ne pensais même pas à Dieu ; c'était comme s'il m'avait parlé arabe. Puis il passa au Gesù où il enseigna la théodicée. Je m'informai auprès de ses élèves ; il était estimé, sans plus. Ce fut à cette époque que je lui soumis quelques-unes de mes

---

7. Ferron évoque également ce fait dans les entretiens qu'il eut avec Pierre L'Hérault : « Bernier [...] enseignait en suivant les *Vingt Leçons sur les beaux-arts* d'Alain » (*Par la porte d'en arrière. Entretiens,* p. 20).

œuvres, *le Dodu, le Cheval de Don Juan*, ma pièce communiste, *Lella Mariem*, ma pièce catholique. Aucune ne trouva grâce à ses yeux et la catholique moins que les autres. Par contre, après un séjour qu'il fit en France (et comme en théologie il avait été théologien, en France il se sentit français), il me parla en bien des *Grands Soleils* que je ne lui avais pas soumis. Depuis il est à la maison Bellarmin et je ne sais trop ce qu'il y fabrique. La dernière fois que je l'ai rencontré, ce fut à la représentation de *Madame Homère*, une pièce de Pierre Baillargeon[8] qui est maintenant de la Société royale, ce qui explique que *Madame Homère* ne survécut pas à la première — pourtant la musique de scène en était fort agréable. Au foyer, après la représentation, Andrée Hobden[9] feignit de ne pas le reconnaître à son grand étonnement, car il sait très bien qu'il est un homme remarquable et qu'on n'oublie pas. Il y a de ça quelques mois. Pour la première fois je lui parlais en égal. J'eus l'impression à quarante ans d'avoir fini mes classes.

Des lettres canadiennes, mon Dieu ! le père Bernier ne trouvait pas grand-chose à dire, quelques mots sur Nelligan et Paul Morin, un bref éloge de Saint-Denys Garneau. De l'abbé Groulx il disait : « C'est assurément un brave homme », et nous comprenions qu'il ne voulait pas en dire de mal. Par contre Léon Gérin était traité avec égards, et je m'en souviendrai quand je me mettrai à l'histoire[10].

— Que voulez-vous ? je ne suis pas d'ici.

Il se défendait ainsi de ne pas faire cas du Québec. J'ai rencontré une jeune Acadienne des Îles qui avait le même esprit : « Je chambre, disait-elle, chez des Canadiens. » Il se forçait sans doute un peu, lui si liant, littérateur en littérature, théologien en théologie et français en France. Plus j'y pense, moins je comprends qu'il n'ait pas pris le moule québécois. Son dépaysement lui venait sans doute du Manitoba où son père, le juge Bernier, avait fait bonne figure. Ce juge était originaire de l'Islet. Mais le Manitoba qu'il

---

8. Pierre Baillargeon, *Madame Homère*, Montréal, Éditions du Lys, 1963, 125 p.
9. Pierre Cantin suggère qu'il pourrait s'agir de la romancière Andrée Maillet qui a épousé Hamlyn Hobden.
10. Ferron fait sans doute référence à son roman *le Saint-Élias*.

avait légué à son fils, si celui-ci avait voulu être son héritier, n'était plus le Manitoba qu'il avait trouvé au début de sa carrière, où un Canadien français sans se renier pouvait se flatter des plus hautes ambitions ; il était devenu un pays du genre américain, de formation polyethnique et de langue anglaise. Quand le juge mourut, le père Bernier, fils unique, eut à régler la succession. « Je me suis assis, dit-il, dans le fauteuil encore chaud de mon père, et j'ai regardé autour de moi ; j'ai vu des meubles, des livres, l'intérieur d'une grande maison, et tout cela n'avait aucun sens, absolument aucun sens : j'étais un étranger. » Et étranger il est resté, lui l'homme le plus chaleureux du monde, n'ayant plus pour patrie que son ordre, sa religion, sa culture. Quand enfin je lui ai parlé d'égal à égal j'ai senti que ma force était d'avoir un pays et je me suis même demandé, si avec un peu de réflexion et de travail, je ne pourrais pas un jour le dominer, lui mon maître.

Bref, j'ai fait mes humanités en une seule année. Le reste de mon cours classique, fatras et temps perdu. Au XVIIᵉ siècle, la bibliothèque française n'était pas encore constituée ; il fallait bien s'instruire en latin et en grec. De plus la France naissait dans la latinité ; pour en saisir l'histoire il fallait remonter à Rome et de Rome se rendre à Athènes, ville-mère de la pensée occidentale. Mais ici, au Québec du vingtième siècle, nous ne sommes plus dans cette situation ; la bibliothèque française s'est meublée, elle est si vaste qu'elle peut dévorer une vie d'homme ; et notre pays est né sur un continent dont la mythologie n'est pas gréco-romaine, mais amérindienne. Par une torsion qui a transformé le temps en espace, nous trouvons l'équivalent du Moyen Âge dans l'océan Atlantique au-delà duquel sont nos Anciens, c'est-à-dire les Français de Rabelais à Sartre, du cardinal de Bérulle[11] à Teilhard de Chardin[12].

---

11. Pierre de Bérulle (1575-1629) ; cardinal français, fondateur de la congrégation de l'Oratoire (1611), introducteur, avec Madame Acarie, de l'ordre des Carmélites en France.
12. Pierre Teilhard de Chardin (1881-1955), Jésuite, philosophe et paléontologue français ; il cherchait à concilier les dogmes de la foi chrétienne et les enseignements de la science moderne, dont l'évolutionnisme. Son œuvre fut longtemps suspecte aux yeux de l'Église.

Voilà le fonds de l'humanisme tel que je le conçois et tel que, par-ci par-là, sans beaucoup d'application, souvent à la sauvette, pris que j'étais dans le siècle et ayant passé l'âge des études approfondies, je l'ai pratiqué. Qu'à ce fonds on ajoute les mathématiques dont le langage est universel et marque la civilisation nouvelle, les mathématiques jusque dans leurs jeux les plus subtils, les sciences naturelles, la connaissance de notre habitat, l'histoire du monde, et vous aurez là une merveilleuse discipline, sans bavures ni temps perdu, efficace en tout, auprès de laquelle le cours classique du XVIIᵉ siècle, qu'on continue de servir avec quelque raison en France, sans aucune ici, paraîtra une machination grotesque[13].

Il y a deux livres que dans les collèges je voudrais voir lire et méditer, à savoir la *Géographie* de ce Raoul Blanchard[14] que Péguy avait nommé ministre de l'Éducation nationale dans le gouvernement dont il rêvait d'être le Président, et *l'Histoire du sentiment religieux* de Henri Bremond[15]. Sur le premier il n'est pas besoin de s'expliquer, encore qu'il soit parfaitement méconnu des jeunes gens qui sortent chaque année de nos boutiques à bacheliers ; quant au deuxième, eh bien ! voici : puisque la religion ne vous lâche pas

---

13. Cette critique de la culture classique telle qu'elle était transmise dans l'enseignement au moment où Ferron faisait ses études doit être lue dans le contexte des années soixante, qui voyaient s'amorcer une réforme globale de l'enseignement, et tout un débat autour de la place de la littérature québécoise. Ces propos résonnent quelque peu étrangement aujourd'hui, alors qu'intellectuels et essayistes défendent au contraire cet héritage classique et français au sein de la culture québécoise. Inévitable retour de balancier provoqué par des réformes intempestives...

14. Raoul Blanchard (1877-1965), géographe français qui s'est beaucoup intéressé à la géographie du Canada. Pour mieux « comprendre le pays », Ferron confie à Pierre L'Hérault qu'il avait « voulu bâtir une bibliothèque de base dans laquelle [il] voyai[t] des livres assez fondamentaux », livres parmi lesquels il incluait d'emblée *la Géographie humaine* de Blanchard (*Par la porte d'en arrière. Entretiens,* p. 232).

15. L'abbé Henri Bremond (1865-1933), historien et critique littéraire français. Il fut admis à l'Académie française en 1923. Ferron avait sans doute lu son *Histoire littéraire du sentiment religieux en France depuis la fin des guerres de religion jusqu'à nos jours* (11 volumes, Paris, Bloud et Gay, 1916-1933).

d'un pouce de la petite école à l'université, qu'on tâche donc de nous la rendre profitable et nous pénétrer de l'influence qu'elle a eue dans l'élaboration de notre culture. Saint Thomas d'Aquin ? Pourquoi pas *le Petit Albert*[16] qui a eu tant d'influence sur notre [culture] populaire ? Saint Thomas d'Aquin c'est aussi lointain que la Bible, en dehors de notre portée. Par contre notre histoire a été profondément marquée, aussi profondément que les États-Unis l'ont été par la Réforme, par la Contre-Réforme qui fut, quoi qu'on en ait, une entreprise grandiose. On y peut trouver des nourritures propres à apaiser toutes les faims et soifs spirituelles en même temps qu'on révélera au mécréant que son choix est personnel et qu'il baigne dans une ambiance, somme toute, fort catholique.

J'eus à préparer un programme d'études pour ma fille Chaouac, l'an dernier, lorsqu'elle m'est revenue de Cagnes où je l'avais envoyée au lycée, me soumettant ainsi au précepte familial voulant qu'on donne à ses enfants plus qu'on a reçu soi-même (et l'équivalent de la distance d'un séminaire diocésain au collège des Jésuites était celle, du moins je le croyais, qui séparait ce collège d'un lycée français), lorsqu'elle m'est revenue inculte et sauvageonne sous un vernis latin. Je commençais par le conflit de civilisation qui opposa l'Europe et l'Amérique, ce à quoi je reviendrai plus loin, quand j'aurai fini de dire comment je me fis historien, comment Jacques Cartier me renvoya à Rabelais et celui-ci à Borduas.

Avant le père Robert Bernier, un brave homme de Jésuite, surnommé la Mère Bibite, avait eu quelque influence sur moi en m'initiant aux sciences naturelles. À courir les petits bois de l'île de Montréal, j'appris fort agréablement les plantes qui fleurissent des derniers jours d'avril au milieu de mai. Après la découverte du populage des marais, jaune comme le jaune du loriot, il fallait se

---

16. Supposément écrit ou rassemblé par un certain Albertus Parvus Lucis, *le Petit Albert*, paru au début du XVIIIe siècle, était constitué de recettes puisées en divers recueils de secrets ainsi que de fragments de traités d'alchimie et de magie. Il fut très populaire à l'époque. Voir *le Grand et le Petit Albert* (préface de Bernard Husson, Paris, P. Belfond, 1970, 271 p.).

mettre aux examens, et après les examens, c'étaient les vacances. Je
perdais la Mère Bibite ; dès que j'arrivais chez moi, mes velléités de
botaniste cédaient devant la défense des maringouins, gardiens des
eaux et des bois. Je tombais alors dans une sorte de néant intellectuel. Ayant pris goût à Valéry, je pouvais me réciter quelques
strophes du *Cimetière marin* ou me dire pour combler ma fainéantise : « Calme, calme, reste calme, connais le poids d'une
palme...[17] » Il n'y avait pourtant de palmiers que dans l'église de
Louiseville, et je les trouvais bien ridicules. En fait de poésie mon
oncle[18] était mieux partagé ; ses auteurs étaient Rostand et Guitry ;
il pouvait les citer dans les fêtes — « Mets ta rose auprès de ma
rose. Offrir son bras, c'est vraiment peu, et pourquoi faire à moitié
les choses quand on peut offrir les deux[19] » — les dames lui en
étaient reconnaissantes, et elles avaient le droit de vote. La poésie
galante suppléa à la pensée politique dont il était dépourvu — c'est
ainsi qu'il ne pouvait être un libéral sincère — et il devint député,
puis juge, puis rentier, de plus en plus oisif, de plus en plus
heureux. Il fait encore des rimettes et est fort estimé dans toute la
Mauricie. Moi, avec mon Valéry je restais muet et stupide. Je me
suis longtemps demandé si l'évolution de la poésie française, passant de la bonne rhétorique à l'hermétisme, n'avait pas contribué
à l'isolement de l'intellectuel canadien-français, jusqu'à ce que je
lise Aimé Césaire[20] ; j'ai dû alors convenir que la mode poétique n'y
était pour rien, et pour citer deux poètes canadiens, Saint-Denys
Garneau et Paul Chamberland, l'un délié du pays, l'autre agrippé,
disons qu'il n'y a entre eux qu'une différence de génie et que la
comparaison est au désavantage du premier.

---

17. Ce vers n'est pas tiré du « Cimetière marin », mais bien de « Palme » que
Valéry avait dédié à Jeannie Gobillard, son épouse : « Calme, calme, reste calme !
Connais le poids d'une palme / Portant sa profusion ! »
18. Il s'agit d'Émile Ferron, l'oncle « poète ». Voir « Notaire par le nez », p. 309.
19. Nous n'avons malheureusement pu retrouver la référence de cette citation.
20. Aimé Césaire, poète d'inspiration surréaliste et homme politique antillais.
Ferron appréciait beaucoup cet écrivain anticolonialiste (*Cahier d'un retour au
pays natal*, 1939) qui inspira la démarche des membres de *Parti pris*. C'est un
peu pourquoi Ferron, à Saint-Denys Garneau, préférera de loin Chamberland.

Depuis une dizaine d'années, les poètes foisonnent. Beaucoup passeront à la prose, certains cesseront d'écrire. La poésie est la pêche à la ligne des écrivains ; ils y taquinent le génie, un poisson rare, pour se contenter ensuite d'avoir du talent, à moins qu'ils n'aillent rager, Rimbaud sur petit pied, dans quelque Éthiopie de banlieue ou de quartier bourgeois. Ces poètes, comment les juger sans trop les lire ? Eh bien ! par la faune et la flore de la bonne Mère Bibite. Vous notez les mots désignant fleurs, bêtes, oiseaux (ils abondent toujours dans les poèmes) et les classez en deux catégories, les mots qui correspondent à la réalité, loriot, par exemple, et ceux qui sont livresques comme rossignol, qui nomme un oiseau européen. Vous avez aussi deux lots de poètes, le premier dont le vocabulaire est significatif, le second où il est illusoire ; vous rejetez ceux-ci et gardez ceux-là ; il ne vous restera guère à lire. Le procédé est un peu simple ; il m'a permis quand même de douter de Claude Gauvreau à son mieux, lorsqu'il était l'évangéliste de Borduas, le cardinal entre le chapeau et la tiare, qui pontifiait dans l'avant-garde littéraire, avant que les décoctions de son alchimie verbale ne l'empoisonnent.

En somme Brébeuf me fut bénéfique, je ne pourrai jamais être anticlérical de bon cœur : j'y suis né à la culture française qui n'était pas l'apanage de mon père, et ce fut grâce à un Ouesterne. Il avait le lasso infaillible ; il vous prenait auteurs comme chevaux et vous les domptait sur place, c'en était chaque fois une prouesse. Nous étions fiers de lui, il s'en rendait compte, vous pensez bien. Un jour, nous jouions à viser une bille d'une bille de même grosseur. Sans succès. Le père Bernier s'amène : « Essayez donc. » Il vise et l'atteint, un coup habile, peut-être chanceux. On le prie de recommencer. Il refuse. On insiste, peine perdue. Et nous sommes restés dans le doute, bien obligés de lui accorder le bénéfice de l'adresse. Il aimait jouer mais il préférait gagner. Vaniteux ? Non, je crois qu'il avait du respect pour le respect que nous avions pour lui. En tout cas il n'eut jamais à se servir de son lasso contre nous. Il n'était pas autoritaire : il était l'autorité même.

Mais il n'était pas seul à venir de l'Ouest. Deux de mes condisciples en venaient de même, Jacques Dubuc et Jean-Baptiste

Boulanger. Ce fut par eux comme par lui, et aussi par Gabrielle Roy[21] et Robert La Palme[22] (je pourrais en nommer d'autres), que j'ai compris que les frontières du pays se situaient sur l'Outaouais. Ils étaient les rescapés d'une grande défaite, de la perte d'une deuxième province française. Ils ne pouvaient plus retourner à leur origine. Ils se sont tous fixés dans le Québec, donnant par leur exil du prix à ce pays qui leur servait de salut. Cela compensa la pauvre idée que nous nous en faisions. À vrai dire nous n'y pensions même pas, provinciaux en mal d'universalité. Et ce ne sera que longtemps après que je reviendrai à l'étape brûlée.

Des Jésuites je passai à la médecine, à Québec, où j'aurais pu rencontrer une autre fois mon maître en la personne du Docteur Berger[23], un Alsacien qui avait servi dans l'armée allemande avant de devenir Français et qui n'avait vraiment qu'une patrie : la Science, mais j'étais resté dans les lettres et n'étudiais la médecine que parce qu'on ne pouvait vivre des lettres, de sorte qu'à ce maître je ne me soumis point, quelle que fût ma révérence pour lui. La médecine est par définition un édifice inachevé, qui ne se dégagera jamais de son échafaudage. Un jour, à la pathogénie officielle de la pneumonie, que je trouvais simpliste, je substituai la mienne ; je croyais inventer, Berger me dit : « Maudit homme ! quand on veut innover dans une matière, on commence par en étudier la bibliographie pour s'épargner le ridicule de découvrir le lac Huron trois siècles après Champlain[24]. » Autrement dit, ma pathogénie n'était

---

21. Ferron a toujours nourri une certaine admiration pour la présomption de Gabrielle Roy qu'il place presque à même hateur que celle de Joyce : « je ne connais rien de plus beau que cet écart où se situe l'humble patience et l'obstination orgueilleuse de l'écrivain. Il permet d'apprécier entre deux Gabrielle Roy la part de l'artiste et, peut-on dire, le long rachat d'une présomption. Il n'y a que Joyce qui ait fait mieux » (*Du fond de mon arrière-cuisine*, p. 107-108).
22. Robert La Palme (1908-1997), graphiste et illustrateur surtout connu pour ses caricatures.
23. Originaire de Strasbourg en Alsace, le Dr Louis Berger fut professeur titulaire de pathologie générale et d'anatomie pathologique à l'Université Laval dès 1924. Il meurt prématurément en 1948.
24. On trouve des variantes de ce portrait du Dr Berger dans *Gaspé-Mattempa*, « Claude Gauvreau » (*Du fond de mon arrière-cuisine*), ainsi que dans les

pas neuve. Mais mon audace mal renseignée ne lui avait pas déplu. Il me demanda si je ne me tournerais pas vers la recherche. Je lui répondis que j'étais déjà pris par la littérature et je vis la Science exploser : « Maudit homme ! Je l'ai bien connue, moi, la littérature ; c'était Jules Romain, oui, Jules Romain, le grand écrivain, l'Académie française et tout. Elle m'impressionnait, moi aussi, la littérature, mais un jour le dénommé Jules Romain ne s'avise-t-il pas de descendre dans notre domaine et de présenter une communication sur la vision extrarétinienne ? Une fumisterie, j'étais là, je l'ai vue crouler, votre littérature. Elle ne m'impressionne plus. Non, parlez-moi d'autre chose, mais pas de littérature ! Un littérateur et un charlatan, pour moi c'est du pareil au même. Et voulez-vous savoir ? Ce fut après cet échec que Jules Romain a écrit *Docteur Knock*[25]. »

Il était bien seul, le Docteur Berger, dans la bonne ville de Québec, entouré de la considération générale et d'un respect craintif, sans personne pour le contredire, marié à une femme pieuse, sans enfant, seul Alsacien, seul savant, seul athée. Ses élèves devenaient des médecins besogneux, contents de savoir et ne sachant pas ignorer, voués à leurs malades, pressés de guérir, des opportunistes, des détaillants. Encore si dans sa solitude il avait été chanceux ! Mais il n'avait pas découvert grand-chose, malgré sa ténacité. Il continuait quand même de chercher. Un de ses amis avait trouvé et son nom était dans l'ovaire de toute femme, attaché à un groupe de cellules dont il avait, le premier, donné la description. « Mon ami, le professeur Masson, de Montréal, dont le nom... » C'était pour le Docteur Berger un bien doux moment et l'on sentait qu'il ne tenait pas Masson pour plus remarquable que lui-même.

entretiens que Ferron a accordés à Pierre L'Hérault : « Quand j'étudiais la médecine, j'avais beaucoup de respect pour le professeur Berger qui m'avait demandé ce que je ferais et, quand je lui avais répondu que je serais un écrivain, s'était effaré en me disant, comme toujours : "Maudit homme !" » (*Par la porte d'en arrière. Entretiens*, p. 78-79).
25. C'est en 1924 que Jules Romain publiera *Knock, ou le triomphe de la médecine* (Paris, Gallimard, 1976, 152 p.).

Quand un autre de ses amis, Oberling[26], en route de Prince-town pour Téhéran où il allait relever l'Université persane, fit un détour par Québec pour venir le saluer, il tint à nous montrer cet égal célèbre. Oberling était un homme timide, beaucoup moins imposant que Berger et si barbu que, rasé de près, il gardait les joues et le menton noirs. Il ressemblait un peu à Papineau-Couture, le musicien. Je me souviens qu'il nous annonça avec un bon sourire qu'il attendait beaucoup de la guerre qui sévissait alors : « Oui, disait-il, la guerre a toujours stimulé le génie humain. » Il n'approuvait pas, il constatait, au-dessus de toute politique, d'aucune langue, d'aucun pays, partout chez lui dans le monde pourvu qu'il eût un laboratoire et un microscope. Berger était comme lui. J'eus l'impression que ces deux hommes remarquables représentaient une nouvelle aristocratie, qu'ils étaient des manières de cardinaux d'une église sans pape, tout aussi catho-lique que l'autre. J'éprouvais beaucoup de respect pour eux sans pour cela désirer les suivre. J'avais le goût de vivre et la vie pour moi ne portait pas de majuscule.

Médecin, j'ai été un an dans l'armée, dont une couple de mois chez les Allemands, prisonniers à Grande-Ligne, près de trois ans en Gaspésie, porté sur la main et le trouvant tout naturel, comme un curé ; puis après un séjour de quelques mois au Sanatorium des Anglais, à Sainte-Agathe, je me suis relancé dans la pratique à Ville Jacques-Cartier où je me suis fixé, semble-t-il, puisque j'y reste après quinze ans. C'est là que je me trouverai en présence d'une double inconscience : celle du Canadien qui a perdu sa lignée, qui ne sait pas de quelle province il vient, qui, tel un bâtard, semble sortir de nulle part et n'a guère plus de prévision, vivant au jour le jour, pas loin d'être un animal ; et l'inconscience de la ville-champignon, formée d'immigrants distraits, tout à leurs passés

---

26. Selon Pierre Cantin, Charles Oberling (1895-1960), originaire de Metz, aurait fait ses études de médecine à l'Université de Strasbourg. Spécialiste en urologie, il est surtout reconnu pour son essai *le Problème du cancer* paru pen-dant la Seconde Guerre mondiale, ouvrage qui lui valut une grande renommée.

différents, qui de trois[ans] en trois ans oublie ce qu'elle était, à tel point qu'en faire l'histoire, une histoire qui ne remonte pas à plus de vingt ans, est aussi difficile à débrouiller que la Fronde ou les guerres de religion.

En deçà de la Grande Noirceur

Les gens du sud[1], de l'autre côté du lac Saint-Pierre et du fleuve en aval de Point-du-Lac (qui devrait s'écrire comme il se prononce, et non Pointe-du-Lac[2]), ne comptaient guère pour mon père, comparés aux gens que nous étions, sur une rive où s'élevaient les trois grandes villes, Québec, Trois-Rivières, Montréal, reliées entre elles et probablement au reste du monde par le Chemin du Roy et les trains du Cipiare[3]. Il comparait leur lieu de pèlerinage, la Tour des Martyrs, à Saint-Célestin, à notre Cap-de-la-Madeleine et haus-sait les épaules, sans autre commentaire. Le sud était un pays perdu, un pays caché, un pays mal voituré qui ne menait à rien. Nicolet avait un collège justement pour cela, parce que les curés, redoutant les Anglais, y étaient venus mettre à l'abri leurs chers séminaristes. Vers la fin des années vingt, nous allâmes rendre visite au frère puîné de mon père, l'oncle Rodolphe, beurrier-fromager

---

1. Fonds Jacques-Ferron, MSS 424 ; boîte n° 21 ; chemise n° 12 ; 2.101.4. Ferron s'est servi de fragments photocopiés pour reconstruire l'historiette « Du nord au sud » parue dans *l'Information médicale et paramédicale* (XXXI : 43, 2 janvier 1979, p. 28). Cette historiette correspond à la première partie du présent texte. Notons que Ferron n'avait pas désigné d'un « I » la première sec-tion de ce texte.
2. Ferron fera le même commentaire dans « Le Chichemayais » : « Il en est de même pour Point-du-Lac qu'on s'évertue à écrire Pointe-du-Lac et qu'on ne cesse de prononcer Point-du-Lac, à bon escient d'ailleurs... » (*la Conférence inachevée*, p. 104).
3. Ferron écrit « Cipiare » et enquébécoise ainsi l'abréviation anglaise CPR (*Canadian Pacific Railway*).

qui avait dû s'exiler à Sainte-Gertrude, en arrière de Bécancour, pour se trouver une fabrique, et nous étions passés par des chemins qui ne valaient pas mieux que ceux des p'tits rangs dans le comté de Maskinongé, sans macadam ni gravelle — de pauvres chemins de terre. Mon père disait : « Quelle misère ! Pauvre Rodolphe ! Plus nous nous avançons, plus nous reculons dans le temps ! » Mon père était un homme de progrès. Il retourna dans le sud une autre fois, à Saint-Grégoire, où il y avait un médecin habile à faire jeter le ver solitaire[4]. Craignant la tuberculose, il nous faisait manger des viandes saignantes ; ma sœur Thérèse en avait attrapé un, tenace, que les médecins du nord n'avaient pu déloger. À part ça — et le ver solitaire n'est pas une grande affaire dans la marche du monde — nous aurions pu nous passer complètement des gens du sud. Et la Beauce, encore plus creux que Sainte-Gertrude ? Mon père devait s'en faire une pauvre idée, s'il y avait jamais pensé. Ce comté était quasiment étranger au comté de Maskinongé, n'ayant jamais entretenu de rapports avec lui depuis le commencement des temps. Il aurait été fort surpris d'apprendre que sa fille aînée, Madeleine, irait s'y établir, plus exilée que le pauvre Rodolphe, mariée à un nommé Robert Cliche.

Heureusement qu'il n'en fut pas de même pour l'autre parti. Non seulement le père de Robert avait une idée du comté de Maskinongé, mais il entretenait envers lui un préjugé favorable, et c'était à cause d'un homme dont il avait été le partisan enthousiaste, le fameux sénateur Béland, bel orateur, marié à une Belge, prisonnier des Allemands durant la Première Grande Guerre, et qui représenta durant trente-cinq ans, aux Communes puis au Sénat, le comté de Beauce. Léonce Cliche[5] avait eu pour lui de l'admiration et cette admiration, son support enthousiaste n'étaient pas de trop, car la Beauce après tout, aussi vieille que le traité d'Utrecht[6], n'est

---

4. Voir la lettre de Joseph-Alphonse Ferron à Jacques Ferron, 13 avril 1934 ; reproduite p. 183.
5. Léonce Cliche, le père de Robert, fut juge provincial.
6. Les traités d'Utrecht, signés de 1713 à 1715, mirent fin à la guerre de Succession d'Espagne et obligèrent, entre autres, Louis XIV à céder Terre-Neuve,

pas une colonie pour se voir imposer un représentant étranger, fût-il de Maskinongé comme c'était le cas. D'ailleurs, si ses sentiments pour le sénateur Béland l'emportèrent sur son patriotisme local, il trouva à se reprendre contre un étranger de même origine, du rang Chacoura et de la paroisse de Louiseville comme le sont les Béland, le sénateur Lesage, venu au Sénat par la petite finance, qui était le trésorier du Parti libéral dans le district de Québec et qui sera l'oncle, sinon le parrain de Jean Lesage. Léonce Cliche l'avait en aversion. Robert, à qui je dois beaucoup, qui m'a nourri de ses contes, ne laissa pas de me l'apprendre et je m'en souviendrai lorsque j'écrirai *la Chaise du maréchal ferrant*. Tout n'est pas vrai dans ce roman. Ainsi, il est peu probable que le sénateur Lesage ait loué cette chaise volante, dérobée au diable, pour battre Duplessis aux élections de 1939[7]. Robert jugea même que le sénateur n'était pas aussi sinistre que je le montrais. J'en appelai au vieux magistrat qui, lui, n'y trouva rien à redire et fut tout à fait d'accord avec moi. D'une certaine façon, en épousant son aversion, je lui rappelais que son fils avait épousé ce que Maskinongé a de meilleur. Attaché à sa bru, il ne demandait pas mieux que de le croire.

II

En 1941, je commençai ma médecine à Québec, une ville qui m'était étrangère. À la Faculté, je ne connaissais personne et j'avais beau regarder, je n'apercevais pas une âme qui fût dans mon cas ; chacun avait son groupe et chaque groupe se refermait sur lui, sans place pour un autre. Je me compterai chanceux de retrouver des anciens de Brébeuf. Ils étaient tous en droit. Je m'accrochai à eux quand même. Il m'arriva de me faire des amis de leurs amis, et

---

l'Acadie, la baie d'Hudson et l'île de Saint-Christophe à l'Angleterre. Le roi de France dut de plus cesser d'appuyer le prétendant Stuart et fut contraint de reconnaître la dynastie protestante de même que le titre de roi de Prusse à l'Électeur de Brandebourg.

7. Ferron fait ici allusion à la chaise volante que Jean Goupil déroba au diable et mit au service du sénateur Lesage dans *la Chaise du maréchal ferrant* (Montréal, Éditions du jour, 1972, 224 p.).

Robert Cliche fut de ceux-là. Je le connaîtrai à l'automne, la semaine qui suivit le passage des Ballets russes[8] au Capitol. J'étais allé les voir deux fois, m'y ruinant, obligé dorénavant pour plus d'un mois de courir deux fois par jour hors les murs chez le petit Chinois de la rue Saint-Jean, propice aux miséreux, qui leur servait le repas complet à $0.19 le couvert. Je chambrais alors chez deux vieilles dames anglaises de l'avenue Sainte-Geneviève avec François Lajoie que je suivais depuis le Jardin de l'Enfance de Trois-Rivières et Jacques Lacourcière dont le père, magistrat, venait juger à Louiseville. Cliche chambrait, lui, dans la rue Saint-Louis avec Jean-Paul Bérubé, brébeuvois comme Lajoie, et Jean-Paul Gravel, de Chicoutimi, qui sera un amoureux de ma sœur Marcelle lorsque celle-ci, l'année suivante, viendra tâter des Beaux-Arts à Québec.

Or, une fois que je revenais de chez le Chinois, j'arrêtai voir Bérubé, rue Saint-Louis. Bérubé n'y était pas, je trouvai à sa place un garçon déluré, au toupet brun, à l'œil bleu, qui semblait avoir du temps de reste pour s'amuser. J'étais son homme, il me retint et je restai sans trop savoir ce qu'il me voulait. Je m'exprimais avec un accent affecté que mes sœurs appelaient l'accent brébeuvois et qui inquiéta mon père tant que mon goût pour les filles ne [se] fut pas manifesté, car il le jugeait efféminé. En arrondissant les épaules, en avançant la main qu'il avait petite, Robert imitait assez bien Scapin[9] qui s'approche en flatteur de sa victime. Ses yeux bleus buvaient le vent et devenaient fumeux, gris, impénétrables. Il savait aussi se faire un masque au travers duquel il parlait sur un ton

---

8. Ces Ballets russes ont déjà causé l'expulsion de Ferron du Collège Jean-de-Brébeuf : « J'avais demandé une autorisation au père Dragon pour aller voir les Ballets russes. Il m'avait refusé. Voulant revenir sur la question, j'étais retourné le voir et lui avais dit : "Mon père, mon oncle le député est de passage à Montréal et m'invite au restaurant. Est-ce que vous m'autoriseriez à aller souper avec lui ?" Il m'avait dit "Oui !"» Le père Langlois, à qui Ferron avait raconté sa soirée, ira le rapporter au père Dragon. « Le père m'a fait venir et m'a mis à la porte » (*Par la porte d'en arrière. Entretiens*, p. 20-21). Voir aussi la « Lettre de Méthode » (p. 206), qui précède ce renvoi de Brébeuf et dans laquelle Ferron dit à son père ne pas être allé aux Ballets...
9. Valet de la comédie *les Fourberies de Scapin* de Molière.

grave et onctueux. Il me demanda mon nom. C'était un nom qui lui disait quelque chose. Il sembla chercher, puis il eut comme un éclair : « Ne seriez-vous pas, Monsieur, le danseur français ? » Le ridicule me monta derrière les oreilles. Je tentai de m'expliquer. J'étais déjà penaud, il fit de moi un niais, prétendant que j'étais allé voir ces ballets moins par goût pour la danse que pour l'amitié d'une ballerine. Et il m'en félicitait. Je protestai. Il insista et je me défendis assez mal, car j'étais quand même flatté qu'on m'ait cru capable d'une telle galanterie. Je devais avoir une tête impayable. Quand il eut fini de s'amuser, il me dit qu'il se nommait Robert Cliche. Je lui répondis que je me souviendrais de son nom. Ainsi commença notre camaraderie, sur une note de défi. Nous avions tous les deux vingt ans et nous ne savions pas du tout où la vie nous menait. Cela nous rendait curieux, modestes et attentifs.

Robert avait des tours dans son sac. Il aimait la parade. Il lui aurait plu d'être saltimbanque. Plus tard, dans la Beauce, au début de sa carrière, il a monté des *pageants*[10] dans les fêtes de paroisse. Ce sont des tableaux rustiques, muets et édifiants, où la vedette allait à une paire de grands bœufs. Quand il voulut être vedette à son tour dans le NPD [Nouveau Parti démocratique], peut-être pensa-t-il à eux. Mais je doute qu'il ait eu de grandes ambitions politiques. À l'Université, il était grand connaisseur, de même que Jean-Paul Gravel, de la Révolution française, d'une révolution qui commençait avec la prise de la Bastille et s'achevait à la chute de Robespierre. Après, elle perdait son intérêt. Elle lui plaisait par ses tumultes, ses cris, ses harangues, et parce que les orateurs y furent rois. Il avait une préférence pour Danton et Mirabeau[11] à cause de leur génie de la parole et de leurs faces qui fascinaient mieux que des masques. Cette époque convenait à son exubérance et ne révélait chez lui aucun goût pour le pouvoir, puisque tous ces héros

---

10. Il s'agit d'un terme anglais désignant une série de tableaux montés sur des structures amovibles dans le cadre d'un défilé ou d'une parade.
11. Georges Jacques Danton (1759-1794) et Honoré Gabriel Riqueti, comte de Mirabeau (1749-1791), tous deux orateurs de grande élégance, furent des figures importantes de la Révolution française.

y perdaient la tête. Sur ce point il sera différent de l'homme public québécois, tel Duplessis, porté sur Napoléon. D'ailleurs, si Robert a eu un maître, ce maître n'était pas si loin, n'était pas si haut, ce fut son père qu'il vénérait, magistrat à Saint-Joseph-de-Beauce. Il fit carrière d'avocat très sérieusement. Quand il fut bien établi, s'il déborda sa profession, ce fut par générosité, pour la beauté du geste. Et il reviendra à sa profession pour mourir juge comme son père.

Avant de devenir magistrat, Léonce Cliche avait été un avocat rouge, comme on l'était dans ma famille. C'était une mentalité que d'être rouge ou bleu, et c'est Robert qui m'en a montré le mieux la différence. À Saint-Joseph, un faible d'esprit ingénieux qui avait déjà été employé dans un cirque, devenait cheval à chaque été, attelé sur une voiturette, bridé, et il se louait aux étrangers de passage, américains pour la plupart. Il y gagnait son foin et s'arrangeait l'hiver pour se faire héberger dans les hospices. Mais dès qu'apparaissait le cheval avec la fin du printemps, le village se divisait en deux. D'un côté, sans se soucier du goût et du profit que prenait cet homme à faire le cheval, on s'indignait contre ce qu'on estimait une offense à la dignité humaine et l'on voulait tout simplement l'interner. C'était là le côté des bleus. De l'autre, on défendait sa liberté. En d'autres termes, les rouges favorisaient la diversité dans la société, voire la bizarrerie, et les bleus un conformisme étroit. Les curés en général approuvaient les bleus ; les rouges étaient volontiers anticléricaux, quitte à mieux se pénétrer de l'esprit du christianisme, parfois en toute sincérité, parfois pour l'utiliser par-dessus la tête du clergé et se défendre contre lui. Enfin, chez les rouges on pouvait parler de tout, tandis que chez les bleus on était plus réservé, par soumission à l'autorité qui venait de Dieu. Mais l'opposition de ces deux mentalités, surtout marquée chez les notables, n'allait jamais jusqu'à la rupture. Léonce Cliche avait déjà répondu au sermon du curé, après la messe, sur le perron de l'église. Devenu magistrat, son humanité sera appréciée par le clergé. D'ailleurs, on retrouve ces deux mentalités complémentaires et compétitives dans toutes les sociétés. Elles persistent encore, même si elles se sont éparpillées et qu'on n'en fait plus beaucoup de cas. En 1944, nous étions beaucoup plus près de l'Affaire Guibord[12] que des problèmes économiques qui passionnent le monde aujourd'hui. Comment aurions-nous pu prévoir qu'on jetterait rétrospectivement la Grande Noirceur sur notre radieuse jeunesse ? La Grande Noirceur et la mort aussi, selon.

En 1945, j'étais médecin dans l'armée, je revenais de Vernon, j'arrêtai à Louiseville. Je trouvai Robert à la maison. Je demandai à Madeleine : « Que fait-il ici ? » Elle répondit : « Il vient demander ma main. » Je tombai des nues : « Vous êtes fous ! » Mais si fous qu'ils fussent, j'étais ravi.

---

12. L'Affaire Guibord naît de l'interdit prononcé par l'Église contre l'Institut canadien, organisme libéral regroupant nationalistes et progressistes qui, dès 1844, mettait à la disposition de ses membres certains livres mis à l'Index. En 1869, Joseph Guibord n'ayant pas, à sa mort, renoncé à son statut de membre de l'Institut, Mgr Ignace Bourget, alors évêque de Montréal, refusa son inhumation en terre consacrée. C'est ce refus (symbolique de la lutte contre l'Institut canadien) qui est à l'origine du violent conflit qui opposa libéraux et catholiques ultramontains pendant plus de cinq ans au Québec. Note reprise de *l'Autre Ferron*, p. 391.

Mon futur collège

D'aussi loin que je me souvienne, je n'ai jamais douté de Saint-Jean-de-Dieu[1]. Il y avait à Louiseville des gens qui n'y étaient pas à leur place, moins les Magouas que les échappés d'asile, pour la plupart de Longue-Pointe, les autres de Beauport. Grand village privilégié, Louiseville subissait l'attraction des deux pôles du pays, celui d'en haut, Gamelin, et par Trois-Rivières, la capitale du diocèse, celui d'en bas, Saint-Michel-Archange ou Mastaï. Les Magouas, eux, du petit village attenant, vivaient à l'envers de tout, fascinants pour le p'tit garçon né sur le meilleur côté des choses, tenu d'y rester, à l'endroit de tout. Avant tout, je devais être tout excepté magoua.

Les échappés se trouvaient dans la même disposition, aussi fous que les Magouas étaient pas-fins. Entre le fou et le pas-fin, il y a déjà une différence. L'autre différence est la suivante : l'échappé, né dans le grand village, était responsable de son sort, tandis qu'on naissait magoua pour le rester toute sa vie et les sept générations à venir. Le pire restait ainsi dans le pire, en son lieu, ce petit village à la fois attenant et hors du grand, exclu du bien, du mieux et du meilleur, mais favorisé par une prédestination qui manquait au bien, au mieux et au meilleur. La mission sacrée des échappés d'asile, gens de l'endroit à l'envers, consistait sans doute à

---

1. Historiette parue sous ce titre dans *l'Information médicale et paramédicale*, XXIX : 24, 1er novembre 1977, p. 16. Il s'agit également de la première partie du texte intitulé « Le Sacré-Cœur du Grondin », chapitre du manuscrit inédit du *Pas de Gamelin*.

témoigner de la précarité de tout sur le bon côté des choses. On ne pouvait s'accommoder aussi bien d'eux que des Magouas qui restaient dans leur rôle et faisaient que le bien, grâce à leur pire, valait un peu plus que le bien, le mieux un peu plus que le mieux et le meilleur encore un peu plus, au point d'en être tout à fait vertigineux. On les aimait, ces Magouas, on les aidait même à rester dans le pire, on leur faisait la charité. On ne les empêchait pas de se reproduire, on les y aidait par charité, mais on ne pouvait tolérer qu'ils fissent du recrutement par débauche dans le grand village. On tentait d'empêcher les inquiétants et dangereux échappés, qui auraient pu passer du grand village au petit, de devenir Magouas ; on éloignait le scandale en les poussant vers l'exil, la prison et surtout, surtout vers Saint-Jean-de-Dieu et Saint-Michel-Archange ; puisqu'on les disait échappés de Longue-Pointe ou de Beauport, il s'agissait de les retourner à Gamelin ou à Mastaï, et souvent on y parvenait.

J'ai grandi dans un monde cruel, nanti des plus grands avantages et certain de devoir les perdre. S'ils eussent été plus modestes, il m'eût été possible de les conserver, même de les augmenter. Sur le bon côté des choses, il y avait des privilégiés plus heureux que d'autres, capables de faire de petits gains, de passer du bien au mieux, du mieux au meilleur. Mon infortune fut d'être né dans le meilleur, dans un meilleur qu'accusait encore le pire, un peu au-dessus de lui-même et qui me donna tôt le vertige. Sans la prédestination des Magouas, comment penser m'y maintenir toute la vie et les sept générations à venir ? Me trouvant mal, je me suis ressenti du moule, de l'envers de l'endroit, et, fasciné par le pire, inaccessible comme le meilleur m'était intenable, je ne pouvais qu'être séduit par les échappés d'asile, obligé que je serais de m'échapper moi-même vers quelque chose d'autre, un ailleurs plus accessible que le pire, plus sûr que le meilleur. Je ne pouvais même pas être mon père que j'aimais. Le Notaire, lui, se trouvait bien du meilleur, l'ayant conquis de haute lutte. Il ne me plaisait guère d'avoir à perdre son gain, à défaire sa belle victoire. Il se rendait chaque semaine, le jeudi, à Montréal et parfois m'y emmenait. Dans son vaste domaine qui s'étendait bien, je pense, jusqu'au pont Charlemagne, il circulait à sa guise, souvent à gauche du chemin. Au-delà il n'avait qu'un droit de passage.

Quand par le chas de la nuit j'eus réussi à enfiler ma mémoire[2], rattachant un nouvel aujourd'hui à l'hier et à des lendemains à n'en plus finir, pour des années et des années, enfin conscient de moi-même par moi-même, je fus surpris de connaître déjà par leurs noms tous les villages depuis Louiseville jusqu'à Charlemagne. Là, passé la rivière des Prairies par le vieux pont, nous entrions dans un autre monde. Le Notaire alors avait beau allumer un gros cigare, c'était pour se donner de la suffisance car il cessait d'être au-dessus des lois ; il devenait plutôt quelconque comme un quiconque et un quidam. Son cigare ne me rassurait pas du tout. Dépassait-il vingt milles à l'heure, la limite des vitesses permises, j'appréhendais les pires ennuis de la part d'une police dont je n'avais aucune idée et que je croyais partout. À cette époque, du bout de l'île on ne pouvait entrer dans Montréal que par la rue Notre-Dame. À gauche, côté fleuve, le parc Dominion montrait la grande machinerie de ses fêtes populaires et sans doute gratuites car il a disparu depuis longtemps, ce parc Dominion que je n'ai jamais vu qu'en passant et qui me faisait oublier la police. Le Notaire pompait de son cigare une fumée magique qui lui sortait par les oreilles, par les sourcils et la moustache ; et le sourire fin, le grand nez arménien, il devenait pour quelques instants, modeste dans sa suffisance, mon grand pacha. Plus loin, pour nous montrer qu'en Orient les merveilles ne se rebutent à rien et s'accommodent des familiarités les plus basses, l'Imperial Oil déjà vessait et le Notaire ne manquait jamais, bien entendu, de me demander si c'était moi. Et puis, à droite, il y avait au milieu d'une longue clôture, une barrière ouverte où n'entrait pas qui veut, la guérite le disait clairement.

---

2. Ce passage n'est pas sans rappeler les propos de Léon de Portanqueue sur la mémoire : « Je me disais que pour la première fois de ma vie j'allais traverser la nuit et qu'à l'avenir elle ne s'interposerait plus entre ma conscience de la veille et ma conscience du lendemain, qu'enfin et pour toujours je me trouvais réuni à moi-même, capable de continuité par mes seuls moyens, indépendant de la topographie familière qui m'avait jusque-là servi de mémoire » (*l'Amélanchier*, p. 79).

À partir de cette entrée défendue, deux rangs de peupliers menaient une étroite avenue vers un fond lointain de bâtiments gris dont le Notaire, pacha porté sur la rengaine, ne manquait jamais de me dire : « Tiens, regarde ton futur collège. » Et c'était le grand lieu si mystérieux, si calme, qui pourtant était connu partout, qu'avant même d'avoir enfilé mon aiguille je connaissais, le lieu primordial qu'on pouvait ne pas avoir vu, divulgué en langue commune par trois noms prestigieux, en contrepoint des trois sagesses, de Gamelin, de Longue-Pointe et de Saint-Jean-de-Dieu.

Le père retrouvé

Le village des Ambroises[1] où mon grand-père, Benjamin Ferron[2], avait sa terre, est à proprement parler un rang, le dernier à l'est dans la paroisse de Saint-Léon, et c'est un rang simple où les habitants, loin d'être rassemblés comme dans un village, sont deux fois plus éloignés les uns des autres que dans un rang double. Ce n'étaient pas les bâtiments qui faisaient paraître la maison petite, car les bâtiments étaient d'un côté du chemin, la maison de l'autre avec une remise pour les voitures et une cour entre les deux, au fond de laquelle se trouvait le puits ; quand nous tirions dans la cour, tout gelés dans la carriole, derrière le cheval fumant, ce qui faisait paraître la maison plus petite, c'était la haute brimbale de ce puits. Je goûtais alors un des avantages de l'enfance, celui de pouvoir entrer aussitôt dans la maison en passant par la cuisine d'été convertie en dépense froide pour les provisions de l'hiver, tandis que mon père, nu-mains, la moustache givrée, devait encore dételer, remiser la voiture, conduire le cheval à l'écurie, aidé par l'oncle Nérée[3] qui était sorti, tout heureux de notre visite.

Ce rang, à l'intérieur d'une boucle que faisait la rivière du Loup vers Saint-Sévère, était fort court, s'arrêtant net sur une barrière à moins d'un mille de chez le grand-père, et c'était peut-être parce

---

1. Historiette parue sous ce titre dans *l'Information médicale et paramédicale*, XXXI : 8, 6 mars 1979, p. 10.
2. Voir aussi « Les trois p'tits steppes » (p. 273), et « [Les trois p'tits steppes] », variante (p. 277).
3. Voir « [Les trois p'tits steppes] », variante (p. 278).

qu'on en pouvait compter les habitants sur les doigts de la main, les Lamy, les Rabouin, les Arvisais, les Pompert, les Lupien, les Cayer, les Ferron, et que ceux-ci s'y étaient établis avant l'érection de la paroisse de Saint-Léon, qu'on le nommait village. Cette topographie se transposait assez bien dans le temps, sur le lignage, car au-dessus de mon grand-père tout devenait vague, on préférait ne pas se souvenir, et l'on suppléait à la généalogie par une légende que mon père m'a apprise, que je réentendrai par après de la bouche de gens d'un autre patronyme, assez souvent pour me demander s'il ne s'agirait pas d'un mythe d'origine propre à notre peuple ; c'est la légende des trois frères[4] dont nous serions issus et qui, une fois l'aïeul reconnu, refuserait au père le titre d'ancêtre.

Mon grand-père qui fut cet aïeul reconnu et vénéré, dont la petite maison sous la grande brimbale du puits était le lieu d'un culte qui se célébrait chaque année dans l'hiver blafard et brûlant, le premier jour de l'An, n'a jamais eu la réputation d'être un gros cultivateur et je doute qu'il en ait eu l'ambition ; il fut avant tout un éleveur d'enfants. Il en eut douze, qu'il rendit tous à leur grosseur, comme son propre père d'ailleurs, qui en avait fait autant et les avait rendus de même à leur grosseur, dans la même maison, sur la même terre, mais avec une différence qui change tout et dont chacun des deux ressentit la conséquence sur leurs vieux jours. De quoi disposaient ces deux cultivateurs, honnêtes et besogneux, aussi bien intentionnés l'un que l'autre ? De bien peu. D'un patrimoine qu'ils avaient reçu indivis et qu'ils devaient transmettre tel. À qui ? D'ordinaire à leur fils aîné. En voilà un qui est nanti, mais que faire pour les autres qui suivirent, les onze autres ? Les mettre sur le chemin à mesure qu'ils parviennent à leur grosseur, leur donner une petite tape sur l'épaule, « bonne chance, ti-gars, bonne chance, ma fille, et priez bien le bon Dieu pour votre vieux père ». Que pouvait-il faire de mieux, le pauvre homme, quitte à rester honteux de son impuissance et à retomber en enfance pour finir ses jours, pleurant ses enfants désavantagés et n'osant pas regarder en face le

---

4. Voir l'historiette suivante, « Les trois frères et le bout d'un pouce ».

fils aîné qu'il a privilégié ? C'est ainsi que de génération en génération l'image du père se transmet au Canada, lamentable.

Mon grand-père Benjamin fut probablement chanceux ; il
trouva moyen, à même sa terre du village des Ambroises, de faire
instruire ses onze enfants pendant qu'il les rendait à leur grosseur ;
les tantes, toutes institutrices, trouvèrent de bons partis ; l'oncle
Rodolphe fut beurrier-fromager, mon père notaire, l'oncle Émile
avocat et l'oncle Raymond agronome. L'oncle Nérée hérita du
patrimoine et fut en fin de compte le moins bien nanti. Quant au
grand-père Benjamin, probablement le premier de sa lignée, il
mourut content de lui-même, avec la satisfaction d'avoir été juste
envers tous ses enfants et dans la possession de toutes ses facultés.
Et les trois frères de la légende, fils du déluge et des vieux pays
engloutis, dont on ne cherche pas à se souvenir, probablement
parce qu'on n'y a laissé rien de bon et qu'on n'a jamais pensé à y
retourner, après des siècles de fuite et de misère, s'étaient trouvé
enfin un père.

Les trois frères et le bout d'un pouce

La généalogie a permis aux neurologues de retracer certaines maladies héréditaires jusqu'à La Rochelle, c'est son utilité[1]. Autrement elle donne tout au plus du recul aux arrivistes. Elle vaut ce que valent les documents d'état civil qui sont probablement exacts aussi longtemps qu'on tournicote dans nos paroisses, encore que tout métissage ait été escamoté par les curés, étant donné que le premier gouverneur anglais leur avait interdit de marier Français et Sauvages. Là où ces documents deviennent douteux, c'est au lieu d'embarquement, à La Rochelle, où rien n'était plus facile [que] de falsifier l'état civil de nos chers ancêtres puisque en venant au Canada, le moins qu'on puisse dire, c'est qu'ils ne retournaient [pas] dans leur village où ils auraient pu être reconnus. La Nouvelle-France était strictement catholique. La Rochelle, sa métropole, était une vieille ville huguenote que la révocation de l'Édit de Nantes[2] avait assez mal

---

1. Historiette parue sous ce titre dans *l'Information médicale et paramédicale*, XXXI : 10, 3 avril 1979, p. 15. Ferron avait déjà fait allusion à cette légende dans « La branche cadette » où son père s'étonnait de rencontrer des Acadiens portant son nom à Lamèque : « Ces Ferron-là, dans les bas, ne pouvaient être que de pauvres égarés. Peut-être étaient-ils de la descendance de Jean, celui des trois frères dont nous étions issus, qui, trop vif pour tenir en place, ne s'était pas établi à Yamachiche avec les autres, préférant rouler sa bosse sous l'étoile du nord, parmi les Sauvages, et qui avait dû laisser des traces sur son passage » (voir *le Contentieux de l'Acadie*, édition préparée par Pierre Cantin, Marie Ferron et Paul Lewis, préface de Pierre L'Hérault, Montréal, VLB éditeur, 1991, p. 236).
2. Proclamé le 13 avril 1598 par Henri IV, l'Édit de Nantes légalisait l'Église réformée en France et accordait la liberté de conscience et de culte. Du point de vue politique, les protestants étaient considérés comme un État dans l'État,

convertie. Sur la fin du Régime français, les de Gradis, seuls fournisseurs de notre pays, n'auraient pas pu y venir, vu qu'ils étaient juifs. Ils furent probablement de mèche avec Bigot et ne le laisseront pas à la Bastille où il avait été emprisonné après la Conquête pour ses malversations : ils obtiendront son élargissement et lui serviront une pension qui lui permettra d'aller finir ses jours en Suisse comme un honnête bourgeois à sa retraite.

Mon ancêtre, Jean-Baptiste Ferron, arriva au Canada durant la dernière décennie du Régime français ; on l'y trouve, prédisposé par son nom, sur le registre des forges du Saint-Maurice. C'est là qu'il épousera la veuve Dubost pour aller s'établir ensuite aux confins de Yamachiche et partir engeance, une engeance qui, tard arrivée, fut lente à sortir du bois. Or, mon père ne connaissait pas cet homme-là. Il m'a dit, instruit par la tradition : « Nous sommes issus de trois frères ; ils se nommaient Jean, Claude et Joseph. » D'où venaient-ils ? Mon père n'en avait pas la moindre idée ni le moindre souci. C'était, pourrait-on dire, les trois fils du déluge. Seul lui importait qu'ils fussent arrivés. En d'autres termes, c'est du nouveau pays, non de l'ancien, que part le lignage, triple et fourchu. En France, il n'y a rien à chercher ; c'est un pays qui éblouit et nous aveugle. Aux fastes de la cour, qui laissent dans l'ombre la misère des campagnes, succèdent les fanfares de la Révolution, liberté, égalité, fraternité ; on coupe la tête du roi sur un air de fête, on accroche les aristocrates à la lanterne pour une chanson et l'on ne comprend rien, dans ce tintamarre, à ce que la Révolution a fait de mieux : elle a rendu les paysans heureux en leur donnant à peu près ce que nos ancêtres avaient obtenu en venant s'établir au Canada, bien avant eux. C'est sans doute une des raisons pour lesquelles cette fameuse Révolution n'a jamais suscité notre enthousiasme. Quant à l'Ancien Régime, n'en parlons pas : les pauvres gens n'avaient rien à perdre à partir et ceux qui sont venus ici sont

---

ce qui leur conférait des droits juridiques, politiques et militaires. Ces privilèges furent progressivement abolis par Richelieu dès 1629. Le 18 octobre 1685, Louis XIV signe l'Édit de Fontainebleau qui révoque l'Édit de Nantes : un exode massif de protestants s'ensuivit.

bien peu nombreux en comparaison des plus hardis qui passaient chez le Turc, grand embaucheur d'artisans et recruteur d'aventuriers. C'est un point qui n'a guère été étudié. Et quand on revenait de chez le Turc, comme ce fut le cas de Panurge[3], on était singulièrement dégourdi, prêt à repartir vers les Amériques, grâce au billet des bons Messieurs de Gradis, pour aller rouler sa bosse parmi les Sauvages.

Quand arrivent-ils, ces trois héros fondateurs ? Il n'y a pas si longtemps : les Anglais sont déjà là. On a beau faire pour les éviter, il arrive qu'on les rencontre. C'est le malheur de Joseph, le plus doux des trois, celui qui n'a guère de repartie ni défense. Le voilà pris, pauvre innocent, enfermé dans le fort de Maskinongé où, profitant de la nuit, ses deux frères iront le délivrer. Dans le tohu-bohu l'un d'eux, Jean, le plus vif, celui qui a réponse à tout, qui ne reste pas en place et ne s'établira nulle part, aura le bout du pouce gauche emporté, juste au-dessus de l'ongle, exactement comme le beau Viger[4], lors de l'escarmouche du Chemin de Chambly, près de Longueuil, où il libéra les deux notaires de Saint-Jean que les Habits Rouges[5] emmenaient enchaînés à Montréal. Le bout du pouce, au-dessus de l'ongle, semble être le prix qu'on

---

3. Personnage cynique et poltron du *Pantagruel* de Rabelais. Il est le compagnon de Pantagruel.

4. Bonaventure Viger (1803-1877), chef des Patriotes de Boucherville. Il dirigea l'attaque pour délivrer les Patriotes Demary et Davignon faits prisonniers par l'armée britannique. Il fut exilé en 1838 aux Bermudes, mais parvint à rentrer au pays peu de temps après. Ferron fait référence à cette escarmouche dans sa pièce *les Grands Soleils* : « À défaut de Papineau, ils s'étaient emparés de deux notaires à Saint-Jean, qu'ils emmenaient à Montréal par le Chemin [de] Chambly, chargés de chaînes, les pauvres érudits ! Mais au coin du Coteau Rouge, le beau Viger les a délivrés » (*les Grands Soleils*, dans *Théâtre I*, préparation de l'édition et introduction de Jean Marcel, Montréal, l'Hexagone, 1990, p. 463).

5. Nom donné aux soldats de l'armée britannique dont l'habit militaire, d'un rouge vif, était censé inspirer la crainte.

6. Il s'agit du conte « Baptême de sang », dans Pamphile Le May, *les Contes vrais* (édition critique par Jeanne Demers et Lise Maisonneuve, Montréal, les Presses de l'Université de Montréal, « Bibliothèque du Nouveau Monde », 1993, p. 165-179).

consent à payer pour la délivrance des siens. Et l'on se garde, bien entendu, de faire le moindre mal aux Anglais. Pamphile Le May[6], le poète de Lotbinière, a relaté dans un de ses contes cette escarmouche célèbre qui marqua le début de la révolte contre la répression de 1837 ; il rapporte que les Patriotes se reprirent sur les chevaux, les éventrant avec une belle frénésie pendant que les Anglais se sauvaient.

Il ne sera plus question dans notre grande histoire du pouce du beau Viger. Il en alla tout autrement pour celui de Jean Ferron. Après bien des années de gloire et d'aventure, il revint à Yamachiche sans plus d'apparence qu'un vieux quêteux et demanda à son frère Claude, qui était cultivateur, de le garder à coucher pour l'amour du bon Dieu[7]. Claude, qui l'observait attentivement, remarqua qu'il gardait son pouce gauche replié sous les autres doigts de la main. Il lui offrit à manger. À table, Jean ne put s'empêcher d'ouvrir la main et fut aussitôt reconnu par son frère qui, dès qu'il l'avait vu entrer dans sa maison, se doutait déjà que c'était lui, le fameux Jean qui avait délivré Joseph, prisonnier des Anglais, et dont on n'avait pas cessé de parler quand il était parti, comme tant d'autres. « Et c'est pour cela, concluait mon père, qu'on doit le respect aux gens qui ne payent pas de mine, à cause de leur malheur sans doute, mais aussi parce qu'on ne sait jamais s'ils ne seraient pas, de près ou de loin, des parents. »

---

7. Cette histoire rappelle celle, moins héroïque, que Cadieu, le baron du Baccardi, racontera à Pierre Baillargeon : « Cadieu l'entreprit, son histoire d'orphelin, lui, le cinquième d'une famille de vingt-deux enfants, qu'on avait pris pour un veilleux quand, après dix ans d'absence, il était revenu à la maison » (voir « Monsieur ! Ah Monsieur ! », dans la Conférence inachevée, p. 161-173).

FRAGMENTS D'UN ROMAN FAMILIAL

Du côté de la mère :

historiettes et autres textes

[Ma mère fut élevée
par les dames ursulines]

Ma mère fut élevée par les dames ursulines[1]. À sa sortie du couvent, elle conçut une vive admiration pour un cousin, qui venait d'ouvrir un bureau d'avocat à Louiseville. C'était un garçon d'esprit, auquel on prédisait un brillant avenir, mais il était cultivé, il lisait Baudelaire. En 1920 Baudelaire était prématuré[2]. Le cousin

---

1. Texte sans titre, peut-être écrit dans les années quarante. Fonds Jacques-Ferron, MSS 424 ; boîte n° 16 ; chemise n° 11 ; 2.11.11. Adrienne Caron fut longtemps pensionnaire chez les Ursulines de Trois-Rivières : « elle n'en sortit qu'à l'âge de dix-huit ans » (*Appendice aux Confitures de coings*, p. 175). Elle y avait été placée avec ses sœurs après le remariage de son père, Louis-Georges Caron, qui épousa, en Emma Duhaime, une véritable « marâtre ». Comme le précise Madeleine Ferron, il « fallait qu'elle le soit vraiment pour que Philomène [la grand-mère d'Adrienne] prenne la décision d'aller au monastère des Ursulines, entretenir ses filles religieuses de la nécessité urgente de prendre les trois fillettes en pension » (Madeleine Ferron, *Adrienne. Une saga familiale*, p. 163). Ce sont ces « filles religieuses », les trois tantes ursulines qui, dès lors, auront charge des petites. « Ma mère, écrit Ferron, […] se souvenait que la nuit il lui arrivait d'aller rejoindre l'une ou l'autre de ses tantes dans leur lit, soit mère Saint-Georges, soit mère Marie du Saint-Esprit » (*Appendice aux Confitures de coings*, p. 142). La plus connue de ces tantes, Georgine Caron, devint supérieure des Ursulines sous le nom de mère Marie de Jésus. Il est également mention de ces religieuses dans « Le chandelier » (p. 357), « Irène » (p. 366), « Le vilain petit mouchoir » (p. 391) et « Le chaînon qui manquait » (p. 431).
2. Euphémisme, sans doute, puisque, comme le suggère Ferron, Charles Baudelaire (1821-1867) faisait encore partie, à cette époque, des « mauvaises lectures », le scandale de ses *Fleurs du mal* (1857), soixante-trois ans après leur publication en France, faisant encore rage au Québec.

ne put s'adapter à son milieu[3], se mit à boire. Une nuit, il plongea tête première d'une fenêtre d'hôtel ; son corps resta sur le trottoir, mais lui, il continua plus loin, vers son repos. Les esprits superficiels tinrent l'alcool responsable de cette mort ; d'autres accusèrent les mauvaises lectures. Un oncle, qui ne manquait pas de finesse, prétendit qu'on avait eu tort de ne pas envoyer le jeune homme à Paris ; c'était un vieux viveur que personne ne prenait au sérieux. Par contre, on écouta son frère, l'ecclésiastique de la famille, qui avait un ruban violet autour du ventre ; il ne cacha pas que le manque de piété attire la malédiction de Dieu. Les funérailles eurent lieu ; ce furent de belles funérailles, la famille Caron étant alors la première du comté de Maskinongé. Et les pauvres gens, ceux qui se mettent en arrière de l'église, s'apitoyèrent ; avec leur grand cœur, ils pressentaient un drame qui dépassait la responsabilité individuelle, mais ils ne pouvaient penser que ce jeune homme, dont les succès auraient fait leur orgueil, était mort de ne pas les avoir connus.

Ma mère pleura de toutes ses larmes. Cette mort la frustrait. Elle en garda une sorte d'aversion pour les esprits présomptueux, qui dédaignent l'opinion. Elle avait quelque goût pour la peinture ; elle cessa de peindre et devint une petite bourgeoise rigide. Peu après, mon père commença sa cour ; c'était un lecteur de René Bazin[4], un admirateur du père Lalande[5], un professionnel honnête, un homme de tout repos. Le mariage eut lieu et j'en fus la conséquence.

---

3. On sait que Ferron, dans sa conception de la folie comme dans son approche quotidienne de la médecine, a toujours accordé beaucoup d'importance au milieu dans lequel évolue l'individu, rapport qui se traduit parfois en « une lutte serrée, angoissante, qui peut se définir ainsi : qui [du milieu ou de l'homme] adaptera qui ? *That is the question* » (*Une amitié bien particulière*, p. 122).
4. René Bazin (1853-1932), écrivain catholique traditionaliste qui, à l'encontre de Baudelaire, n'était certes pas « prématuré » à cette époque. Il fut admis à l'Académie française en 1903 et signa, entre autres, *la Terre qui meurt* (1899) et *les Oberlé* (1901).
5. Le père Louis Lalande, s.j. (1859-1944), a écrit de nombreux essais sur l'éducation, l'orientation des jeunes et la famille.

Le chandelier

Trois tantes[1], dames ursulines à Trois-Rivières, l'ont recueillie, elle n'avait que cinq ans. Elle s'est trouvée à grandir dans un français du XVIIIᵉ siècle, peut-être fruste mais aisé, car le couvent n'a pas oublié son chapelain, Monsieur de Calonne[2], frère d'un ministre de Louis XVI. Maintenant, elle vit à Saint-Léon, chez sa grand-mère. Elle a dix-huit ans et se cherche un parti. Elle adresse quelques lettres à un cadet de mon père, encore au séminaire[3]. Il servira de chandelier. La première est datée du 23 septembre 1917.

« À mon retour du lac Saccacomi, j'ai trouvé votre lettre qui m'attendait plus patiemment que je ne l'avais attendue. Goûtez-vous comme moi le plaisir de reconnaître une écriture sur une lettre encore fermée et d'apprécier, à l'avance et de confiance, ce qu'elle contient ? Avec certains correspondants, ce plaisir anticipé ne prépare aucune déception... À Saint-Alexis, le temps était

---

1. Historiette parue sous ce titre dans *l'Information médicale et paramédicale*, XXVI : 22, 1ᵉʳ octobre 1974, p. 17.
2. Charles Alexandre de Calonne (1734-1802) fut contrôleur général des Finances sous le règne de Louis XVI, de 1783 à 1787. Sa réforme cherchait à introduire une certaine égalité devant l'impôt, ce qui lui valut l'opposition des privilégiés et la disgrâce. Comme le note Ferron, l'abbé de Calonne serait « intervenu en faveur du *Mariage de Figaro* auprès de Louis XVI », anecdote assez futile si l'on ne précisait, comme ne manquait pas de le faire mère Marie de Jésus, « que Monsieur de Beaumarchais était un Caron, ouida ! » (*Appendice aux Confitures de coings*, p. 174). Voir aussi « [Ma mère qui n'a pas su vieillir] », (p. 422).
3. Il s'agit de l'oncle poète, Émile Ferron, qui étudiait alors en droit.

encore à l'été mais sans les maringouins et paré pour octobre. J'ai fait du canot, de la pêche, des essais de natation et de photographie, de ce genre de photos que vous appréciez tant. Seulement, cette année, nul ami complaisant ne pourra vous passer les films, je crois… Saint-Léon, le gai Saint-Léon, a de nouveau l'honneur de me posséder. Heureusement, pas pour longtemps. Dès les premiers jours d'octobre je dois avec Irène[4] aller à Trois-Rivières et à Montréal. Pendant ce temps, vous, vous étudiez sagement à l'ombre de la tribune du surveillant. Je suppose que votre sagesse vous a valu cette place d'honneur. On vous félicite. Seulement, attention : deux pieds sont faciles à franchir. Il faut s'attendre à tout et qui sait ce que nous réserve septembre prochain ? (Allusion à la conscription, à laquelle on échappait par la soutane[5].) Maintenant que vous souhaiterai-je à l'occasion de votre anniversaire ? La même chose que l'année dernière ? La réalisation de tous vos rêves de collégien ? C'est cela et je suppose que c'est déjà beaucoup, car une fois dans le domaine du rêve, jusqu'où ne va-t-on pas ! »

9 novembre 1917. « Il paraît que malgré l'affreux état des chemins, grâce à votre courage, vous êtes revenu au collège à l'heure. C'est beau l'exactitude ! C'est beau l'obéissance ! Vous a-t-on cité à l'ordre du jour ? J'entends d'ici la harangue de votre directeur : mes enfants, je tiens à féliciter en votre présence Monsieur Émile Ferron, vaillant philosophe, qui sait toujours arriver au but en dépit des obstacles ; que le but soit le collège ou le « théâtre des vues » de la rue des Forges ; que l'obstacle soit la boue des chemins ou la clôture du séminaire !…. Est-ce bien ça ? Et je pourrais en rajouter : je m'y connais en hauts faits, allez ! Et puis, quand nous

---

4. Irène Caron, née en 1897, sera la tante préférée du jeune Ferron. Elle mourra de tuberculose, comme sa sœur Rose-Aimée avant elle, le 15 décembre 1927 à l'âge de trente ans. Voir les textes que Ferron lui consacre : « [Quelques Extraits de lettres d'Adrienne] » (p. 404), « Irène » (p. 366), « Gris demi-sofa » (p. 370) et « Ma glorieuse tante » (p. 377).

5. Les passages entre parenthèses sont de l'auteur. Il s'agit d'une pratique que l'on retrouve dans la plupart des fragments inédits qui suivent. Ces brèves interpolations de Ferron témoignent de son appropriation sommaire, quelque peu brutale, de ces papiers de famille. Voir, à ce sujet, l'« Avant-propos », p. 11.

revenez-vous ? Bientôt, je suppose. Et ce sera pour repartir avec une exemption, j'espère. Ah ! si les femmes étaient juges ! Les Canadiens resteraient au Canada et aux Canadiennes. Et ces messieurs unionistes ne le savent que trop. C'est malheureux que les étudiants en loi (ici, elle se trahit, car c'est mon père qui est sur le point de devenir notaire. L'oncle, lui, ne s'est pas encore inscrit au Barreau) ne soient pas mieux traités par le fameux Bill. Maintenant en voulant prendre la toge, on risque d'attraper le kakhi [sic] [6]. Cela va déconcerter plusieurs de mes connaissances, je crois... Il est 8 hres 30 ; vous êtes à l'étude sans doute et l'étude, pour tous les graves philosophes de dernière année, c'est l'heure du repos, du sommeil, du rêve. Et il y en a qui ne veulent pas croire que c'est là le plus beau temps de la vie ! Des gens sans illusion, incrédules comme ce n'est pas permis ! »

20 décembre 1917. « Votre dernière lettre m'a fait bien rire : savez-vous, qu'éveillé ou non, vous faites de jolis songes ? Dommage que le récit en soit interrompu par des points de suspension : il aurait fait un beau conte de Noël ! Si vous êtes toujours bien renseigné, vous devez savoir que je suis allée dans la « métropole » la semaine dernière. Comme c'est gai, Montréal ! Il y a de ce temps-ci la troupe Becman[7] au National : superbe. Elle ne vaut pas toutefois celle que nous avons eue à Saint-Léon en juillet dernier, vous souvenez-vous ? Il s'était dit bien des choses, ce soir-là mais, que je me rappelle, les plus intéressantes ne se disaient pas sur la scène. Il paraît que le 5 janvier il y aura dans la même salle paroissiale une grande partie de cartes sous le haut patronage de Son Excellence le curé. Savez-vous que Saint-Léon progresse ? Théâtre,

---

6. Adrienne Caron fait sans doute référence à l'habit de couleur kaki des soldats canadiens. Le « bill » en question est la Loi sur le service militaire qui fut adoptée par le gouvernement d'Union de Robert Borden le 29 août 1917. Cette loi, à laquelle s'opposaient les libéraux de Wilfrid Laurier, provoqua des émeutes au Québec, où les francophones s'opposaient à la conscription.
7. Selon M. Jacques Cléroux, Edgar Becman fut un acteur belge qui se fit connaître à Paris dans le vaudeville. « Impeccable sur scène », sa vie orageuse fit aussi beaucoup parler de lui à Montréal. Il était surtout reconnu pour ses rôles dans l'Épervier et le Duel.

partie de cartes, si cela continue, nous aurons bien un bal l'an prochain ! »

18 février 1918. « J'ai fait une constatation l'autre jour à la gare de Trois-Rivières, c'est que cette gare qui paraît toute petite est en réalité très grande : une fois qu'on s'y est perdu de vue, impossible de se retrouver. Vos souhaits de bon voyage nous ont quand même été transmis. Je ne doute pas qu'ils aient été pour beaucoup dans notre heureux retour à Louiseville et à Saint-Léon. Le carnaval est assez tranquille : il ressemble au carême à s'y méprendre. Et cela a son bon côté, car si le carnaval n'a pas été plus gai que le carême, le carême ne sera pas moins gai que le carnaval. En effet, la raquette, le patin ne sont pas des amusements défendus par la sainte Église et le carême va s'y prêter tout particulièrement. Comme nous n'avons pas l'intention de laisser les Louisevillains détenir le record des distances, il est question de leur rendre visite. Quand on a été à Saint-Sévère, qu'est-ce que Louiseville ? Autre passe-temps de carême, la lecture. Je viens de recevoir deux livres : *Confidentiel*, par Max Aurdi[8], très, très joli, et *Lazarine*, le dernier Bourget[9], plus avantageux que les autres : il n'y a pas de pages à passer. Et, il va sans dire, c'est grâce à cela que je l'ai. Mais assez jasé : je ne voudrais pas en prendre plus sur le plus beau temps de votre vie. L'amie, Adrienne. »

22 septembre 1918. « Qui m'eût dit que j'adresserais un jour des lettres à Winnipeg ? Vrai, la vie est pleine d'imprévus. Vos cartes m'ont fait plaisir. Tout en les désirant, vous savez, je ne les attendais pas beaucoup. Vous étiez en droit de me punir pour mon silence. Et puis, un proverbe ne dit-il pas : "Loin des yeux, loin de la pensée[10]" ? Vous avez donné tort au proverbe et j'en suis contente. Je suppose que vous vous plaisez à l'Université et ne regrettez pas trop le plus beau temps de votre vie — au séminaire. À ce propos, j'ai rencontré à Trois-Rivières un de vos amis et ex-condisciples, qui était présent au pique-nique ecclésiastique que

---

8. Nous n'avons malheureusement pu retracer la référence de cet ouvrage.
9. Paul Bourget (1852-1935), *Lazarine*, Paris, Plon, 1917, 299 p.
10. Variante pudique du proverbe populaire « Loin des yeux, loin du cœur ».

vous savez, le jour où vous avez été si sage. Probablement que les souvenirs que je lui rappelais étaient trop profanes pour sa soutane toute neuve : il m'a écouté en regardant le trottoir, puis m'a saluée et s'est en allé... (La fin de cette lettre est assez fraîche.) Monsieur Émile, je serai toujours contente d'avoir de vos nouvelles. »

(Mon père avait une étude à Louiseville depuis le début de l'été. C'était lui, le parti. Quant au chandelier, mon Dieu, l'Université de Winnipeg ne lui valut rien : il sécha les cours, passa son année à jouer aux cartes, encore chanceux d'apprendre l'anglais.)

La bergère

Auparavant je m'assoyais ici et là dans la maison, n'importe où, et je regardais du bon côté, par-devant moi, mais depuis que j'ai hérité de ce fauteuil à haut dossier[1] de ma sœur Bécasse[2], j'ai pris l'habitude de m'y asseoir et ne pensais pas qu'il changerait grand-chose à ma vie. Plusieurs mois se passeront, peut-être un an, avant que je me rendisse compte que de ce fauteuil je ne faisais que semblant de regarder par-devant et qu'en réalité je fermais les yeux sur le présent et n'en percevais qu'une rumeur vague, ennuyeuse, que je n'avais aucun goût de démêler. J'ai tout simplement appris par ce biais que les jeux étaient faits mais que la partie ne m'intéressait plus. Je comparais cette rumeur sourde au délire des petits animaux, dénaturés par accident, qui s'agitent et tournent sous un soleil toujours plus bas, devenu cruel. De ce fauteuil pieux, la tête appuyée au dossier, je ne regardais par-devant moi qu'en apparence, sans doute par politesse pour ma famille, mais en réalité je voyais par en arrière, je ne sais comment mais très facilement, et c'était de ce côté-là que dorénavant se trouvait mon goût. Bécasse, ma sœur cadette, aurait dû nous suivre dans la mort et nous y avait précédés. Sans trop savoir, je l'aimais beaucoup. Quand elle est morte, le 8 juin 1968, anniversaire de naissance de son pauvre père qui, sans doute, l'avait encore aimée plus que moi, je me trouvais à l'hôpital, aux soins intensifs, dans une salle du dernier grotesque. Je m'étais

---

1. Historiette parue sous ce titre dans *l'Information médicale et paramédicale*, XXVIII : 15, 15 juin 1976, p. 22.
2. Surnom de Thérèse Ferron. La mort de sa sœur bouleversa beaucoup Ferron. Voir, à ce sujet, la préface de Ginette Michaud à *la Charrette* (Montréal, Bibliothèque Québécoise, 1994, p. 8, 25-27).

trouvé une raison de cœur pour y être, celle d'éluder une mort qui me déplaisait et de remettre à plus tard des funérailles, déjà parées, auxquelles je ne voulais pas assister.

Un jour, quelque temps après, assis dans son fauteuil devenu mien, j'ouvris *la Princesse de Clèves*[3], dont j'avais un bel exemplaire de la collection Didot l'Aîné, dédiée aux dames ; cet ouvrage vanté m'avait jusque-là ennuyé ; j'en connaissais les trois ou quatre premières pages, l'ayant commencé et recommencé, mais sans aller plus loin. Ce jour-là, je le lus jusqu'à la fin, sans fatigue, avec un doux plaisir et un tel étonnement que j'en éprouvai mes premiers doutes à propos de ce fauteuil, sans doute différent des autres. Je me contentai de penser que je ne vieillissais pas en vain, que j'y trouvais profit, c'est tout. Il n'en reste pas moins que ce fameux roman a quelque chose d'abstrait qui, certes, ne nuit pas à sa composition, mais lui ôte, dirait-on, un peu de chaleur et de vie. Cette humeur, je finirai par la découvrir, aux dépens de la composition, dans les romans et nouvelles de Marivaux[4]... Je devrais les relire, ne serait-ce que pour donner plus de nuances à ce récit.

Je n'avais pas noté que depuis quelque temps déjà je vivais dans la familiarité de feu mon père, n'entreprenant rien qui pût le blesser, cherchant à lui faire plaisir ; de plus, je ne parlais de lui qu'au présent et au futur[5], ce qui a pu paraître bizarre. Son silence ne m'étonnait pas car durant sa vie déjà il avait été régulièrement

---

3. Voir Madame de LaFayette (Marie Madeleine Pioche de la Vergne, comtesse de LaFayette), *la Princesse de Montpensier* (1662) ; *la Princesse de Clèves* (1678). Édition préparée par Christian Biet et Pierre Ronzeaud, Paris, Magnard, 1989, 336 p.

4. Pierre Carlet de Chamblain de Marivaux (1688-1763), écrivain français, auteur du *Jeu de l'amour et du hasard* (1722). Il semble que Ferron ait beaucoup apprécié le théâtre de Marivaux, au point d'en faire un personnage du « Pavillon de chasse », série d'historiettes qui devait faire partie du *Pas de Gamelin*. Il s'agit de plus d'un écrivain que Ferron associe à la mémoire de sa mère : « Quand je lis Marivaux, je pense à toi... Madame ma mère, dites-moi : êtes-vous vraiment morte d'amour ? C'est presque aussi beau que de la folie, ça. Elle se nommait Irène, elle était libre, vous étiez sage, l'une à l'autre indispensables, complémentaires » (« Maski sera vengé », manuscrit inédit du *Pas de Gamelin*).

5. Voir « Une autorité souveraine » (*supra*, p. 96), pour un autre exemple de cette sensibilité de Ferron à la concordance des temps.

discret sur des choses qui l'avantageaient, apprises par après, et dont je ne comprenais pas qu'il ne se fût vanté, lui le plus glorieux des hommes. Je l'en chicanais, il se rengorgeait d'aise, l'air de dire : « Tu vois, j'avais assez confiance en toi pour te réserver le meilleur pour plus tard. » Il était fier de moi, j'étais fier de lui, nous étions fiers de nous. Et, peu après *la Princesse de Clèves* je lus un compte rendu des funérailles de ma mère dans un vieux numéro du *Nouvelliste* de Trois-Rivières et j'y ai trouvé un cérémonial dont mon père aurait dû m'expliquer les subtilités au lieu de perdre contenance, sans beaucoup de dignité, et de m'infliger ses larmes, à moi qui aurais eu le plus grand besoin des miennes et que j'avais dû ravaler en attendant que Monsieur daignât finir sa scène. À ces funérailles[6] on avait tenu à bien marquer l'origine, et de la grande église de Louiseville ç'avait été Messire Alexandre Lavergne, le curé de Saint-Léon, qui était sorti au-devant du cortège et avait fait l'absoute[7]. Puis au maître-autel, ce n'est pas Louiseville mais la parenté qui avait choisi l'officiant, le diacre et le sous-diacre. À un autel latéral l'abbé Georges Panneton, frère de Ringuet, représentait les Ursulines de Trois-Rivières, balancé à l'autre par l'abbé Grimard, de l'évêché, ne représentant que lui-même, ce qu'on ne disait pas : « de l'Évêché de Trois-Rivières » suffisait. Rien pour le clergé de Louiseville. Certes, la messe des morts qui fut chantée était l'œuvre du chanoine Élisée Panneton[8], alors curé, mais il s'agissait d'un hommage au musicien, non au curé. Par contre, les porteurs étaient des notables de Louiseville, dont le maire Martin, deux échevins, Jos Lescadres, un cousin alors garde-chasse, un médecin et Paul Caron, oncle de Paul-Émile Caron, aujourd'hui maire de la paroisse, propriétaire de chantiers maritimes — incroyable entreprise — et mon meilleur ami à l'Académie Saint-Louis-de-Gonzague, vu qu'il était premier de classe, moi, deuxième. « Suivaient la dépouille mortelle MM. les Drs Lucien Plante et Agapit

---

6. Ferron a toujours fait grand cas des funérailles « fastueuses » de sa mère. Il décrit d'ailleurs de façon très détaillée le cortège funèbre de cette scène cardinale dans l'*Appendice aux Confitures de coings* (p. 159 et *ss.*).

7. Dernière prière du prêtre, au cours de laquelle on recommande le défunt à Dieu.

8. Voir « Notaire par le nez », p. 305.

Legris[9], son époux J.A. Ferron et ses enfants Jean-Jacques et Madeleine accompagnés de garde Dubé… » Évidemment, les deux médecins, au premier rang du cortège, venaient directement de l'Ancien Régime français[10]. Et nous allions deux par deux : ensuite mon père et moi, puis ma sœur Merluche et sa fameuse nurse, sans doute engagée pour la cérémonie et qui fit ses paquets le mois suivant, remplacée par une gouvernante, ancienne dame de compagnie de Madame Bob Grant qui sillonnait la Mauricie dans un coupé mauve de marque Marmon, je crois. Cette dame Grant, sœur de Duplessis, ressemblait à une volaille, c'est du moins l'effet qu'elle me faisait ; elle avait de plus la réputation d'être folle. Elle s'arrêta quelquefois à la maison, entrant, bien entendu, par la porte d'en avant ; et l'on prétendra qu'elle venait ainsi dans l'espoir de rencontrer mon grand-père, disparu depuis un quart-de-siècle : probablement mort à Beauport chez les fous[11]. Elle pouvait l'ignorer, car ma famille maternelle, que je sache, ne s'en est jamais vantée. Cette gouvernante, d'ailleurs, qui avait eu des visées sur mon père, les perdit vite et s'en alla. Et nous restâmes sous la gouverne de deux servantes de Yamachiche, Florence et Marie-Jeanne Bellemare, qui furent, à notre insu et au leur, des sortes de mères.

---

9. Dans la description que fait Ferron du cortège funèbre de sa mère, ce sont les docteurs Lionel Dugré et Agapit Livernoche qui eurent le pas sur Ferron et son père derrière le corbillard d'Adrienne. Ferron confond peut-être ici le docteur Agapit Livernoche et le sénateur Joseph-Hormidas Legris (1850-1932), personnage à qui il va, enfant, offrir les lys blancs de sa mère dans le récit « Les deux lys » (la Conférence inachevée, p. 219-222).
10. Comme le précise Ferron, étonné de la préséance des deux médecins sur son père et lui, « il s'agissait bien d'un vieil usage, sur le point de tomber en désuétude, de la coutume mauricienne » (Appendice aux Confitures de coings, p. 161).
11. Il s'agit bien entendu de Louis-Georges Caron. Comme on le verra dans les historiettes « Anamnèse » (p. 425) et « Le chaînon qui manquait » (p. 430), Ferron semble croire que son grand-père maternel, ayant « disparu » à partir de 1907, avait été interné à Saint-Michel-Archange, hôpital psychiatrique de Beauport, où il serait mort fou. La sœur de l'auteur, Madeleine Ferron, diverge d'opinion (voir Adrienne. Une saga familiale, p. 169).

Irène

Elle[1] mariait la grâce et le feu, trop brillante pour qu'on ait su qui elle était, ce qu'elle voulait. On ne tenait peut-être pas à le savoir. L'a-t-elle su elle-même ? Son testament écrit sur deux volets, comme un diptyque, l'un adressé à une femme, l'autre à un homme, est énigmatique[2]. Par deux ou trois fois, elle se trouva des partis fort convenables ; elle aurait pu se mettre au pas, mais la vie en ménage lui semblait peut-être petite et renfermée, ou encore jugeait-elle, comme une contemporaine de sainte Thérèse, qu'il y a de la bassesse à s'assujettir à un homme : chaque fois elle se défila. Elle avait la plus grande amitié pour sa cadette, ma mère, qui la lui rendait bien, au point d'en perdre le courage de vivre après sa mort ; sans père et mère, gardant famille, elles avaient grandi ensemble chez les Ursulines de Trois-Rivières et peut-être, comme il arrive à deux sœurs ardentes dans ces conditions, avaient-elles décidé, pour relever à deux le défi du monde, de se le partager, l'une s'établissant et donnant havre à l'autre, l'autre payant d'audace et prenant le reste pour garder fierté à la première — un pacte qui, pour être tacite, n'en fut pas moins respecté.

Dès 1920, année du mariage de ma mère, tante Irène fit une cure mondaine à Sainte-Agathe à laquelle elle mit fin pour rentrer dans Maskinongé, à Louiseville, à Saint-Léon, auprès de sa sœur, de ses cousins et cousines, et à Saint-Alexis où deux ou trois lacs

---

1. Historiette parue sous ce titre dans *l'Information médicale et paramédicale*, XXVIII : 16, 6 juillet 1976, p. 11.
2. Voir l'historiette suivante, « Gris demi-sofa ».

font partie du patrimoine. Tout aussitôt elle reçoit des lettres de Sainte-Agathe qui lui apprennent que Maître Untel, le champion de ces messieurs, est tout décontenancé de ce départ subit, cherchant sa Miss, celle qui lui tenait tête, la championne de ces dames. En somme, on croit voir tout ce qu'elle attend de l'homme, d'opposer un antagonisme au sien dans une joute sans intimité, toute de surface et théâtrale. Rien de plus. Quand ma mère lui apprendra la naissance d'un fils, elle s'amuse à en faire une grande nouvelle, l'annonçant à toute la compagnie, puis en un rien de temps recueillant les échos qu'elle a suscités, elle s'en fait une réponse à laquelle elle ajoutera son mot : « Un garçon, que j'ai hâte de le voir, de le mignonner ! Tu connais mon faible : les hommes, je les aime comme ils viennent, tout petits. » Plus tard, quand je me ferai couper les cheveux pour entrer à l'école, elle se trouvait à la maison : je reviens du barbier, tout fier, et sur quoi je tombe ? Sur un concert de larmes auquel je ne m'attendais pas, qui me décontenance[3] : ma mère pleure, les servantes pleurent et elle aussi, bien sûr, première à commencer, première à se reprendre, à me réconforter et pour la première fois, sans doute à cause de mon chef dépouillé, de mes oreilles à vif, à m'appeler son trognon, son pauvre trognon[4] ! « Mon pauvre trognon, comme je suis fière de toi, comme tu es beau : tu ressembles déjà à un petit notaire ! » Et cela, à cause de mon père que l'on ne nomme jamais que par son titre, notaire, qui en impose quand il est là et dont on s'amuse quand il

---

3. Ferron se rappelle également cette scène dans « Notaire par le nez », (p. 312).
4. Appellation affectueuse pour un petit enfant qui apparaît dès le XVIIe siècle. Ferron s'étend quelque peu sur la signification de ce mot dans l'*Appendice aux Confitures de coings* : « À lui seul il évoquait l'arrivée de cette tante si vivante et pourtant si près de mourir [...]. Larousse ne parle que du cœur de fruit ou de légume, du restant, de l'immangeable. Sans Littré dont le dictionnaire nous est plus précieux qu'en France à cause de nos archaïsmes restés vivaces il m'aurait fallu penser à un mot d'invention domestique. Figurément un petit trognon est une jeune fille petite [...]. À l'époque, il n'y avait pas grand-différence entre un garçon et une fille qui, les deux, aussi longtemps qu'ils restaient dans le gynécée portaient la petite robe et les longs cheveux [...]. Ce surnom affectueux, vraiment aimable, évoquait le meilleur à venir, ce qui sera bon à croquer » (p. 151-153).

n'y est pas, me vaut un nouveau concert, celui-là de rires, plus déconcertant que le premier. Quand vint le soir, ma mère eut la gentillesse, après m'avoir bordé, de remonter le drap jusqu'à ma tempe et de couvrir ainsi, mollusque émergé, ouvert aux terreurs de la nuit, mon oreille. Pauvre trognon, en effet, lancé dans un sexe second, aussi faible que fort, spéciation du premier, avant même d'en avoir la voix de basson, de grenouille-buffle, de ouaouaron.

En octobre 1927, après une folle virée à Tampa, tante Irène revint à Sainte-Justine où, faute de vocation religieuse, elle se remettait au sérail par le biais du nursing. J'ai conservé ses cahiers de notes ; ils témoignent d'une froide énergie, d'une course insensée pour tout apprendre dans un métier où c'est le médecin qui comprend. Dès le 15, de Sainte-Justine on l'envoya au Sacré-Cœur parce qu'elle avait mal à la gorge. Au Sacré-Cœur, un tel mal devait s'avérer tuberculeux. Avec son feu, sa vitalité, elle n'en mourut que plus vite, deux mois plus tard, le 15 décembre 1927. Ma mère venait d'accoucher de ma pauvre sœur Bécasse, le premier du mois.

Les premières semaines, ses compagnes de Sainte-Justine vinrent la voir ou lui écrivirent. L'une d'elles se nommait Lisette. Le 17 octobre, elle écrit : « Ce matin, je me suis grondée, je lui ai conté ça, à cette Lisette de sans-cœur qui dormait comme une marmotte quand sa compagne ne fermait pas l'œil et pensait à elle. Mais je me rachète ce soir : il est onze heures et je commence à m'en... tu peux finir, si tu veux. » Mais bientôt la maladie ne se prêta plus à ses jeux. Le docteur Avila Vidal, par un regard, quelques mots, signala sans doute à sœur Marcellin[5] que le temps de la « Miss », de « Ti-fille », de Mimi, était révolu et qu'il fallait passer aux grands préparatifs. Ce qui fut fait, comme en témoigne ce billet de la religieuse à mère Marie de Jésus, alors supérieure des Ursulines à Grand-Mère : « Votre chère nièce, garde Caron, se trouve dans un état dont on a dû vous dire la gravité. Je lui ai fait faire le sacrifice de sa vie et l'engage à faire souvent des actes d'amour parfait afin d'arriver en ligne droite chez le bon Dieu, ce

---

5. Voir « [Quelques Extraits de lettres d'Adrienne] », p. 410. Sœur Marcellin semble avoir été responsable des soins d'Irène.

qui ne saurait tarder maintenant. Elle a reçu votre lettre et me dit en souriant : "On lui a parlé de ma mort ?" Mieux vaut ne pas lui communiquer mes confidences à son endroit. Elle a été bonne toute sa vie et elle se prépare en parfaite chrétienne. Elle est très très souffrante de sa gorge. Une prière pour elle et pour moi qui ai le plaisir de vous avoir connue à Trois-Rivières alors que j'étais pharmacienne. »

Avec ma mère Adrienne qui, le 1er décembre, avait accouché de Thérèse (ainsi nommée à cause de la p'tite sainte de ce nom, alors fameuse en grâces, pour obtenir la guérison de cette Irène qu'elle aimait tant), la messagère de la mort, cette sœur Marcellin, devait user de ménagements : « Les chrysanthèmes gardent leur fraîcheur auprès du buste de la petite Thérèse. Nous avons longuement parlé de vous hier soir. La chère malade est rassurée à votre endroit depuis la visite du Notaire. Elle souffre encore de la gorge. Le moral est bon et solide. Une caresse à votre ange et à vous. » Puis le lendemain : « Je viens justement de visiter garde Caron et je m'empresse de venir vous porter un petit rayon de soleil. Je l'ai trouvée mieux, plus gaie, le visage reposé… J'espère que la nuit prochaine sera encore bonne et qui sait ? l'avenir est à Dieu… » Puis, deux jours après : « Sœur Marcellin offre à Madame Ferron ses plus sincères, etc. Ses dernières paroles : "Dites à Adrienne que je l'aime et au notaire merci pour ses bontés". »

À quoi ma mère répondit par un mot affolé, invraisemblable, jeté sur un chèque de la Banque canadienne nationale, à faire honte. Et de fait, par après, elle ne cessa plus d'avoir honte d'elle-même, raturant son visage sur la seule photo qu'elle laissa prendre d'elle après cet événement.

Gris demi-sofa

Elle avait donc beaucoup de grâce[1], de la gaîté, des façons rapides, délurées et gentilles, qui me faisaient rapetisser les yeux, écarter les oreilles que j'avais décollées, et qui laissaient ma mère interdite, émue et tremblante. Et elle disposait des facilités de l'esprit, du bon mot et de la repartie juste, qui lui permettaient, après les ris et les embrassades, de me donner congé sans que j'y trouve à redire. Tout avec elle était morceau réglé, vite troussé, et derrière ces numéros, il y avait une tristesse qui ne se montrait pas. Au printemps de 1927, six mois avant sa mort, dans une lettre elle dit s'en remettre à sa bonne étoile, soulignant cette bonne étoile et la marquant d'un point d'interrogation. Elle ne se sent pas bien, mais advienne que pourra (devise que ma mère adoptera ensuite), elle joue son va-tout. Cela mène au Sacré-Cœur, chambre 509. Elle y entre le 15 octobre, y meurt le 15 décembre avec les secours de la religion et des signes extérieurs de piété qu'il fallait bien montrer, car c'était la façon de mourir à l'époque ; elle avait du bon, facilitant le pénible passage par le bruit des prières et le rythme de la cérémonie. Et Irène, malade comme elle était, n'avait pas le goût, ni la force, ni même, probablement, l'idée de s'y soustraire. Cela ne veut pas dire qu'elle y souscrivait entièrement ; la sorte de testament qu'elle a laissé, d'une prose qui n'a guère de rapport avec le langage parlé, qui semble le pastiche d'un français assez exquis, presque poétique par son dénuement et sa sécheresse, le français du

---

1. Historiette parue sous ce titre dans *l'Information médicale et paramédicale*, XXVIII : 17, 20 juillet 1976, p. 11.

xviiie siècle, ne montre aucune piété. Ce testament est péniblement écrit, tantôt au crayon, tantôt à la plume. En forme de diptyque, le premier volet s'adresse à une inconnue, l'autre à un inconnu. Une semaine avant sa mort, la Miss avait commandé du champagne, deux bouteilles qui ont coûté $9.50 — sans doute, son dernier plaisir. Le testament représente, lui, les derniers feux d'esprit d'une jeune femme — elle n'avait pas trente ans — qui se sent perdue.

« L'amitié qui écrit ne saurait jamais être tout à fait insupportable à l'amitié qui doit lire. C'est une soirée que j'ai passée délicieusement avec vous mais il n'y a pas si bonne compagnie qui ne se quitte. Chaque jour je vous l'assure mon imagination me transporte auprès de vous. J'ai reçu avec un extrême plaisir votre lettre d'Ottawa. Je commençais à m'impatienter, car vous savez que celui qui demeure trouve toujours le temps plus long que celui qui court le monde. L'amitié est soupçonneuse et ce défaut lui fait honneur. » (Et tout cela, assez quelconque, donne le ton et prépare à ceci) : « La sensibilité ne suit pas toujours les lois du cœur. L'affection n'a qu'une règle, celle où l'instinct la mène. Être sage et être tendre font deux. La nature ne produit pas que des chênes et des roses ; elle produit aussi les petites fleurs des haies, et elles sont charmantes parce qu'elles s'en trouvent sans prétention. Avec toute l'effusion de mon inaltérable amitié, je vous embrasse, ma chérie, et je me dis votre bien affectionnée. On ne laisse lire au fond de son cœur que ceux qui doivent y trouver leur nom. Si vous voulez avoir de mes nouvelles, ne me laissez plus aussi longtemps sans lettre, car je tenterai l'impossible pour vous oublier. » (Et c'est la fin du premier volet du diptyque, le seul qui soit signé Irène Caron, l'autre ne l'est pas.)

« Votre absence laisse un grand vide dans notre société. Il m'en coûtera bien de disparaître à mon tour en songeant que vous n'y êtes plus. Ce grand moment n'est pas encore fixé. La réalité sera bien loin de vous mais vous serez toujours au rang de mes plus chers souvenirs. J'espère aussi que vous ne me laisserez jamais partir de votre mémoire. Je voudrais vouloir mais je finis toujours par penser et je m'en tiens là. Quand on s'intéresse à quelque chose on n'en revoit jamais assez le détail[2]. Toutes les fois que vous penserez à nous, il sera bien difficile que nos deux pensées ne se rencontrent pas à moitié chemin. Tant pis pour moi car lorsqu'une petite fille aime les lettres d'un homme c'est presque marque infaillible qu'elle aime aussi l'homme. C'est pour vous que je me passe de vous. Souvenez-vous toujours un peu de moi et croyez-moi toujours. Ne m'effacez jamais de la liste de vos amis. Le jamais ne plaît jamais à l'homme. Au commencement de la quatrième page (c'en est plutôt la fin). Je ne vous ai pas dit un mot de ce que je voulais vous dire ; mais c'est égal, on ne lit rien de plus couramment que ce qui n'est pas écrit. »

Je trouve cette prose voilée, appliquée, assez jolie pour les circonstances. Quand on s'y replace, on se dit que rongée par la vie, ennemie d'elle-même, devenue consomption, n'ayant qu'un souffle fébrile, sans verve, si près de la mort, on ne peut guère faire mieux… Toujours est-il que la Miss étant décédée le matin du 15 décembre 1927, Monsieur Jos. Gougeon, entrepreneur de pompes funèbres, vint prendre le corps au Sacré-Cœur, le para et l'expédia par le train de nuit, le jour même. Voici son compte : embaumement, $15.00, robe mortuaire, $15.00, casket, $110.00, double cercueil, $15.00, corbillard au char, $5.00, trouble pour papiers, $3.00. « Corbillard au char » signifie à la gare et « trouble pour papiers » les démarches pour obtenir le certificat de décès. Quant au « casket », plus précisément le « casket gris demi-sofa », il s'agit du cercueil, bien entendu. Le croque-mort de Louiseville lui succéda le 16. Voici son compte : un voyage au char, $8.00, décoration, $5.00, transport de la double tombe, $0.50, 6 épaulettes pour porteurs, $3.00, 16 crêpes pour chapeaux, $4.90, 49 lampions, $4.90, usage du corbillard, $10.00.

Il semble bien que morte de la veille, tante Irène ne soit pas passée par la maison où ma pauvre mère, à peine relevée de

---

2. Cette idée, de même que celle qui clôt cette lettre (« on ne lit rien de plus couramment que ce qui n'est pas écrit »), sont des leçons esthétiques qui ont dû fasciner Ferron, qui trouvait dans les papiers intimes de sa tante des formulations bien proches des siennes.

l'accouchement du dernier de ses enfants, ma sœur Bécasse, née le 1ᵉʳ décembre, pleurait, et qu'après les funérailles elle fut portée au cimetière directement, le jour même. Ce 16 décembre 1927, il faisait froid, il neigeait. On remarqua beaucoup la peine d'un de ses anciens amoureux, Elphège Roy ; il tint malgré le mauvais temps à reconduire la Miss séduisante, plus liante pour son propre sexe que pour l'autre, jusqu'au bord de la fosse. Mon père avait acheté une place au cimetière pour elle ; il y fit dresser une pierre tombale, l'été suivant. Et quand ma mère mourra à son tour, le 5 mars 1931, il tiendra à ce que les deux cercueils soient côte à côte, car s'il y eut deux sœurs qui s'aimèrent, ce furent ces deux-là. À la fin de l'année 1927, ma mère profita de l'occasion des fêtes pour écrire à Marguerite Bourgeois[3] qu'elle avait connue au sanatorium du lac Édouard. Dans cette lettre elle exprima l'idée étrange qu'elle avait perdu « le dernier lien familial ». Mademoiselle Bourgeois répondra fort raisonnablement : « Je souffre pour vous de cette disparition si affreuse de votre dernier lien familial ! Quelles heures de tristesse et d'abattement vous avez dû vivre ! Je prie le bon Dieu, qui n'éprouve jamais au-delà de nos forces morales, de vous accorder la résistance physique nécessaire pour surmonter un pareil brisement ! Heureusement que votre mari et vos chers bébés vous restent ; pour eux il faut vous rattacher à la vie, malgré ses duretés, et ne dites pas : "Advienne que pourra", c'est trop triste de se laisser aller, il ne faudrait pas qu'en vous laissant vivre sous le pessimisme de cette devise, vous perdiez votre santé si chèrement acquise et causiez aux chers petits êtres à qui vous êtes tout, le même chagrin que vous venez de subir. »

---

3. Il s'agit plutôt de Marguerite Gariépy. Voir « [Quelques Extraits de lettres d'Adrienne] », p. 406.

[J'ai eu pour parrain]

[J'ai eu] pour parrain[1] mon grand-père paternel, Benjamin Ferron, cultivateur au village des Ambroises, à Saint-Léon, et pour marraine sa femme, Victoria Lescadres. Et des télégrammes avaient été envoyés aux parents les plus chers, tout particulièrement à Irène Caron, tante Mimi, l'unique sœur de ma mère[2], et au jeune frère[3] de mon père, alors étudiant en droit, à Montréal. Celui-ci répondit par une lettre un peu guindée et beaucoup de fions[4] à son frère : « Mon cher, [t]outes mes congratulations. Que Madame se porte bien, voilà mon grand souhait du présent. Mon souhait pour le futur, c'est que ta famille devienne nombreuse comme les étoiles du firmament, les sables de la mer, et, excuse-moi, j'allais dire les cheveux de ta tête. Vous avez eu un goût exquis dans le choix du nom[5] et du sexe. » Mon père n'avait pas trouvé des cartes de

---

1. Textes sans titre, probablement écrits dans les années soixante-dix. Fonds Jacques-Ferron, MSS 424 ; boîte n° 20 ; chemise n° 6 ; 2.70.2. À ces textes incomplets était attachée une lettre qu'Irène adressa à sa sœur Adrienne lors de la naissance de Jean-Jacques… Ferron comptait sans doute la reproduire puisque les premières phrases en sont transcrites à la fin du premier texte. Ce dernier, incomplet, est tronqué de sa tête et de sa queue.
2. Irène était l'unique sœur vivante d'Adrienne, Rose-Aimée, née en 1895, étant morte le 13 janvier 1917.
3. Il s'agit d'Émile Ferron.
4. *Le Robert. Dictionnaire historique de la langue française*, sous la direction d'Alain Rey, précise que ce mot est : « aujourd'hui familier et vieilli, sans doute plus ancien car le mot est passé en québécois. Il représente peut-être une altération d'un dérivé de *fignoler*. »
5. Il s'agit du prénom qu'Adrienne, sur son lit de mort, demandera à son fils de changer pour Jacques. Voir l'historiette « Feu Jean-Jacques », p. 419.

naissance à son goût à Louiseville. Émile lui en envoie de Montréal. « J'espère que tu en seras satisfait et qu'il t'en restera pour la prochaine fois. Ton frère, Émile. » Les fions étaient l'apanage de l'homme. Et « Madame » avait été son amie avant de devenir la fiancée de mon père[6].

La chaleureuse Irène répondit autrement. « Bien chère Adrienne, [t]e voilà maman… Laisse-moi te dire combien je suis fière de toi. Oui, ma chère, je suis heureuse, je pourrais dire presque autant que toi du bonheur qui t'arrive sous la forme d'un joli poupon.

Je te "refélicite" donc. Je ne sais pourquoi j'étais presque certaine d'avoir la grande nouvelle hier. C'était sans doute télépathie, le télégramme ne m'a pas surprise du tout. Tu sais comme tout le monde ici s'intéressait bien à toi en particulier sœur Huchon, tous t'envoient leurs plus sincères félicitations. Tout l'après-midi d'hier, il n'a été question que du petit neveu. L'on m'appelait tante Irène à qui mieux mieux. J'aime déjà mon titre, tu sais… Hier midi nous avions un très joli dîner, c'était, paraît-il, en l'honneur du petit Jean-Jacques !

J'aime beaucoup ce nom et je suis heureuse que ce soit un garçon, tu sais que j'ai toujours eu un faible pour les *petits*[7] garçons…

J'espère que tu vas reprendre bien vite tes forces perdues et que le poupon sera sage afin que la "petite" maman puisse se relever bien tôt.

Dis à mon beau-frère qu'en l'honneur de son "fiston" il pourrait bien voler un quart d'heure à son travail afin d'écrire à sa belle-sœur… Dis-lui qu'il me dise la couleur des yeux, des cheveux de son "*fils*[8]". S'il lui ressemble (oh qu'il doit être joli dans ce cas)

---

6. Voir « Le chandelier », p. 357.

7. C'est Irène qui souligne. On sait que Ferron a toujours soutenu que sa tante, véritable fille de feu, aurait été lesbienne. La plupart des textes qui lui sont consacrés cherchent de toute évidence à étayer cette hypothèse. Ferron avait recueilli quelques lettres adressées à Irène où il s'amuse à souligner le non-dit de ses admiratrices.

8. C'est Irène qui souligne.

hum… enfin qu'il me dise bien des choses te concernant ainsi que mon neveu.

Depuis la réception du télégramme il ne s'est certes pas passé dix minutes sans que je pense à vous tous.

C'est le temps de dire "Que n'ai-je des ailes" ? Je te prie de croire que je serais allée à Louiseville plutôt deux fois qu'une.

Sois prudente… j'embrasse toute la famille, mille et mille fois.

Irène »

Le 22 mai 1921, cette tante qui aime les petits garçons et moins les hommes, n'a pas fini de parler de moi. Une de ses amies[9] lui répond de Sainte-Agathe-des-Monts : « Je suis heureuse de l'affection que vous témoigne votre mignon neveu. Envoyez-moi sa photographie, mais quand vous la ferez tirer, placez-vous de manière à être vue. Rien ne me fera plus plaisir que d'avoir votre jolie frimousse avec celle de votre héritier. » Dans cette lettre affectueuse, l'amie de Sainte-Agathe donne beaucoup de nouvelles. J'en retiens deux : l'arrivée des Derome : père, mère, enfants, et parmi ceux-ci « Marie-Jeanne qui a beaucoup changé, devenue *jeune fille*[10], *do you catch on, dear*? Ses progrès en musique sont étonnants… » L'emploi de l'anglais à cette époque indiquait quelque sous-entendu. La deuxième nouvelle est la suivante : « Jules est maintenant président de la Société des Conférences. Cela explique son importance le soir de la dernière réunion. Il vous a cherchée dans la foule, mais à son grand regret, dit-il, il n'a pas vu la menue blonde, son antagoniste sur le terrain oratoire. Votre œil malin, votre sourire et la fine pointe de votre langue vous rendent inoubliable chez Maître Jules. »

9. Il s'agit de Mathilde Oger. On retrouvera la lettre en question dans le Fonds Jacques-Ferron, MSS 424 ; boîte n° 21 ; chemise n° 11 ; 2.100.7.
10. C'est Ferron qui souligne, en pensant tenir là encore une preuve quant à l'orientation sexuelle de sa tante.

Ma glorieuse tante

Je ne me souviens que d'un tourbillon[1] près de la porte, dans la véranda, un tourbillon de rires ou de larmes selon qu'elle arrivait ou repartait, où j'étais soulevé, embrassé, appelé son trognon[2]. Personne d'autre qu'elle ne m'a jamais appelé ainsi. Elle ne faisait que passer à la maison. Une fois, il y eut plus de larmes qu'à l'accoutumée et le tourbillon ne se répéta plus. Il me reste d'elle ce souvenir confus et des photos qui dataient pour la plupart d'avant ma naissance, à quoi s'ajoutèrent les lettres et les tableaux que nous reçûmes ensuite de Paris ou de la Côte d'Azur, et la conversation de mes parents, du moins ce que j'en saisissais, où elle surgissait à tout propos, complément fantasque de leur vie rangée. Quand elle s'était déclarée peintre : « Dans six mois ce caprice lui aura passé. » Dix ans après elle l'était encore, mais mes parents étaient aussi entêtés : ils ne crurent jamais à sa vocation d'artiste. Lorsqu'elle jeta enfin sa palette aux orties, je ne pus connaître leur impression ; ils étaient devenus plus réservés, mystérieux même, et ne parlaient d'elle qu'entre eux.

---

1. Fonds Jacques-Ferron, MSS 424 ; boîte n° 20 ; chemise n° 25 ; 2.89.2. Ce texte pourrait fort bien être le deuxième chapitre d'un roman que Ferron disait vouloir écrire sur Haïti. À la suite d'une visite de sa sœur Marcelle et d'un ami haïtien, Ferron écrira en effet que leur visite lui a « rappelé [s]on roman haïtien et la transposition capoise de l'aventure de Borduas [qu'il a] entreprise, transposition qui ne serait pas incongrue du tout » (lettre de Jacques Ferron à Jean Marcel, 28 mars 1967).
2. Surnom affectueux qu'Irène Caron donnait à son jeune neveu, si l'on en croit l'*Appendice aux Confitures de coings*. Voir « Irène », p. 367.

Le manteau grand ouvert, sans chapeau, les gants à la main, le pas vif, la démarche un peu traînante à cause de son genou raide[3] qu'elle s'emploie ainsi, comme autrefois, à ne pas laisser paraître, elle entre dans la salle et sans hésitation, visant le noir, tuant le blanc, vient s'arrêter au pied de mon lit où elle jette son fusil d'argent, dépose son manteau et ses gants, pendant que mes compagnons, à bout de sang, restent blafards. Je me suis soulevé sur un coude, moins surpris que déçu, et la regarde avec sévérité comme si je n'avais cessé durant douze ans de l'attendre ; je la regarde trompeusement ; je ne lui reproche rien ; je suis seulement malade, sans humeur, incapable de sourire.

Elle se tient à la barre de mon lit, nullement intimidée, pressée de reprendre le temps perdu et de me rattacher par le chas de sa prunelle au souvenir qu'elle garde de moi. Elle ne rit ni ne pleure, le visage impassible ; tout est dans ses yeux expressifs à qui pourtant rien n'échappe. « Mon trognon, quelle plaisanterie ! » Et la voilà à mes côtés qui m'embrasse, me bécote le front, les cheveux, les oreilles aussi, je crois ! Puis elle s'assied au bord du lit, ma main entre les siennes. Elle a toujours sa fougue généreuse ; seulement celle-ci semble moins spontanée, plus concertée. Son âme, autrefois à fleur de peau, s'est retirée et n'occupe plus que son regard et sa voix. Elle est amaigrie, moins grande, plus lointaine. Elle reste quand même une jolie personne, et très élégante. Ma déception tient au changement d'âge, autant du mien que du sien. La tante-tourbillon n'était qu'une jeune fille ; maintenant elle a trente-six ans[4] et je n'en ai plus quatre, mais seize. Elle n'est jamais revenue à Cap-Haïtien. Le monde nous a remplacés. C'est un peu de Paris et du palais présidentiel, à Port-au-Prince, qu'elle me tient la main, ma glorieuse tante. « Pitite moé ! » dit-elle. Je ferme les yeux pour mieux l'entendre et goûter le plaisir de la retrouver.

---

3. Ce genou raide d'une tante artiste et fantasque, par ailleurs peintre, nous laisse croire que Marcelle Ferron, sœur de l'auteur, aurait pu servir de modèle pour cette glorieuse tante. On sait que Marcelle, toute jeune, a subi une opération au genou et qu'elle en gardera une raideur imperceptible.
4. Irène Caron n'a jamais pu fêter ses trente-six ans, étant morte le 15 décembre 1927 à l'âge de trente ans.

— Mais quelle plaisanterie, mon Trognon, quelle plaisanterie ! Te voilà un grand garçon avec des mains plus grandes encore, des mains d'homme ! Et la dernière fois tu ne me venais pas à la taille ! Ce n'est pas de ma faute, je te jure, si je ne peux plus te faire sauter dans mes bras !

Je m'efforce de sourire.

— Souris encore ! C'est ainsi que je te retrouve mieux.

Et comme je suis déjà redevenu sérieux :

— Trop tard, fait-elle, tu t'es découvert ! Tu peux ne plus sourire, je t'ai vu, pitite mossieu !

Elle ajoute :

— Tu es trop sérieux, cela te rend malade. Tout comprendre à ton âge, c'est prétentieux et aussi malsain que de ne parler que le français... Pouqui on pas palé moé créole ?

Tel fut le préambule de ma rencontre avec la glorieuse tante, en décembre dernier. Je saute par-dessus la suite qui porte sur la famille Delajoie et la ville capoise. Ma tante multipliait les questions pour montrer qu'elle n'avait rien oublié, s'était tenue au fait de tout et qu'au loin ne nous avait pas quittés. Voulait-elle endormir en moi la susceptibilité provinciale ? Elle exagérait les précautions : « Pourquoi n'était-elle pas restée à la maison ? » me demandai-je. Et puis, je l'avoue, je me vexais déjà de n'exister à ses yeux qu'en fonction de mon appartenance à la même origine. Cette origine, elle cherchait à la rejoindre ; moi, je tâchais d'en sortir et de me distinguer. Après avoir répondu poliment à ses questions, j'y mis fin. Elle en était rendue aux domestiques et aux animaux. Cela risquait de n'en plus finir. Je commençais à fatiguer. Je lui dis :

— Tu sais, tante Irène, ta peinture, j'avais fini par l'aimer.

Cela signifiait : « Attention, chère tante, nous sortons de la communion capoise des vivants et des morts : c'est ton neveu, Horace Delajoie, en personne, qui s'adresse à toi et à toi seule. » Elle ne demandait pas mieux.

— C'est vrai ?

— Oui, à la fin. Au début je n'y voyais rien de rien.

— Au fait, où l'aviez-vous accrochée ?

— À l'étage des chambres. En bas, il aurait fallu l'expliquer au tout-venant ; nous n'en étions pas capables[5].

— D'ailleurs, demanda ma tante, est-ce que ça peut s'expliquer, la peinture ?

— En haut, pas de discussion : tes tableaux étaient là, simplement, en territoire familial, non pas comme des œuvres d'art, mais parce qu'ils venaient de toi et que tu es de la famille... Enfin, tu l'étais avant ton retour.

— Après, j'ai donc cessé de l'être ?

— Tu l'as été moins. Quelle idée avais-tu eue de revenir à Port-au-Prince sans passer par Cap-Haïtien ! À la maison on n'a pas été content, et tes toiles, elles ont pris le bord du grenier.

— Avec fracas ?

— Non, en douce, l'une après l'autre, pour ne pas attirer notre attention.

Ma tante demanda, en riant nerveusement :

— Ainsi donc j'étais tombée en disgrâce ?

— Plus un mot à ton sujet. Toute égérie du Président que tu étais... Je crois que ce qu'on te pardonnait le moins, c'était ta réussite... Plus un mot durant deux ans, jusqu'à ce que je tombe malade. Alors tu es réapparue tant bien que mal : il le fallait puisque c'est toi qui allais t'occuper de moi.

— Oui, bien sûr.

— D'ailleurs ils n'étaient pas tous au grenier, tes tableaux : j'avais gardé les plus beaux dans ma chambre. Mon père le savait. Il n'était pas question de toi devant nous, les enfants, mais tu gardais ta place ; on causait entre époux. Moi, je ne [me] bouchais pas les oreilles. Une fois, j'ai entendu ma mère dire : « Irène aurait pu te donner une ambassade », et mon père répondre : « Elle ne l'a pas fait parce qu'elle me respectait. »

— Je ne l'ai pas fait parce qu'il l'aurait refusée.

---

5. Voir la lettre de Joseph-Alphonse Ferron à Jacques Ferron, 6 mars 1936 ; repoduite p. 196, où il est cette fois question des toiles de la mère. S'agit-il d'un déplacement du talent de la mère à la tante ?

Ma tante se laissa glisser en bas du lit, approcha une chaise et s'installa bien à son aise.

— Horace Delajoie, mon neveu, toé pas paler créole, mais tu causes bien quand même.

— Le créole, il faut que cela coule de source ; le tien est trop articulé.

— Je ne l'ai guère pratiqué en Europe.

Elle me demanda brusquement pourquoi j'étais malade. Je n'en savais rien.

— Demande au médecin : il t'en expliquera la cause.

— Non, la raison.

C'était la première fois que j'entendais parler de la maladie ainsi, de ses causes trompeuses, de sa raison toujours profonde, d'ailleurs ignorée des médecins. J'y reviendrai après l'arrivée de Monfort. Sur le moment cette distinction me fit l'effet d'un jeu de mots.

— Tout ce que je puis dire, c'est que, malade et ne le sachant pas encore, j'ai commencé de goûter ta peinture. Je m'y étais habitué d'abord, puis, un soir, lisant Jack London[6], je suis tombé sur le passage de la caverne... Tu connais ?

— Non.

— Une caverne reliée avec l'extérieur par un étroit couloir. Des chiots y sont nés ; ils ne connaissent que l'obscurité, la chaleur de leur mère et son lait. Ils savent d'où vient la chienne, ils vont au-devant d'elle, chaque jour plus loin. Un jour, ils arrivent tout à coup à l'extrémité du tortueux couloir, devant un mur doré qui les éblouit et les fait gémir ; par après ils s'habituent, le mur est impalpable, sa matière chaude évoque le lait de leur mère, et les voilà debout, sur leurs pattes incertaines : ils plongent le museau dans la lumière et de leurs petites gueules cherchent à boire et même à mordre.

— Et puis ? demanda ma tante.

_____

6. Nous n'avons pu retrouver la référence du passage en question.

— C'était là l'espace élémentaire, la lumière brute que mon œil trop savant, plus habitué à penser qu'à voir, avait oubliés. Je me suis retourné vers les tableaux comme un jeune chien...

— Comme un jeune chien ? Pitite moé !

— Tes tableaux ne sont que jeux de couleurs. L'absence de sujet ne me gênait plus, au contraire[7]. Ainsi j'ai appris à les aimer... C'est tout.

— Excuse-moi d'insister, je veux tout savoir. La peinture, c'est le meilleur de moi-même. Explique-moi : pourquoi as-tu commencé à aimer mes toiles en devenant malade ? Est-ce une simple coïncidence ?

Je réfléchis un peu.

— Il est certain, lui dis-je, que, malade, je restais plus long-temps dans ma chambre, par conséquent au milieu de ces toiles. J'avais de plus perdu tout intérêt pour la vie que je menais, pour le petit univers trop simple, trop cohérent, trop restreint où j'évo-luais. Je ne lisais même plus. Si j'avais choisi Jack London, c'est tout simplement que je le croyais facile et entraînant. Son livre d'ailleurs fut le dernier auquel je touchai. Mais en même temps que je m'effondrais ainsi, je me sentais pris, sous l'effet de la fièvre, d'une folle curiosité pour autre chose — quoi ? je l'ignorais. C'était peut-être, en moi-même, une autre forme de vie qui n'arrivait pas à naître, ou, au-dehors, un autre univers sur lequel, justement, dans leurs encadrements, comme des fenêtres, tes tableaux dormaient... Pourquoi as-tu délaissé la peinture ?

— Pourquoi j'ai...

— Oui.

Ma glorieuse tante parut décontenancée. C'était la première fois qu'on lui posait la question : elle avait fini par oublier la réponse. Elle dit :

— Tiens ! C'est une chose que tu m'expliqueras.

— Mais je n'en sais rien !

— Moi non plus, figure-toi donc ! fit-elle en riant.

---

7. Ferron pense sans doute beaucoup plus à la peinture automatiste de sa sœur Marcelle qu'aux tableaux bien léchés de sa mère (ou de sa tante).

Voilà, à peu de mots près, ce que nous nous dîmes en décembre dernier, après douze ans de séparation, ma glorieuse tante et moi. Avant de repartir pour Sillery, elle tint à me faire part de ses conclusions.

— Cher Horace, tu es intelligent, je te traiterai sans ménagement. Ta présence ici est pour moi l'occasion de renouer avec Cap-Haïtien ; je ne la laisserai pas passer, sois certain.

— Qu'écriras-tu ?

— Je célébrerai le sanatorium.

— De moi que diras-tu ?

— Rien, sinon ton bonheur...

— Je ne suis pas heureux !

— Ton bonheur d'être malheureux dans un si beau décor. Je ne suis pas pour écrire que tu ne connais personne, pas même tes compagnons de salle, et que tu ne te complais que dans ta fièvre et ton isolement. Cela ne plairait pas aux Capois, ni que je leur laisse entendre que, malgré toutes tes qualités, tu ne sois pas viable.

Il est un peu boche

« Enfin le dimanche[1] est passé. Tempête, vent, pluie, grêle à l'extérieur et à l'intérieur aussi. Je me demande ce que je fais ici. D'abord que je ne guérirai pas, pourquoi perdre un beau mois d'été ici ? Si je pense à nous tous, désarroi absolu, et si je n'y pense pas, à quoi vais-je penser ? Il n'y a rien de certain que je passe mon mois. Depuis quatre jours que je suis étendue, ma température monte au lieu de baisser. Le résultat le plus clair de tout cela, je perds courage et le reste de mes forces. Tu es bien chanceux, toi, tu es gros, tu as un bon coffre. C'est tout ce que j'ai de nouveau. Bonjour. Je t'embrasse et j'envoie mes caresses aux petits. Adrienne. »

Cette lettre suscite l'alarme à Louiseville. Chocolats, mouchoirs, fleurs d'arriver au lac Édouard[2] de la part d'Irène, du Notaire, de Madame Saint-Antoine, d'Alice Béland… Il faut remercier, remercier. Et l'on regrette de s'être laissée aller à son humeur. On parle de choses pittoresques, on esquisse quelques portraits.

« La chasse vaut moins que rien cette année-ci. Il y a peu de perdrix et l'on se demande où sont passés les orignaux que nous avons vus cet été. Il n'y en a plus que deux ou trois dans les environs. Donc n'arrive pas avec de grandes espérances. » (Elle a

---

1. Historiette parue sous ce titre dans *l'Information médicale et paramédicale*, XXVIII : 20, 7 septembre 1976, p. 17.
2. Voir à ce sujet la lettre reproduite dans « [Un petit mouchoir sanguinolent] », p. 398.

trouvé des guides pour conduire le Notaire à la chasse. Elle ne pourra les suivre, les guides ne voudraient pas.) « Seulement n'arrive pas en costume de chasse, hein ? » (Cela serait sans doute ridicule et le Notaire en est bien capable.) « J'ai longtemps causé avec Madame Bélanger. Elle est une merveille d'égoïsme. Ces jours-ci son mari a fait une crise cardiaque qui semble grave. Elle se dit fort attristée de le voir tout seul dans son petit logement, sans personne pour le soigner et lui faire la cuisine, mais elle ne songe pas un instant qu'elle pourrait y aller : la santé lui sort par tous les pores de la peau. » Et voici un mot sur Marguerite Gariépy, fille de l'Honorable Gariépy, de Trois-Rivières, « […] une compagne des plus charmantes. L'élection du maire Bettez l'a fait sauter de joie. Je me suis abstenue de partager son bonheur, mais sans le faire voir. Tu dois travailler beaucoup, je me figure, et je serais bien seule à la maison. Cela me console un peu. »

« C'est aujourd'hui qu'Irène part de chez nous pour venir me voir. Je suis contente qu'il fasse si beau. Je n'ai pas de nouvelles à te donner. C'est une lettre vide que tu recevras samedi. Tu vas être bien seul. J'espère que les enfants sauront te désennuyer. Il y a deux mois que je suis arrivée et un mois que tu es venu. Quelqu'un m'aurait dit, il y a un an, que je pourrais rester si longtemps loin de toi et de mes chers petits, je ne l'aurais pas cru. Je continue à bien aller. C'est encourageant. Et puis vois-tu ton ami Dufresne ? Il a une femme bien portante, mais pas d'enfants et le regrette. C'est encore mieux d'avoir une femme malade, et même pas de femme du tout, et d'avoir les enfants que nous avons. Au revoir, mon cher mari. Je t'embrasse bien fort et t'aime bien gros. »

« Madame Moffet va de mal en pis. Pauvre petite femme qui aime tant la vie. Penses-tu pour moi que je vais revenir ? Et si pendant dix-huit mois, deux ans, je suis une pauvre malade, m'aimeras-tu encore après ? Il y a des fois où je serais tentée de revenir sur ma décision et de m'en aller. Ça prendrait à peu près six mois, ensuite une couple d'années pour que tu oublies, mais après cela toute ta vie serait libre et heureuse devant toi. Est-ce que ça ne vaudrait pas mieux ? Pour ce que je vaux maintenant ! J'ai bien fini d'être une "utilité". Il y a les enfants, mais ils sont déjà habitués à se passer de moi… (mais tout cela n'est pas si grave ; c'est pour en arriver à ceci :) Je suis un peu en difficulté avec mon médecin. Figure-toi qu'il me disait l'autre jour que le gouvernement en viendrait à faire des lois pour empêcher le mariage des tuberculeux[3]. Je lui ai répondu : "Pourquoi, une fois en frais, ne leur attache-t-il pas une sonnette dans le cou ?" Il n'a pas aimé cela, pas du tout, et m'a dit que j'avais les idées étroites. Je lui ai alors répondu qu'il n'était pas poli de me le dire. La séparation a été froide et j'ai un peu peur de me faire mettre à la porte. Qu'avait-il besoin de me dire cela ? Il est un peu *boche*[4]. Sa grand-mère était allemande. Il a aidé durant la guerre à appliquer la loi de la conscription… »

Imaginez donc ! Elle pousse fort, la petite Adrienne. Il est certain que le Notaire ne pouvait pas laisser passer l'affaire. Il a fait ce qu'on doit faire en l'occurrence, majorer la dépense.

« Je ne sais pas si c'est sur tes ordres ; en tout cas, ce n'est pas sur les miens ; on m'a mise dans une chambre de luxe. Il n'y a pas millionnaire mieux installée que moi. Gare au compte. J'ai une petite garde charmante et dévouée. Elle tient à me soigner comme un bébé, même quand je ne veux pas. Je ne remonte même pas mes couvertures toute seule. Il faut dire qu'ici les hémorragies sont prises très au sérieux, beaucoup plus qu'à la maison. Tu comprends que je suis au lit. Je me suis informée du jeune Dontigny[5]. C'est un bon cas. Il a fait une grippe dernièrement, mais rien de sérieux et il est censé se remettre rapidement. Il s'est fait ici la meilleure réputation, ce qui n'est pas pour nous surprendre. C'est le temps de la pêche. Nous avons une truite saumonée pour souper. Madame Bélanger est encore ici après deux ans. Cela apaise un peu mes scrupules de te dépenser tant d'argent. Embrasse les petits, mais ne leur parle pas trop de moi pour ne pas les faire ennuyer… »

Enfin voici le retour à la maison : « J'attendais une lettre qui me dise quel train prendre et voilà que tu m'écris pour me

---

3. Sur la question de la tuberculose et du mariage d'Adrienne et de Joseph-Alphonse, voir l'historiette « Feu Jean-Jacques », p. 418.
4. C'est Ferron qui souligne.
5. Voir « Notaire par le nez », p. 302.

demander mon goût : toujours Sophie et Benjamin[6]. Voici : si tu peux voir le Dr Samson le 1er juillet, fête légale comme tu sais, je pourrai être à Québec ce jour-là, mais pas avant 5 hres du soir. Cela ne me fatiguerait pas de continuer, je crois, en n'allant pas trop vite. Si le docteur ne fait pas de bureau et que tu préfères attendre le jeudi, ton jour de prédilection pour les voyages, je puis attendre. Si tu penses que ce n'est pas nécessaire que Marcelle voie le Dr Samson, je puis passer par Sainte-Ursule. J'arriverais vers 8 ou 9 hres du soir. À toi de décider. Écris-moi au plus vite. Je vais très bien. Seulement il pleut continuellement et l'on gèle. J'ai eu la visite de ta cousine, Madame Dontigny. Elle est bien aimable et tout le monde l'a trouvée charmante. Bonjour, mon cher mari. J'ai bien hâte d'être à la maison avec vous tous. Nous avons des petits qui nous font bien honneur. Embrasse-les pour moi. Adrienne. »

Lors de sa première hospitalisation au lac Édouard, dans ce sanatorium du bout du monde auquel on n'avait accès que par le train du CN qu'on appelait le Grand Nord, c'était en 1924-25, nous n'étions pas encore ces petits qui faisaient honneur à leur mère Adrienne. Après avoir donné naissance à Paul, le 19 juillet 1926 et à Thérèse le 1er décembre 1927, elle y était retournée, triste et désabusée. En 1931, après un court passage au Sanatorium Cook de Trois-Rivières, elle reviendra mourir à la maison. Les deux lettres que voici sont de 1930.

« Ma chérie Maman, Nous sommes allez au lac Ste-Pierre, à Yamachiche dimanche, et nous avons eu du plaisires. Madeleine a eu son prix de classe et sont Certificat, et elle va avoir son prix donneur, mais moi je l'ai perdu, mais je vais avoir le prix d'excellence et le prix de classe, mais je ne suis pas sertins d'avoir le prix d'excellence. Popa nous a achetez une ceinture pour joué d'en l'eau. Paul a eu un yotte. Quant à Thérèse, elle a eu un gros poisson, moi j'ai eu une mitenne pour gobber. Ton petit garçon qui t'aime, Jean-J. Ferron[7]. »

---

6. Adrienne veut sans doute signifier par là que Sophie et Benjamin peuvent aller la chercher, comme c'est l'habitude.

7. Ferron reproduit sa lettre et la lettre de Madeleine avec leur orthographe d'origine. Voir aussi les « [Lettres des enfants] ».

« Ma chère Maman, Sé dans la semaine du 15 les vaganse. Ma petite rope bleue que tu m'as acheté, gelé mis dimanche avec mes petit gulâte rose. Tarzan est fini, petètre qu'il vas revenir, il a marié Jeanne, ils sont partis pour leurs voyages de nose, bonjour Adrienne Caron, ma chère maman Louiseville. Madeleine. »

[Lettres des enfants]

Ma chère Maman[1],

Sé dans la semaine du 15 les vaganse. Ma petite rope bleue que tu m'as acheté gelé mis dimanche avec mes petit gulâte rose. Tarzan est fini petètre qu'il vas revenir il a marié Jeanne ils sont partis pour leurs voyages de nose bonjours Adrienne Caron Ma chère maman Louiseville.

Ma chérie Maman.

Nous sommes allez au lac Ste-Pierre, à Yamachiche dimanche, et nous avons eu du plaisires. Madeleine a eu son prix de classe et sont Certificat, et elle va avoir son prix donneur, mais moi je l'ai perdu, mais je vais avoir le prix d'excellence et le prix de classe, mais je suis pas sertins d'avoir le prix d'excellence. Popa nous a achetez une ceinture pour joué d'en l'eau. Paul a eu un petit sauvage dans un canot, Marcelle a eu un yotte. Quand à Therese, elle a eu un gros poisson, moi j'ai eu une mitenne pour gobber. Ton petit garçon qui t'aime.

---

1. Fonds Jacques-Ferron, MSS 424 ; boîte n° 21 ; chemise n° 11 ; 2.100.7. Ces lettres d'enfants transcrites de la main de Ferron, qui s'amusait sans doute à accentuer leur naïveté en les écrivant au son, faisaient partie d'un ensemble de fragments de textes et de lettres qui étaient peut-être destinés à faire partie de *la Miss et sa sœur, ma mère*. Voir « [Quelques Extraits de lettres d'Adrienne] », p. 404-415. Ferron s'est servi des deux premières lettres dans l'historiette « Il est un peu boche », où elles varient quelque peu.

Ma chère Maman.

Maman sais-tu que papa est allez à Saint-Ignace. Paul a eu une ne petite voiture d'une piastre. Sa va, bien en classe et les compositions de l'année sont Lundi. Je te remercie de m'avoir donné les deux beaux « tinbres » que m'a envoyer. Et les petits sont sages. Ton petit garçon qui t'aime. Jean-J. Ferron   (6 juin 1930)

Ma chère Maman.

Tu fas deuvenire dans 4 jour, mais prix d'honneur ses sont une métaille de 2.00 et une petit chaine sont ensemble la metail ect et ma chaine ect sont doute les ensemble le même prix 2.00 p. ect. Je vais aller passé mes deux semaine chez quan-père Ferron. On vas aller à Québec au devant de toi, et pour mon prix d'honneur que jais oblier ses un petit livre de messe. bonsois un gros ect ect trois gros péssé. et un gros avec sugrés parques ge t'aime et que ge mennuie de toi. Madeleine. un grosse suprise. du toi avoir des petite joue rouge et belles.

Ma chère Maman

Thisdel a été élu député avec majorité anviron 400 sur Lami. Tu répondra à ma lettre mon pardessu d'hiver est fini et me fait très bien. Dimanche nous sommes aller à Ste Léon, cher mon oncle Jos. elle nous a donner ses petite lettre avec des boufons dessus. Dit : à popa qu'il m'emmène parce que Paul est aller deux fois. La jambe de Marcelle va bien. elle marche pas dessu. J'ai été malade et j'ai pas pu allez au collège. J'ai eu mal de tête durant deux jour. asseteur s'a va mieux. Fabien est arrivé le 25ème il a 12 ans, mais il a eu 5 partout, tandice que moi je suis arrivé 3ème sur 35, mais j'ai 3 de conduite. A la première je suis arrivé 2ème tandisse que Fabien est 28ème, cète fois nous avons eu tout les deux 5. Ton petit garons qui t'aime

J-Jacques Ferron   (11 novembre 1930)

Le vilain petit mouchoir

À titre d'aîné[1], je suppose, mais surtout parce que mes pauvres parents ne savaient pas où donner de la tête et qu'ils l'avaient probablement perdue, j'ai été mis au courant des premiers symptômes de la maladie de ma mère, une petite hémoptysie. C'était après la naissance de Marcelle. Je devais avoir environ quatre ans. Je ne couchais plus avec ma sœur Madeleine. Nous avions désormais chacun notre chambre. Je ne sais pas trop où Madeleine était rendue, probablement dans la deuxième chambre, du côté de la rue Notre-Dame. Moi, celle que j'occupais en avant, se trouvait du côté de la grand-rue. Nous habitions une maison où l'on ne peut pas dire que nous souffrions de promiscuité. Non, nous y étions plutôt perdus. La vieille tante ursuline, mère Marie de Jésus, a pu écrire à ma mère, le 4 octobre 1928, à son premier retour du sanatorium du lac Édouard : « Ma bien chère Adrienne, j'étais très heureuse de te lire et de te savoir de retour dans ton petit château de Louiseville, entourée de tes petits anges et protégée par l'excellent mari que le ciel t'a donné. » La bonne religieuse emploie un langage imprécis, problématique, où il y a de la vanité, de la flatterie, un langage forcé, fort à la mode dans les couvents, où il servait à fabriquer de la poésie. Et je comprends un peu que Madame Jovette Bernier[2] qui l'a pratiqué beaucoup, en soit revenue

---

1. Historiette parue sous ce titre dans *l'Information médicale et paramédicale*, XXVIII : 21, 21 septembre 1976, p. 29.
2. Romancière et poète, Jovette Bernier (1900-1981) est l'auteure de *la Chair décevante* (1931) et de *Non Monsieur* (1969).

au point de ne plus pouvoir souffrir la vue même d'un poème. Un château, mon Dieu, à peu près comme nous étions des anges. C'était plutôt une grand-maison prétentieuse, pas mal tarabiscotée, qui avait cinq portes, deux en avant qui donnaient sur la grand-rue, une sur la rue Notre-Dame, une autre qui donnait du fumoir sur une véranda et la dernière de la cuisine sur la cour. Bref, une demeure qui, sans être un château, restait assez impressionnante comme les maisons à six ou sept pignons de la Nouvelle-Angleterre, et qui n'était vivable que parce que les servantes, à l'époque, ne coûtaient pas trop cher et que les infortunés, nombreux, faisaient des petits notables de Louiseville des manières de barons[3].

Me voici donc, un matin, partant de ma chambre, en avant, pour me diriger vers l'escalier, en arrière, qui descend dans la cuisine où les servantes me serviront à déjeuner. Comme je passe devant la chambre de mes parents, près de la salle de bains, voilà mon père qui en sort en robe de chambre, contraint et solennel. Sa vue me surprend, car c'est lui d'ordinaire qui se lève le premier. Il m'arrête pour me tenir un discours auquel je ne comprendrai pas grand-chose, du moins je le suppose, car je n'en garde aucun souvenir. Je note cependant que ma mère Adrienne est au lit, pâle, défaite, les yeux cernés, nullement à son avantage. Et je me rappelle fort bien ceci : mon père, sans doute fort ému, me montre un sale petit mouchoir brunâtre où je vois dans un coin l'initiale de ma mère (car son linge était marqué) et dans le milieu ce que je suppose être un crachat de sang. Je regarde, me demandant quant-et-moi pourquoi on me montre ça. Suis-je d'âge à être ainsi pris à témoin d'un malheur domestique ? De fait, mon père se rendant compte que je restais confus et mal à l'aise, se croira obligé de

---

3. Ferron se sert parfois du titre de baron pour désigner les notables de province qui, compte tenu de leur situation privilégiée, faisaient office de petits seigneurs dans leur communauté défavorisée. Madeleine Ferron, la sœur de l'auteur, s'inspire également de cette figure de notable dans *le Baron écarlate*, roman dont le personnage principal, J.A., rappelle à plus d'un titre leur père Joseph-Alphonse Ferron. Voir aussi *les Roses sauvages*, p. 189-190.

déclarer : « Un jour, tu comprendras. » Oui, je comprends aujour-
d'hui son désarroi et le lui pardonne. Je dois ajouter que je lui en
ai longtemps voulu et qu'à mon opinion ce n'était pas une chose
à me montrer que ce vilain petit mouchoir. Loin de chercher à
comprendre, je m'adapterai à la maladie de ma mère. C'était pour
moi sa façon de vivre et je m'y étais si bien habitué que je serai tout
surpris et démonté d'apprendre, le 4 mars 1931, la veille de sa
mort, qu'elle se mourait.

La première conséquence de cette maladie fut de retarder d'un
an la naissance de mon frère Paul. Mais elle en a eu bien d'autres.
Il est certain, par exemple, que ma sœur Marcelle n'a pas bénéficié
de tous les soins que nous avons reçus, Madeleine et moi, d'une
mère attentive, jeune et affectueuse. Quand, après avoir commencé
à marcher, elle cessa de le faire à cause d'un genou tuméfié, on
enquêta et l'on en arriva à la conclusion qu'une des servantes avait
dû « l'échapper ». Elle développait tout simplement une tuberculose des os et fut soignée, comme tant d'autres, par le réputé
Docteur Samson à l'Enfant-Jésus de Québec d'abord, puis au
Sacré-Cœur de Cartierville. Elle s'en est tirée assez bien, avec une
patte, comme on dit, c'est-à-dire avec un genou qui ne ploie guère.
Elle s'y est si bien ajustée que peu de gens remarquent sa boiterie.
Et ma mère ne s'est pas crue obligée pour autant de la donner au
bon Dieu, comme le lui conseillait sa tante, mère Marie de Jésus.

« La vie ici-bas est remplie d'épreuves qui nous font gagner le
Ciel. La maladie de la petite Marcelle en est une bonne. Si après
avoir suivi ce dernier traitement sa jambe redevient flexible et
qu'elle ne soit pas infirme, donne-la à l'avance à Notre Seigneur
pour être une de ses épouses et promets à la petite sainte Thérèse
de l'Enfant-Jésus une messe basse, aussitôt qu'elle pourra marcher
et une tous les ans, le 3 octobre, fête de sainte Thérèse, jusqu'à ce
qu'elle ait fait profession dans n'importe quelle communauté. Il me
semble que Marcelle doit remplacer notre chère Irène (décédée
l'année précédente), laquelle n'a pas eu la force de rompre avec le
monde. »

« Tante Marie du Saint-Esprit (sa sœur cadette) me disait ces
jours derniers que lorsqu'elle s'est cassé la jambe, le Dr Fleury l'a

gardée clissée durant quarante jours. Après l'avoir déclissée, il venait tous les jours lui plier un peu, en augmentant chaque jour, ce qui la faisait souffrir… Mais il valait mieux endurer cela que d'avoir une jambe raide ; après un certain temps de pliage et de massage, ils se mirent deux hommes sur la pauvre jambe et donnèrent le dernier coup, qui permit à la jambe de se ployer, comme l'autre, et elle s'en est bien servie depuis ce temps, et n'a pas boité de manière à attirer l'attention. Il en faut pour nous remplacer ; dans douze ans la petite aura l'âge que j'avais quand je suis entrée à dix-sept ans plus près de trois mois, le 6 septembre 1865. Que d'événements se sont passés depuis ce temps ! Pour moi, toujours du bonheur ! Quelles actions de grâces n'ai-je pas à rendre ! Heureuse victime d'Action de grâces ! J'en souhaite autant à tes chères filles, avec en plus un ou deux prêtres. J'ai reçu à mes noces de diamant une jolie poupée que je garde pour Madeleine, venez la chercher. Le huit du courant, nous aurons la visite du délégué du Pape, Mgr Cassulo[4]. Grands préparatifs dont je ne me mêle pas. C'est l'ouvrage des jeunes. Quant à moi, j'ai été élue conseillère le 1er août et je fais l'office de secrétaire. Mille choses du cœur pour le Notaire, pour la petite Maman et ses enfants. Tante Marie de Jésus. »

Cette religieuse, née Marie Félicité Georgine Caron, avait deux de ses sœurs avec elle au monastère des Ursulines de Trois-Rivières, Marie Joséphine Emma Caron de Saint-Georges et Marie Virginie Flore Caron de Marie du Saint-Esprit[5]. En 1880, lors de la fête que l'on fit au curé de Saint-Léon à l'occasion de ses noces d'or sacerdotales, la séance se termina ainsi : « Monsieur Georges Caron lut ensuite cette autre adresse magnifiquement enluminée : Révérend M. Luc Aubry, Prêtre Curé de Saint-Léon. Révérend Monsieur, Les transports d'allégresse qui accueillirent l'heureuse nouvelle de vos noces d'or portés d'échos en échos sont parvenus jusqu'au cloître

---

4. André Cassulo fut sacré évêque en 1914. Le 7 mai 1927, le pape lui confie la délégation apostolique du Canada et de Terre-Neuve.
5. Sur ces tantes ursulines, voir « [Ma mère fut élevée par les dames ursulines] », p. 355.

ursulin des Trois-Rivières, et de ce sanctuaire béni, séjour de vos heureuses paroissiennes se sont élevés des hymnes de louanges et d'actions de grâces... » Suit le poème de sa fille Georgine :

Les saints anges témoins de tes rudes labeurs
Dans des calices d'or recueillent tes sueurs
... Ah ! si de cinquante ans nous remontons la chaîne,
Ne te voyons-nous pas au milieu de l'arène,
Combattre vaillamment en chevalier sans peur !
La Beauce voit d'abord ta première ferveur ;
Puis nous trouvons ton nom inscrit dans les Annales
De Saint-François du Lac, de Saint-François de Sales, etc.

[Un petit mouchoir sanguinolent]

C'est en 1924, après la naissance de Marcelle, que sur la foi d'un petit mouchoir sanguinolent[1], ma mère Adrienne fut pour la première fois au sanatorium du lac Édouard. Irène vint prendre charge de la maison et annonça la nouvelle à sa cousine Juliette de Québec. Juliette a une sœur alerte et de bon tempérament qui est devenue Madame Élias Flint après être montée à l'assaut de mon père d'une façon un peu trop ouverte. Sans doute se croyait-elle sûre d'elle-même et l'une de ses lettres de gloussements a été commentée par ma mère : « Pauvre Gilberte, elle ne se défiait même pas de la petite Adrienne ! » Ma mère était dotée, la cousine n'avait que son exubérance. Son père, député de Maskinongé, fut bientôt nommé Surintendant des Forêts et des Eaux, à Québec. C'était un bonhomme que j'ai connu, rue Saint-Cyrille, après une attaque qui lui laissait fort peu de mots, assez pour répéter, avec une sorte d'hilarité, que le bon Dieu l'avait puni par où il avait péché. En effet, il avait eu la parole facile ; il y mettait de l'humeur et des gestes, mais peu d'idées et une politique de courtisan. Sa femme, une Desaulniers, sans doute apparentée à ce juge[2] dont Nelligan[3]

---

1. Texte sans titre, probablement écrit dans les années soixante-dix. Fonds Jacque-Ferron, MSS 424 ; boîte n° 21 ; chemise n° 10 ; 2.99.1. Voir aussi le texte précédent, « Le vilain petit mouchoir ».
2. Gonzalve Desaulniers (1863-1934), poète et journaliste ; il dirigera *la Revue canadienne* avant d'être nommé juge en 1923. Nelligan l'a sans doute connu à l'École littéraire de Montréal où Desaulniers entrera dès le 29 avril 1898.
3. La figure du poète Émile Nelligan a toujours fasciné Ferron depuis qu'il le visita à Saint-Jean-de-Dieu, « il y a de ça quarante ans. [Il] avait changé d'écorce ;

faisait grand cas, devait être plus intelligente que lui. Son poste, conquis d'aussi loin que Saint-Léon-de-Maskinongé, à une époque où tout le patronage ne suffisait pas à la ville de Québec, montre que les Caron et leurs alliés disposaient d'une influence certaine. C'est à Québec que Gilberte Caron épousa Maître Élias Flint, pour lequel mon père avait quelque respect. Le surintendant avait quelques fils ; le plus intelligent s'est défenestré à Louiseville ; les autres n'ont jamais fait parler d'eux.

Je crois que la deuxième fille, Juliette, avait succédé à Gilberte dans ses ambitions sur le Notaire. Je crois qu'elle est restée célibataire. C'est à elle qu'Irène apprend qu'Adrienne est gravement malade. « Cette triste nouvelle nous a d'autant plus surpris que nous la croyions aussi bien que les circonstances pouvaient le permettre. Tante Louise nous avait dit que sa santé était bonne. Tout de même il ne faut pas désespérer. Ma chère Irène, tant qu'il y a de la vie, il y a de l'espoir, sans compter les prières, les bons soins. Et puisque c'est toi qui as la garde des bébés, je suis sûre que tu te fais écouter, fille d'énergie comme je te connais... Des amitiés au Notaire et à Maître Émile, des caresses aux enfants. »

« Fille d'énergie », voilà un jugement qu'on porta souvent sur Irène. Elle savait surtout animer autour d'elle un tourbillon de vie. L'été suivant, en 1925, ma mère est revenue à la maison. Encore une fois, on reprend le fameux voyage des Bas qui nous conduira aussi loin que Rimouski. Là, une lettre de la Merluche nous attendait, écrite par Irène, bien entendu, à laquelle mon père répondra. En voici une autre adressée à Tadoussac, qui montre qu'à Louiseville on ne s'ennuie pas trop ; Madeleine est allée ici, là. « Hier, Paul Fleury (neveu de la tante Louise, si dévouée à ma mère, frère d'Édouard, avocat à Shawinigan, qui sera avec Maître Marchildon, Maître Beaulac, Maître Caron et peut-être aussi Maître Duplessis,

---

l'homme mûr et rugueux recouvrait l'adolescent [...] qu'on avait porté en triomphe naguère [...]. C'était un vieux Narcisse, le poème aboli ; c'était la fontaine tarie, la tombe de Narcissa » (« La ville de Varsovie », manuscrit inédit du *Pas de Gamelin*). Voir « Dans l'ombre de Narcisse » (*l'Autre Ferron*, p. 117-135), où Pascale Sirard propose une analyse intéressante des figures de Narcisse et de Nelligan.

des jeunes gens fort excessifs, capables de tout, de virer des brosses à faire peur, de se défenestrer ou de devenir Premier ministre[4]... Paul Fleury était le contraire d'Édouard ; il épousa une fille du tailleur Ferron et fit carrière de notaire à Yamachiche[5]) est venu porter les vases à fleurs que nous leur avions prêtés. Je l'ai gardé à dîner. Il a paru content. Aujourd'hui, Raymond (le cadet des Ferron) est venu voir Simone (fille de l'oncle Gustave Caron qui, de toutes les cousines germaines, et mieux encore qu'Annette, sa sœur, fut une fameuse aventurière, au point que vieillie, amochée par une hémorragie cérébrale, partie avec le curé Allard pour la Guadeloupe, ils firent une noce telle, lui avec les garçons, elle avec les filles, que l'évêque de l'île les chassa tout simplement), et il avait amené Lucile Fleury. L'après-midi m'a paru moins longue. Je les ai gardés à souper. À part cela rien d'extraordinaire si ce n'est que j'ai étrenné ma robe et que j'ai eu beaucoup de compliments. Marcelle se traîne toujours de plus en plus vite. Les chères petites ne semblent pas trop s'ennuyer. Seulement Madeleine ne me laisse pas de loin. À part cela rien d'extraordinaire. Les fêtes du couvent s'annoncent belles. Nous jouons mardi devant les enfants, mercredi devant les anciennes élèves et jeudi devant le public. Cela va aider le temps à passer. Aldéa et Rosée sont de bonne humeur. Elles auront, ce soir, leurs cavaliers. Bonjour, faites un beau voyage. Je vous embrasse tous, Jean-Jacques en particulier. »

De son premier séjour au lac Édouard, je n'ai qu'une lettre de ma mère à Irène où elle la remercie de ses envois de fleurs et de chocolats. Les fleurs sont allées à la chapelle. « Les chocolats étaient délicieux. Seulement, c'est trop me gâter : tu as assez à faire et mon pauvre mari à payer. » Avec sa plume d'or, ma mère Adrienne notait dans son grand livre les moindres dépenses. Elle était fille et

---

4. Allusion à Maurice Duplessis qui, malgré sa vie quelque peu déréglée et ses excès alcooliques, deviendra Premier ministre du Québec de 1936 à 1939, puis de 1944 à 1959.

5. La profusion de noms dans ce texte témoigne bien de l'importance que Ferron accordait au détail, cherchant à fixer ses souvenirs de la manière la plus précise possible. Toutes les parenthèses, dans ce texte comme dans les autres, sont des interpolations de Ferron.

petite-fille de marchands. Nous n'avons jamais eu grand-chose à dépenser, quelques cents de cahiers et de plumes, parfois une indispensable aumône. L'accès aux restaurants nous était tout simplement défendu. Sur ce rapport, mère avait un côté froid et résolu. Avec nous, elle obtenait ce qu'elle voulait ; avec Irène, cela lui était plus difficile, de même qu'avec le Notaire, trop vaniteux pour qu'elle pût exercer sur lui un étroit contrôle[6]. Mon père était trop fastueux pour tout calculer. Ma mère, certes, avait meilleur goût, mais sans ostentation, en tenant compte du coût des choses. Aimait-elle l'argent ? Non, que je sache, mais elle en connaissait la valeur et savait qu'une famille ne se maintient pas [sans] sa fortune. Je crois que mon père s'est enrichi aussi longtemps qu'elle y a vu.

Dans cette lettre à Irène, elle se dit toute surprise d'apprendre qu'Émile, qui lui avait servi de chaperon déjà[7], avait dû se marier vite. Émile, reçu avocat, vivotait. Il est certain qu'avec Irène, en homme de beaucoup d'esprit, il se plaisait beaucoup. Quand nous nous déguisions en petits gypsies, ils étaient, lui et la Miss, nos parents gypsies[8]. Il épousa une Robichaud de Trois-Rivières, brave fille, qui lui fut une bonne femme, une femme indigène, peut-on dire, et qu'il trompa sans la moindre gêne. Après la mort de ma mère, alors qu'il n'avait ni auto ni banc à l'église, il est certain que le tour de mon père vint de tenir pour lui le chandelier ; il le fit élire député en 1935, ne pouvant pas prévoir qu'une fois élu, Émile n'aurait pas besoin de lui pour s'y maintenir, voire se pousser plus haut. C'est par ses qualités mondaines et son talent pour le maquerelage[9] qu'il devint juge, lui qui n'avait guère pratiqué le droit. Il

---

6. Il est rare que Ferron évoque ce « côté froid et résolu » de sa mère. Du moins est-ce la première fois dans ces fragments qu'il trace ainsi d'Adrienne le portrait d'une mère « contrôlante ».

7. Voir « Le chandelier », p. 357.

8. Ferron reprend cette image des gypsies dans l'*Appendice aux Confitures de coings* : « Sur une photo, elle et cet oncle, qui mettait "Namouna" au-dessus de tout, sont déguisés en gitans ; en avant d'eux, je suis le petit rabouin. Ils me serviront ainsi de parents. Au bas de la photo, c'est ma mère qui a écrit : "Une famille de gypsies..." » (*Appendice aux Confitures de coings*, p. 157).

9. Plus qu'au maquignonnage de son célèbre oncle Émile (dont le seul souci, une fois élu député, « fut de soutirer [légalement ou non] le plus d'argent

visait au Sénat. Une dernière fois, le Notaire fut paternel. Émile pleurait et le Notaire lui donnait des petites tapes dans le dos : « Voyons, Émile, il faut gagner ta vie. » Mais ce qui le consola, ce fut la fête qu'on lui fit à Louiseville. Cet homme — qui, avec Irène, aurait rêvé d'être gypsie, qui, seul, d'être quêteux —, avait su conquérir les cœurs simples en étant, à l'encontre du Notaire, un homme tout ainsi, familier et de bonne compagnie avec eux.

---

possible d'Ottawa pour son comté »), Ferron fait sans doute référence à un passage de l'*Appendice* où, les femmes ayant obtenu le droit de vote, son oncle avait appointé un gueulard qui le suivait « dans sa tournée de comté. Après le discours de l'oncle, il allait d'un groupe de femmes à l'autre et répétait : "Pas mal, ce discours. Pour parler, il parle bien. Dommage quand même qu'il soit un maquereau, oui, Madame, tout un !" Son calcul ne fut pas mauvais » (*Appendice aux Confitures de coings*, p. 135).

[Je suis né le 20 janvier 1921]

Je suis né le 20 janvier 1921[1], la Merluche le 24 juillet 1922 et la Vieille[2] le 29 janvier 1924. Avant de me mettre dans ces lettres de famille, je croyais ce qu'on m'avait dit, à savoir [que] la naissance de Marcelle, la seule à ne pas avoir le nez des Ferron, avait rendu ma mère malade. Dès le mois d'avril 1924, celle-ci était rendue au sanatorium du lac Édouard. Tante Irène la remplaçait à la maison. Auparavant elle le faisait, l'été, lors des vacances assez invraisemblables que mes parents allaient passer à la pointe de la Rivière-du-Loup, à Tadoussac et même à Rimouski, ou quand ils faisaient le tour de l'île d'Anticosti « dans la suite de l'Honorable Médéric Martin[3] », comme mon père se plaisait à dire.

En 1924, mes parents nous avaient pris la chambre que nous occupions auparavant, Merluche et moi, sous prétexte, je suppose, que nous étions assez grands pour faire chambre seuls. Un matin, comme je m'apprêtais à descendre, mon mère[4] parut à la porte de [la] chambre conjugale dans une belle robe de chambre qu'il ne portait guère qu'en voyage. Il avait mauvaise mine, l'air un peu effrayant, et me pria d'entrer dans la chambre. Ma mère était au lit, sans doute souffrante.

---

1. Fonds Jacques-Ferron, MSS 424 ; boîte n° 21 ; chemise n° 11 ; 2.100.7. Ce texte faisait partie des extraits de lettres et de fragments qui constituaient peut-être l'esquisse de *la Miss et sa sœur, ma mère*. Voir aussi « [Quelques Extraits de lettres d'Adrienne] », p. 404-415.
2. Surnom de Marcelle Ferron.
3. Voir « Notaire par le nez », p. 310.
4. Lapsus de la part de Ferron : il faut lire « mon père ».

J'avoue qu'il ne me plaisait guère de l'y suivre. D'ordinaire il était déjà parti pour aller sur une de ses terres. J'avais plutôt l'habitude de le voir revenir, les sourcils glacés, pendant que la servante me servait à déjeuner. Sous cet aspect, j'étais fier d'être son fils. Dans sa robe de chambre, auprès de ma mère, il me gênait. Il restait deux chambres libres : il aurait pu coucher seul comme la Merluche ou comme moi. Il me dit que ma mère Adrienne avait passé une mauvaise nuit, puis il tira d'une commode un mouchoir portant l'initiale A, qui n'était plus qu'un petit paquet brunâtre, et me le montra. Je ne lui en sus aucune reconnaissance, bien au contraire. Je supposai que le brunâtre avait été, quelques heures auparavant, rouge sang. Mon père me dit :

— J'ai tenu à te montrer ce mouchoir de ta mère : un jour tu comprendras.

Je comprenais, moi, que le Notaire, sans doute malheureux et troublé, voulait me mettre au courant de je-ne-savais trop quel malheur. Ma pauvre mère s'était mise à pleurer. Je sortis de la chambre et descendis par l'escalier de la cuisine où des servantes larmoyantes me servirent à déjeuner. J'étais presque fâché d'avoir été mêlé à une affaire dont j'appréhendais quelques conséquences, certes, mais qui ne me concernait pas. J'avais un peu plus de trois ans. Je n'attendais de mes parents que la paix et la sécurité, de la joie, du plaisir — rien d'autre. Pour tout dire, ce p'tit mouchoir sanguinolent me sembla de mauvais goût. Plus tard, le 5 mars 1931, quand mon père m'enferma avec lui dans la salle de bains pour renifler, lancer des bruits bizarres et trouver moyen de me dire des choses folles au milieu de tout ce pompage grotesque, des choses comme : « Adrienne est morte… Qu'est-ce que nous allons devenir ?.…», je ne trouvais rien à redire et je m'abstins d'entrer dans son concert. Quelques minutes auparavant, nous nous bercions dans la cuisine, tante Louise était survenue sur une patte, avec sa bosse et son plumeau, plus noire, plus contrefaite que jamais, et nous avait crié de la porte : « Les enfants, si vous voulez voir votre mère encore en vie, dépêchez-vous ! » Et nous étions montés. Je suis arrivé le dernier à la chambre interdite. Les deux servantes en obstruaient la porte, pleurant à gros sanglots. Dans la chambre, le curé déboulait des prières latines. Ma mère Adrienne était sur sa chaise longue, près de la fenêtre, où je l'avais vue la veille, seul. On prétend qu'elle expira en disant : « Enfants... » et que deux larmes ensuite coulèrent contre ses joues. Je n'en vis rien. Je n'étais pas entré dans la chambre. Le curé dut crier la nouvelle que ma mère Adrienne était morte. On en sortit comme [on] y était entré, avec précipitation. Ma sœur Marcelle voulut m'en apprendre la nouvelle et je la revirai froidement : « Je le sais. » C'est alors que mon père s'empara de moi et m'entraîna dans la salle de bains pour laisser éclater sa peine. Je ne pouvais pas l'empêcher, comme je ne pouvais pas m'empêcher de trouver qu'il manquait de tenue. Moi, je gardais ma peine pour moi. Quand j'eus échappé à tous ces furieux, j'allai me cacher dans la chambre des servantes et pleurai à mon soûl.

Après la scène du petit mouchoir de lin, un « A » gothique au coin supérieur, ma mère devint une habituée du sanatorium du lac Édouard.

[Quelques Extraits
de lettres d'Adrienne]

Quelques extraits de lettres d'Adrienne[1], lors de son premier enfermement au lac Édouard (24 août 1924).

« Mon cher mari,
J'ai eu une grosse malle, ce matin. Je [t]e remercie d'avoir pensé à moi. Les revues d'Irène m'aideront à passer mon dimanche. Tu peux lui dire que le bon Dieu a vu à son affaire. Pour ma part, faute d'en avoir sous la main, j'étais dans l'incapacité d'en faire et même d'y penser. Eh bien ce matin, une garde passait, vendant des petits mouchoirs garnis de points d'Alençon, fabriqués par les négresses à l'ouvroir des Sœurs d'Afrique. Je lui en envoie un *avec mes vœux ardents*[2]. J'espère que tu vas passer un beau dimanche avec les chers petits enfants... Puisque tu es invité, tu feras certainement plaisir aux Turgeon en allant prendre le vin. Tu ne me dis pas quelle pièce vous avez entendue à Montréal. J'ai supposé que

---

1. Fonds Jacques-Ferron, MSS 424 ; boîte n° 21 ; chemise n° 11 ; 2.100.7. Ces extraits de lettres et les fragments de textes qui les accompagnent constituent peut-être les matériaux bruts de *la Miss et sa sœur, ma mère*. Outre certains fragments de chapitres demeurés inachevés, l'on trouve également un plan que Ferron comptait peut-être utiliser pour ce roman : « 9 *Irène avant*/10 *La crise* (15 oct. au 15 déc. 27)/ 2 *L'après-crise* (15 oct. à la fin de janvier 28)/*Adrienne ne veut plus vivre* ». On notera de plus que Ferron ne numérote pas la première partie de ce texte.
2. C'est sans doute Ferron qui souligne.

c'était *le Maître des Forges*[3]. Au revoir mon cher mari. Je vous embrasse tous bien fort. »

☐

« Es-tu de bonne humeur ce matin ? Et gai ? Tout va si bien : il ne faut pas que tu te mettes à t'ennuyer. Il fait bien beau. Depuis deux jours, nous ne sommes plus que deux à faire de la chaise-longue, Mme Patry et moi. Nous nous faisons de gros casques en papier que nous nous mettons sur la tête pour nous protéger l'intelligence. Elle part samedi. Avec des nouvelles, ça va être lugubre. Il y a bien les Bilodeau et Mme Moffet, mais elles me sont plutôt hostiles. La chasse vaut moins que rien cette année-ci. Il y a peu de perdrix et l'on se demande où sont passés les orignaux que nous avons vus cet été. Il n'y en a plus que deux ou trois dans les environs. Donc n'arrive pas avec de grandes espérances… Pauvre dentiste Plante. Il a bien mérité l'affront qu'il a eu à Montréal. A-t-il annoncé son mariage à Irène ? Comment prend-elle la perte de cet adorateur ? »

☐

« Enfin le dimanche est passé. Tempête, vent, pluie, grêle à l'extérieur et à l'intérieur aussi. Je me demande ce que je fais ici. D'abord que je ne guérirai pas, pourquoi perdre un beau mois d'été ici ? Si je pense à nous tous, désarroi absolu et si je n'y pense pas, à quoi vais[-je] penser ? Il n'y a rien de certain que je passe mon mois. Depuis quatre jours que je suis étendue, ma température monte au lieu de baisser. Le résultat le plus clair de tout cela, je perds courage et le reste de mes forces. Tu es bien chanceux, toi, tu es gros, tu as un bon coffre. C'est tout ce que j'ai de nouveau. Bonjour. Je t'embrasse et j'envoie mes caresses aux petits. »

Chocolats, mouchoirs, fleurs d'arriver, de la part d'Irène, du Notaire, de Mme Saint-Antoine, d'Alice Béland… Il faut remercier,

---

3. Selon Jacques Cléroux, *le Maître des forges*, de Georges Ohnet, fut un des grands succès de l'époque.

remercier, et l'on regrette ses coups d'humeurs. Et l'on parle de choses pittoresques, on esquisse quelques portraits.

« C'est aujourd'hui qu'Irène part de chez nous pour venir me voir. Je suis contente qu'il fasse si beau. Je n'ai pas de nouvelles à te donner. C'est une lettre vide que tu recevras samedi. Tu vas être bien seul. J'espère que les enfants sauront te désennuyer. Il y a deux mois que je suis arrivée et un mois que tu es venu. Quelqu'un m'aurait dit il y a un an que je pourrais rester si longtemps [loin] de toi et de mes chers petits, je ne l'aurais pas cru. Je continue à bien aller. C'est encourageant. Et puis vois-tu ton ami Dufresne ? Il a une femme bien portante, mais pas d'enfants et le regrette. C'est encore mieux d'avoir une femme malade et même pas de femme du tout, et d'avoir les enfants que nous avons. Au revoir, mon cher mari. Je t'embrasse bien fort et je t'aime bien gros. »

□

Adrienne a reçu des roses d'Alice, a trouvé des guides pour conduire son mari à la chasse. Elle ne pourra les suivre. D'ailleurs les guides ne le voudraient pas. « Seulement n'arrive pas en costume de chasse, hein ? » Et ce petit portrait : « J'ai longuement causé avec Mme Bélanger. Elle est une merveille d'égoïsme. Ces jours-ci son mari a fait une crise cardiaque qui semble grave. Elle se dit fort attristée de le voir tout seul dans son petit logement, sans personne pour le soigner et lui faire la cuisine, mais elle ne songe pas un instant qu'elle pourrait y aller : la santé lui sort par tous les pores de la peau. » Et il y est dit un mot de Marguerite Gariépy[4], fille de l'Honorable Gariépy de Trois-Rivières, « des plus charmantes. L'élection du maire Bettez l'a fait sauter de joie. Je me suis abstenue de partager son bonheur mais me suis abstenue de le faire voir. Tu dois travailler beaucoup, je me figure, et je serais bien souvent seule à la maison. Cela me console un peu… »

Un dimanche, il pleut, on s'ennuie. À part les lettres, la seule chose un peu distrayante, c'est le traitement alpin. « Mme Moffet va

---

4. Ferron a raturé le patronyme « Bourgeois ».

de mal en pis. Ses intestins la font beaucoup souffrir. Pauvre petite femme qui aime tant la vie ! Penses-tu pour moi que je vais revenir ? Et si pendant dix-huit mois, deux ans, je suis une pauvre malade, m'aimeras-tu encore après ? Il y a des fois où je serais tentée de revenir sur ma décision (sans doute d'attendre le congé médical[5]) et de m'en aller. Ça prendrait à peu près six mois, ensuite une couple d'années pour que tu oublies, mais après cela toute ta vie serait libre et heureuse devant toi. Est-ce que ça ne vaudrait pas mieux ? Pour ce que je vaux maintenant ! J'ai bien fini d'être une "utilité" ! Il y a les enfants, mais ils sont déjà habitués à se passer de moi. Je suis un peu en difficulté avec mon médecin. Figure-toi qu'il me disait l'autre jour que le gouvernement en viendrait à faire des lois pour empêcher le mariage des tuberculeux. Je lui ai répondu : "Pourquoi, une fois en frais, ne leur attache-t-il pas une sonnette dans le cou ?" Il n'a pas aimé cela, pas du tout, et m'a dit que j'avais les idées étroites. Je lui ai alors répondu qu'il n'était pas poli de me le dire. La séparation a été froide et j'ai un peu peur de me faire mettre à la porte. Qu'avait-il besoin aussi de me dire cela ? Il est un peu *boche*[6]. Sa grand-mère était allemande. Il a aidé durant la guerre à appliquer la loi de conscription… »

Le Notaire ne pouvait manquer de réagir : « Je ne sais si c'est sur tes ordres ; en tout cas, ce n'est pas sur les miens ; on m'a mise dans une chambre de luxe. Il n'y a pas de millionnaire mieux installée que moi. Gare au compte. J'ai une petite garde charmante et dévouée. Elle tient à me soigner comme un bébé, même quand je ne veux pas. Je ne remonte même pas mes couvertures toute seule. Il faut dire qu'ici les hémorragies sont prises très au sérieux, beaucoup plus qu'à la maison. Tu comprends que je suis au lit. Je me suis informée du jeune Dontigny. C'est un bon cas. Il a fait une grippe dernièrement mais rien de sérieux et il est censé se remettre

---

5. Contrairement à ce que la parenthèse de Ferron semble laisser entendre, il y a lieu de se demander si Adrienne ne parle pas plutôt de « s'en aller » pour de bon, de se laisser mourir, ce qui « prendrait à peu près six mois »… La « décision » d'Adrienne ne serait-elle pas plutôt celle qu'elle a faite au Notaire de guérir ?

6. C'est Ferron qui souligne. Voir l'historiette « Il est un peu boche », p. 386.

parfaitement et rapidement. Il s'est fait ici la meilleure réputation, ce qui n'est pas pour nous surprendre. » C'est le temps de la pêche. « Nous avons une truite saumonée pour souper… Mme Bélanger est encore ici après deux ans. Cela apaise un peu mes scrupules de te dépenser tant d'argent. Embrasse les petits, mais ne leur parle pas trop de moi pour ne pas les faire ennuyer… » Enfin le retour à la maison : « J'attendais une lettre qui me dise quel train prendre et voilà que tu m'écris pour me demander mon goût : toujours Sophie et Benjamin. Voici : si tu peux voir le Dr Samson le 1er juillet, fête légale comme tu sais, je pourrai être à Québec ce jour-là, mais pas avant 5 hres du soir. Cela ne me fatiguerait pas plus de continuer, je crois, en n'allant pas trop vite. Si le Docteur ne fait pas de bureau et que tu préfères attendre le jeudi, ton jour de prédilection pour les voyages, je puis attendre. Si tu penses que ce n'est pas nécessaire que Marcelle voit le Dr Samson, je puis passer par Sainte-Ursule. J'arriverais vers 8 ou 9 hres du soir. À toi de décider. Écris-moi au plus vite. Je vais très bien. Seulement il pleut continuellement et l'on gèle. J'ai eu la visite de Mme Dontigny. Elle est bien aimable et tout le monde l'a trouvée charmante. Bonjour mon cher mari. J'ai bien hâte d'être à la maison avec vous tous. Nous avons des petits qui nous font bien honneur. Embrasse-les pour moi. »

II

En 1908, faisant l'apologie de la deuxième supérieure des Sœurs de la Providence, l'abbé Auclair a comparé les Caron de Rivière-du-Loup-en-haut, rebaptisé Louiseville, à une famille de l'Ancien Testament. La même année, le 20 avril, à l'occasion de sa Première Communion, ma mère recevait de son oncle Hector et de sa tante Desaulniers un petit livre de piété intitulé *la Persévérance ou la Jeune Fille sous la conduite de Marie*[7]. Ma mère avait alors neuf ans. On communiait tard chez les Ursulines de Trois-Rivières, sans

─────────

7. Il s'agit peut-être d'un livre de H. Besser, *la Persévérance*, Paris, Éditions Nilsson, 1900 [?], 127 p.

doute à cause des prêtres français, chassés par la Révolution, qui marquèrent le diocèse, tout particulièrement l'abbé de Calonne, frère du ministre de Louis XVI, qui mourut chapelain du monastère. L'année précédente, le 8 avril 1907, sa sœur Irène avait reçu *le Guide de la jeune fille*[8] par un prêtre du diocèse de Montréal, un livre dont elle se servit comme missel et dans lequel elle prit connaissance du vice impur et de ses ravages, vice qui la rendit lesbienne avouée, comme on verra plus loin. En écriture ornée, relevée d'un dessin du lys, non pas le blanc mais le lys rouge de Virginie[9], elle a rappelé elle-même que ce guide est un « souvenir donné par mon bien-aimé Papa, au beau jour de ma Première Communion ». Cela voudrait dire que mon grand-père maternel serait mort ou devenu fou entre le 7 avril 1907 et le 20 avril 1908. Hector Caron, qui fut député de Maskinongé à l'Assemblée législative et mourut à Québec, après avoir été Surintendant des Forêts et des Eaux, devint alors le tuteur de ma mère et de ses sœurs aînées, Rose-Aimée[10] et Irène. De tous les enfants de Georges Caron qui avaient fait fortune, si l'on excepte les trois Ursulines, il fut le seul à se distinguer.

8. Anonyme (écrit par un prêtre du diocèse de Montréal, 1822-1876), *Guide de la jeune fille. Recueil de prières et de conseils tirés de livres récents les plus autorisés et jouissant déjà de la haute approbation du souverain pontife et des membres les plus distingués de l'épiscopat contemporain*, Montréal, Librairie Saint-Joseph, Cadieux et Derome, 1880.
9. Ferron reprend, dans le texte « Les deux lys », cette opposition symbolique entre le lys blanc de France, que cultivait avec soin sa mère, et le lys d'Orange, qui se répand « sur les talus comme des fleurs sauvages. Ma mère aux cheveux cendrés n'est pas aussi sûre du sien. Les hivers sont longs, le gel profond. Des deux lys, seul celui-ci, le sien, est miraculeux » (*la Conférence inachevée*, p. 222).
10. Rose-Aimée, née en 1895, fut la première des trois sœurs à mourir de la tuberculose le 14 janvier 1913, à l'âge de 17 ans. C'est le prénom que Baron, dans *les Roses sauvages*, donnera à sa petite fille : « du nom d'une de ses grands-tantes qui avait laissé un souvenir de grande beauté et dont il ne savait rien de plus » (*les Roses sauvages*, p. 32). Voir aussi « Le chaînon qui manquait », p. 433.

□

[Ma]dame Grant, sœur de Duplessis, avait la réputation d'être folle. Elle s'arrêta quelquefois à la maison, entrant, bien entendu, par la porte d'en avant. Et l'on prétendit qu'elle venait ainsi dans l'espoir de rencontrer mon grand-père Caron mort chez les fous, à Beauport. Elle pouvait l'ignorer car ma famille maternelle, que je sache, ne s'en est jamais vantée. On ne m'a jamais dit, non plus, que ma tante Irène, surnommée la Miss, Mimi, Ti-Fille, était lesbienne et que ma pauvre mère avait pour elle un tel attachement qu'il me semble bien que la mort d'Irène, survenue le 15 décembre 1927, ait entraîné la sienne difficilement, après avoir langui jusqu'au 5 mars 1931, car sa tuberculose, si j'en juge par les radiographies[11], n'avait rien de mortel. Ma mère, sa sœur, ses cousines étaient des filles de feu. Voici une lettre à Irène qui venait tout justement d'entrer au Sacré-Cœur et dont l'état ne paraissait pas encore grave. Elle est de la fin d'octobre 1927, vitement écrite par ma mère Adrienne, alors grosse de la Bécasse qui viendra au monde le premier décembre. Il y est question d'argent et du mariage d'une cousine germaine qui vit encore — et je dirai comment.

Quand Irène est tombée malade, le 15 octobre, elle revenait des Florides et son compte à la Banque d'Hochelaga était à sec. Normalement, logée à Sainte-Justine, coiffée, empesée, quasi diplômée — l'invitation à la cérémonie diplômante, le 9 novembre 1927, avait déjà été reçue à Louiseville —, elle n'aurait pas dû avoir besoin d'argent. Au Sacré-Cœur, il en fut autrement et [elle] faillit bien, suprême outrage, aller mourir dans une salle publique. Voici donc ma mère Adrienne et sa double lettre, l'une pour Irène et l'autre de même, mais « écrite spécialement à l'adresse de cette révérende mère », sœur Marcellin.

« Irène, il n'y a pas à hésiter : si tes médecins ne peuvent rien pour toi, au lac Édouard tu devrais avoir une chambre privée pour

---

11. Ferron pousse, semble-t-il, l'investigation analytique autour de la mort de sa mère jusqu'à la lecture de son dossier médical, cherchant bien, comme toujours, non la cause mais la raison de sa maladie.

$2.50. La différence est appréciable. Et puis, ne t'inquiète pas tant de cette question d'argent : il t'en reste assez pour te faire soigner. Après, tu le sais, je t'attends : tu seras ici chez toi, comme tu l'as toujours été. Et qu'il soit entendu qu'il n'est aucunement question de gagner ta vie, etc. » Suit la description des noces de la cousine germaine, mariée en blanc, n'ayant pas retenu l'aventure dont mon excellent confrère, le docteur Max Comtois, gardait un souvenir ému, car il était tombé du cageux, où l'on venait de lui apprendre la vie, dans le lac Anitchey — et comme il ne savait pas nager, pour qu'il n'oubliât pas la leçon, cette vie, on la lui avait sauvée. Je citerai cette description plus loin. Auparavant, le mot pour la pauvre Sœur de la Providence qui, par la suite, se montrera une personne fort dévouée : « Ma chère Irène, je trouve inqualifiables les procédés de sœur Marcellin. Tu arrives exténuée et l'on te cherche querelle pour une mesquinerie. Si l'on connaissait si bien la famille Caron, ne pouvait-on pas lui faire crédit de te laisser au moins quelques jours de repos ? Et cette offre dérisoire de la salle commune, était-elle à l'adresse de la famille Caron et de cette sœur si bien mariée ? En tout cas, ma chère, voici ce que nous te conseillons : repose-toi quelques jours, c'est urgent, mais après quitte cette maison de finances où l'on ne peut tenir aucun compte de recommandations, comme celle de Sainte-Justine, entre autres, et du fait que depuis un an tu as soigné les enfants de Montréal gratuitement. Je connais un sanatorium *laïque* où, au même prix, tu seras reçue plus humainement et même plus *charitablement*[12]. Ta sœur aimante. »

Cette lettre m'a paru d'abord assez futile : à quoi bon cette parade ? Il suffisait d'aviser l'hôpital du Sacré-Cœur que le Notaire allait régler la note, c'est tout. Il l'a fait d'ailleurs et j'ai en main les factures de l'hôpital (où la chambre coûtait $4.00 par jour), du docteur Vidal et des deux croque-morts, celui de Montréal et celui de Louiseville ; elles ne sont pas sans intérêt. Par exemple, j'y trouve, après les remèdes de la première quinzaine de décembre ($11.20), deux bouteilles de champagne : $9.50, deux grosses que

---

12. C'est Ferron qui souligne.

l'on nomme magnum[13]. Cette boisson aide à mourir, je suppose…
Puis, après réflexion, me ressouvenant de la pertinence de ma mère,
de sa plume en or, je n'ai plus l'impression que cette lettre n'était
que démonstrative et un peu folle ; elle devait viser plus haut que
la pauvre sœur Marcellin, aussi loin que Grand-Mère où l'assez
extraordinaire mère Marie de Jésus était alors supérieure des Ursulines. Celle-ci avait peut-être jugé qu'au point où en était la Miss,
on pouvait au moins sauver son petit héritage en empêchant le
gaspillage des soins superflus. Cette intention perça l'année suivante. Pour le moment, nous sommes encore à la fin d'octobre
1927. Ma mère ne s'alarme pas trop. Après s'être payé la colère, elle
passe aux noces d'Annette, la cousine germaine, qui viennent
d'avoir lieu à Louiseville.

« La mariée était moins que chic. Et tous les gens de Nicolet
avaient l'air pas mal "tatas". Enfin tu n'as pas perdu grand-chose.
Les gens de Québec sont tous venus, de bonne humeur. Il y avait
aussi les Hamelin de Montréal, chez le Docteur, chez Guy, Édouar-
dina, Mme Hamelin — la mère. Nous devions être au moins
cinquante à la réception qui a suivi le mariage. Ma tante n'a pas
cessé de pleurer. Annette n'était pas trop gaie… » De Louiseville la
noce s'est déplacée vers le sud. Et le notaire y perdra plus de trois
jours… Les affaires avec sœur Marcellin semblent arrangées. La
lettre qui suit n'en parle guère. « Le pire est passé, écrit Adrienne,
les premiers jours. Chez Émile sont au courant ; une de tes lettres
leur a été remise par erreur. Je n'ai qu'une servante par ces temps-
ci, Orilda. Elle est bien capable, mais je t'assure que je trouve les
enfants tapageurs. Annette est à Nicolet avec son cher époux. Ils
sont reçus un peu partout dans la famille de Mr Caron. Cela me
paraît une bonne vieille famille de l'ancien temps. Ils ont dû aller
à Ottawa ou à Boston. » (Si l'on compte une semaine pour le
voyage de noces, cela veut [dire] une dizaine de jours. Nous serions
déjà en novembre[14].)

---

13. Ferron reprend ce détail dans l'historiette « Gris demi-sofa », p. 371.
14. Là encore, dans cet effort de datation fait par Ferron, on reconnaît
l'important travail de reconstitution mémorielle qui accompagnait l'écriture de
ces textes autobiographiques.

Ici se situe l'histoire d'Annette

« Je suis partie inquiète de te voir si abattue. Il faut surmonter cela au plus tôt. Il n'y a pas à te décourager ainsi. Sitôt passé ce vilain mal de gorge (dans les familles on savait que la T.B.[15] de gorge ne pardonnait pas), tu vas voir comme tu vas prendre le dessus vite avec l'énergie que tu as. En même temps j'écris aux tantes qu'elles prient pour toi. Si elle pouvaient t'obtenir que tu dormes la nuit et que ton mal de gorge se passe ! Si tu as besoin de quelque chose, etc. »

« J'ai été quelques jours sans t'écrire, occupée par Paul qui fait une bronchite... Et la gorge ? J'espère que le mieux se continue. Et le sommeil ? Pauvre petite, que j'ai hâte qu'il te revienne ! Cela déprime tant de ne pas dormir. Mère Marie de Jésus m'envoie des petits feuillets à te faire parvenir. Elle et ma tante du Saint-Esprit, comme toutes les personnes à qui j'en ai parlé, sont bien affligées de te voir ainsi malade "d'avoir eu trop de courage" comme ils disent tous... »

Un détail des noces d'Annette[16]

« Édouard est arrivé pendant la messe un peu plus que chaud, se faisant un grave problème de mettre un pied devant l'autre...[17] »

La lettre de Juliette à Adrienne

« Lundi soir je me suis rendue spécialement voir Irène à Mont-réal. Mardi je revenais à Trois-Rivières et repartais avec Maurice et Angeline pour Louiseville afin de te donner des nouvelles récentes

---

15. Abréviation utilisée à l'époque pour désigner la tuberculose.
16. Ce feuillet commence par la fin d'une phrase. Ferron a rayé : « a bien pleuré. Annette elle-même n'était pas trop gaie. »
17. Ferron a raturé la suite : « Le Notaire est revenu cet après-midi de Victoriaville. Voilà trois jours qu'il perd pour les noces... »

de notre chère malade, mais la tempête de neige nous a forcés de retourner. Je t'envoie donc un mot de Québec où je suis revenue hier. Je n'avais pas vu Irène depuis un an — ai-je besoin de te dire que je l'ai trouvée changée, changée à tel point que j'ai été obligée de faire appel à toute mon énergie pour ne pas pleurer devant elle… Je ne la croyais pas aussi mal. Nous n'avions pas su qu'elle avait été administrée. J'ai donc été douloureusement surprise en la voyant. Elle a été bien contente de me voir et d'avoir des nouvelles de nous tous. Je lui ai apporté des belles fleurs au nom de Roméo et au mien. Elle m'a dit t'avoir vu dimanche ainsi que ton mari et tous les enfants. Les gardes de Sainte-Justine sont bien bonnes. Il y en avait une avec elle quand je suis arrivée et deux autres viennent pour la nuit. Cette chère Irène, elle a une énergie de fer car elle réalise très bien sa position et cependant elle continue à nous sourire de son sourire si doux. Ma chère Adrienne, j'espère que la santé est bonne malgré toutes les inquiétudes que te donne la maladie grave d'Irène. Dans ta position surtout, il vaut mieux se confier à la divine Providence et accepter d'avance sa volonté. Advienne que pourra[18]! Je suis allée voir ma tante du Saint-Esprit qui recevait justement une lettre de ma tante Marie de Jésus lui disant qu'elle n'avait pas eu de nouvelles d'Irène ni de personne, qu'elle commençait à être inquiète. [Les] nouvelles n'étaient pas très encourageantes. Mais elle était contente d'en entendre parler. À Québec, ça ne va pas aussi bien qu'on le désirerait. Papa garde maintenant la maison. Ses jambes le fatiguent beaucoup. Souvenirs à ton mari, des caresses aux enfants, pour toi mon meilleur baiser accompagné de mes meilleurs souhaits de bon courage, Juliette. »

Après la naissance de Thérèse

« Ma chère Irène, je ne t'ai pas écrit depuis longtemps et tu dois me trouver bien paresseuse. Sœur Marcellin a eu la bonté de me

---

18. Cette devise fataliste, qui sera celle d'Irène peu avant sa mort, deviendra bientôt celle d'Adrienne. Voir l'historiette « Gris demi-sofa », p. 373.

donner de tes nouvelles deux fois depuis que je suis ici. J'ai bien du chagrin de te savoir si souffrante. S'il y avait moyen de partager cela un peu, je prendrais bien ma part de ce que tu endures. Tu as beaucoup de mérite à supporter cela patiemment comme tu le fais. Je me lève un peu maintenant. Cela va très bien. J'ai pensé retourner chez-nous à la fin de semaine et puis, quelques jours après, aller te voir. En char ce n'est pas bien fatigant. Les enfants sont bien. Jacquot a commencé ses sports d'hiver. Il passe son temps dehors, paraît-il. Bonjour ma chère Irène. Bon courage. J'ai bien hâte d'aller te voir. Un bon bec, Ad. »

« Ma chère Irène, je suis encore à l'hôpital. Le notaire ne vient pas me chercher avant dimanche. Il faut bien que j'y passe. Il est venu hier après-midi avec Marcelle. Elle a été bien fine. Elle ne faisait que dire : "Ma petite Mimi, ma petite maman, je les aime !" Je pense retourner samedi ou dimanche et aller te voir bientôt après. Si je pouvais te trouver moins souffrante ! Cela me fait tant de peine de te voir malade et de ne pouvoir rien faire pour te soulager. Sœur Ferron vient me voir tous les jours. Elle s'informe de toi et prie pour toi. Au revoir, ma chère Irène. Je te souhaite courage mais je sais que tu en as et beaucoup. Ta sœur qui t'aime, Adrienne. »

(Et ce fut sans doute la dernière lettre qu'elle écrivit à Irène.)

Feu Jean-Jacques

Le mariage de mes parents[1] fut célébré à Louiseville, le 15 janvier 1920, cinq jours après la majorité de ma mère, née le 10 janvier 1899. Quand je rencontre Madame Jovette Bernier[2], d'un an plus jeune, élevée par les Ursulines de Trois-Rivières, il m'arrive de penser qu'elle pourrait être ma mère. Cela me déconcerte. Je l'écoute mal. Il me semble qu'elle ne me comprend pas. Je me répète et dois lui paraître pédant et appliqué, voire niais. J'en ai presque fait mon parti. C'est une personne sans illusion, dont le regard perçant me semblerait cruel si elle n'était la contemporaine de ma mère. On sait qu'elle a gagné sa vie en écrivant, un peu comme [ma] sœur Marcelle par la peinture, et qu'elles sont toutes deux des femmes émancipées, assez fières d'elles-mêmes. Or, l'an dernier, j'étais un peu mêlé par toutes les revendications de ces dames. Dieu sait qu'amoureux d'elles, je leur suis favorable. Il me semble toutefois que la maternité les oblige à une certaine régression et qu'ainsi elles se mettent à niveau de l'enfant qu'elles doivent apprivoiser et élever en partant pour ainsi dire de rien ; qu'à défaut de se laisser aller à cette régression somme toute naturelle, elles tombent en dépression. C'est le sujet que j'ai traité dans *les Roses sauvages*, à savoir qu'une bonne p'tite vache affectueuse vaut mieux pour l'enfant qu'une pianiste de concert[3]. Une telle infériorisation

---

1. Historiette parue sous ce titre dans *l'Information médicale et paramédicale*, XXVIII : 19, 17 août 1976, p. 10.
2. Voir « Le vilain petit mouchoir », p. 391.
3. C'est à peu de choses près ce que dit le médecin à la mère de la petite Rose-Aimée après son accouchement : « Ce qu'il faut à un enfant, ce n'est pas une

serait inévitable et nécessaire[4]. C'était là mon idée d'homme. Elle me rendait un peu honteux. Je l'avais exprimée à Nicole Brossard[5], grande championne de son sexe, pour m'entendre répondre oui, que mon idée était juste, mais qu'il y avait moyen d'être mère autrement qu'à la journée longue, en y mettant de l'intensité et qu'on pouvait l'être ainsi à raison d'une demi-heure ou deux par jour. Cette courte relation, nonobstant l'intensité, m'apparaissait tout simplement énervante, plus frustrante que bénéfique.

— Jovette, dites-moi : qu'est-ce qu'elles ont donc, les femmes, à vouloir être libres à ce point, au détriment de l'enfant ? Je voudrais bien être mère à leur place, mais suis-je équipé pour le faire ? J'essaie de m'expliquer avec elles de mon mieux, raisonnablement ; je m'attire des réponses qu'hélas je ne parviens pas à comprendre.

— Ne les écoutez pas : une bande de folles. Si elles étaient libres, elles n'en parleraient pas tant.

— Il s'en est trouvé une, à un concile d'écrivains qui avait lieu au Mont-Gabriel, qui aurait voulu que nous observions une minute de silence à la mémoire de la beauté assassinée. C'était trop me demander. À faire de nous des assassins, surtout si l'on cherche à être courtois et dévotionneux, et qu'on ne se sente pas porté à la relation sadomasochiste, on réussira à nous rendre impuissants. Votre sexe a ses faiblesses, mais le nôtre aussi a les siennes, en particulier celle de ne pouvoir tricher.

---

mère qui joue du violon, une mère qui écrive des livres, c'est une mère qui soit une bonne p'tite vache affectueuse, du moins pour les premières années » (*les Roses sauvages*, p. 32-33).

4. Ferron s'explique à ce sujet dans les entretiens qu'il accorde à Pierre L'Hérault : « par rapport au long apprentissage de la vie, par rapport à cette enfance qui dure si longtemps, il y a, je pense, un certain sacrifice de la part de la mère : il existe une certaine régression qui est nécessaire pour se mettre à la portée de l'enfant. Car c'est elle qui lui apprend la langue. C'est elle qui le marque. Mais pour être à son niveau, elle aura dû régresser quelque peu » (*Par la porte d'en arrière. Entretiens*, p. 107).

5. Nicole Brossard, poète, romancière et dramaturge ; elle sera codirectrice de *la Barre du jour* (1965-1975) et de *la Nouvelle Barre du jour* (1976-1979) et fondatrice du journal féministe *les Têtes de pioches* (1976-1979). Elle a reçu le prix du Gouverneur général pour son recueil *Masculin grammatical* (1974).

Je ne sais plus trop ce que Jovette m'a répondu. J'ai dû lui paraître assez niais et touchant, comme tous les porteurs du « phénix ». C'est une expression que je viens d'entendre pour la première fois, et le phénix en question était une gueurlite fort lamentable qui ne faisait pas de son porteur ce qu'on appelle un phallocrate... J'en arrive, plutôt désavantagé, au mariage de mes parents. Après le voyage de noces classique en Floride, à Tampa qui l'emportait alors sur Miami, il eut, si je puis dire, des suites régulières. Je suis du 20 janvier 1921, Madeleine du 24 juillet 1922, Marcelle du 29 janvier 1924 : nous naissions à seize mois d'intervalle. Mon père ne semble pas avoir trop prisé l'accouchement à la maison auquel j'avais donné lieu[6] ; il décida qu'à l'avenir cela se ferait à son insu, à l'hôpital des Trois-Rivières. Il est difficile en effet pour un homme valeureux d'assister impuissant au labeur de sa pauvre épouse, sans pouvoir en partager la peine. Et c'est lui très souvent qui gâte l'accouchement, en obligeant l'opérateur à l'abréger de ses forceps. À l'hôpital, cet incompétent passionné est gardé loin de la salle des douleurs ; il n'entend pas de cris et ne souffre pas trop. Et c'est lui ensuite qu'on félicitera, le pauvre.

Après la naissance de Marcelle, il y eut une sorte de piétinement et l'intervalle fut allongé d'une année. Même à l'hôpital, elle aurait failli tuer ma mère. C'est ce qu'on a dit. Je ne sais pas à quoi correspondent ces rumeurs. Chose certaine, ma mère est tombée malade de la poitrine, d'une tuberculose qu'elle avait tout lieu d'appréhender, qui sévissait dans sa famille et dont elle se sentira coupable, sinon diminuée, comme on le verra par les lettres qu'elle a écrites à mon père du sanatorium du lac Édouard. Plus qu'une maladie, la tuberculose représentait une sorte de destin et Dieu sait que cette fatalité n'aidait pas à guérir. Elle représentait de plus une affaire, une affaire très délicate, à savoir qu'il y a eu de l'audace et de la présomption dans le mariage de mes parents et que probablement, sans cette maladie familiale qui la dépréciait, ma mère qui était héritière, élevée à la perfection et qui parlait même l'anglais, beaucoup mieux en tout cas que mon père, et qui avait

---

6. Sur la scène de naissance de l'auteur, voir *la Créance* et l'*Appendice aux Confitures de coings*.

la grâce de ne point s'en faire une gloire, aurait trouvé un meilleur parti. Voilà l'affaire qui a toujours été sous-entendue, trop délicate pour qu'on en puisse jamais parler. Par ce mariage, amoureux bien sûr, on bousculait les usages, on frondait le destin. Cela explique qu'on ait attendu la majorité de ma mère pour qu'il n'en fût rien dit. Cela peut expliquer aussi le nom de bravoure qu'on m'a donné et que je ne porte plus depuis le 5 mars 1931.

Mon véritable prénom est Jean-Jacques, avec le trait d'union. Ce n'est pas nécessairement un nom de bravoure. Monsieur Olier[7], le fondateur de Saint-Sulpice, l'a porté avec sainteté, sinon humilité. Déjà il y a en lui de la superbe et de l'extravagance. Certes, il est parvenu à triompher de lui-même et l'abbé Bremond en dit beaucoup de bien, mais pas assez pour le faire béatifier. La culture religieuse de ma mère n'était pas assez profonde pour se rendre jusqu'à ce Jean-Jacques dévot. Et elle pensait à un autre, à celui qui, un siècle plus tard, avait confisqué le prénom en sa faveur, au citoyen de Genève, le fameux Jean-Jacques Rousseau[8], moins pieux et recommandable que Monsieur Olier, quoique tout aussi paranoïaque. Aussi, quand elle fut sur son lit de mort — une chaise longue près de la fenêtre — et qu'elle dut faire sa grande capitulation, elle me supplia *primo*, de ne pas me croire plus fin qu'un autre, *deuxio*, de faire comme tout le monde, et *tertio*, de m'appeler Jacques tout court. Je lui ai cédé sur le nom, surpris d'apprendre le sens qu'elle lui avait donné, la bravade qu'elle y avait mise. Quant au reste, mon Dieu, je ne crois pas lui avoir aussi bien obéi.

---

7. Curé de la paroisse de Saint-Sulpice à Paris (1642-1657), Jean-Jacques Olier (1608-1657) fonda la Compagnie des prêtres de Saint-Sulpice et le séminaire du même nom.

8. Jean-Jacques Rousseau (1712-1778), écrivain et philosophe genevois ; il est l'auteur, entre autres, des *Rêveries du promeneur solitaire* (1782) et *Du contrat social* (1762). Ferron reviendra au moins à deux reprises, dans ses correspondances, sur la question du choix de son prénom. À Julien Bigras, il précisera que « Jean-Jacques est un nom pieux dans votre diocèse, à cause de Jean-Jacques Olier, le fondateur des Sulpiciens. Or je suis du diocèse de Trois-Rivières où l'emporte la renommée de Rousseau » (Julien Bigras et Jacques Ferron, *le Désarroi*, p. 72). De même, à Clément Marchand, il écrira : « Elle [Adrienne] m'avait nommé Jean-Jacques. Avant de mourir elle me rebaptisa Jacques, ce qu'elle n'aurait pas pensé faire dans le diocèse de Montréal où Jean-Jacques Olier prévaut sur le Rousseau qu'elle avait dans la tête » (*l'Autre Ferron*, p. 330-331).

[Il n'est guère intelligent
de mourir à trente-deux ans]

Il n'est guère intelligent de mourir à trente-deux ans[1] comme c'est arrivé à ma mère. Je ne dis pas qu'elle l'ait fait exprès. Au contraire elle semblait peinée, elle avait les larmes aux yeux ; « Enfants » fut son dernier mot. Elle était la fille d'un Caron et d'une Bellerose[2], l'un et l'autre morts tout aussi sottement. Mon père, craignant le mauvais héritage, assura ma vie de bonne heure ; si j'étais mort à l'âge de douze ou treize ans, comme il s'en fallut de peu, il n'aurait pas été perdant. Il avait dit aux nonnes du Jardin de l'Enfance, où j'étais pensionnaire : « Ne négligez rien pour sa santé. » On commençait alors à vacciner contre la diphtérie ; elles firent venir un médecin distingué, habillé de noir, frère de l'aumô-nier, qui pour mieux me protéger contre cette maladie-là, me donna la septicémie, dont je faillis mourir. Ce n'aurait pas été ma faute[3].

---

1. Fragments de textes incomplets, sans titre, probablement écrits dans les années cinquante. Fonds Jacques-Ferron, MSS 424 ; boîte n° 16 ; chemise n° 11 ; 2.11.14. Nous ne publions que la première des deux versions de ce texte, les variantes étant trop peu significatives.
2. Adrienne est la fille de Louis-Georges Caron et d'Eugénie Bellerose, dont le mariage fut célébré à Saint-Alexis le 15 septembre 1891. La mère d'Adrienne mourra comme elle de tuberculose en 1901.
3. Ferron mentionne également ce fait dans « Le Chichemayais », où il précise que son père l'avait assuré « pour vingt mille dollars. C'était beaucoup à l'époque. Les valais-je, moi, un garçon de dix ans ? En tout cas, mort, je n'aurais pas été une perte sèche » (*la Conférence inachevée*, p. 96).

Le Caron, père de ma mère, se nommait Louis-Georges ; il était fils de Georges, marchand général, grand brasseur de petites affaires, espèce de Commandeur[4], qui mourut vieux et riche après avoir été député, colonel de milice, frère de prélat[5], père d'Ursulines[6], bête à bon Dieu et conservateur, bien entendu. Avec un père de la sorte on est toujours infirme de quelque façon ; Louis-Georges fut ivrogne ; et c'était aussi un épais jouisseur. Il n'a été beau à voir que sur son cheval, l'Oiseau Bleu, dont on parle encore dans le comté, lorsqu'il descendait de Saint-Alexis à Louiseville afin de s'amuser. Sa femme, la Bellerose, était un tendron, qui ne dura guère. Elle lui laissa trois filles, qui furent élevées au monastère, chez les dames ursulines de Trois-Rivières. Il convola avec une Desaulniers, mais comme il avait entre-temps contracté la vérole, il n'en tira que de la bouillie. Lui-même peu après alla finir sa cuisine au cimetière[7].

---

4. Ferron, dans le texte « [Mon père se nommait Joseph Salvarsan] » (p. 291), en plus d'attribuer à son père l'état civil de son arrière-grand-père (en le faisant marchand et quincaillier), lui transfère aussi ce titre de Commandeur.

5. Il s'agit de Mgr Charles-Olivier Caron (1816-1896), le grand-oncle d'Adrienne. De 1871 à 1880, il sera supérieur du Collège de Trois-Rivières, devenu en mars 1974 le Séminaire Saint-Joseph. Il mourra au couvent des Ursulines de Trois-Rivières dont il était chapelain depuis 1957. Voir l'*Appendice aux Confitures de coings* et plus particulièrement *le Saint-Élias* où il en est longuement question.

6. Georges Caron était le père des « tantes ursulines » qui eurent soin d'Adrienne et de ses sœurs. Voir « [Ma mère fut élevée par les dames ursulines] », p. 355.

7. Cette esquisse surprend par le ton désenchanté et abrupt qui exprime dès le titre une certaine colère.

[Ma mère qui n'a pas su vieillir]

Ma mère qui n'a pas su vieillir[1], hélas ! j'ai depuis longtemps dépassé son âge. Elle reste ma cadette[2], mais je n'oublie pas combien elle était ancienne, attachée aux coutumes passées du royaume de France que les Ursulines de Trois-Rivières, ses mères, avaient conservées, légataires de Monsieur de Calonne, frère du ministre de feu le Roi, et leur aumônier. Ainsi déplorait-elle l'âge de la majorité : vingt et un ans, quand on n'a pas fini de jeter les feux de la jeunesse ! Elle jugeait qu'il est toujours dommage de s'émanciper, mais puisqu'on doit le faire, vingt-cinq ans, c'était bien assez vite. Je souris un peu à son inconséquence, elle qui ne voulait pas demander à son tuteur la permission d'épouser mon père et attendit d'avoir vingt et un ans ; elle les eut le 10 janvier 1920 et l'épousa le 15, cinq jours après. Peut-être aurait-elle trouvé longues les quatre autres années. Et où en serais-je, je le demande ? Après s'être permis l'exception, elle tint à la règle davantage. Je n'ose pas lui soumettre le cas de mes enfants, majeurs à dix-huit ans, mon Dieu, [cette majorité] lui paraîtrait une dégradation.

---

1. Texte sans titre, probablement écrit dans les années soixante-dix. Fonds Jacques-Ferron, MSS 424 ; boîte n° 23 ; chemise n° 10 ; 3.20. Ce texte, difficilement déchiffrable, demeure incomplet.
2. Ferron affectionne particulièrement cette expression dans son œuvre et s'en sert presque toujours lorsqu'il fait référence à sa mère qui, morte à un très jeune âge (elle avait à peine 32 ans), est rapidement devenue sa cadette aux yeux de l'auteur.

Anamnèse

Mon grand-père maternel[1], Louis-Georges Caron, n'est pas mort ; il a disparu d'abord, entre le 8 avril 1907 et le 21 avril 1908, et puis, bien sûr, il a dû faire comme tout le monde, mais où ? quand ? de quelle maladie ? Du foie, des poumons, ou de la tête, fou, archifou, enfermé[2] ? Il était, je pense, crapuleux, homme « de grossière débauche, surtout dans le boire » — c'est la définition de Littré. Un de mes oncles paternels, à qui je ne demandais rien, me dit l'avoir vu, ivre, interrompre grossièrement un orateur distingué lors d'une assemblée politique. Avec une colère qui me surprit et me blessa un peu, car c'était un homme d'humeur facile et très indulgent, il ajouta : « Nous ne savions pas où nous mettre : il nous faisait honte. » Mon père, lui, ne m'en a jamais parlé qu'avec bonhomie. C'est même avec une sorte d'admiration pour cette chevauchée, qu'il me raconta qu'il lui arrivait de descendre de Saint-Alexis sur l'Oiseau Bleu d'une traite à Louiseville, pris de frénésie, emporté, et pour quoi faire ? Pour venir y perdre sa dignité dans les tavernes et les hôtels. Car, enfin, il fallait qu'il fût un grand énergumène après un trajet de huit lieues, pour avoir encore le goût et la force de crapuler. Et c'était cette démesure que mon père marquait d'admiration[3]. Mais où cela le menait-il, par-delà le chef-

---

1. Historiette parue sous ce titre dans *l'Information médicale et paramédicale*, XXX : 8, 7 mars 1978, p. 12.
2. Voir « La bergère » (p. 365) au sujet de l'enfermement présumé de Louis-Georges Caron.
3. Ferron évoque également cette admiration du père pour la démesure dans « [La grandeur] », p. 293.

lieu de Louiseville ? Diderot fait dire à son Rameau : « Vous vous livrez à la débauche des femmes, vous serez hydropique ; vous êtes crapuleux, vous serez poumonique[4]... » On avait de ça dans la famille Caron ; la tuberculose y était chez elle. Si mon grand-père Louis-Georges s'était laissé aller de consomption, il aurait fait comme sa femme, ma grand-mère Bellerose, et comme le feront ses trois filles, Rose-Aimée, Irène et ma mère Adrienne ; tous ces excès auraient été mis au compte d'une maladie, en quelque sorte purifi-catrice, et il aurait son nom dans un cimetière du comté, soit à Saint-Léon, à Louiseville ou à Saint-Alexis. Mais voilà, son nom ne se trouve nulle part. Par contre, il avait laissé les ruines d'un moulin à Saint-Alexis, derrière le magasin général qui fut le sien, quatre murs de pierre, en haut du pont, dans une baissière, près de la rivière. Et mon père, le Notaire, qui aimait à donner aux choses le nom de leur propriétaire, me disait : « Tiens, regarde le moulin à cannelles de ton grand-père. » Il n'a jamais dit « de mon beau-père », sans doute parce qu'il avait épousé ma mère en 1920, cinq jours après sa majorité, sans la demander à personne, et encore moins à ce Louis-Georges Caron, disparu depuis une dizaine d'an-nées alors. Ce moulin « à cannelles » avait été une fabrique de fuseaux. Mais cannelles ou fuseaux, il m'a toujours semblé extravagant qu'il ait été bâti en maçonnerie pour fabriquer de ça, si loin des filatures. Mon père connaissait peut-être l'expression « mettre en cannelle », qui signifie au figuré : déchirer, ruiner de réputation. Moi, pas. Tout ce que je comprenais, c'est que ces ruines constituaient une sorte de monument funéraire, et, aujour-d'hui, j'y pense : cette baissière se trouve en-dessous du cimetière de Saint-Alexis, elle y atteint, ce qui mettrait ces quatre murs dans

---

4. Cette citation est en effet tirée du *Neveu de Rameau*. « LUI. — [...] Tout à son vrai loyer dans ce monde. Il y a deux procureurs généraux, l'un à votre porte qui châtie les délits contre la société. La nature est l'autre. Celle-ci connaît de tous les vices qui échappent aux lois. Vous vous livrez à la débauche des femmes ; vous serez hydropique. Vous êtes crapuleux ; vous serez poumonique » (Denis Diderot, *le Neveu de Rameau*, Paris, Flammarion, 1983, p. 99).

le voisinage immédiat du champ du Potier[5]. Cela est exact, mais en dit plus que je ne pense, ou moins, car enterré sous son moulin, cette sépulture aurait eu plus d'allure que l'autre, celle où il se trouve, je ne sais où, probablement dans le champ de Saint-Michel-Archange.

Je m'expliquerai plus loin de cette supposition. Auparavant je tenterai de donner un aperçu de sa vie. Le 28 février 1888, chez son père, à Saint-Léon-de-Maskinongé, Louis-Georges Caron, étudiant, du moins présumé tel, reçoit de l'École Normale Laval de Québec, la lettre que voici : « Bien Cher Monsieur, Il y a passablement longtemps, près de deux mois, que nous n'avons pas de vos nouvelles à l'École Normale. Ce silence prolongé commence à m'inspirer des craintes, des craintes bien légitimes, vous en conviendrez, sur l'état de votre santé. Veuillez donc m'écrire un petit mot pour me rassurer. Vos anciens confrères sont anxieux, comme moi, d'avoir le dernier bulletin de votre précieuse santé. » Ici rendu, tout est dit, mais il aurait peut-être été impoli d'en rester là. Pour en tempérer l'effet, on y ajoute deux paragraphes. Je les transcris, ne serait-ce que pour le signataire, L.-N. Bégin OP[6], qui deviendra par la suite cardinal-archevêque de Québec. « Les élèves de notre École sont tous bien, à l'exception de M. Arthur Barbeau qui souffre d'une grave maladie de cœur, par elle retenu dans sa famille depuis environ trois semaines et bien désolé de se voir ainsi arrêté au milieu de l'année scolaire. Ces jours derniers, venu consulter à Québec, il a profité de l'occasion pour revoir ses confrères et trouver quelque encouragement dans la joie qu'ils lui ont manifestée. Monsieur

---

5. D'après l'Évangile selon saint Matthieu, le champ du Potier désigne une terre non bénie, en retrait du cimetière, où étaient enterrés ceux à qui l'on refusait la sépulture ecclésiastique. Les suicidés y sont généralement enterrés. Ainsi, c'est dans le champ du Potier que le Dr François Fauteux sera enterré « sans passer par l'église » (voir le Saint-Élias, p. 108).
6. Il s'agit de l'abbé Louis-Nazaire Bégin, qui deviendra ultérieurement le cardinal-archevêque de Québec.
7. Selon Pierre Cantin, il pourrait s'agir de l'abbé Raymond-Marie Rouleau (1866-1931), qui fut évêque de Salaberry-de-Valleyfield avant d'être cardinal de Québec.

l'abbé Rouleau[7] vous salue affectueusement et sera le plus heureux des hommes quand il apprendra que vous vous portez mieux. En attendant, veuillez agréer les bons souhaits que je forme pour votre rétablissement et l'assurance de mon dévouement sincère. » Suivent deux post-scriptum, le premier écrit courbé : « Veuillez présenter mes hommages respectueux à Monsieur votre père », et l'autre raide, sec, qui claque la porte au nez du ci-devant étudiant qu'on n'a jamais cru malade, à supposer qu'il prétende l'avoir été et, se disant rétabli, qu'il pense encore pouvoir se remettre aux études : « Voudrez-vous me dire à quelle date vous êtes parti définitivement de l'École Normale ? »

Cette école, qui formait des instituteurs laïcs sous la direction d'ecclésiastiques distingués, devait avoir un rôle dans la lutte que se livraient l'Église et l'État pour la direction de l'enseignement et qui ne se termina qu'en 1901, après l'échec du ministère de l'Instruction publique de F.-G. Marchand[8]. Mon grand-père alla terminer ses études dans le haut du comté, à Saint-Alexis, où il épousa une demoiselle Bellerose, d'une famille de forestiers.

---

8. François-Gabriel Marchand (1832-1900), avocat, journaliste et dramaturge ; chef des libéraux dès 1892, il fut élu Premier ministre en 1897 en promettant de rétablir la mainmise du gouvernement sur l'éducation. L'Église catholique romaine lui fit obstacle et conserva ce pouvoir jusqu'en 1960.

[Le 28 février 1888]

Le 28 février 1888[1], à Saint-Léon-de-Maskinongé, Louis-Georges Caron, étudiant, du moins présumé tel, reçoit de l'École Normale Laval de Québec la lettre que voici :

« Bien Cher Monsieur, [i]l y a passablement longtemps, près de deux mois, que nous n'avons pas de vos nouvelles à l'École Normale. Ce silence prolongé commence à m'inspirer des craintes, des craintes bien légitimes, vous en conviendrez, sur l'état de votre santé. Veuillez donc m'écrire un petit mot pour me rassurer. Vos anciens confrères sont anxieux, comme moi, d'avoir le dernier bulletin de votre précieuse santé. »

« Les élèves de notre École sont tous bien, à l'exception de M. Arthur Barbeau qui souffre d'une grave maladie de cœur, par elle retenu dans sa famille depuis environ trois semaines et bien désolé de se voir ainsi arrêté au milieu de l'année scolaire. Ces jours derniers, venu consulter à Québec, il a profité de l'occasion pour revoir ses confrères et trouver quelque encouragement dans la joie qu'ils lui ont manifestée.

Monsieur l'abbé Rouleau vous salue affectueusement et sera le plus heureux des hommes quand il apprendra que vous vous portez mieux. En attendant, veuillez agréer les bons souhaits que je forme

---

1. Texte sans titre, probablement écrit dans les années soixante-dix. Fonds Jacques-Ferron, MSS 424 ; boîte n° 20 ; chemise n° 21 ; partie de 2.85.1. De longs fragments de ce texte ont servi à l'écriture de l'historiette précédente, « Anamnèse ». Ferron l'ayant numéroté d'un « III », ce texte était peut-être le chapitre troisième du roman qu'il comptait consacrer à sa branche maternelle, *la Miss et sa sœur, ma mère*.

pour votre rétablissement et l'assurance de mon dévouement sincère. »

Cette lettre porte la signature de L.-N. Bégin OP, ce dominicain qui deviendra cardinal-archevêque de Québec, ce dont il ne se doutait sûrement pas alors. Elle est suivie de deux post-scriptum, le premier écrit courbé : « Veuillez présenter mes hommages respec-tueux à Monsieur votre père », et l'autre raide, sec, qui claque la porte au nez du ci-devant étudiant qu'on n'a jamais cru malade, à supposer qu'il prétende l'avoir été, et, se disant rétabli, qu'il pense encore pouvoir se remettre aux études : « Voudrez-vous me dire à quelle date vous êtes parti définitivement de l'École Normale ? »

Cette lettre témoigne de plus de considération pour le père que d'estime pour le fils. Celui-ci devait avoir dix-huit ou dix-neuf ans. S'il n'était pas parti de lui-même, il semble bien qu'il aurait été renvoyé. Que fabriquait-on, sous la direction d'ecclésiastiques distingués, dans cette École Laval de Québec ? Peut-être des éduca-teurs laïques capables de s'emparer des postes de commande dans un ministère de l'Éducation nationale où l'État aurait pris la relève de l'Église et dont l'éventualité exigeait une préparation pour en atténuer les méfaits si l'on ne réussissait pas à l'empêcher. De fait le Premier ministre F.-G. Marchand en fera voter l'institution dix ans plus tard, mais le conseil législatif, Mgr Bruchési[2], Sir Wilfrid Laurier[3], le Vatican et l'Angleterre firent si bien que le vote de l'Assemblée législative n'eut pas de suite. Plus vraisemblablement on y fabriquait des inspecteurs d'école et des fonctionnaires com-plaisants dont on avait besoin au département de l'Instruction publique. C'était là pour le grand-père Louis-Georges une façon de sortir du comté de Maskinongé dont il devait sortir pour ne pas rester dans l'ombre de son père, le chef de la lignée, un personnage

---

2. Mgr Paul Bruchési (1855-1939) fut archevêque de Montréal de 1897 à 1921. Voir *le Saint-Élias,* p. 176.
3. Sir Wilfrid Laurier (1841-1919), chef du Parti libéral dès 1887 et Premier ministre du Canada de 1896 à 1911.

trop considérable pour qu'il pût penser l'égaler, encore moins le dépasser sur son terrain, et ce terrain justement occupait tout le comté.

Mon grand-père maternel[4], Louis-Georges Caron, n'est pas mort ; il a disparu d'abord, entre le 8 avril 1907 et le 21 avril 1908, et puis bien sûr qu'il a fait comme tout le monde, mais où ? comment ? de quelle maladie ? Du poumon, fort demandé à l'époque[5], ou de la tête, fou, archifou, enfermé ? Il était, je crois, crapuleux, homme « de grossière débauche, surtout dans le boire » — c'est la définition de Littré. Mon père m'a raconté, avec une certaine admiration pour la chevauchée, qu'il lui arrivait de descendre sur l'Oiseau Bleu de Saint-Alexis, le bout du comté, jusqu'au chef-lieu, Louiseville, pris de frénésie, emporté, et pour quoi faire ? Pour venir y perdre sa dignité dans les tavernes et les hôtels. Car enfin il fallait qu'il fût un grand énergumène, après une chevauchée de huit lieues, d'avoir encore le goût, la force et les moyens d'y crapuler. Et c'était pour cette démesure que mon père avait de l'admiration. Où cela le menait-il, par-delà le chef-lieu ? Diderot fait dire à son Rameau : « Vous vous livrez à la débauche des femmes, vous serez hydropique ; vous êtes crapuleux, vous serez poumonique... » On avait de ça dans la famille Caron ; la tuberculose y était même la maladie principale. Si mon grand-père s'était laissé aller de consomption, il aurait fait comme ma grand-mère Bellerose, comme ses trois filles feront, tous ses excès auraient été mis au compte de la maladie et il aurait son nom au cimetière, soit à Saint-Léon, soit à Louiseville ou à Saint-Alexis. Mais voilà : son nom ne se trouve nulle part. Par contre, il avait laissé des ruines à Saint-Alexis, quatre murs de pierre, en haut du pont, dans une baissière, près de la rivière. Et mon père, qui était notaire, qui

---

4. En marge de ce feuillet, Ferron avait noté : « *Réprouvé* — rejeté, condamné, destiné à l'enfer », autant d'expressions qui devaient probablement servir à dépeindre le destin de son grand-père.

5. La tuberculose était en effet une maladie très commune à l'époque. La branche des Caron sera particulièrement affligée par cette « maladie familiale » (« Feu Jean-Jacques », p. 418), quasi héréditaire, dont mourront Rose-Aimée, Irène et Adrienne. Jacques et Marcelle en seront aussi atteints.

aimait à nommer les choses et le nom du propriétaire, me disait :
« Tiens, voilà le moulin à cannelles de ton grand-père. » Il n'a
jamais dit : « de mon beau-père », sans doute parce qu'il avait
épousé sa fille cadette en 1920, soit une douzaine d'années après sa
disparition et sa présumée mort. D'ailleurs ce moulin « à cannelles » avait été une fabrique de fuseaux. Mais, cannelles ou
fuseaux, il m'a toujours semblé extravagant d'avoir été bâti en
maçonnerie pour fabriquer de ça, si loin des filatures. Mon père
connaissait peut-être l'expression « mettre en cannelle », qui signifie
au figuré : déchirer, ruiner de réputation. Moi, pas. Tout ce que je
comprenais bien, c'est que ces ruines constituaient une sorte de
monument funéraire. Et aujourd'hui, j'y pense : la baissière se
trouve en-dessous du cimetière de Saint-Alexis, elle y atteint, ce qui
mettrait le moulin à cannelles dans le voisinage immédiat du
champ du Potier. Cela est exact, mais en dit plus que je ne pense,
ou moins, car, enterré dans son moulin, cette sépulture aurait eu
plus d'allure que l'autre, celle où il se trouve, je ne sais où, peut-
être dans le champ de Saint-Michel-Archange.

Le chaînon qui manquait

Le 28 juillet 1783[1], Michel Caron[2], de Saint-Roch de Québec, acheta une terre de huit cents arpents du seigneur de Yamachiche, c'était pour établir ses dix garçons. Il avait aussi des filles, une du moins, qui deviendra Ursuline sous le nom de mère Saint-Michel[3] : dirigée par l'abbé de Calonne, frère du ministre de feu le Roi, elle fera une supérieure distinguée, la première de toute une série de demoiselles Caron à occuper le poste. Les terres de Yamachiche sont bonnes, le blé se vendait bien. Sur les dix garçons, trois furent députés de Saint-Maurice. Un quatrième, Gabriel, établi à Rivière-du-Loup-en-haut, aujourd'hui Louiseville, fut le père de Mgr Charles-Olivier Caron, tour à tour supérieur des séminaires de Nicolet et de Trois-Rivières, successeur de l'abbé de Calonne chez les Ursulines, et de Georges, marchand à Saint-Léon, député de Maskinongé sous l'Union, puis sous la Confédération, lequel eut pour enfants trois dames ursulines, un fils, Hector, député lui aussi, qui devint Surintendant de la Chasse et de la Pêche, à Québec, ou comme aurait dit l'abbé de Calonne, des Forêts et des Eaux, et

---

1. Historiette parue sous ce titre dans *l'Information médicale et paramédicale*, XXX : 9, 21 mars 1978, p. 10.
2. Comme le précise Madeleine Ferron, Michel Caron, marié « depuis 1757 à Marie-Josephte Parent, [...] a quinze enfants : cinq filles et dix garçons » (*Adrienne. Une saga familiale*, p. 30). Son fils Gabriel sera le père de son arrière-grand-père Georges Caron.
3. Il s'agit là encore de l'une des nombreuses Caron à être appelées par les Ursulines. Voir l'*Appendice aux Confitures de coings*, où Ferron s'étend longuement sur l'importance des Caron dans l'histoire des Ursulines de Trois-Rivières.

enfin Louis-Georges, mon pauvre grand-père, qui, après avoir abandonné ses études, s'établit à Saint-Alexis où il fut marchand général, fabricant de fuseaux, et c'est là que ma mère et ses deux sœurs sont nées.

À cette époque, on abattait la forêt de bois d'œuvre, et les chantiers de Saint-Alexis alimentaient les moulins tout au long de la rivière du Loup. Pour nourrir ces chantiers comme pour s'en approcher, des colons-bûcherons défrichaient la terre où c'était possible, où l'on trouvait un peu d'humus au-dessus du sable. Quand le meilleur du bois eût été coupé, quand les premières récoltes eurent épuisé la terre, au moins une paroisse avait été fondée, qui subsistera ensuite misérablement. Mon grand-père y épousera une demoiselle Bellerose, d'une famille de forestiers, dont j'ignore le prénom[4] et qui était, m'a-t-on dit, une fort belle personne. Elle devait le savoir. En tout cas, fière de son patronyme, elle le refilera à sa fille aînée, Rose-Aimée[5]. La puînée se nommera Irène et ma mère Adrienne. Elle mourut tôt. Ma mère ne semble pas l'avoir connue, car elle ne m'en a jamais parlé, comme elle ne m'a jamais rien dit de son père. Par contre, elle m'a dit l'aversion qu'elle éprouvait pour sa marâtre, une nommée Duhaime[6], et c'était là un de ses embarras à mourir, la crainte que mon père convolât ; dans son testament, elle mit une clause, que si mon père le faisait, il devait nous rendre les argents qu'il tenait d'elle et qu'il avait mêlés aux siens, ce qui le retint longtemps. D'ailleurs ce second mariage, infructueux pour cause de vérole, me dira mon père, devint rapidement un enfer ; ma mère et ses deux sœurs, rapatriées à Saint-Léon et recueillies par leur grand-mère Caron, furent élevées chez les Ursulines de Trois-Rivières où elle avaient trois tantes, comme je l'ai déjà dit.

---

4. Il s'agit d'Eugénie Bellerose.
5. En fait, elle fut baptisée sous le nom de « Rosema, prénom qui devient rapidement Rose-Aimée, à résonance plus affectueuse » (*Adrienne. Une saga familiale*, p. 151).
6. Il s'agit d'Emma Duhaime. Voir « [Ma mère fut élevée par les dames ursulines] », p. 355.

Quand j'interrogeai le seul frère survivant de mon père, l'oncle Rodolphe[7], sur mon grand-père Louis-Georges, son visage se ferma et il me répondit d'une façon catégorique : « Ton grand-père, on ne sait pas où, quand, ni de quoi il est mort. » Il a dû me le dire par pitié. Le 8 avril 1907, Louis-Georges Caron donna à ma tante Irène le *Guide de la jeune fille*, par un prêtre du diocèse de Montréal, ouvrage bien écrit, dont le chapitre XXVII sur le vice impur et ses ravages est un chef-d'œuvre de littérature effrayante, lors de sa première communion. Par contre, l'année suivante, à la même occasion, c'est de son oncle et de sa tante Hector Caron que ma mère recevra *la Persévérance ou La Jeune Fille sous la conduite de Marie*. Dans l'intervalle, le grand-père Louis-Georges avait donc disparu. Mort ? Non, car en 1909, Rose-Aimée gardera copie d'une lettre qu'elle lui avait adressée au 83 de la rue Saint-Cyrille, à Québec : « Papa chéri, j'ai reçu ta lettre qui m'a fait bien plaisir. Je voudrais bien avoir comme les princesses allemandes cinq ou six noms, pourvu que chacun me procurât la douce joie que j'ai éprouvée en te lisant. C'est le plus charmant bouquet que j'aie reçu… ma joie aurait été plus grande si tu avais été près de moi. Mais puisque ce bonheur était impossible, je viens te donner un fidèle compte rendu de ma fête, etc. » Le 83 de la rue Saint-Cyrille était l'adresse d'Hector Caron. Ce n'est sûrement pas là que le grand-père Louis-Georges était enfermé. Quelque temps après avoir été voir l'oncle Rodolphe à Saint-Léon, je me suis rendu à Trois-Rivières chez tante Laurence, la cadette de la famille qui, n'étant pas tenue au secret villageois, a fini par me dire, après m'avoir écouté : « Bien oui, mon pauvre Jacques, il était fou. » Et il a dû mourir vers 1910. Le 14 janvier 1913, Rose-Aimée, la sœur aînée de ma mère, mourra de tuberculose à l'âge de dix-sept ans. Voici la lettre qu'elle reçut d'une dame ursuline, qui ne laisse pas de doute sur la mort du grand-père disparu, mais que je cite surtout parce que en dépit de sa forme surannée, je la trouve émouvante et belle :

« Chère petite affligée, Oh ! comme le bon Dieu vous aime, ma chère enfant ! Quelle preuve de tendresse, Il vient encore de vous

---

7. Il s'agit de l'oncle beurrier-fromager établi à Saint-Léon.

donner. Comme à ses meilleurs amis, à sa divine Mère, tout particulièrement, Il vous offre l'amer calice de la douleur. Vous si jeune
et déjà pourtant ressentent en votre cœur pour la troisième fois le
cruel départ d'êtres aimés et vénérés. Que vous dirais-je donc, ma
chère Adrienne, près de cette tombe qui bientôt va vous enlever
votre Rose-Aimée ? Penserai-je à essuyer vos larmes trop légitimes,
vous dirai-je la part que je prends à votre affliction, essaierai-je de
vous parler le langage de la résignation ? Non, mon Adrienne, je ne
veux vous dire qu'un seul mot. Regardez le Cœur de Jésus qui vous
aime et vous veut toute à Lui, regardez-Le, Il s'est penché sur l'âme
que vous pleurez, Il l'a aimée, Il a craint pour elle la fange d'ici-bas,
Il l'a cueillie pour le ciel. Vous souvient-il de ce vers d'un cantique :
"C'est Lui qui fait refleurir sur les tombes / les lys qu'Il a semés sur
les berceaux", et dites-moi maintenant s'il ne convient pas de Lui
dire, à ce Dieu si bon, même entre deux sanglots : "Merci, mon
Dieu, Vous avez pris près de Vous celle que j'aimais tant, où
pourrait-elle être mieux ?" Ainsi vous réjouirez le Cœur de Jésus
et l'âme de votre petite sœur qui comprend maintenant la
beauté, la grandeur, le prix d'un acte d'amour de Dieu. Allons,
mon Adrienne, caressez bien votre incomparable grand-maman,
consolez-la, oubliez-vous pour elle. Je prie pour vous, pour votre
Rose-Aimée, pour les chères affligées. Croyez-moi toujours dans le
Cœur de Jésus, votre vieille mère et amie, S.S. Ursule. »

Rose-Aimée était musicienne. L'année suivante, le 19 juin
1914, la maîtresse générale certifie que Mademoiselle A. Caron a
subi avec grande distinction les examens sur les matières du cours
supérieur, 8e année, avec toutefois cette mention : « Piano,
médiocre ». Ma mère Adrienne avait de ces façons : elle ne pardonnera pas à la musique la mort de sa sœur et l'eut dorénavant
en aversion. Et quand viendra le tour d'Irène, en 1927, ce fut elle-
même qu'elle prit en aversion.

[L'écrivain méchant]

L'écrivain méchant[1] (sorcier) qui peut à la rigueur être présenté comme personnage.

Il était une fois, pas plus tard que l'an dernier, un écrivain plus méchant que les autres parce qu'il était plus âgé et qu'on vieillit mal dans la confrérie, à qui il arriva des ennuis de métier que je vais vous raconter après vous avoir appris par quelle disgrâce il était devenu écrivain. Le conte d'emblée s'annonce mal et risque fort, croyez-vous, de vous ennuyer. Si je vous préviens qu'il sera long, vous en êtes déjà certain et vous vous donnerez raison en vous ennuyant tout au long. Je pourrais vous dire : « Tant pis pour vous ! », mais je m'en garde car ce serait aussi tant [pis] pour moi, à cause de votre ennui que je finirais forcément par partager[2]. Vous auriez tort quand même.

> Dieu pour le punir
> l'obligea à devenir son propre personnage
> Penché
> son ombre sur la page
> Il se dédoubla

---

1. Fragments de textes incomplets et sans titre, probablement écrits dans les années soixante. Fonds Jacques-Ferron, MSS 424 ; boîte n° 21 ; chemise n° 20 ; 2.63.2.
2. Ferron reprendra cette idée du conteur s'ennuyant lui-même dans le conte « Adacanabran » : « Quand vous aurez fini de vous mesurer, que vous saurez tout l'un de l'autre, et qu'il n'y aura plus de feu entre vous, j'aurai peut-être un conte à vous dire, le seul que je connaisse et qui vous ennuiera assurément : moi-même, je le trouve trop long » (*la Conférence inachevée*, p. 204).

Il était une fois[3], pas plus tard que l'an dernier, un vieil écrivain, fort imbu de lui-même, méchant et redoutable, craint de tous ceux qui le connaissaient, mais assez aimé de son lecteur autrement que par ses livres, car il avait jusque-là écrit pour celui-ci de l'envers de la page pour lui laisser l'endroit, ayant assez d'esprit pour ne pas s'interposer entre ce qu'il avait écrit et ce que son collaborateur lisait, chacun y apportant du sien et achevant ainsi le livre qui autrement n'aurait été, soit d'un côté soit de l'autre, qu'une velléité de livre. Sur cette collaboration on n'a pas tout dit et il arrive qu'on ignore que des auteurs n'ont guère d'autre mérite que leur artifice à se faire apprécier par des lecteurs de plus de qualité qu'eux-mêmes. Ils le croyaient doux et modeste. En effet, parce qu'il se cachait à l'envers, il transparaissait à l'endroit, sous leurs yeux, le contraire de ce qu'il était. Inutile de vous dire qu'il méprisait cette candeur et cette simplicité. Il enrageait de ne pouvoir se passer de cette collaboration aussi nécessaire au livre que sa fabrication, sans laquelle il reste une œuvre incomplète et inutile. On a même prétendu que certains auteurs, assez quelconques, réussissaient à se faire une réputation par leur habileté à se trouver des lecteurs de plus de qualité qu'eux-mêmes. C'était peut-être le cas du vieil écrivain.

De tous les conspirateurs, ennemis des lois, des hommes et de Dieu, les plus dangereux et les plus méchants sont les écrivains capables de défier le monde entier parce qu'ils sont plus secrets que les autres, chacun d'eux conspirant seul avec soi-même.

Il était une fois, pas plus tard que l'an dernier, un écrivain plus méchant que les autres, car on écrit comme on conspire, dans le secret de sa solitude, par esprit de revanche contre des hommes quand ce n'est pas par haine de Dieu et pour défier le monde entier ; cet écrivain l'était plus que les autres parce qu'il s'était érigé, dans sa jeunesse, contre les bateleurs, les baladins, les jongleurs et les poètes qui par franchise ne se produisent qu'en public et par

---

3. Ferron reprend encore par deux fois ce texte en utilisant la phrase type par excellence du conteur : « Il était une fois ». Telle une variation musicale, le texte se déplie chaque fois dans une direction différente.

bonne humeur communiquent leur gentillesse aux rues, aux carrefours et à tous les lieux de rencontre et de plaisir où chacun est content de soi et des autres. Je ne dis pas que ce vilain scribe soit méchant. Il avait même admiré en sa jeunesse les gens de joyeuse confrérie au point de vouloir se joindre à eux mais, faute de naturel, sans bonheur d'expression, il n'avait réussi qu'à les contrefaire et à s'attirer des huées. Alors, le cœur ulcéré, il avait résolu de s'y prendre autrement et de faire taire les huées en faisant carrière d'écrivain et froidement, en calculant ses mots et ses phrases, de se mériter des applaudissements plus distingués. Désormais il méprisa ce qu'il avait aimé et qui était aimable, commençant ainsi à être aimable.

Lorsque je me mis à courber, le poids des ans n'y était pour rien ; je me penchais tout simplement un peu plus sur ma page pour mieux former mes mots et agencer mes phrases. Mon application n'obtint pas sa récompense. J'écrivais beaucoup. J'avais quatre livres assez avancés, mais aucun d'eux ne semblait devoir aboutir. Cela m'impatienta, puis me consterna. Je ne remarquais pas que plus je courbais, plus je projetais mon ombre sur la page. Quand je la relisais, je ne me reconnaissais pas [...].

Les malheurs de l'écrivain

L'écrivain[1] que je loge sous mon toit, qui mange à ma table, que j'honore de plus de familiarité que n'en reçoivent parents et amis, au courant de tout ce que j'ai appris depuis ma fameuse arrivée en Gaspésie, au début de l'été 1946, que j'ai payé de mon nom et qui m'avait bien servi jusqu'à l'an dernier, efficace, discret, imperceptible, n'est pas resté indifférent à l'attention que nos livres ont attirée sur moi ; il n'a pu s'empêcher de la refléter à mon insu, avec un opportunisme pour le moins intempestif, alors que, passant la cinquantaine, les années m'avaient courbé, ce qui lui a permis de se pencher sur sa page avec un naturel qu'il n'avait pas naguère et de me laisser sous l'impression qu'il s'appliquait mieux que jamais à ses écritures ; j'en attendais de nombreux livres, vivement troussés, qui me permettraient de poursuivre ma carrière

---

1. Fonds Jacques-Ferron, MSS 424 ; boîte n° 21 ; chemise n° 20 ; 2.63.1. Le répertoire du Fonds situe la rédaction de ce texte dans les années soixante. Bien qu'un indice biographique suggère que ce texte ait pu être écrit autour de 1973 (voir plus bas), nous le situerions quant à nous autour des années 1976-1977, postérieures à la crise de 1975. Ferron avait d'abord intitulé ce texte « Gadagne ou l'échappatoire », titre qu'il a raturé. Or, Gadagne, en plus d'être un nom « tiré d'une onomatopée sans doute créée par Ferron à partir de l'expression "ramasser ou prendre un *gadin*", "faire une chute" » (Jacques Ferron, note de " La ligue des bienfaiteurs de l'humanité", dans *les Pièces radiophoniques*, présentées par Laurent Mailhot, édition préparée par Pierre Cantin, Hull, Vents d'Ouest, 1993, p. 258), apparaît également dans *Gaspé-Mattempa*, cette fois comme le pseudo-patronyme de son double mégalomane, Maski. Ces deux textes ayant respectivement été lus à la radio de Radio-Canada en 1974 et 1975, la rédaction de ce texte se situerait vraisemblablement autour de ces années.

et d'accomplir notre œuvre. Il en commença un premier, puis un deuxième, puis un troisième, mais aucun d'eux n'aboutit, grave inconvénient, car je ne pouvais plus les oublier et me dégager en les publiant ; ils continuèrent de proliférer en moi, retigeant comme des patates dans un caveau et se réunissant peu à peu de la sorte, me mêlant moi-même au point d'en devenir confus, d'une confusion fort insidieuse, enveloppant l'ensemble et ne touchant pas au détail des parties que je continuais de me représenter avec une singulière acuité.

Je n'ai jamais douté de moi-même, plus modeste cependant que Monsieur James Joyce qui, parfaitement inconnu, n'ayant encore rien publié, disait à la demoiselle de Dublin, à la porte du théâtre où il daignait aller voir la dernière pièce de son compatriote Shaw, quand elle lui demandait son billet : « Je suis James Joyce », et la demoiselle ne s'y trompait pas : il entrait sans payer[2]. Heureux pays que l'Irlande ! Moi, si présomptueux, je n'aurais pas osé, ce qui montre qu'il y a quand même une petite différence entre ce Monsieur Joyce et moi. Je m'ajuste mieux sur Paterson Ewen, le peintre que je collectionne, dont j'ai eu l'honneur d'acheter le premier tableau. Pat semble la modestie même, mais allez-y voir ! Caporal dans l'armée, lors de la dernière guerre, il contracte une légère fluxion pulmonaire juste au moment où sa compagnie monte au combat ; il est retenu à l'infirmerie, tous ses hommes se font tuer et depuis, malgré les traverses, les nuages, il y a une bonne étoile qui luit pour lui seul dans le ciel, au-dessus de Montréal, de London et de Toronto. Comment ne pas faire confiance à son œuvre, même si elle ne s'est pas encore imposée ? Il se contente de peindre, nullement pressé par le temps qui passe[3], bâti pour devenir

---

2. Ferron avait déjà évoqué cette anecdote dans le texte « Des sables, un manuscrit ». Voir *Du fond de mon arrière-cuisine*, p. 108.

3. Né à Montréal en 1925, Paterson Ewen est aujourd'hui considéré comme un des peintres les plus importants au Canada. Marié à Françoise Sullivan, il fréquenta le groupe des Automatistes et fut un ami de Ferron, comme en témoigne cette lettre inédite à Jean-Marcel Paquette, datée du 31 janvier 1969 : « Quand mon ami Paterson ne peignait pas, il chevauchait sa chaise, accoudé au dossier, son bracelet-montre sous les yeux. Il avait l'habitude alors de discourir sur le temps, passé, présent et futur. »

centenaire et doutant si peu de sa renommée éventuelle qu'il s'en trouve déjà importuné.

À mon éditeur qui s'étonnait de ne pas recevoir de manuscrit, j'ai répondu, gardant contenance, qu'il n'était pas dans mes goûts de me répéter et que, ne manquant pas de pain sur la planche, je m'accordais quelque répit pour mieux me renouveler. Je ne lui cachais aucune inquiétude car il eût été vraiment inconcevable de perdre à cinquante-deux ans[4] une confiance que je m'étais toujours accordée généreusement, sans mesquiner. Je n'en restais pas moins perplexe, à cause de mon écrivain domestique, ne sachant pas trop ce qui lui arrivait.

Or voici, il avait commencé à se prendre pour moi. Non seulement il me trompait, mais encore il était en train de me rendre ridicule. Penché sur la page, me laissant sous l'impression que, devenu plus exigeant, plus méticuleux, il s'appliquait à améliorer son phrasé, en réalité il y projetait mon ombre, cherchant à faire de moi et de lui en même temps, puisqu'il me faisait l'honneur de nous confondre, honneur auquel je prêtais flanc, l'ayant toujours payé de mon nom, un personnage, et pis encore : un personnage avoué, rétif, jaloux, ne laissant pas de brèche au lecteur indispensable pour y introduire le sien. C'était à proprement parler de la démence. On ne se donne pas le mal d'entretenir un écrivain quand on n'a qu'un personnage à présenter : ce personnage, on le joue, on le vit, on ne l'écrit pas !

Par malheur, je serai long à me rendre compte de cette lubie. Pour le moment, je restais simplement perplexe, mêlé comme je l'ai dit, pris par mille détails, les exagérant même pour mieux me cacher la confusion qui m'empêchait d'avoir la vue d'ensemble qui seule m'aurait permis de trouver la raison pour laquelle les trois livres entrepris n'avaient pas été achevés[5]. De son côté, l'écrivain y

---

4. Selon cet indice biographique, ce texte aurait pu être écrit autour de 1973, Ferron étant né en 1921.
5. Il pourrait très bien s'agir du *Pas de Gamelin*, de *la Plus Haute Autorité* et de *la Miss et sa sœur, ma mère*. Voir l'« Avant-propos », p. 10.

avait perdu sa syntaxe. Il se penchait encore plus sur sa page pour en scruter les mots qui le plus souvent ne sont pas simples[6] et peuvent même se prêter à des considérations infinies.

---

6. La suite de ce texte où Ferron explore les origines du mot « guidoune » se trouve dans le Fonds Jacques-Ferron, MSS 424 ; boîte n° 21 ; chemise n° 20 ; 2.63.2.

Table

Avant-propos, par Ginette Michaud 7

PAPIERS INTIMES

Fragments d'origine, par Ginette Michaud............................. 17
« Feu Jean-Jacques », ou le legs maternel, par Patrick Poirier ... 119

FRAGMENTS D'UN ROMAN FAMILIAL
LETTRES AU PÈRE

Au Jardin de l'Enfance 169
Au collège 175
À l'Université Laval 209
Dans l'armée 225
En Gaspésie 243

DU CÔTÉ DU PÈRE :
Historiettes et autres textes

[Je naquis les yeux ouverts] 271
Les trois p'tits steppes... 273
[Les trois p'tits steppes], variante 277

Son fils 281

[Mon grand-père] 285

Le Don Quichotte anglais 287

[Mon père se nommait Joseph Salvarsan] 290

[La grandeur] 293

Notaire par le nez 296

Du haut du palier 314

[Cela te donnera quoi ?] 320

En deçà de la Grande Noirceur 335

Mon futur collège 342

Le père retrouvé 346

Les trois frères et le bout d'un pouce................. 349

DU CÔTÉ DE LA MÈRE :
Historiettes et autres textes

[Ma mère fut élevée par les dames ursulines].......... 355

Le chandelier 357

La bergère 362

Irène 366

Gris demi-sofa 370

[J'ai eu pour parrain] 374

Ma glorieuse tante.. 377

Il est un peu boche 384

[Lettres des enfants] 389

Le vilain petit mouchoir 391

[Un petit mouchoir sanguinolent] 396

[Je suis né le 20 janvier 1921] 401

[Quelques Extraits de lettres d'Adrienne] 404

Feu Jean-Jacques 416

[Il n'est guère intelligent de mourir à trente-deux ans]......... 420

[Ma mère qui n'a pas su vieillir] 422

Anamnèse 423

[Le 28 février 1888] 427

Le chaînon qui manquait.................................... 431

[L'écrivain méchant] 435

Les malheurs de l'écrivain 438